U0477136

本論文集獲國家社科基金重點項目"大型語文辭書編纂與修訂研究"（17AYY018）資助。

四川大學
中國俗文化
研究所叢書

蔣宗福 | 著

近代漢語論文集

中国社会科学出版社

圖書在版編目(CIP)數據

近代漢語論文集/蔣宗福著. —北京：中國社會科學出版社，2018.9

（四川大學中國俗文化研究所叢書）

ISBN 978-7-5203-2704-6

Ⅰ.①近… Ⅱ.①蔣… Ⅲ.①漢語—近代—文集 Ⅳ.①HI09.3-53

中國版本圖書館 CIP 數據核字(2018)第 132153 號

出 版 人	趙劍英
責任編輯	郭曉鴻
特約編輯	席建海
責任校對	郝陽洋
責任印製	戴 寬

出　　版	中國社會科學出版社
社　　址	北京鼓樓西大街甲 158 號
郵　　編	100720
網　　址	http://www.csspw.cn
發 行 部	010-84083685
門 市 部	010-84029450
經　　銷	新華書店及其他書店
印　　刷	北京明恒達印務有限公司
裝　　訂	廊坊市廣陽區廣增裝訂廠
版　　次	2018 年 9 月第 1 版
印　　次	2018 年 9 月第 1 次印刷
開　　本	710×1000　1/16
印　　張	28.5
插　　頁	2
字　　數	434 千字
定　　價	118.00 元

凡購買中國社會科學出版社圖書，如有質量問題請與本社營銷中心聯繫調換
電話：010-84083683
版權所有　侵權必究

總　序

　　這套叢書是四川大學中國俗文化研究所部分同仁的學術論文自選集。

　　四川大學中國俗文化研究所成立於1999年6月,2000年9月被批准成為教育部人文社會科學重點研究基地,是"985工程"文化遺產與文化互動創新基地的主要依託機構,也是"211工程"重點學科建設項目的重要組成部分。研究所下設俗語言、俗文學、俗信仰、文化遺產與文化認同四個研究方向,涵蓋文學、語言學、历史學、宗教學、民俗學、人類學等多個學科,現有專、兼職研究人員20餘人。

　　多年來,所内研究人員已出版專著百餘種;研究所成立以來,也已先後出版"俗文化研究"、"宋代佛教文學研究"等叢書,但學者們在專著之外發表的論文則散見各處,不利於翻檢與參考。為此,我們決定出版此套叢書,以個人為單位,主要收集學者們著作之外已公開發表的單篇論文。入選者既有學界的領軍人物,亦不乏青年才俊;研究內容以中國俗文化為主,也旁及其他一些領域;方法上既注重文獻梳理,亦注重田野考察;行文或謹重嚴密,或議論生新;在一定程度上展示出了我所的治學特色與學術實力。

　　希望這套叢書能得到廣大讀者和學界同仁的關注與批評!

四川大學中國俗文化研究所

目　　錄

敦煌禪宗文獻校讀札記 ································· 1
敦煌禪宗文獻與語文辭書 ······························ 16
敦煌本唐五代韻書語詞考辨 ··························· 34
敦煌變文語詞辨釋 ···································· 42
釋敦煌變文的"㖃"字 ································· 50
敦煌本《和菩薩戒文》的幾個問題 ····················· 54
《廣韻》所見俗語詞箋識（一） ························ 76
《廣韻》所見俗語詞箋識（二） ······················· 105
《廣韻》語詞箋識 ···································· 151
《鄉言解頤》詞語箋釋 ······························· 175
《金瓶梅》第一人稱代詞探微 ························· 194
辭書未收詞語例釋 ··································· 221
近代漢語俚俗詞語考辨 ······························· 241
"僫㾉""没僫㾉"考辨 ······························· 252
電子語料庫與語文辭書的編纂修訂 ····················· 258
《蜀語》札記 ······································· 274
《蜀語》校讀札記 ··································· 287
《蜀語》名物續考 ··································· 299
《蜀語》"壇神"考 ··································· 317
《蜀語》所載民俗信仰考 ····························· 337
《蜀語》學術價值的再認識 ··························· 353

《躋春臺》所用方言俗字考辨·································371
《躋春臺》三種整理本勘誤舉例·····························391
巴蜀方言古籍整理值得注意的問題·························399

附錄···419
詞語筆畫索引··437
後記···449

敦煌禪宗文獻校讀札記

敦煌禪宗文獻的校理，長期以來，見仁見智，這是很正常的現象。事實上，許多問題正是在往復論難中不斷取得共識，最終得出正確結論的。務實求真，始終是學術追求的目標。例如，《壇經》現已發現6個敦煌寫卷，即S.5475、北圖岡字48號（8024）、敦煌博物館藏077號、原旅順博物館舊藏本、方廣錩發現北京圖書館藏有字79號敦煌寫本殘片、西夏文寫本殘片等[1]，而各種校錄本更是層出不窮。鄧文寬、榮新江在《壇經》錄校《說明》中評價楊曾文《敦煌新本六祖壇經》說："'楊校本'是以敦博本爲底本，參以斯坦因本和惠昕本校錄的。按理說，既得到了敦博本照片，應該校出一個截止到目前最好的本子，但情況並非如此。該書錄文脫錄、錯失；當刪而不刪，不當刪而刪；當補而未補，不當補而臆補；斷句標點錯失，失校、誤校等均不在少數。"[2]現在我們仔細研讀一些晚出的整理本，恐怕有些校勘結論也不無可商[3]。現就部分禪籍擇要補校如次，以供參考。

1. 惠能幼少，父亦早亡。（《壇經》，博校本220頁） 校記："少：甲本作'小'，互通字。作'小'爲是。"

---

[1] 見李申《敦煌壇經合校說明》，載李申合校，方廣錩簡注《敦煌壇經合校簡注》（以下簡稱"合校本"），山西古籍出版社1999年版，第27頁。

[2] 鄧文寬、榮新江：《敦博本禪籍錄校》（以下簡稱"博校本"），江蘇教育出版社1998年版，第202頁。

[3] 李申《敦煌壇經合校說明》云："幾年過去了，國內又出現了幾個重要校本（比如鄧文寬校本、周紹良校本），這些校本都各有自己的長處，但在恢復敦煌本原貌上仍然不盡人意，其主要表現，就是仍有不少地方是根據自己的理解校改經文。"見合校本第27—28頁。

惠能幼小，父亦早亡。（《壇經》，合校本30頁）　校記："博本作'幼少'，據斯本改，小、少二字此處同義。"

　按既爲"互通字""小、少二字此處同義"，則不必捨底本而就參校本。事實上，"幼少"就是"幼小"。如《詩·大雅·公劉序》"召康公戒成王也"毛傳："成王始幼少，周公居攝政。"《淮南子·氾論》："武王崩，成王幼少。"《漢書·王莽傳上》："周成王幼少，稱孺子，周公居攝。"《敦煌寫本〈壇經〉原本》（以下簡稱"原本"）作"惠（慧）能幼少（小）"[①]，亦不煩改；另外，原本全書將"惠能"改"慧能"，亦不必。

　　2. 不求餘物，唯求佛法作。（《壇經》，博校本223頁）　校記："佛法作：甲本同，誤。石井光雄藏敦煌本《神會語錄》、惠昕本作'作佛'，是，當據改。"宋紹年錄校《六祖壇經》（以下簡稱"宋校本"）校記："據下文'若爲堪作佛'，疑'法'字衍，'佛作'爲倒文。惠昕本作'唯求作佛'，校訂本（即鈴木本）作'唯求作佛法'。"[②]

　按據諸家所校，既有衍文，又有誤倒，恐均未是。其實，"法"字似非衍文，而"作"字爲衍文。就慧能自述辭親往禮五祖的前後經過情形看，當時雖有慧根宿緣，但初禮五祖，恐怕並無大志向，一開始即求"作佛"。"唯求佛法"，與前"不求餘物"正相對照。下文"若爲堪作佛法"，博校本（224頁）謂"法：甲本、惠昕本無，是。底本衍，當據刪"，所校是。慧能說"唯求佛法"，並不排除五祖說"作佛"，這種語言的"錯位"，在論難中習見。

[①] 周紹良編著：《敦煌寫本〈壇經〉原本》，文物出版社1997年版，第110頁。
[②] 宋校本見劉堅、蔣紹愚主編《近代漢語法資料彙編》唐五代卷，商務印書館1990年版，第71—116頁，本條校記見第84頁。

3. 福門何可求？汝汝總且歸房自看。（《壇經》，博校本225頁）校記："求：甲本、惠昕等三本作'救'，誤。底本是。"又："汝汝：甲本同。惠昕等三本、西夏本均作'汝等'，是，當據改。"

按"福門"，校釋（10頁）謂"'門'，疑爲'田'字之誤"。合校本（31頁）作"福門何可救汝"，校記謂"救，博本作'求'，據斯本改"；又（70頁）注8："博本作'福門何可求汝'，誤，此據斯本訂正。又'福門'疑爲'福田'之誤。""福門"不誤，校釋、合校本疑之未是。唐王梵志詩（331首）："福門不肯修，福失竟奔馳。"項楚師云："佛教以行善布施等爲獲得福報之門，稱爲'福門'。"引《壇經》作"福門何可救汝"①。劉宋求那跋陀羅譯《雜阿含經》卷四："婆羅門乃至士夫，以洗器餘食著於淨地，令彼處眾生即得利樂，我說斯等，亦入福門，況復施人。"唐延壽述《萬善同歸集》卷中："問志公云：'苦哉哀哉，怨枉棄卻真佛，造像香華供養求福，不免六賊枷杖，此意如何，以契今說。'答：'此是古人破凡夫不識自佛，一向外求，住相迷真，分別他境，不爲助道，但求福門，似箭射空，如人入暗。'"宋施護等譯《佛說頂生王因緣經》卷六："極惡生死流轉中，了知壽命隨減少。應當速脩諸福門，不脩福行斯爲苦。"又，"求"斯本、惠昕等三本作"救"，並非偶然。敦博本作"求"，或筆誤，或爲匆忙中寫半字。

又，據博校本校，則作"汝等總且歸房自看"，周氏原本（113頁）亦作"福門何可求，汝汝（等）總且歸房自看"，恐均非是。"汝""等"形並不近，若必據晚出本校"汝"爲"等"表全體，則"總"字爲贅疣，於文意反生窒礙。其實，前"汝"字應屬上，故本句當作"福門何可救汝？汝總且歸房自看"。

4. 時大師堂前有三間房廊，於此廊下供養，欲畫《楞伽》變相。（《壇經》，校釋本11頁） 校記："原本無相字。"校釋："'《楞

---

① 項楚：《王梵志詩校注》，上海古籍出版社1991年版，第781頁。《漢語大詞典》（以下簡稱"《大詞典》"）未收"福門"，特爲表出。

伽》變相'，即佛教傳說中的釋伽宣說《楞伽經》時的故事畫。"①

　　五祖平旦，遂喚盧供奉來南廊下，畫《楞伽》變相。(《壇經》，同上13頁)　校記："原本無相字。"

　　按校釋本是以日本學者鈴木貞太郎和公田連太郎校訂的敦煌寫本爲底本的(《凡例》一)，然敦煌寫本此兩處均無"相"字，郭本當據鈴木校訂本補"相"字，但"變"本可指變相，不煩補，並標作"《楞伽變》"。如唐杜甫《觀薛稷少保書畫壁》詩："又揮西方變，發地扶屋椽。慘淡壁飛動，到今色未填。"宋郭知達編《九家集注杜詩》卷九引趙次公曰："其所畫西方變相，則亡矣。而公詩云'又揮西方變'至'到今色未填'，指言當日所見。"仇兆鰲注："西方變，言所畫西方諸佛變相。《酉陽雜俎》：唐人謂畫亦曰變。"所引"唐人謂畫亦曰變"，見唐段成式《酉陽雜俎續集》卷五《寺塔記上》："常樂坊趙景公寺，隋開皇三年置，本曰弘善寺，十八年改焉。南中三門裏東壁上，吳道玄白畫地獄變，筆力勁怒，變狀陰怪，覩之不覺毛戴，吳畫中得意處。三階院西廊下，范長壽畫西方變及十六對事寶池。"孟棨《本事詩·嘲戲》："詩人張祜未嘗識白公。白公刺蘇州，祜始來謁。才見白，白曰：'久欽籍，嘗記得君款頭詩。'祜愕然曰：'舍人何所謂？'白曰：'"鴛鴦鈿帶拋何處，孔雀羅衫付阿誰？"非款頭何邪？'張頓首微笑，仰而答曰：'祜亦嘗記得舍人目連變。'白曰：'何也？'祜曰：'"上窮碧落下黃泉，兩處茫茫皆不見。"非目連變何邪？'遂與歡宴竟日。"《敦煌變文集》收錄《大目乾連冥間救母變文并圖一卷(并序)》及《目連變文》，顯然原本既有變相又有變文②，鋪

---

① 此見郭朋《壇經校釋》(簡稱"校釋本")，中華書局1983年版，第11頁。
② 劉大杰《中國文學發展史》第十二章第五節："變文也簡稱'變'，變是奇異的意思，變文就是講唱奇異故事之意。"《大詞典》(9/1329頁)"轉變"❷"唐代說唱藝術的一種。一般認爲'轉'是說唱，'變'是奇異，'轉變'爲說唱奇異故事之意。一說'變'即變易文體之意。以說唱故事爲主，其說唱之底本稱爲'變文'、'變'。內容多爲歷史傳說、民間故事和宗教故事。多數散韻交織，有說有唱，說唱時輔以圖畫。同後世之詞話、鼓詞、彈詞等關係密切"，無書證。"轉變"已見於五代韋縠《才調集》卷八載唐吉師老《看蜀女轉昭君變》："妖姬未著石榴裙，自道家連錦水濆。檀口解知千載事，清詞堪嘆九秋文。翠眉頻蹙楚邊月，畫卷開時塞外雲。說盡綺羅當日恨，昭君傳意向文君。"可見"轉昭君變"包括"畫卷開"，即"變文"與"變相"同時出現，均可省稱"變"。

敘目連冥間救母故事，張祜以"上窮碧落下黃泉"爲"目連變"，嘲戲白居易。孫楷第《讀變文·變文變字之解》曰："更以圖像考之，釋道二家凡繪仙佛像及經中變異之事者，謂之變相，如云《地獄變相》、《化胡成佛變相》等是。亦稱曰變，如云《彌勒變》、《金剛變》、《華嚴變》、《法華變》、《天請問變》、《楞伽變》、《維摩變》、《淨土變》、《西方變》、《地獄變》、《八相變》等是（以上所舉見張彥遠《歷代名畫記》、段成式《酉陽雜俎·寺塔記》及《高僧傳》、《沙州文錄》等書，不一一舉其出處）。"①可見，據孫說道家所繪仙像及經中變異之事者亦謂之變相。又，唐善導集記《觀念阿彌陀佛相海三昧功德法門》："又依經畫變，觀想寶樹寶池寶樓莊嚴者，現生除滅無量億阿僧祇劫生死之罪。"《壇經》"畫《楞伽變》"，正是"依經畫變"。

5. 畫人唐坽看㦤了，明日下手。（《壇經》，博校本228頁）　校記："坽：甲本作'玲'，未知孰是，俟考；惠昕等三本作'珍'。"

按應從斯本作"盧玲"。《說文·玉部》："玲，玲璒，石之次玉者。从玉，今聲。"《集韻·侵韻》："玲，玉名。"文獻中習見。又，《說文·玉部》："珍，寶也。从玉，㐱聲。"則"玲"與"珍"形、義相近。"坽"出現較晚。《集韻·青韻》："坽，峻岸。"文獻中罕用；並且意思與"玉"並不相關，字形上"坽"與"珍"不及"玲"與"珍"更近。正因爲如此，惠昕等三本作"珍"，無論就字形或意思來說，都是很自然的事情。周氏原本（113頁）作"畫人唐（盧）珍看壁了"，"珍"未詳所據。合校本（31頁）仍作"坽"，校記謂"斯本作'玲'。諸校本多據惠昕本改作'珍'"。"唐""㦤"各本均校作"盧""壁"，是，此形近而誤。

6. 神秀上座，題此偈畢，歸臥房，並無人見。（《壇經》，校釋

---

① 原載《現代佛學》1951年第1卷第10期。收入周紹良、白化文編《敦煌變文論文錄》，上海古籍出版社1982年版，第241頁。

本13頁）

按敦博本、斯本均作"房臥"。"房臥"即臥房。如《後漢書·宦者傳序》"出入臥內，受宣詔命"李賢注引漢仲長統《昌言》："宦豎傅近房臥之內，交錯婦人之間。"唐張文成《遊仙窟》："娘子安穩，新婦向房臥去也。"《敦煌變文集·歡喜國王緣》（779頁）："每相（想）夫人辭家出，夜夜尋看房臥路。"蔣禮鴻《敦煌變文字義通釋》（89頁）"房臥"條云"這是說有相夫人死後，國王每夜要到夫人臥房那邊去"，可參看。敦煌本P.2054《十二時普勸四衆依教修行》："囑親情，託姑舅，房臥資財闇中柚（袖）。……父邊蜜咬覓零銀，母處含啼乞釵釧，得即欣，阻即怨，歡喜究（冤）家相惱乱。去後搜尋房臥中，點檢生涯無一半。"校釋本作"臥房"，未是。

7. 依此修行，不墮三惡道。（《壇經》，校釋本14頁）校記："原本無道字。"校釋："'三惡道'，即：地獄、餓鬼、旁生。佛教宣揚'六道'輪迴。……地獄、餓鬼、旁生（即除'人'以外的一切動物），稱爲'三惡道'。"（15頁）

依此修行，不墮三惡〔道〕。（《壇經》，原本115頁）

按敦煌本均無"道"字，"三惡道"本亦作"三惡"，不煩補。如蕭齊求那毗地譯《百喻經·人效王眼瞤喻》："由是之故，於佛法中永失其善，墮於三惡。"北涼曇無讖譯《大般涅槃經》卷三十一《師子吼菩薩品第十一之五》："世尊，我憶往昔以一食施，八萬劫中不墮三惡。"元魏吉迦夜共曇曜譯《雜寶藏經》卷一《鹿女夫人緣》："有二種法，能使於人速墮三惡，受大苦惱。"宋范仲淹《十六羅漢因果識見頌序》："使群魔三惡，不起於心，萬法諸緣，同歸於善。"原注："三惡，即指地獄道、餓鬼道、畜生道。"

8. 不知向後有數百人來，欲擬頭惠能奪於法。（《壇經》，校釋

本22頁） 校釋："鈴木校：'頭字可疑，恐誤。'今按：'頭'，或係'向'字之誤。"

按此據S.5475，郭校未是。宋校本（86頁）謂"'頭'疑應爲'捉'，誤作'投'，又誤爲'頭'"，敦博本"頭"則正作"捉"，所校是。反觀斯本，其致誤之由，當因"捉"字先筆誤作"投"，再音誤作"頭"。"於"，敦博本作"衣"，是，指傳法袈裟。

9. 從今以後，稱佛爲師，更不歸依邪迷外道。（《壇經》，博校本292頁） 校記："'依'下甲本、惠昕本有'餘'字，是。底本、乙本脫，當據補。"

從今已後，稱佛爲師，更不歸依餘邪迷外道。（《壇經》，原本130頁） 校記："'餘'字原缺，據斯本補。"

按所校均非是。甲本、惠昕本有"餘"字，則參校各本均無"餘"字。北圖有字79號殘存77字，剛好有這段話，唯"餘"字右下側有一墨點（右圖）①，當是廢除號。只有斯本有"餘"字，而傳世諸本也只有惠昕本有"餘"字，可見是否"當據補"應謹慎。況且，"更不歸依邪迷外道"，本來文從字順。若據補，則作"更不歸依餘邪迷外道"，不知"餘"字在句中究竟有何深意？若以爲"餘"爲"於"字音借，作介詞，則可省略，亦不煩據別本補。"以"，敦博本、斯本、北本實均作"已"。

10. 惠能勸善知識歸依身三寶。（《壇經》，博校本292頁） 校記："身：甲、乙二本無。西夏本此句作：惠能勸善知識'當以自身歸以（依？）三寶'，似更接近原義。'身'上當據補'自'字。"

---

① 影本見李申合校，方廣錩簡注《敦煌壇經合校簡注》附錄《北京圖書館本壇經一（方本）》，山西古籍出版社1999年版，第232頁。

按據其所校，則作"惠能勸善知識歸依自身三寶"，但句意反而欠通。下文明謂佛法僧即覺正淨，強調"自心歸依覺""自心歸依正""自心歸依淨"，而"歸依自身三寶"與經義相悖。況且西夏本幾經轉譯，據以改較早的寫本，恐證據並不充分。倒是斯本、北本無"身"字，句意通暢，敦博本或衍。又，謂"似更接近原義"，不知校者何以爲證？此類斷語實不足信。

11. 衆生若有大疑，來彼山間，爲汝破疑，同見佛性。（《壇經》，博校本350頁）

按各本同，校釋本（74頁）"間"作"問"，疑是。敦煌寫本中"間""問"常互譌。如敦博本《壇經》"遂向南廊下中間壁上，題作呈心偈"，"惠能與使君移西方剎那間，目前便見"，S.5475"間"均作"問"，形近而譌。德異本作"衆若有疑，卻來相問"，言簡意賅。

12. 法達取經，對大師讀一遍。（《壇經》，博校本368頁） 校記："甲本'經'下有一'到'字，是。底本脫，當據補。"
法達取經到，對大師讀一遍。（《壇經》，原本頁153，合校本頁56） 原本校記："'到'字原缺，據斯本補。"合校本校記："博本無'到'字，據斯本補。"

按此校似不可取。底本文從字順，意思顯明，補一"到"字，反成蛇足矣。校者之意，無非是想強調說明《法華經》放在他處，但就上下文觀之，其重點並非要突出"取經到"。

13. 大師起，犯打神會三下。（《壇經》，博校本378頁；《壇經全譯》[①]167頁） 博校本校記："犯：甲本作'把'，是。底本誤，當

---

① 潘桂明：《壇經全譯》，巴蜀書社2000年版。

據改。底本因'把'字俗體作'把',與'犯'形近而致誤。"

　　大師起,把打神會三下。(《壇經》,原本156頁,合校本57頁)
合校本校記:"博本'把'作'犯',據斯本改。"

　　按"犯打""把打",似均不辭,文獻中未見有此用法。校釋本(90頁)、宋校本(99頁)均作"大師起把,打神會三下","起把"殊覺奇怪。疑敦博本實寫"打"字而誤寫作"犯",發覺寫錯後,再接寫"打"字,匆忙中於"犯"字漏施廢除號而致誤。斯本因"犯"與"把"字形近,故誤以爲"把"字。敦博本若必據斯本校"犯"爲"把",倒不如刪"犯"字,作"大師起,打神會三下",文從字順。

　　14. 梁朝婆羅門僧字菩提達摩,是南天竺國國王第三子。(《菩提達摩南宗定是非論》,博校本7頁,楊校本①18頁)　博本校記:"字:胡校本作'學',誤。原校本疑'學'字衍。"

　　按"字"不誤,胡校(宋紹年校錄本或即據胡校亦錄作"學"②)、篠原校均非是。下文(博校本32頁,楊校本27頁)"後魏嵩山少林寺有婆羅門僧,字菩提達摩,是祖師",《南陽和尚問答雜徵義》(楊校本103頁):"第一代後魏嵩山少林寺,有婆羅門僧,字菩提達摩,是南天竺國王之第三子。"是其證。

　　15. 見有如此不思議事,甚爲奇。囑君王有感,異端來祥,正法重興,人將識本,所以修論。(《菩提達摩南宗定是非論》,博校本14頁)　校記:"囑:胡校本改爲'矚',連上文爲句。宋校本不改。黃徵云:囑,崛也(或倔、掘、屈),奇崛,奇異也。"

―――――――――――
　①　楊曾文編校:《神會和尚禪話錄》(簡稱"楊校本"),中華書局1996年版。
　②　宋校本見劉堅、蔣紹愚主編《近代漢語語法資料彙編》唐五代卷,商務印書館1990年版,第45—70頁。本條錄文見第46頁。

按此據P.3047補，宋校本（47頁）作"甚爲奇囑"，若據黃說，"囑"亦應屬上。又，寫本實作"異瑞"，或誤錄作"異端"，宋校本（47頁）、楊校本（19頁）不誤。"異瑞"，指異乎尋常的吉兆。如《三國志·蜀志·先主傳》："言西南數有黃氣，直立數丈，見來積年，時時有景雲祥風，從璿璣下來應之，此爲異瑞。"唐道宣《廣弘明集》卷十七《舍利感應記》："此間尋有異瑞，兼直王者登臨，徵應建立，經逢菩薩聖主，方大修弘。"《敦煌變文集·八相變》（331頁）："太子既生之下，感得九龍吐水，沐浴一身。舉左手而指天，垂右辟（臂）而於地，東西徐步，起足蓮花。凡人觀此皆殊祥，遇者顧瞻之異瑞。"

16. 法師當時自知過甚，對衆忙然，良久，欲重言。（《菩提達摩南宗定是非論》，博校本19頁）　校記："忙：胡校本徑改作'茫'。黃徵云：'忙'的本義即爲驚慌。'忙然'指手忙腳亂，不煩改。"

按宋校本（48頁）亦據胡校徑改作"茫然"，但"忙"字不誤，博校本謂"不煩改"，是。然謂"'忙然'指手忙腳亂"，似不確。"忙然"猶茫然，若有所失的樣子。如《列子·楊朱》："子產忙然，無以應之。"楊伯峻集釋引胡懷琛云："忙然，今通作'茫然'。"故"對衆忙然"，謂面對衆人不知所措。唐段成式《酉陽雜俎》卷十四《諾皋記上》："（僧）恍惚間以刀子刺之，婦人遂倒，乃沙彌惧中刀流血死矣。僧忙然，遽與行者瘞之於飯甕下。"《敦煌變文校注·太子成道變文（三）》："大王聞奏，驚怪忙甚，遂問國囗：'囗囗囗囗，合稱異世之事！'"492頁校注云："'驚怪忙甚'原錄作'囗囗怪囗'，潘校補錄爲'驚怪忙然'。按：原卷此處有皺折，但仍可辨出，'忙'下之字作'甚'，當爲'甚'字。"原卷影本"忙"下之字作"甚"，不像"甚"字上部，應爲"然"字草書，潘錄當是。

17. 和上固辭不〔得〕已，時乃就坐。（《菩提達摩南宗定是非論》，楊校本24頁）校記："原本'不〔得〕已'作'不以'，巴黎一本作'不

已'，從胡本校。"

　　和上固辭不以，時乃就坐。（同上，博校本23頁）　校記："不以：甲本'以'作'巳'，通用。胡校本'巳'上補'得'字，又連下文'時'字爲句。黃徵云：時，此時也，當從下句讀。"

　　按宋校本（48頁）從胡校本，楊校本亦從胡校補"得"字，均非是。此謂和尚固辭未果，"不已"即不得已，不煩補。如元魏慧覺等譯《賢愚經》卷九《善事太子入海品第三十七》："其女慇勤，語太子言：'若汝不肯，我便不食。'如是數返，逼迫不已，而便共食。"謂迫不得已而與之共食。明佚名《禪真後史》第二十回："我初時也覺驚惶，被師爺催逼不已，只得依法行去。"謂被催逼而不得已，只得依法去做。清況周頤《續眉廬叢話》："木蘭，隋煬帝時人，姓魏，本處子，亳之譙人也。……及還，釋戎服，衣女衣，同行者駭然。事聞，召赴闕，煬帝欲納之。對曰：'臣無媲君之禮。'拒迫不已，遂自盡。"謂拒逼未果遂自盡。《大詞典》（1/397頁）"不已"❸"不得已"，引明人神魔小說《四遊記》，可參看。

　　18. 爲衆生有般若故，致得言見。（《菩提達摩南宗定是非論》，博校本30頁）　校記："據下文'故致使不得言見'，'致'下當有'使'字。"

　　按所校恐非是。在口語性強的對白中，不必強求前後句式、用詞完全一致。正如下文"虛空無般若故，致使不得言見"，我們不能據此懷疑上文"虛空無般若故，致使不言見"脫"得"字。況且"致得"爲語詞，意即致使。如《敦煌變文集·維摩詰經講經文》（574頁）："忠不施，孝不展，神道虛空皆總見，須臾致得禍臨身，妻男眷屬遭除剪。"《舊五代史·外國列傳一》："聞此兒有宮婢二千，樂官千人，終日放鷹走狗，耽酒嗜色，不惜人民，任使不肖，致得天下皆怒。"《大詞典》（8/795頁）"致得"❶"致使"，首引唐陸龜蒙《薔薇》詩："倚牆當戶自橫陳，致得貧家似不貧。"可參看。

19. 天下不知聞，有何承稟，充爲六代？（《菩提達摩南宗定是非論》，博校本49頁） 校記："'六代'上，據下文當補'第'字。"

按所校非是。原文本可通，禪籍口語對白中，恐難強求遣詞造句前後相同，如果代古人"把關"而改爲一律，則反失韻味矣。如上文（37頁）"世人將秀禪師得道果不可思議人，今日何故不許秀禪師充爲六代"，"六代"前亦無序數詞。又，敦博本《壇經》"稟爲六代祖""代汝衣法，稟爲六代"，與"充爲六代"句式相同，無序數詞，並不罕見。

20. 四更蘭，法身體性不勞看。（《南宗定邪正五更轉》，楊校本128頁）

按楊曾文校錄《荷澤寺神會和尚五更轉》等兩種以及附錄胡適校《大乘五更轉》等三種（127—132頁）均作"蘭"，未是，當從敦博本等作"闌"。《廣韻·寒韻》："闌，晚也。"東漢蔡琰《胡笳十八拍》："山高地闊兮見汝無期，更深夜闌兮夢汝來斯。"唐鄭處誨《明皇雜錄·補遺》："唐玄宗自蜀回，夜闌登勤政樓，憑欄南望，煙雲滿目。"《太平廣記》卷四百三十九《李汾》（出《集異記》）："女乃升階展敘，言笑談謔，汾莫能及。夜闌就寢，備盡綣繾。俄爾晨雞報曙，女起告辭。"

21. 任本性，自公官，善惡不思即無念，無念無思是涅槃。（《南宗定邪正五更轉》，博校本192頁） 校記："公官：丁、己、庚、子四本作'觀看'，壬本作'公觀'，癸本作'公禪'。'公'字似'坐'字之誤，可校作'坐禪'，與下文文意正符。"

按敦煌寫本中"公"與"坐"形並不近，此校似不可信。此類《五更轉》，文字互有出入，文意能通，即不必苛求非校出一個定本不可。既然有四種異本作"觀看"，可見並非偶然。"觀看"謂觀察，或本可通。又，"公官""公觀"或因同音而異寫，作"公觀"亦未必不是。與《五

更轉》相似的《南宗讚》，如S.4173、北圖乃字74號（8371）："三更嚴，四更蘭（闌），法身體性本來禪。凡夫不念生分別，輪迴六趣心不安。求佛性，向利看，了佛意，不覺寒。曠大劫來常不悟，金（今）生作意斷慳貪。"所衍生的意思與《五更轉》的第四更即似同非同。

22. 凡夫被諸法繫縛五蔭柱上，不得自在也。（《注般若波羅蜜多心經》，博校本444頁） 校記："甲本同。疑'縛'下脫'於'字。"

按所校非是。動詞或動詞所帶賓語後的"於"本可省略，在禪籍口語中尤其如此。例如，敦博本《壇經》"五祖遂喚秀上座於堂內"，"五祖夜至三更，喚惠能堂內"，後例無"於"字。又，"遂領惠能至於官店"，而"望上人引能至南廊下""童子引能至南廊"，"至"後無"於"字；"能於嶺上便傳法惠順"（S.5475），"法"後亦無"於"字。"惠能與使君移西方剎那間"，"西方"後無"於"字；德異本則作"惠能與諸人移西方於剎那間"，"西方"後有"於"字。劉宋求那跋陀羅譯《大法鼓經》卷下："譬如有王，爲鄰國所執，繫縛枷鎖。"隋智顗《答放徒流書》："案此經云：若犯王法，繫縛枷鎖，諸苦惱等，悉令解脫。"諸如此類，並不少見。

23. 心淨不動，境淨不移，物我靈通，一切無礙。（《注般若波羅蜜多心經》，博校本444頁） 校記："靈：甲本作'虛'。"

按此未下斷語。其實底本是，而甲本作"霊"，應即"霊"字，爲"靈"字俗寫。《集韻·青韻》："靈，俗作霊。""靈通"謂人與神靈之間感應相通，"物我靈通"正謂物我之間感應相通矣。如P.3294《楞伽師資記序》："水性靈通，等佛性之圓淨。"唐道宣《廣弘明集》卷十五《善思菩薩讚》："神期發筌悟，豁爾自靈通。"譚銖《廬州明教寺轉關經藏記》："斯藏也，本於一心，靈通無礙，動用自在。"宋羅燁《醉翁談錄》卷二《王魁負心桂英死報》："魁今辜恩負約，神豈不知？既有靈

通，神當與英決斷此事。"

24. 如千年閒室有瑠璃七寶，人亦不知；有惡鬼六賊，人亦不知覺。（《注般若波羅蜜多心經》，博校本447頁） 校記："甲本'室'下有'裏'字，是。底本脫，當據補。"

按所校未是。"裏"字前的名詞兼表處所、範圍等，"裏"字可省。如《漢書·元帝紀》："賜宗室有屬籍者馬一匹至二駟。"《文選·顔延年〈五君詠·嵇中散〉》李善注引顧凱之《嵇康讚》："南海太守鮑靚，通靈士也。東海徐寧師之。寧夜聞静室有琴聲，怪其妙而問焉。"《太平御覽》卷四十八引《輿地志》："山下居人，每丙日輒聞山室有笳鼓簫樂之音。""室"後均無"裏"字。故原句本可通，未可遽斷是底本脫"裏"字或S.4556衍"裏"字，只校出異文即可。

25. 火先焚經像，檢錄科儀，悉爲煨爐，一無所遺。（P.3913《壇法儀則·付法藏品部第三十四》）

按S.4478《付法藏因緣傳》："持火用焚經像，悉爲灰燼，一無所遺。"此與P.3913例句式幾乎完全相同。又，同記佛圖經像神奇的S.516、P.3717《歷代法寶記》云："道經子書符術等，見火化爲煨爐。"可見"悉爲煨爐"，即"悉爲灰燼""化爲煨爐"，"煅"即"煨"形譌字。《敦煌變文集·維摩詰經講經文》（540頁）："狂癡心，煎似鍋，焰焰添莘（薪）煨天猛。"任半塘《敦煌歌辭總編》（1130頁）[〇六七八]首："枉癡心，煎似滚。火焰添薪煨天猛。"黄征《敦煌變文字義新待質錄》第34條即"煅"字，引《維摩詰經講經文》例，謂見《校注》762頁第6行[①]。《大詞典》（7/198頁）"煨爐" ❶ "灰燼，燃燒後的殘餘物"，首引晉左思《魏都賦》："翼翼京室，耽耽帝宇。巢焚原燎，變爲煨爐。"正與P.3913

---

① 浙江大學漢語史研究中心編：《中古近代漢語研究》第一輯，上海教育出版社2000年版，第224頁。

及S.4478合，亦可證"炽燼"即"煨燼"。又，《說文·火部》："煨，盆中火。"《漢語大字典》《大詞典》"煨"均立"焚燒"義，首並同引《新唐書·沙陀傳》："克用請帝還京師，以二千騎衛乘輿。時宮室煨殘，駐尚書省。"可見"焰焰添荸（薪）炽天猛"，"炽（煨）"謂燃燒，句意猶今俗語"衆人拾柴火焰高"①。

（原載《中國俗文化研究》第一輯，巴蜀書社2005年版）

---

① 本條詳見蔣宗福《釋敦煌變文的"炽"字》，《中國語文》2005年第3期。

敦煌禪宗文獻與語文辭書

敦煌禪宗文獻研究，近八十年來主要集中在材料的校訂刊佈以及對中國禪宗初期發展史和禪思想史研究方面，語言研究則少有人問津。由於禪宗文獻以其口語化程度高爲世所公認，在近代漢語研究中具有重要的語料價值，語言學界比較重視，並取得了可喜的研究成果。作爲中國禪宗發展史上早期文獻的敦煌禪籍，其語料價值更不在傳世禪籍之下，現在却還没有引起學術界尤其是語言學界的注意。我們在披覽敦煌禪宗文獻時，發現有相當多的詞語，與隋唐時期的書面語有較大差異，表現爲更具口語化，也更爲多姿多彩。這些詞語，即使在千餘年後的今天，也仍然是日常社會生活中的常用詞，並且意思完全相同。如"致使""混合""廣闊""重疊""正宗""幽深""血水""親生""脊梁""聽見""現今""住宅""宣傳""澄清""堅硬""變異"等，或不爲現有大型語文辭書收載，或雖收録但釋義不確，或書證過晚，或根本無書證，等等。

另外，在語法、語音研究等方面，敦煌禪宗文獻同樣具有不可替代的作用。即以敦煌本《壇經》爲例，周紹良先生就從語言的角度考證敦煌本《壇經》成書的時代，他說：

我們還可以在方言、俗語、歷史背景等方面，來認識《壇經》，它是唐代作品，而惠昕又是怎樣去整理改動的。如在開頭部分："遂遣惠能隨衆作務"，"作務"一詞在宋代已很少用。"秀上座去數日，作偈不得"，這裡"去數日"在惠昕本上被改爲"經數日"，"不得"

被改成"不成",這已是宋代語言了。"先是三品將軍,性行粗惡,直至嶺上來趁,把著惠能,即還法衣,又不肯取","把著"意即捉住,惠昕大概嫌其不文,把這句話完全刪去,以致語意不相銜接。又如:"大衆愕然,莫知何事。大師曰:'大衆大衆作意聽,世人自色身是城,眼、耳、鼻、舌、身是城門,外有六門——內有意門。'""大衆大衆作意聽"在惠昕本就完全刪去,這正是唐代人的當時語言,正體現這是原始記錄,大概惠昕感到它不是他的時代語言,於是就刪去了。①

這正好說明,敦煌禪宗文獻,真實地保存了唐代語言的原始風貌,在辭彙、語法、語音研究及辭書編纂等方面,具有非常珍貴的語料價值。

這裏我們着重討論敦煌禪宗文獻與大型語文辭書相關的問題。

現有幾部大型語文辭書,各有分工。如《辭源》"以語詞爲主,兼收百科;以常見爲主,強調實用;結合書證,重在溯源"(修訂本《出版說明》)。《漢語大詞典》(以下簡稱"《大詞典》")"是一部大型的、歷史性的漢語語文辭典","着重從語詞的歷史演變過程中加以全面闡述。所收條目力求義項完備,釋義確切,層次清楚"(《前言》)。但是,以敦煌禪宗文獻爲語料來審視這兩部辭書,其在收詞、釋義、溯源及列舉書證等方面,均不同程度地存在一些問題。

一 失收詞語、詞形

大型語文辭書收詞量大,很多問題均可從中找到答案,使用比較方便。因此,可以說一部有較高的學術參考價值的大型辭書,實際上就是一部百科全書。如果有部分詞語在古典文獻中習見,甚至千百年來一直沿用至今,大型語文辭書失收,就會降低其學術性。

敦煌禪宗文獻中有相當部分詞語,爲迄今各大型語文辭書或斷代語言詞典失收。類似這樣的詞語,有學者稱爲"新詞",失載的義項也就被稱

---

① 《敦博本禪籍錄校·序二》,江蘇古籍出版社 1998 年版,第 5—7 頁。又見《敦煌寫本〈壇經〉之考定》,周紹良編著《敦煌寫本〈壇經〉原本》,文物出版社 1997 年版,第 180—181 頁。

爲"新義"。所謂"新詞新義"，應是前代没有而當代才產生的新說法，這才稱得上是"新詞新義"。如果某些詞語或意思很可能早已存在，只是由於研究不夠而辭書失載，稱之爲"新詞新義"其實並不恰當。

例如，前人在爲一些典籍作注時，往往以當代易曉的詞語去解釋典籍中一些不爲人理解的詞語。《漢書・袁盎傳》"且緩急人所有。夫一旦叩門，不以親爲解，不以在亡爲辭，天下所望者，獨季心、劇孟"顏師古注："解者，若今言分疏矣。"又《翟方進傳》"時方進新爲丞相，陳咸内懼不安，乃令小冠杜子夏往觀其意，微自解說"師古注："解說猶今言分疏。"又《武帝紀》"初榷酒酤"師古注："榷者，步度橋，《爾雅》謂之石杠，今之略彴是也。"《廣韻・覺韻》："榷，以木渡水，今之略彴也。"如果"分疏""略彴"不見於前代典籍，那我們可以認爲是唐代某一時期才產生的新詞。但"分疏"已見於北齊①，不算新詞了。《大詞典》（7/1356頁）"略彴"謂"小木橋"，首引《漢書・武帝紀》顏師古注，次引《舊五代史》，未發現早於唐代的文獻用例。唐顧況有《寄上兵部韓侍郎奉呈李户部盧刑部杜三侍郎》詩："詠題官舍内，賦韻僧房前。公登略彴橋，況傍龍舸船。""略彴"可以算是唐代產生的新詞。因此，在没有弄清一個詞或義項產生的確切時代的情況下，我們不採用"新詞新義"這一說法，寧肯保守地稱之爲"辭書未收的詞語和義項"。對辭書失收或未收的詞語、義項或詞形進行深入細緻的研究，可爲大型語文辭書的編纂與修訂提供翔實的參考依據。

討論辭書失收的詞語，首先要確定兩個以上字符的組合是不是詞，只有判定一個組合確鑿無疑是詞，而辭書當收而未收，方可認爲是失收。

例如，S.2165、S.5692《亡名和尚絕學箴》："圖書翰卷，其用不恒。"此亦見唐道世《法苑珠林》卷六十一作"塗舒翰卷"，明梅鼎祚編《釋文紀》卷三十六作"徒舒翰卷"，釋正勉、性通同輯《古今禪藻集》卷一作

---

① 宋趙與時《賓退錄》卷三："世俗謂自辯解曰'分疏'。顏師古注《袁盎傳》'不以親爲解'曰：'解者，若今言分疏。'又《北齊書・祖珽傳》：'高元海奏珽不合作領軍，并與廣陵王交結。珽亦見，帝令引入，珽自分疏。'則北朝暨唐已有是言也。"《大詞典》（2/584頁）"分疏"即首引《北齊書》例。又，《全北齊文》據《續高僧傳》卷二十一《釋慧光傳》錄馮袞居士《捧心論》："特須分疏，勿迷自他。"則"分疏"確實產生於北齊。

"徒一作塗舒翰卷"，"塗舒""徒舒"當爲"圖書"之音誤。宋岳珂《寶真齋法書贊》卷三："右光宗皇帝御書《待月》詩一篇，真蹟一卷，嘉定戊辰五月，臣在九江得于太守韓松，松故慈懿后家姻聯，故多藏帝翰卷，末有御璽一。"明徐宏祖《徐霞客遊記》卷十二《西南遊日記》："既見，始知其即一葦也。爲余瀹茗炙餅，出雞葼松子相餉。坐間以黃慎軒翰卷相示，蓋其行腳中所物色而得者。""翰卷"，《大詞典》未載，但收錄"翰札""翰藻""翰牘"等。在構詞方式上，"翰卷"與"翰札"等相同。從詞義來看，"翰札"謂"書札，翰牘"，"翰牘"謂"書籍；書札文牘"，則"翰卷"正謂書籍、書卷。從句法上看，"圖書翰卷"前後連類並舉，"圖書"爲語詞，《大詞典》（3/667頁）收錄，❶"書籍"，❷"圖籍。指疆域版圖與戶籍等簿冊"，則"翰卷"無疑也應爲語詞。

又如，S.4556《注心經》："故知色如聚沫，受如水泡，想如陽炎，行如芭蕉。"敦博77作"聚末"，"末"爲"沫"省旁字。此爲注引《中論》卷四文。"聚沫"，《大詞典》未收。從修辭上看，此爲排比句，與之對舉的"水泡""陽炎""芭蕉"均爲語詞，《大詞典》收錄，則"聚沫"亦應爲語詞。"聚沫"亦見於其他佛典，如西晉竺法護譯《佛說普曜經》卷四《出家品第十二》："如水上泡，適起便滅，處在顛倒，亦如聚沫，幻化臥夢。"姚秦鳩摩羅什譯《維摩詰所說經·方便品》："是身如聚沫，不可撮摩。"元魏吉迦夜共曇曜譯《付法藏因緣傳》卷二："此身不堅腐敗危脆，猶如聚沫須臾變滅。"唐道世《法苑珠林》卷五十六《育王部》："嗚呼大悲師，演說正妙法。此身如聚沫，於義無有實。"以上各例，均以"聚沫"爲譬，謂人生無常，肉身易滅。亦見於世俗文獻，如《列子·湯問》："當臣之臨河持竿，心無雜慮，唯魚之念，投綸沈鉤，手無輕重，物莫能亂，魚見臣之鉤餌，猶沈埃聚沫，吞之不疑。"《梁書·沈約傳》載約《郊居賦》："悅臨風以浩唱，折瓊茅而延佇。敬惟空路邈遠，神蹤遐闊。念甚驚飆，生猶聚沫。歸妙軫於一乘，啓玄扉於三達。""生猶聚沫"謂生命短暫，好比聚集的泡沫瞬間即散。《大詞典》（8/680頁）收錄與"聚沫"同構的"聚米"，❷"米堆。形容矮小"；又（681頁）"聚落"謂"村落，人們聚居的地方"。而"聚沫"謂聚集的泡沫，形容極易消散

的東西。故當補收"聚沫"一詞。

半個多世紀以來，由於學術界對敦煌禪宗文獻的語言研究關注不夠，因而在現有大型語文辭書中，很少看到敦煌禪籍方面的書證。一些見於敦煌禪籍的詞語，也因沒有揭示出來，致使辭書失收。現在我們應當補上這個環節，爲將來的辭書編纂和修訂提供參考。

例如，敦博本《壇經》："前念後念及［今］念，念念不被愚癡染。除却從何（前）矯雜心，永斷名爲自性懺。"鄧文寬、榮新江《敦博本禪籍錄校》云："矯雜：乙本同。甲本作'矯誰'。惠昕等三本作'矯誑'，是，當據改。"按"甲本"（S.5475）"矯"下之字右部作"主"，故在"誰""誑"之間，校作"矯誑"是。唐道宣《廣弘明集》卷五《老聃非大賢論》："是以見偏抗之辭，不復尋因應之適；睹矯誑之論，不復悟過直之失耳。"又卷十二《謹奏決破傅奕謗佛毀僧事》："昔崔浩說魏太武令破滅佛法，殺害僧尼，自於家內禮事尊像，太武察得，忿其矯誑，即便誅戮曝屍都市。""矯誑"爲語詞，唐慧琳《一切經音義》有釋，如卷五《大般若波羅蜜多經第四百十五卷》："矯誑：上居夭反，矯詐也。正從夭作矯，經中從右作矯，俗字也。下俱況反。賈逵注《國語》云：'誑，猶惑也。'杜預注《左傳》云：'誑，欺也。'"

又如，S.2595《觀心論》："若言癡身清淨，當觀此身無因貪欲不淨所生，臭穢駢闐，內外充滿。"S.191《法師問答》："是此香熏諸臭穢，無明惡業悉令消滅。""臭穢"謂臭腐穢惡，亦見於其他佛典。南朝梁慧皎《高僧傳》卷三《求那跋摩傳》："我昔曠野中，初觀於死屍，膖脹蟲爛壞，臭穢膿血流。"元魏吉迦夜共曇曜譯《付法藏因緣傳》卷三："今自應當諦觀此色，無常危脆猶如聚沫，覆以薄皮外現嚴飾，筋骨相連涕唾不淨，譬如畫瓶盛滿臭穢。"唐道宣《廣弘明集》卷二十五載梁武帝《斷酒肉文》："惟願無上尊，哀愍爲演說。愚夫所貪着，臭穢無名稱。"慧琳《一切經音義》卷八《大般若波羅蜜多經第五百六十八卷》："臭穢：上昌獸反。《玉篇》：'臭者，凡物氣之總名。'《說文》：'禽走臭而知其迹者，犬也。從犬從自。'自者，古文鼻字也。經從死作臰者，非也。下於喙反。顧野王曰：'穢者，不清潔也。'《韻英》：'穢，惡也。'

《考聲》：'荒蕪也。或作薉也。'《說文》從禾歲聲也。"又卷七十九《經律異相第四十三卷》："腥臊：上音星，下桑刀反。《韻詮》云：'臭穢也。'"亦見於世俗文獻。《釋名·釋言語》："醜，臭也，如物臭穢也。"《後漢書·陳蕃傳》："夫不有臭穢，則蒼蠅不飛。"又《董卓傳》："是時穀一斛五十萬，豆麥二十萬，人相食噉，白骨委積，臭穢滿路。"

有的詞語，編纂在前的《辭源》已收録，《大詞典》却未收，但並非與其收詞標準不符。例如"關心"，《辭源》（3253頁）謂"猶言留意"，首引南朝鮑照《鮑氏集》三《代堂上歌行》："萬曲不關心，一曲動情多。"次引唐王維《王右丞集》二《酬張少府》詩："晚年惟好靜，萬事不關心。"釋義與書證相吻合。"關心"是一個動賓式的詞語，有具體含義，不應存在爭議。敦煌本《菩提達摩南宗定是非論》："遠法師問：'修此論者，有不爲求名利乎？'和上答曰：'今修此論者，生命尚不惜，豈以名利關心？'"亦見於其他佛典。南朝梁慧皎《高僧傳》卷二《佛陀耶舍傳》："時人號曰赤髭毘婆沙，既爲羅什之師，亦稱大毘婆沙。四事供養，衣鉢臥具滿三間屋不以關心。"唐道世《法苑珠林》卷二十三《説聽篇第十六·述意部第一》："故知傳法不易，受聽極難。良由去聖日久，微言漸昧。而一說一受，固亦難行。恐名利關心，垢情難淨也。"元宗寶本《壇經·般若第二》："憎愛不關心，長伸兩腳臥。"《大詞典》未收此詞，不知何故。

有些詞語書面形式不同，但詞義却完全相同，《大詞典》只收録了其中某個詞形，而另外一些詞形却未收録。換言之，有些詞語可能最初並無定形，幾種書寫形式並行不悖，一般人只注意到某一詞形，但作爲大型語文辭書，則應盡可能反映文獻語用的實際，不能厚此薄彼。因此，漏收詞形尤其是常見詞形，肯定是一種疏失。

例如，敦博本《壇經》："從今已後，稱佛爲師，更不歸依邪迷外道。"又："十弟子，已後傳法，遞相教授一卷《壇經》，不失本宗。"又："今日已後，遞相傳受。"又："吾去已後，莫作世情悲泣，而受人吊問、錢帛，着孝衣，即非聖法，非我弟子。"敦博本《菩提達摩南宗定是非論》："遠法師問：'能禪師已後有傳授人不？'答曰：'有。'又問：'傳授

者是誰？'和上答：'已後應自知。'""已後"同"以後"。《荀子·非相》："人之所以爲人者何已也？"楊倞注："已與以同。"《正字通·已部》："已，與㠯古共一字，隸作㠯、以。"況且《大詞典》（4/71頁）收錄與此同構的"已來"、"已往"及（72頁）"已降"、"已還"等，故"已後"亦應收錄。

又如，S.4556《注心經》："故知色如聚沫，受如水泡，想如陽炎，行如芭蕉，識如幼（幻）化也。"又："故言渴鹿逐陽炎，實非水也。"S.6042《行路難》："無心甚清高，一切諸法如陽炎。"S.2715《達摩論》："問：'云何二諦？'答：'譬如陽炎，惑者見陽炎作水解，實非水，此是陽炎。二諦義亦復如是。'"又："問：'大道爲近爲遠？'答：'如似陽炎，非近非遠，鏡中面像，亦非近非遠。'"P.3777《蘄州忍和上道凡趣聖悟解脫宗修心要論》："及見此心識流動，猶如水流陽炎，業業不住。"P.4646《頓悟大乘正理決》："又問云：'其野馬陽炎其實不會。'答：'野馬喻妄想心，陽炎喻一切世間一切法。譬如渴野馬見陽炎是水，非實是水。'"S.5702《秀禪師勸善文》："雖知外邊趁陽炎，不覺無明賊在內。"《大詞典》（11/1072頁）"陽焰"謂"亦作'陽燄'、'陽焱'"，❶"指浮塵爲日光所照時呈現的一種遠望似水如霧的自然景象。佛經中常用以比喻事物之虛幻不實者"。"炎"即"燄"，又同"焰"。《說文·火部》"炎"徐灝注箋："炎、燄古今字。"《漢書·藝文志》引《春秋》"人之所忌，其氣炎以取之"顏師古注："炎，讀與燄同。"於此知"陽炎"即"陽焰"。"想如陽炎"，正謂想爲幻化之事。《大詞典》（1068頁）"陽炎"謂"耀眼的陽光"，此別一義，應補"指浮塵爲日光所照時呈現的一種遠望似水如霧的自然景象。佛經中常用以比喻事物之虛幻不實者"義；於"陽焰"補收"陽炎"一形，"亦作'陽燄'、'陽焱'、'陽炎'"。

類似這樣的詞語還有不少，此不贅舉。需要說明的是，個別詞語實際上早於敦煌禪宗文獻，但由研讀敦煌禪籍而引起注意，再由此而旁搜遠紹，正是借鑒前輩學者所採用的研究方法，希望能將這些詞語的來龍去脈說得更清楚些，每條詞語考釋的材料及結論更扎實一些。

二　釋義不確或義項漏略

辭書釋義，應緊扣每一個詞語和書證，其外延不能任意擴大和縮小，內涵必須與該詞語榫合，不枝不蔓，概括周密。檢驗詞語釋義是否準確或周備，清王引之《經傳釋詞·自序》謂"揆之本文而協，驗之他卷而通，雖舊所無，可以心知其意也"，就是非常科學的方法。

例如，敦博本《壇經》："慈悲即是觀音，喜捨名爲勢至。"北圖結字93號（8380）詩三首之二："慈悲喜捨福田生，彼此相繞莫共爭。"又，敦煌寫本P.2054《十二時普勸四衆依教修行》："慈悲喜捨離慳貪，忍辱柔和除倨傲。"任半塘《敦煌歌辭總編》（1607頁）[一二二七]首錄後例，校釋云："'喜捨'一云'淨捨'，'淨施'，喜布施財物。"按任先生說本丁福保《佛學大辭典》（2052頁）。項楚師《敦煌歌辭總編匡補》云"'喜捨'是並列關係，'慈悲喜捨'即佛書所云'四無量心'"，引《大智度論》及《法門名義集》，《名義集》謂"喜慶彼得，名之爲喜。捨能亡憎愛，心會平等，離前三心，不著於相，名之爲捨"①。唐道世《法苑珠林》卷八十九《戒相部第七》："四無量者，謂慈悲喜捨。悲能拔苦盡；慈能與樂滿；喜謂慶衆生離苦究竟，樂法滿足；捨謂令衆生行佛行處，至佛至處，方生捨心。"故"喜捨"謂"樂善好施"。再看《大詞典》（3/404頁）"喜捨"條，❶"猶言愉悅地舍離"；❷"亦作'喜舍'。謂行善施捨"，首引明吳承恩《鉢池山勸緣偈》"願汝發喜捨，積少而爲多"。其實，第❷義不確，"喜"字無着落。從語源上說，"喜捨"既是並列關係，就不能理解爲偏正關係。《大詞典》應將"行善施捨"修正爲"樂善好施"，並提前書證。回頭再看《壇經》例，黃茂林先生將"喜捨"英譯爲"to take pleasure in almsgiving"②，潘桂明先生今譯爲"熱情施捨"③，均視爲偏正關係，亦非是。

又如，敦博本《壇經》："大師言：'汝等門人好住。吾留一頌，名《自性見真佛解脫頌》。後代迷[人]門（聞）此頌意，即見自心自性真

---

① 項楚：《敦煌歌辭總編匡補》，巴蜀書社2000年版，第228頁。
② 黃茂林英譯，顧瑞榮今譯：《壇經》，湖南出版社1996年版，第71頁。
③ 潘桂明：《壇經全譯》，巴蜀書社2000年版，第83頁。

佛。與汝此頌，吾共汝別。'"又："大師說偈已了，道（遂）告門人曰：'汝等好住，今共汝別。吾去已後，莫作世情悲泣而受人吊問、錢帛、着孝衣，即非聖法，非我弟子。'"此寫慧能辭世前兩度與門弟子告別，"好住"猶謂保重。亦見於其他佛典。唐道宣《續高僧傳》卷七《釋慧布傳》："年七十與眾別云：'布命更至三五年在，但老困不能行道，住世何益。常願生邊地無三寶處，爲作佛事去也，幸各好住，願努其力。'於是絕穀不食，命將欲斷。"道世《法苑珠林》卷十五《引證部第六》"唐相州寒陵山寺釋道昂"："昂曰：'大眾好住。今西方靈相來迎，事須親往。'言訖，但見香鑪墜手，便於高座而終。"僧人圓寂前亦可以文字留囑，如《法苑珠林》卷九十六《引證部第二》"周終南山釋靜藹"："後有訪道思賢者，入山禮敬，循諸崖險，乃見藹書遺偈在於石壁，題云：初欲血書本意，不謂變爲白色。即是菩薩之慈血也，遂以墨書。其文曰：諸有緣者，在家出家，若男若女，皆悉好住。於佛法中，莫生退轉。若退轉者，即失善利。"母子相別亦可互致"好住"，如《敦煌變文校注·大目乾連冥間母變文》（1034頁）："'和尚欲得阿孃出，不如歸家燒寶香。'目連慈母語聲哀，獄卒擎叉兩畔催。欲至獄前而欲倒，便即長悲好住來。　青提夫人一個手，託着獄門迴顧盼。言'好住來，罪身一寸腸嬌子'處。"《大詞典》（4/286頁）"好住"謂"行人臨去時慰囑居留者之詞，猶言安居保重"，所釋不確。應概括爲"臨別留囑之詞，猶言保重"。

另如，敦博本《壇經》："眾僧既聞，識大師意，更不敢諍，依法修行。一時禮拜，即知大師不久住世。"又："六祖說偈已了，放眾生（僧）散。門人出外思惟，即知大師不久住世。""不久住世"，謂不久於人世。故"住世"謂活在世上。黃茂林先生英譯爲"Seeing that the Patriarch would pass away in the near future"①，甚是。S.2503《大乘無生方便門》："或有眾生樂久住世而不度者，菩薩即演七日以爲一劫，令彼眾生爲之一劫。或有眾生不樂久住而可度者，菩薩即從一劫以爲七日，令彼眾生爲之七日。凡夫樂久住世欲得長，即演七日以爲一劫。"《太平廣記》卷五十八《魏

---

① 黃茂林英譯，顧瑞榮今譯：《壇經》，湖南出版社1996年版，第223頁。

夫人》(出《集仙録》及本傳):"常果、元吉二子,位既成立,夫人因得冥心齋靜,累感真靈修真之益,與日俱進,凡住世八十三年。"唐白居易《唐撫州景雲寺故律大德上弘和尚石塔碑銘並序》:"元和十年十月己亥,遷化於東林精舍,示滅有所,故是月丙寅,歸於南岡石墳,住世七十七歲,安居六十五夏。"亦其例。《大詞典》(1/1277頁)"住世","謂身居現實世界。與'出世'相對",首引明袁宏道《〈往有誤傳龍君御死者,作詩哭之〉詩附〈哭詩〉》之一:"住世燈前影,居官浪裏身。"次引《老殘遊記續集遺稿》第五回:"近來我的主意把我自己分做兩個人:一個叫做住世的逸雲……又一個我呢,叫做出世的逸雲。"又,《大詞典》(2/478頁)"出世"立9個義項,其中❷"超脫人世",第三例書證即《老殘遊記續集遺稿》第五回。例中"住世""出世"同時出現,詞典又同引此例,想必即"相對"。但袁詩所謂"住世",並無一個虛幻不實的世界與之"相對",而是指活在世上。細繹《壇經》例,"住世"若解釋爲"身居現實世界",並不準確。

　　《大詞典》所追求的目標之一,是"所收條目力求義項完備",從收載詞語所列義項來看,較此前任何一部詞典都要完備詳贍,這是值得充分肯定的。但由於是書卷帙浩繁,成於衆手,部分詞語所立義項概括不夠周密或義項漏略,亦時有所見。

　　例如,敦博本《壇經》:"大師言:'……有人出來,不惜身命,定佛教是非,豎立宗旨,即是吾正法。"又《菩提達摩南宗定是非論》:"我今爲弘揚大乘,建立正法,令一切衆生知聞,豈惜身命!"S.516《歷代法寶記》:"感荷大師愍我迷愚,示我正法,不由階漸,直至菩提。"P.2162《大乘開心顯性頓悟真宗論》:"深達般若廣爲人說,是即荷負正法擔運勝義,令諸衆生成就功德。"P.3436《楞伽師資記》:"我中國有正法,秘不傳簡,有緣根熟者,路逢良賢,途中授與。"散475《禪源諸詮集都序卷下》:"次傍覽諸家以廣聞見,然後捧讀聖教,以印始終。豈不因此正法久住,在余之志,雖無所求,然護法之心,神理不應屈我。"《大詞典》(5/313頁)"正法"❼"佛教語。謂釋伽牟尼所說的教法。別於外道而言",然慧能亦稱其法爲"正法",神會所謂"我今爲弘揚大乘,建立正

法", 當指建立以慧能爲代表的南宗禪法。可見《大詞典》釋義欠周備, 當補 "某些宗派亦自稱其教義" 之類的義項或附項。

敦博本《壇經》: "惠能幻（幼）少, 父亦早亡, 老母孤遺, 移來南海, 艱辛貧乏, 於市賣柴。忽有一客賣（買）柴, 遂領惠能至於官店。"《敦煌變文集·伍子胥變文》: "自從逃逝鎮懷憂, 使我孤遺無所投。"《大詞典》(4/227頁) "孤遺" 謂 "指無父母的子女", 釋義欠周密。如謂慧能 "老母" 是 "無父母的子女", 則扞格難通。其實, "孤遺" 謂無倚無靠。因慧能年幼即喪父, 其母無夫, 自然是 "孤", "遺" 猶今謂遺孀。故 "老母孤遺", 是說慧能的母親無倚無靠, "移來南海, 艱辛貧乏"。德異本、宗寶本《壇經》下謂 "惠能聞說, 宿昔有緣, 乃蒙一客取銀十兩與惠能, 令充老母衣糧, 教便往黃梅參禮五祖。惠能安置母畢, 即便辭違", 其注腳是慧能成人後, 以砍樵賣柴奉母, 受人資助則暫免後顧之憂, 得以求覓佛法。《伍子胥變文》所述, 因其父兄遭戮, 他自己亦被迫逃亡在外, "使我孤遺無所投", 正謂無所投靠矣。

又如, 敦博77《注心經序》: "稠禪師涅槃後, 數百年無人住持, 靈泉涸竭, 柏樹彫朽。" "彫朽", 《辭源》未收。《大詞典》(3/1126頁) 謂 "孔子門人宰予晝寢, 孔子說：'朽木不可彫也。' 見《論語·公冶長》。因以 '彫朽' 喻教育愚昧的人", 此別爲一義。上例之 "彫朽", 意爲 "彫枯朽壞", S.4556作 "枯朽"; 又S.4556下文云 "自從大唐淨覺禪師尋古賢之跡, 再修葺禪宇, 掃灑未經三日, 涸泉謂（爲）之湧出, 朽柏謂（爲）之再茂也", 亦可證。南朝梁慧皎《高僧傳》卷四《竺僧度傳》: "人生一世間, 飄忽若過牖。榮華豈不茂, 日夕就彫朽。" 亦以 "彫朽" 喻衰朽。"彫朽" 的構詞方式與《大詞典》所收 "彫枯" "彫荒" "彫破" "彫衰" "彫敝" 等相同, 因此應補義項。

再如, S.5475《壇經》: "吾教汝說〔法〕, 不失本宗。" 敦博本《壇經》: "十弟子, 已後傳法, 遞相教授一卷《壇經》, 不失本宗。" 又《菩提達摩南宗定是非論》: "言《菩提達摩南宗定是非論》者, 敘六代大德師師相授, 法印相傳, 代代相承, 本宗無替。" P.4646《頓悟大乘正理決》: "臣前後所說皆依經文, 非是本宗。若論本宗者, 離言說相, 離自心分

別相。""本宗"《辭源》未收。《大詞典》（4/711頁）❶"猶祖籍"，❷"本宗族"，但《壇經》"本宗"謂"本旨"，下文"今日已後，遞相傳受，須有依約，莫失宗旨"，與上例句式相同，亦可證。漢譯"不失本宗"爲"不失頓教法門的宗旨"，黃茂林先生英譯爲"keep up the tradition of our School"①，是矣。《大詞典》"本宗"應補"本旨，宗旨"義項。

三　溯源有不見源者

像《辭源》《大詞典》這兩部語源性辭典，溯源是一項非常重要的任務，也是區別於其他辭典，體現其學術性的關鍵所在。因此，溯源應見其源，來龍去脈一目瞭然。用這個標準來衡量這兩部大型工具書，亦有不夠完善之處。

例如，P.4646、S.5532《觀心論》："又鑄形像者，即是一切眾生求佛道，所爲修諸覺行，昉像如來，豈遣鑄寫金銅之作也。是故求解脫者，以身爲鑪，以法爲火，智惠爲功（工）匠，三聚淨戒、六波羅蜜以爲畫樣，鎔練身心真如佛性，遍入一切戒律模中，如教奉行以充缺漏，自然成就真容之像。所爲究竟常住微妙色身，非有爲敗壞之法。若人求道不解，如是鑄寫真容，憑何輒言成就功德？"佚名《少室六門·第二門破相論》："經中所說，佛令眾生修造伽藍，鑄寫形像，燒香散花，燃長明燈，晝夜六時遶塔行道，持齋禮拜，種種功德，皆成佛道。"唐慧琳《一切經音義》卷三十五《菩提場所說一字頂輪王經》："鎚銅：搥類反，借音用也，本無此字。初即鑄寫，然後再入火中，燒鍊椎打而成，名爲鎚銅，順俗語也。"又卷一百《觀心論》："鑄寫：上朱孺反，《考聲》：'鎔寫也。'顧野王云：'洋銅爲器曰鑄也。'"薛用弱《集異記·平等閣》："又二十年，功力復集，乃告遐邇，大集賢愚，然後選日，而寫像焉。及期，澄空乃登鑪巔，百尺懸絕，揚聲謂觀者曰：'吾少發誓願鑄寫大佛，今年八十，兩已不成，此更違心，則吾無身以終志矣。'"鑄寫"《辭源》未收。《大詞典》（11/1423頁）"鑄鎔"謂"用模子澆鑄"，最早書證爲《政和證類

---

① 黃茂林英譯，顧瑞榮今譯：《壇經》，湖南出版社1996年版，第210、211頁。

本草》引宋蘇頌《圖經本草》，未收"鑄寫"一形。"寫"本有"用模子澆鑄"義，如《國語·越語下》："王命金工以良金寫范蠡之狀而朝禮之。"韋昭注："以善金鑄其形狀。""鎬"爲後起增旁字，出現時代較晚。如《集韻·馬韻》："鎬，範金也。"《正字通·金部》："鎬，俗寫字。範鎬，古作寫，俗加金。"《大詞典》收"鑄鎬"而未收"鑄寫"，可謂"數典忘祖"矣。

又如，S.2595《觀心論》："說七事者，第一淨水，二者然火，三者澡豆，四者楊枝，五者淳灰，六者蘇膏，七者內衣。"又："六謂柔和諸剛強，由如蘇膏，通閏（潤）皮膚。"P.2162《大乘開心顯性頓悟真宗論》："汝離燒炭火、溫淨水、清灰、操（澡）豆、楊枝、蘇膏、內衣等七物洗浴者，若常弄心性縱放貪嗔，呵打是非，令他聲淚俱下，即是出仏身血，常行三塗業。"《辭源》（2739頁）"蘇膏"㊀"食品名"，㊁"佛家澡浴所用七物之一"。後義書證爲《法苑珠林》四五《洗僧》："澡浴之法，當用七物除去七病，得七福報。何謂爲七物：一者然火，二者淨水，三者澡豆，四者蘇膏，五者淳灰，六者楊枝，七者內衣。"按周叔迦等校注本"洗僧"在第三十三卷，但與《四部叢刊》初編影明萬曆本均作"酥膏"。此出後漢安世高譯《佛說溫室洗浴衆僧經》（見《大正藏》第16卷NO.701），故《辭源》並未溯到源頭。又見於其他佛典，如宋道誠集《釋氏要覽》卷中《制聽》："佛爲醫王耆域（漢言固活）說浴僧當用七物：一燃火，二淨水，三澡豆，四蘇膏，五淳灰，六楊枝，七內衣。""七物"中《大詞典》（7/169頁）收錄"然火"及（261頁）"燃火"、（6/164頁）"澡豆"、（4/1173頁）"楊枝"及"楊枝淨水"、（1/1001頁）"內衣"等，沒有理由不收"蘇膏"，亦未收"酥膏"。

另如，S.4556《注心經》："空中尋鳥跡，窖雪擬餘粮，實非有也。"《大詞典》（12/559頁）"餘糧"謂"指吃和用以外餘下的糧食"，引《商君書》、元王曄《桃花女》均作"餘糧"，引艾蕪《夜歸》作"餘粮"。"粮"見於漢《禮器碑》，《玉篇·米部》謂"粮，同糧"。顯然《注心經》之"餘粮"，"粮"非"糧"的簡化字，即在唐代就有"餘粮"這一詞形，比今人文例要早千餘年。

四　無書證或書證滯後

書證是一個詞在歷史長河中消長存亡的證據，因此要客觀地反映某個詞的歷史面貌，必須輔以恰當的書證。《辭源》和《大詞典》，是在前代辭書的基礎上，博採衆長修訂或編纂而成的後出轉精的大型語文工具書，但有些比較常用的詞語無書證，或書證時代較晚。

例如，P.3861c《三窠法義》："骨肉堅硬，俞如地大。"S.5531《少（小）乘三科》："有骨肉堅硬，以爲地大。"P.3373《三課一本》（尾題）："骨肉堅哽，以爲地大。"① "哽"爲"硬"形誤。《玉篇·石部》："磑，堅硬也。"北魏賈思勰《齊民要術》卷一《耕田》："秋無雨而耕，絕土氣，土堅硬，名曰脂田；及盛冬耕，洩陰氣，土枯燥，名曰脯田。"唐玄應《一切經音義》卷二十三《對法論》："磽确：口交反，下苦角反。《通俗文》：'堅硬謂之磽确。'謂瘠薄地也。"慧琳《一切經音義》卷八十二《大唐西域記》："磽确：上巧交反，下苦角反。顧野王云：'磽，堅也。'地堅硬則瘦，不宜五穀。"段成式《酉陽雜俎》卷十八《廣動植之三·木篇》："其莢長二尺，中有隔，隔内各有一子，大如指頭，赤色，至堅硬，中黑如墨，甜如飴，可噉，亦入藥用。"《大詞典》（2/1118頁）"堅硬"謂"硬。如：堅硬的山石"，自編例句。

又如，P.4646《頓悟大乘正理決》："如《花嚴》、《楞伽》等經云，如日出雲，濁水澄清，鏡得明淨，如銀離礦等。"P.3409《六禪師偈》："五陰山中有一池，裏金（有）金沙無人知②。定水澄清取得用，開門大施貧窮人。""澄清"謂使水變清。亦見於其他佛典，如唐道世《法苑珠林》卷八十六《洗懺部第六》："譬如明珠，投之濁水；以珠威德，水即澄清。佛性威德，亦復如是。投諸衆生四重五逆煩惱濁水，皆即澄清。"亦見於世俗文獻，如北魏賈思勰《齊民要術》卷五《種藍》："漉去荄内汁於甕

---

① 王重民《伯希和劫經錄》著録云"殘存敬法門爲禪宗書"。田中良昭《敦煌禪宗文獻的研究》（360頁）以爲即《大乘三科》。

② "有"從項楚師校："'裏金'《補編》校作'池裏'，非是。原文'裏'字不誤，'金'當作'有'，涉下'金'字而誤。前四偈有'裏有一佛二菩薩'、'裏有一柱帶千梁'、'裏有禪師坐繩床'、'裏有金銀如意珠'等語，皆與此處'裏有金沙無人知'句式相同，可爲證也。""《補編》"指周紹良先生等編《敦煌變文集補編》。參見項楚師《敦煌詩歌導論》，巴蜀書社 2001 年版，第 121 頁。

中，率十石甕著石灰一斗五升，急抨之，一食頃止，澄清，瀉去水。"《辭源》（1885頁）"澄清"㊀"使混濁變爲清明"，㊁"澄朗"，前義所引書證爲《後漢書》及《世說新語》"有澄清天下之志"，別爲一義。《大詞典》（6/151頁）"澄²"音dèng，又（153頁）"澄₂清"謂"使雜質沉澱，液體變清"，首引周立波《桐花沒有開》，書證時代過晚。

另如，敦博77《注心經》："西國名'菩提質帝薩埵'……翻譯省略，真（直）言是菩薩也。"南朝梁慧皎《高僧傳》卷十四《序錄》："俾夫披覽，於一本之內可兼諸要，其有繁辭虛贊或德不及稱者，一皆省略。故述六代賢異，止爲十三卷，並序錄合十四軸，號曰《高僧傳》。"唐慧琳《一切經音義》卷五《大般若波羅蜜多經第四百二十七卷》："毒蟲：逐融反，正體字也。經文作虫，俗字也，省略也。"《魏書·禮志四》："竊以爲古者諸侯有朝會之禮，故有從饗之儀，今無其事，宜從省略。"《辭源》（2205頁）"省₂略"謂"簡忽，疏略"，別爲一義。《大詞典》（7/1175頁）"省₂略"❷"刪節；省除"，首引楊樹達《古書疑義舉例續補·省略句》，書證過晚。

敦博本《壇經》："若不同見解，無有志願，在在處處，勿妄宣傳，損彼前人，究竟無益。""宣傳"謂傳播，宣揚。亦見於其他典籍。晉葛洪《抱朴子·勤求》："徒以一經之業，宣傳章句，而見尊重，巍巍如此，此但能說死人之餘言耳。"唐道宣《續高僧傳》卷二十九《釋道積傳》："先講涅槃後敷攝論，並諸異部，往往宣傳。"道世《法苑珠林》卷九十八《破戒部第七》："若有比丘欲諦學道……宣傳正經、佛之雅典、深法之化，不用多言，按本說經，不捨正句，希言屢中，不失佛意。"智昇《開元釋教錄》卷九："昇早預釋流，志弘大教，但才微力寡，無遂本懷，俯仰之間，亟經寒暑，曾未能宣傳正法，荷擔菩提。"《辭源》（826頁）"宣傳"謂"傳達宣布"，附項謂"也指互相傳布"，義不盡合。《大詞典》（3/1414頁）"宣傳"❸"傳播，宣揚"，首引老舍《駱駝祥子》，書證滯後千餘年矣。

S.516《歷代法寶記》："和上語道逸等，此間粮食並是絕緣，人般運深山中不能。"S.958《大乘要語一卷》："'乾闥婆城裏作峰子，將何軍

器粮食？'答：'將龜毛箭菟（兔）角弓水聚沫作粮食。'"敦煌本P.3211、S.5441《王梵志詩集》："粮食逢醫藥，垂死續命湯。"又P.3418《王梵志詩》："渾家少粮食，尋常空餓肚。"《龍龕手鏡·米部》："粮、糧，音良，～食也。"《大詞典》（9/2414頁）"糧食"謂"古時行道曰粮，止居曰食。後亦通稱供食用的穀類、豆類和薯類等原粮和成品粮"，"粮食"一形引魏巍《在風雪裏》。

P.3777《蘄州忍和上道凡趣聖悟解脫宗修心要論》："五欲者，色聲香味觸；八風者，利衰毁譽稱譏苦樂；此是行人磨練佛性處。""磨練"，S.4064作"摩練"（"摩"爲"磨"字音借，如"達摩"亦寫"達磨"）。唐道世《法苑珠林》卷十九《敬益部第三》："如《寶性論》云：'三寶有六義，故須敬也。……如世真金，燒打磨練，不能變改。'"《大詞典》（7/1108頁）"磨鍊"謂"亦作'磨煉'、'磨練'。猶鍛煉"，"磨練"首引老舍《茶館》。

五　疏於配合

詞典對所收詞語（包括異形詞），不管是釋義或說明詞形，"參見"應可參可見，異形詞要能見形，同時應舉出與該詞形匹配的書證。

例如，敦博77《菩提達摩南宗定是非論》："虛空無般若故，致使不言見。"又："虛空無般若故，致使不得言見。"又："般若無知，無事不知，以無事不知故，致使得言見。"S.5619《無心論》："眾生迷妄，於無心中而妄生心，造種種業，妄執爲有，足可致使輪迴六趣生死不斷。""致使"謂以致，使得。《敦煌變文集·葉淨能詩》："朝庭將相，皆言皇帝匆匆納力士之[口]，致使天使不住人間，却歸於上界，蓋非淨能之過矣。"亦見於其他佛典，如後秦佛陀耶舍共竺佛念譯《長阿含經》卷七《第二分弊宿經第三》："我父去時，具約勅我，守護此火，慎勿令滅。而我貪戲，致使火滅，當如之何？"隋闍那崛多等譯《起世經》卷九《劫住品第十》："但於是時，諸如法人，以其過去無十善業勝果報故，遂令非人放其災氣，流行癘疫，致使多人得病命終。"亦見於世俗文獻，如東漢董卓《請誅宦官表》："京畿諸郡，數百萬膏腴美田皆屬（張）讓等，

致使怨氣上蒸，妖賊蠭起。"《後漢書·種暠傳附子拂》："李傕、郭汜之亂，長安城潰，百官多避兵沖。拂揮劍而出曰：'爲國大臣，不能止戈除暴，致使凶賊兵刃向宮，去欲何之。'遂戰而死。"《史記·孔子世家》"孔子年七十三，以魯哀公十六年四月己丑卒"司馬貞索隱："若孔子以魯襄二十一年生，至哀十六年爲七十三。若襄二十二年生，則孔子年七十二。經傳生年不定，致使孔子壽數不明。"《辭源》《大詞典》未收"致使"。但《大詞典》（8/795頁）收錄"致得"，❶"致使"；又（787頁）收錄"至使"，謂"猶致使。至，通'致'"。顯然認爲"至使"不如"致使"用得普遍，故以"致使"爲訓，並指出"至，通'致'"。"至""致"同在"至部"，一前一後，若稍加配合，則會發現"致使"失收。因"至使"雖釋"猶致使"，並未作進一步的解釋。如果有人窮追不捨，應該可以通過查找"致使"一詞的解釋而弄清"至使"是什麼意思。遺憾的是，因"致使"失收而讀者根本不可能找到答案。實際上"至使"雖釋爲"猶致使"，亦因"致使"失收而等於未作解釋，讀者就只好另找答案了。"致使"與"致得"同構，與"至使"異形而同義，《現代漢語詞典》"致使"謂"由於某種原因而使得；以致"，上引敦煌禪宗文獻及其他典籍中所見"致使"正是此義。可見此詞自東漢沿用至今，因《大詞典》相關詞條配合不夠，"致使"這一詞語便湮沒近兩千年矣。

又如，S.516、P.3717《歷代法寶記》："阿師今將世間生滅心測度禪大癡愚，此是龍象蹴踏，非驢所堪。""蹴踏"謂踩踏。P.2125作"蹴踏"。《大詞典》（10/553頁）"蹴踏"所列異形詞有"蹴蹋"，❶"踩；踏"，但未引證"蹴踏"一形的書證。

敦博本《壇經》："吾滅後二十餘年，邪法遼亂，惑我宗旨。有人出來，不惜身命，定佛教是非，豎立宗旨，即是吾正法。"S.5475亦作"豎立"。S.516《歷代法寶記》："汝若欲知得我法者，我滅度後廿年外豎立我宗旨者，即是得法人也。"又："我法我死後廿年外，豎立宗旨是得我法人也。"敦博本《菩提達摩南宗定是非論》："一代只有一人豎立宗旨，開禪門教人。"《大詞典》（9/1347頁）"豎立"❶"樹立；建樹"，引《隋書》以下三例均作"豎立"；❷"亦作'竪立'。使物體與地面垂直"，引周而復

《上海的早晨》①。然上引《壇經》等例之"豎立",即詞典"豎立"第❶義。可見詞典所析兩義項,"豎立"均有用例。據體例"亦作'豎立'"應迻至詞目"豎立"之後,並補"豎立"詞條,注明參見。

另如,S.475《禪源諸詮集都序卷下》:"然世醫處方,必先候脈。若不對病狀輕重,何辨方書是非;若不約痊愈淺深,何論將理法則。法醫亦爾。"唐道世《法苑珠林》卷十六《讚歎部第三》:"大悲愍眾生,故令我歸依。善拔眾毒箭,故稱大醫王。世醫所療治,雖差還復生。如來所治者,畢竟不復發。世尊甘露藥,以施諸眾生。眾生既服已,不死亦不生。如來今爲我,演說大涅槃。眾生聞祕藏,即得不生滅。"《辭源》(80頁)"世醫"謂"世代行醫的人",未收"法醫"。《大詞典》(1/505頁)"世醫"釋義同《辭源》,又(5/1048頁)"法醫"謂"法院中專門負責用法醫學知識檢驗並鑒定涉及法律問題的人體組織及有關物證材料,協助審理案件的專業醫務人員"。這兩個詞的釋義均不適於上引文獻,應另謀新解。其實,"世醫"指俗間爲人治病的人,一般只能解除肉體上的痛苦,故"世醫所療治,雖差還復生"。"法醫"既與"世醫"相對,應指能從精神上解除生死輪回之苦的佛,如謂"世尊甘露藥,以施諸眾生。眾生既服已,不死亦不生",可以達到超凡入聖的境界。

以上所討論的問題,不管是辭書失收詞語、詞形或義項,還是溯源、釋義及列舉書證等,敦煌禪宗文獻都提供了豐富的材料,對於大型語文辭書的編纂和修訂,具有重要的學術參考價值。正如李維琦先生《讓詞書更完善》說,"我們在編詞書的時候,目光主要放在中土文獻上,至於佛典文獻,除了較有文學意義,爲人們所熟悉的那很小的小部分之外,我們還沒有來得及有較多的注意"②。敦煌禪宗文獻事實上也是如此,希望能引起關注。

(原載《漢語史研究集刊》第七輯,巴蜀書社2005年版)

---

① 按《太平御覽》卷一百七十九引《華山記》曰:"南嶺東巖北面有二小山,一山有雙石豎立,號曰石門。"時代更早。

② 李維琦:《佛經續釋詞》(代前言),岳麓書社1999年版,第1頁。

敦煌本唐五代韻書語詞考辨

隋陸法言《切韻》，在唐代出現了一些增修刊謬補缺箋注本，宋景德四年，以舊本各有乖互，或傳寫漏略，或注解未備，乃命重修，於大中祥符四年蕆事，賜名《大宋重修廣韻》，而唐本流傳漸稀，幾至湮没。20世紀初，於敦煌莫高窟及故宫博物院陸續發現了唐五代韻書的寫刻本，80年代出版了周祖謨先生編校的《唐五代韻書集成》（以下簡稱"《集成》"）[1]，爲研究者提供了極大便利，相關研究也取得了顯著成就。如周祖謨先生《廣韻校本》（下稱"周校本"）[2]和余迺永先生《新校互註宋本廣韻定稿本》（下稱"余校本"）[3]，就是參校唐五代韻書寫刻本而成的力作。

韻書除音韻研究的學術價值之外，本身也是按韻編排的同音字典和藴藏豐富的語料寶庫，如詞彙研究價值同樣不可低詁，甚至有必須通過詞彙研究才能明辯是非的問題。在此，我們拈出幾例試作考辨，以就教於方家。

衷 衣

褻衣。敦煌本P.2017《切韻》："衷，善。又衷衣。"S.2055《切韻》："哀，按《說文》：'衷，褻衣也。'"此例爲東韻字，前後小韻字爲"中"和"忠"，故"哀"爲"衷"字形誤。清張士俊澤存堂本《廣韻·薛韻》："褻，裏衣。"周校本（以張本爲底本，541頁）云："裏，日本宋本巾箱本黎本景宋本均作衷，與唐韻合。案漢書敘傳蕭該音義引字林云：'褻，

---

[1] 周祖謨編校：《唐五代韻書集成》，中華書局1983年版。
[2] 周祖謨：《廣韻校本》，中華書局1960年第1版，1988年第2版。
[3] 余迺永：《新校互註宋本廣韻定稿本》，上海人民出版社2008年版。

衷衣也。'"自注："切三及故宮王韻衷亦作裏。"余校本（496頁）云："裏字切三、王二、全王及楝亭本同，唐韻及廣韻餘本並作'衷'。按說文：'褻，私服。''裏，衣內也。'又'衷，裏褻衣。'注：'褻衣有在外者，衷則在內者也。'故裏衣義勝衷衣。周校以衷衣爲合，非也。"其實，"哀""裏"均爲"衷"字形誤[①]，周校是，但自注謂"切三及故宮王韻衷亦作裏"，未下斷語，似頗猶豫；而余校非之則有未當。

《廣韻·東韻》："衷……又衷衣，褻衣也。"又鉅宋本《薛韻》："褻，衷衣。""衷衣"，褻衣也。古來本有"衷衣"一說。《漢書·敘傳》蕭該音義引《字林》："褻，衷衣也。"或即《廣韻·薛韻》所本。《龍龕手鏡·衣部》："褻，衷衣也。"《增韻·薛韻》："褻，私服，衷衣也。"明蕭大亨《夷俗記·北虜風俗·匹配》："婦之衷衣，必以馬尾辮維繫之固，婿以小刀斷之，其始配如此。"

《漢語大詞典》（9/36頁。以下簡稱"《大詞典》"）"衷衣"謂"見'衷裏衣'"，又（37頁）"衷裏衣"謂"貼身內衣"，引明夏完淳詩；又謂"亦省稱'衷衣'"，引清宣鼎《夜雨秋燈錄》。似謂先有"衷裏衣"，或"省稱'衷衣'"，恐非是。實際上，"衷"即中，亦即裏。《左傳·閔公二年》"用其衷則佩之度"杜預注："衷，中也。"《說文·衣部》："衷，裏褻衣。"段玉裁注："褻衣有在外者，衷則在內者也。"故"衷衣"亦作"中衣"。《龍龕手鏡·衣部》："衷，音中，善也，適也，中也，正也。又褻衣，中衣也。"《釋名·釋衣服》："中衣，言在小衣之外，大衣之中也。"漢繁欽《定情》詩："何以結秋悲，白絹雙中衣。"《漢書·萬石君傳》"竊問侍者，取親中裙廁牏，身自澣灑"顏師古注："中裙，若今言中衣也。廁牏者，近身之小衫，若今汗衫也。"[②]宋葉夢得

[①] 黃征、張涌泉：《敦煌變文校注·維摩詰經講經文（三）》（827頁）"所貴裏心生了悟"，項楚師云："'裏心'當作'衷心'，下頁'裏心常有此疑猜'，'裏心'亦應作'衷心'，'裏'、'衷'二字形近而誤。"參見項楚師《〈維摩詰經講經文〉新校》，《四川大學學報》2005年第4期。

[②] 宋黃朝英《靖康緗素雜記》卷七《廁牏》："由是知中裙者，謂其父之中衣也。廁牏者，謂其父圂圊之版也。是二物者，建親自澣洒，以見事親孝謹如此。而顏師古不從此說，乃謂親身之小衫，若今言汗衫是也。果如顏氏之說，則汗衫謂之廁牏，有害於理，而石建澣洒汗衫，亦未足爲孝謹之至也。蓋其義當如蘇林、孟康之說，故後人循襲，所以謂如廁爲廁牏，其說良自於此。"

《石林詩話》卷中："古今人用事有趁筆快意而誤者，雖名輩有所不免。蘇子瞻'石建方欣洗楡廁，姜龐不解歎蚍蜮'，據《漢書》，楡廁本作廁楡，蓋中衣也，二字義不應可顛倒用。"均爲力證。

礲頭

即籠頭，套在馬驢騾等牲畜頭上用以繫韁繩的器具。S.2055《切韻》："礲，馬礲頭。"故宮裴韻同。P.3798《切韻》："礲，礲馬頭。"此誤倒。故宮王韻："礲，馬頭。"當脫"礲"字。鉅宋本、張本《廣韻·東韻》均作"礲，礲頭"。周校本（22頁）曰："注切二及故宮王韻並作'馬礲頭'，此注宜增'馬'字。"按故宮王韻實作"馬頭"，或脫"礲"字。"礲頭"爲共名，"馬礲頭"爲別名則僅限於馬，實際上"礲頭"亦施於驢騾牛等牲畜①，今四川等地小牛穿鼻上繩之前亦施籠頭拘牽。《廣韻》適當修正爲共名，並無不妥。周校謂"宜增'馬'字"，似不必。余校本（561頁）曰："《全王》云：'馬頭。'《切二》、《王二》及《玉篇》云：'馬礲頭。'《說文》：'礲，兼有也。'段注以爲即牢籠之籠本字，並引《吳都賦》'沉虎潛鹿，罿礲僒束'句。罿字《說文》解'絆馬足也'。縶乃其形聲字。'罿'謂絆足，而'礲'謂籠頭，則罿礲者，縶而籠其頭也。《說文》解彎鞿之鞿字云：'一曰礲頭繞者。'段注：'礲頭即羈也，繞纏也。者當作也。'《吳都賦》以'罿礲'與'僒束'對文。諸書注'馬'者俱罿字之誤。云'罿頭'或'罿礲頭者'俱不辭。知礲乃牢籠字，則'礲頭'可解矣。"以"罿頭"而疑諸書俱誤，恐不足信。

"礲頭"出現時代較早。《說文·革部》："鞿，彎鞿。从革，弇聲，讀若膺。一曰礲頭繞者。"段玉裁注："礲，各本作'龍'。《玉篇》作'籠'，而《玉篇·有部》'礲'下曰'馬礲頭'，《吳都賦》云'罿礲'，則'礲頭'爲長，'籠'近之，'龍'非也。礲頭即羈也。"王筠《說文釋例》卷十一《讀若直指》："礲，讀若聾，小徐作籠，是也。《玉篇》訓曰'馬礲頭'，蓋以羈絡馬頭，與兼有義合。籠絡，又恒言也。""鞿"

---

① 古代有施"籠頭"於牛者。《南史·隱逸傳下·陶弘景》："唯畫作兩牛，一牛散放水草之間，一牛著金籠頭，有人執繩，以杖驅之。"

"羈"均有名、動兩義，毋須費辭。《龍龕手鏡·龍部》："龓，音龍，龓頭。與籠同。"或作"韃頭"。《玉篇·革部》："韃，韃頭也。"《龍龕手鏡·革部》："韃，音籠，韃頭。"《廣韻·東韻》"韃"列"龓，龓頭"下，謂"上同"。《古今通韻·東韻》："韃，馬韃頭也。亦作龓。"《太平廣記》卷二百十一《陶弘景》（出《名畫記》）："梁陶弘景，字通明。明衆藝，善書畫，武帝嘗欲徵用。隱居畫二牛，一以金韃頭牽之，一則逶迤就水草。梁武知其意，遂不以官爵逼之。"上注引《南史》則作"籠頭"。"龓頭"亦見於其他敦煌文獻，如P.2646《新集吉凶書儀上下兩卷　并序》："細馬兩疋，不著鞍轡，以青絲作龓頭。"S.1477《祭驢文一首》（尾題）："更擬別買□皮，換却朽爛繩索，覓新鞍子以俗，求好龓頭与著。"又："破龓頭抛在墻（墙）邊，任從風雨；轆鞍子弃於槽下，更不形相。"

《漢語大字典》（縮印本1811頁）"韃"下列複詞"韃頭"，謂"也作'籠頭'。套在騾馬等頭上用來繫韁繩或掛嚼子的器具"，首引《玉篇》。《大詞典》（12/216頁）"韃頭"謂"套在騾馬頭上的絡頭，用皮條或繩子做成，用來繫韁繩"，引《齊民要術》。但牛、驢亦著"韃頭"，"馬"後應加"等"字。又（12/1502頁）"龓"下未收"龓頭"，當補。

稻稈

脫粒後的稻草，可作牛馬等牲畜的飼料或柴禾。P.3798《切韻》："秸，稻稈。"P.2055、故宮王韻及裴韻同。《玉篇·禾部》："秸，稻稈也。"失譯（附東晉錄）《佛說稻稈經》："今日世尊睹見稻稈而作是說：汝等比丘，見十二因緣，即是見法，即是見佛。"北魏賈思勰《齊民要術》卷九《苞肉法》："十二月中殺豬，經宿，汁盡泡泡時，割作捧炙形，茅、菅中苞之。無菅、茅，稻稈亦得。"宋王明清《揮塵後錄》卷九："有城南湯家子，先毆其卒，走歙衆來，痛擊垂死，積稻稈蔽之。兵去，人或救之者，尚活，而膚體已焦裂，少刻而死。"明沈繼孫《墨法集要·油熊》："若用過油熊，內外不淨，以竹筅子刮之，次以稻稈灰揩擦。"李時珍《本草綱目》卷二十二《穀之一·稻》："稻

穰，即稻稈，氣味辛甘，熱無毒，主治黃病。"方以智《通雅》卷四十二《植物》："今之稻稈亦可作屨俱，取其柔忍耳。"徐光啟《農政全書》卷二十五《穀部上·附稈》："且稗稈一畝可當稻稈二畝，其價亦當米一石。"清潘永因編《宋稗類鈔》卷十一："既而旁舟水深，乃積稻稈以進。"屈大均《廣東新語》卷十四《穀》："大抵田無高下皆宜火，火者，稻稈之灰也。"《廣雅·釋草》"稉，槀也"王念孫疏證："今江淮間以稻稈爲席蓐，謂之槀薦，是稻稈亦稱槀也。"俞樾《右台仙館筆記》卷七："蘇俗率以稻稈爲薪，十餘斤爲一束。"

《大詞典》（8/125頁）收錄與此同構的"稻柴"，謂"即稻草"；又"稻草"謂"脫粒後的稻稈"，可見視"稻稈"爲語詞，當補收。又（126頁）"稻藁"謂"即稻草"，亦可證"稻稈"爲語詞矣。

泥㮻

抹子，即泥工飾墻的工具。P.3695《切韻》："朽，泥㮻。㮻字莫寒反。""泥㮻"爲"泥槾"俗寫，故宮王韻同。S.2071作"朽，泥漫，漫字莫寒反"，"㮻"因"泥"偏旁類化作"漫"。P.2011："朽，泥㮻字莫寒反。""㮻"下當脫重文號。又"槾"亦作"鏝"。《說文·木部》："朽，所以塗也。秦謂之朽，關東謂之槾。"段玉裁注："此器今江浙以鐵爲之，或以木……故朽槾，古字也；釫鏝，今字也。"是"泥槾"亦作"泥鏝"。《爾雅·釋宮》："鏝謂之朽。"陸德明釋文："鏝，本或作槾，又作墁。"邢昺疏："鏝者，泥鏝也。一名朽，塗工之作具也。"《玉篇·金部》："鏝，泥鏝也。"鉅宋本、張本《廣韻·模韻》："朽，泥鏝。"《集韻·模韻》："朽，泥鏝也，塗工之具。或作鍈、釫、圬。"《類篇·木部》："朽，泥鏝也，塗工之具。"又《金部》："鍈，泥鏝也，塗工之具。或作釫。"宋李誡《營造法式》卷二《總釋下·塗》引《爾雅》："鏝謂之朽，地謂之黝，牆謂之堊。"原注："泥鏝也。一名朽，塗工之作具也。"朝鮮時代漢語教科書《朴通事諺解》下："叫一箇泥水匠和兩箇垄工來，整治這炕壁。你有泥鏝、泥托麽？"又："你爲甚麼這炕面上灰泥的不平正？將泥鏝來再抹的光着。"清雍正間修《山西通志》

卷一百四十一《孝義一》："閻順，霍州人，家貧，就業臨汾。幼患足疾，拘攣不能伸屈，兩手托泥鏝，以尻着地而行。"此"泥鏝"即形似泥工飾牆的抹子，殘疾人作爲行動的輔助工具。《大詞典》（5/1110頁）"泥鰻"謂"浙江濱海地區用在泥灘上滑行的器具"，引清俞樾《右台仙館筆記·闌胡》："然人行泥中輒陷，必乘泥鰻乃可捕闌胡。泥鰻者，以板爲之，人坐其中，一腳在外，以腳推之，一推行可數丈。"此別一義，但其形制與泥工所用"泥墁"相仿佛耳。

《大詞典》未收"泥墁"及"泥鏝"，當補。

曲岸

曲折的河岸。P.3696《切韻》："碕，曲岸。"S.2055、故宮王韻及裴韻同。S.2071《切韻》："埼，山傍曲岸。又作圻。"故宮王韻："埼，水傍曲岸。亦作圻。"《玉篇·石部》："碕，曲岸頭。"《廣韻·支韻》："碕，曲岸。"又《微韻》："埼，曲岸。碕，上同。圻，亦上同。"《集韻·支韻》："碕，曲岸。或作埼。"《類篇·土部》："埼，曲岸。"《淮南子·本經》："來谿谷之流，飾曲岸之際。""谿谷"爲語詞，"曲岸"與之對舉，亦當爲語詞矣。《文選·謝靈運〈富春渚〉》詩"溯流觸驚急，臨圻阻參錯"李善注引《埤蒼》曰："碕，曲岸頭也。"又《司馬相如〈上林賦〉》"觸穿石，激堆埼"李善注引張揖曰："埼，曲岸頭也。"南朝梁劉孝威《三日侍皇太子曲水宴》詩："蘭樽沿曲岸，靈若泝迴潮。"《藝文類聚》卷九："太宗文皇帝《賦得浮橋》詩曰：'曲岸非千里，橋斜異七星。'"《漢書·揚雄傳上》"探巖排碕，薄索蛟螭"顔師古注："碕，曲岸也。"《楚辭·劉向〈九嘆·離世〉》"遵江曲之逶移兮，觸石碕而衡遊"洪興祖補注："碕，曲岸。"例多不贅。

《大詞典》（7/1055頁）"碕岸"謂"曲折的河岸"，首引晉左思《吳都賦》，未收更爲普通的"曲岸"，當補。

眭盱

健貌。P.3696《切韻》："眭，眭盱，健皃。盱字旭俱反。"《集成》

（58頁）"眭"誤錄作"睦"。S.2055《切韻》作"眭，盱健兒。盱字旭俱反"，"眭"下當脫重文號。故宫王韻作"眭，眭盱，健皃。盱，旭俱反。"《廣韻·支韻》："眭，眭盱，健兒。"又《脂韻》："眭，眭盱，健兒。"《龍龕手鏡·目部》："眭，眭盱，健兒也。"《集韻·支韻》："眭，眭盱，健也。"並爲其證。又"眭"通"睢"。《莊子·寓言》："老子曰：'而睢睢盱盱，而誰與居？'"郭象注："睢睢盱盱，跋扈之貌，人將畏難而疏遠。"成玄英疏："睢盱，躁急威權之貌也。"唐李商隱《太倉箴》："倉中役夫，千逕萬塗，桀黠爲炭，睢盱爲鑪。"清徐樹穀等箋注："《西京賦》：'睢盱跋扈。'《魯靈光殿賦》：'洪荒樸畧，厥狀睢盱。'（李）善曰：'《字林》：睢，仰目也；盱，張目也。'眭與睢通。"

《大詞典》（7/1233頁）"睢²"huī，"睢₂盱"❶"渾樸貌"，❷"睜眼仰視貌"，❸"喜悦貌"。而（7/1202頁）"眭¹"huī，未收"眭盱"，致《切韻》以下各書"眭盱"之"健兒"義失載。

椿　撞

即衝撞，衝擊碰撞。P.3798《切韻》："椿，椿撞。"故宫裴韻同。S.2055作"舂，舂撞"，故宫王韻作"揰，撞"。鉅宋本《廣韻·鍾韻》："椿，撞也。""椿"爲"揰"字形譌，張本不誤。《五音集韻·鍾韻》："揰，揰撞也。"宋葛紹體《江心長句》詩："江濤常揰撞，帝澤共流轉。"元陳孚《呂梁洪》詩："半天捲起千尺龍，怒聲日夜相揰撞。"明文徵明《厓山大忠祠》詩："千載英雄餘恨在，怒濤驚浪日揰撞。"楊應奎《石澗賦》："盤石如洗，可坐可筵；巖壁如削，可磨可鐫。帶魚龍出没之迹，遺砂礫揰撞之瘢。"按《左傳·文公十一年》："敗狄于鹹，獲長狄僑如，富父終甥椿其喉，以戈殺之。"杜預注："椿，猶衝也。"清胡文英《吴下方言考》卷一《椿（音春）》："《左傳》：富父終甥以戈椿其喉，殺之。案：椿，撞也。吴中謂撞物曰椿。"故"椿撞"亦作"衝撞"。宋徐夢莘《三朝北盟會編》卷二百三十九："即統帥海鰍車船衝撞往來鏖戰，士氣百倍，無不一以當百，金兵大敗。"又二百四十八："我軍羣弩齊發，敵

出中流中箭者墜江，中軍船乘勢衝撞，應時沈没，遂不能濟。"范成大《吴郡志》卷二十九《土物》："太湖石出洞庭西山，以生水中者爲貴，石在水中歲久，爲波濤所衝撞，皆成嵌空，石面鱗鱗作靨，名彈窩，亦水痕也。"鄭虎臣編《吴都文粹》卷六録胡宿《太湖石》詩後引文作"冲撞"。羅濬《寶慶四明志》卷二十一："天門山在南海中，而接寧海之東境，故號東門，下有石闌，潮汐衝撞，最爲湍險。"亦作"舂撞"。《六書故·地理三》："洪波舂撞者爲濤。"唐韓愈《瀧吏》詩："險惡不可狀，船石相舂撞。"由此可見，"㭌撞""舂撞""衝撞""冲撞"同詞異形。

《大詞典》（8/1289頁）"舂撞"謂"冲撞；冲擊"，首引宋蘇軾《江西》詩，但已見於敦煌寫本《切韻》殘卷及韓愈詩。又（3/1088頁）"衝撞"❶"冲擊碰撞"，首引元薩都剌《瓜州阻風》詩，但宋已習用。又（5/970頁）"冲撞"謂"亦作'冲撞'。冒犯"，首引《西遊記》例，此義爲"冲擊碰撞"義的引申，形義並見於宋綦崇禮《賜川陕宣撫使司張浚詔》："於二十七日一擁前來，冲撞官軍，血戰二十餘陣。"以上三詞形間的關係未作交待，"㭌撞"一形未收，當補。

（原載《轉型期的敦煌語言文學——紀念周紹良先生仙逝三周年學術研討會論文集》，甘肅人民出版社2010年版）

敦煌變文語詞辨釋

自敦煌文書發現以來，其變文部分經過許多學者的研究，解讀破譯了大量疑難問題，除敦煌學本身取得了重大進展外，又爲更好地利用敦煌文獻這一寶庫開展各相關學科的研究奠定了堅實的基礎，這是值得充分肯定而又令人欣喜的成就。當然，不可否認的是，由於敦煌文書多數寫卷抄寫質量不高，加之年代久遠，損泐漫漶，還有一些疑難問題沒有徹底廓清，需要我們繼續努力。有鑒於此，援例就個別尚有爭議的問題進行討論，以供參考。

黑侵侵

《敦煌變文校注·妙法蓮花經講經文（四）》："昔有五百長者，身色一似黑灰。知佛現大光明，不敢向前禮拜。我佛只爲憐愍，怕伊心地羞慚。忽然變却金容，也作灰身形狀。此人灰相黑侵侵，終日羞慚惡業深。欲禮毫光長隱映，每逢妙相即沉吟。"校注（750頁）："侵侵，形貌醜陋之狀。"黃征先生《敦煌變文疑難字詞考釋》謂"黑侵侵"爲"濃黑貌"，他說：

> 《敦煌變文校注》注曰："侵侵，形容醜陋之狀。"按："侵侵"作爲"黑"的後補成分，它只能對"黑"作一點意義加強作用，而不能自己另外表達"醜"的意義。實際上，表達"醜"義的是"黑侵侵"整個詞，因爲在古代面貌黑色是醜陋的象徵。"黑侵侵"一詞雖然不習見，但與之類似的詞語"黑乎乎"、"黑魆魆"、"黑浸浸"、"黑

敦煌變文語詞辨釋 | 43

黳黳"、"黑林侵"等，都是形容黑色之深的。①

按《校注》將"黑侵侵"一詞拆開訓釋，確有未當，黃先生的批評是有道理的。至於說"表達'醜'義的是'黑侵侵'整個詞，因爲在古代面貌黑色是醜陋的象徵"，似有可商。變文"此人灰相黑侵侵"，顯係描寫人物相貌，"黑侵侵"是對"灰相"的複寫，即"黑侵侵"就是"灰相"，並非既是"灰相"而又"黑侵侵"，這是因爲變文前面是以散句鋪寫："五百長者，身色一似黑灰"，"我佛……忽然變却金容，也作灰身形狀"，顯然"灰身形狀"，與"身色一似黑灰"相似，目的是"怕伊心地羞慚"，故"此人灰相黑侵侵"，謂人相貌黑。若謂"此人灰相濃黑貌"或人相"濃黑貌"，則於義並不契合。另外，謂"在古代面貌黑色是醜陋的象徵"，恐亦不可一概而論。如南朝梁慧皎《高僧傳》卷一《康僧會》："（支謙）博覽經籍，莫不精究；世間伎藝，多所綜習；遍學異書，通六國語。其爲人細長黑瘦，眼多白而睛黃，時人爲之語曰：'支郎眼中黃，形軀雖細是智囊。'漢獻末亂，避地於吳。孫權聞其才慧，召見悅之，拜爲博士，使輔導東宮，與韋曜諸人共盡匡益。"又卷七《釋慧靜》："姓王，東阿人。少遊學伊洛之間，晚歷徐兖。容貌甚黑，而識悟清遠。時洛中有沙門道經，亦解邁當世，與靜齊名，而耳甚長大。故時人語曰：'洛下大長耳，東阿黑如墨。有問無不酬，有酬無不塞。'"世人並不以支謙"細長黑瘦"、慧靜"容貌甚黑"爲醜陋。

"黑侵侵"形容黑而光亮的樣子，今四川綿陽、三臺、梓潼、江油等地甚至在西南官話區其他地方亦習用，書面或作"黑浸浸"②。《大詞典》（12/1331頁）"黑浸浸"謂"烏黑光亮貌"，首引周立波《山鄉巨變》："她的稠密的黑浸浸的頭髮，襯着太陽照映的金黃的稻草，顯得越發黑亮了。"周立波爲湖南益陽人。"浸浸"作詞尾，構成"ABB"式的詞語，西南官話中習見。如"油浸浸"，謂"含油很多或油浸透的感覺"③；"汗

---

① 黃征：《敦煌語言文字學研究》，甘肅教育出版社 2002 年版，第 87—88 頁。
② 參見蔣宗福《四川方言詞語考釋》，巴蜀書社 2002 年版，第 266 頁。
③ 曾曉渝主編：《重慶方言詞解》，西南師範大學出版社 1996 年版，第 395 頁。

浸浸"，形容微微出汗的樣子，元曲中習見[1]。

烺

《維摩詰經講經文（一）》："狂癡心，煎似鍋，焰焰添莘（薪）烺天猛。"（《敦煌變文集》540頁、《敦煌變文校注》762頁）筆者最近見到黃征先生《敦煌變文疑難字詞考釋》所作新解：

> 《敦煌變文校注》曰："烺，蔣禮鴻謂是'焜'的形近誤字。近是。……但'焜'是一個生僻字，未見于載籍使用，……實在令人懷疑。……我們懷疑'烺'爲'烺'的誤字。'烺'爲'朗'字別構。……'烺天猛'指火焰之烈把天都照明了。……"按：此上兩說似皆未妥，"烺"應該是"張"的形誤字。'張天'是一個經常用以形容灰塵、烟焰飛騰的形容詞，例如《張議潮變文》："分兵兩道，裏合四邊。人持白刃，突騎爭先。須臾陣合，昏霧張天。"（180.4）"張天"與此同，即滿天之意。此詞早已有之，如《三國志·周瑜傳》："頃之，烟炎張天。""烟炎"之"炎"音義同"焰"，故變文"焰焰添莘（薪）張天猛"句與《三國志》句意思相同。[2]

按蔣禮鴻、張涌泉先生所釋固然非是，但思路大致不差，即從形誤或音誤上求解，"焜"與"烺"、"烺"和"烺"形近，而"烺"與"朗"同音[3]。黃征先生謂"'烺'應該是'張'的形誤字"，其實兩字形並不近，"烺"不可能是"張"字形譌；所謂"'張天'是一個經常用以形容灰塵、烟焰飛騰的形容詞"，這是由常用詞"張天"猜測"烺天"，但並無根據，實難令人信服。

上引"狂癡心，煎似鍋，焰焰添莘（薪）烺天猛"，任半塘先生《敦

---

[1] 參見蔣宗福《四川方言詞語考釋》，巴蜀書社2002年版，第258頁。
[2] 黃征：《敦煌語言文字學研究》，甘肅教育出版社2002年版，第88頁。
[3] 詳見蔣禮鴻《敦煌變文字義通釋》（增補定本）"焜"條，上海古籍出版社1997年版，第361頁；黃征、張涌泉《敦煌變文校注》，中華書局1997年版，第762頁。

煌歌辭總編》［〇六七八］首後附此卷録文則作"枉癡心，煎似滾。火焰添薪烬天猛"，並於（1130頁）"烬"字後注"待校"。此繼蔣禮鴻先生《敦煌變文字義通釋》之後，顯然任先生並不認同蔣校，而《敦煌變文校注》雖作了詳校，但仍有可疑（其結論略見上面黃文所引），黃征先生《敦煌變文字義新待質録》第34條即"烬"字，先對《校注》的解說提出質疑①，進而有《敦煌變文疑難字詞考釋》一文所作新解。由此可見，這確是一個疑難問題。

"烬"字不見於古今字書，但見於敦煌文書P.3913《壇法儀則·付法藏品部第三十四》、北圖鹹字29v（3554）號《付囑法藏傳略抄並注》："火先焚經像，檢錄科儀，悉爲烬燼，一無所遺。"筆者2002年曾就此作過討論②，近讀黃征先生新說，覺得這一問題距正確答案已越來越遠，有必要就此再略作申述，以質證於方家。

"烬天猛"與P.3913"烬燼"均不辭，"烬"實即"煨"字形訛。S.4478《付法藏因緣傳》："持火用焚經像，悉爲灰燼，一無所遺。"與P.3913例句式幾乎完全相同。又，同記佛圖經像神奇的S.516、P.3717《歷代法寶記》云："道經子書符術等，見火化爲煨燼。"可見P.3913"悉爲烬燼"，即S.4478之"悉爲灰燼"、S.516及P.3717之"化爲煨燼"。

又，"悉爲煨燼"爲寫被火套話。如唐劉餗《隋唐嘉話》卷下："王右軍《告誓文》，今之所傳，即其藁草，不具年月日朔。其眞本云：'維永和十年三月癸卯朔九日辛亥。'而書亦眞小。開元初年，潤州江寧縣瓦官寺修講堂，匠人於鴟吻內竹筒中得之，與一沙門。至八年，縣丞李延業求得，上岐王，王以獻上，便留不出。或云：後卻借岐王。十二年，王家失火，圖書悉爲煨燼，此書亦見焚云。"③《舊唐書·音樂志二》："廣明初，巢賊干紀，輿駕播遷，兩都覆圮，宗廟悉爲煨燼。"宋普濟《五燈會元》卷六《宋太宗》："京寺回禄，藏經悉爲煨燼。"范致明《岳陽風土記》："東南楹亦有謝仙二字，逼近柱礎，又不知何也，其後摹刻岳陽

---

① 浙江大學漢語史研究中心編：《中古近代漢語研究》第一輯，上海教育出版社2000年版，第224頁。
② 見蔣宗福《敦煌禪宗文獻研究》，博士學位論文，四川大學，2002年，第142—143頁。
③ "王以獻上"原作"獻"，據《太平廣記》卷二百九《王羲之》補改。

樓上，元豐二年岳陽樓火，土木碑碣悉爲煨燼，惟此三字曾無少損，至今尚存。"

《大詞典》"煨燼"❶"灰燼，燃燒後的殘餘物"，首引晉左思《魏都賦》："翼翼京室，耽耽帝宇。巢焚原燎，變爲煨燼。"正與 P.3913 及 S.4478 合，亦可證"烬燼"即"煨燼"。又，《說文·火部》："煨，盆中火。"《大字典》《大詞典》"煨"均立"焚燒"義，首並同引《新唐書·沙陀傳》："克用請帝還京師，以二千騎衛乘輿。時宮室煨殘，駐尚書省。"《敦煌變文校注》認爲"'炮'是一個生僻字，未見於載籍使用，講經文作爲一種民間文學（其作者和聽衆大抵爲'下里巴人'），卻使用這樣的生僻字，實在令人懷疑。從句子結構看，'天'字前似乎應該是一個動詞才合適"①，"煨"字正好充當了動詞這個角色，"煨天猛"指燒得很猛，烈焰騰空；"煨"字非僻字，"民間文學"用之正得其宜。"焰焰添莘（薪）烬天猛"，"烬（煨）"謂燃燒，句意猶今俗語"衆人拾柴火焰高"。

筋吒

黄征先生《〈變文字義待質録〉考辨》第38條"筋吒"：

> 《佛說觀彌勒菩薩上生兜率天經講經文》："把戟夜叉肥薑趆（薑趆），持鎗羅刹瘦筋吒。"（頁650）……"筋吒"或是主謂結構。……《索隱》說："吒音宅，與磔同。"……引《通俗文》："張伸曰磔。"筋吒，似乎是說因爲身瘦而筋脉呈露開張。

> 征按："吒"是"咤"的別字，《說文》："吒，噴也，叱怒也。"《史記·淮陰侯列傳》："項王喑噁叱咤，千人皆廢。"司馬貞索隱："咤，字或作吒，叱咤，發怒聲。"由發怒而引申爲青筋額暴，應無不可。或改"筋吒"爲"筋斗"，未確。②

按原卷影本"薑趆"作"薑𧼭"，"鎗"作"鏘"。"肥薑趆"與"瘦

---

① 黄征、張涌泉：《敦煌變文校注》，中華書局 1997 年版，第 762 頁。
② 黄征：《敦煌語言文字學研究》，甘肅教育出版社 2002 年版，第 72—73 頁。

筋吒"前後對舉,一寫肥胖,一寫瘦,意思顯豁,未必定從"吒"字而求深解。明權衡《庚申聞見錄》:"壬寅(至正二十二年)太子酷好佛法⋯⋯太子始學書,初甚尊敬,其後放蕩无拘檢,專喜臨宋徽宗字帖,謂之瘦筋老。"清史夢蘭《全史宮詞》卷十八:"蒼筤一幅氣蕭疏,想見承華落墨初。御筆題籤依宋樣,磁藍紙寫瘦筋書。"注云:"《書史會要》:'章宗喜作字,專師宋徽宗瘦金書。'按瘦金或作瘦筋。"宋徽宗趙佶墨跡世稱"瘦金(筋)體",謂其筆畫瘦勁。古今形容瘦的詞語很多,如宋元文獻中有"瘦岩岩""瘦慊慊""瘦亭亭""瘦怯怯""瘦伶仃"等[1]。今四川方言常用詞如"瘦筋筋",形容瘦骨伶仃的樣子;"瘦卡卡",形容很瘦弱[2];"瘦殼殼",形容很瘦,像是只剩了一個軀殼的樣子[3]。變文"瘦筋吒",猶今蜀語"瘦筋筋",形容持鎗羅剎瘦骨伶仃的樣子。

梭 梭

黃征先生《〈變文字義待質錄〉考辨》文末附《敦煌變文字義新待質錄》,第54條"梭梭":

《雙恩記》:"雙眉鬱鬱入敷鬢,兩耳梭梭垂埵輪。"(940.5)[4]

按"梭梭"與"鬱鬱"對舉,一寫雙眉,一寫兩耳。鬱鬱,謂茂密,此寫雙眉濃密。梭,今四川方言重疊爲"梭梭",作形容詞尾表狀態,如"黑梭梭""長梭梭""萎梭梭"等[5];又,梭有斜義,當由梭爲引緯線的織具的形狀比附而來,如"梭梭頭",《四川方言詞典》(356頁)謂"一種女式髮型。短髮過耳,由前向後逐漸放長。不別髮夾",《重慶方言詞解》(299頁)謂"一種女式短髮型,因髮式由上斜溜往下,故名"。"兩

---

[1] 高文達主編:《近代漢語詞典》,知識出版社1992年版,第724頁。
[2] 王文虎等:《四川方言詞典》,四川人民出版社1987年版,第360頁。
[3] 羅韻希等:《成都話方言詞典》,四川省社會科學院出版社1987年版,第194頁。
[4] 黃征:《敦煌語言文字學研究》,甘肅教育出版社2002年版,第82頁。
[5] 羅韻希等:《成都話方言詞典》,四川省社會科學院出版社1987年版,第190頁;曾曉渝主編:《重慶方言詞解》,西南師範大學出版社1996年版,第299頁。

耳梭梭垂埵輪"，當謂兩耳輪斜溜耳垂下彈，因人耳輪上寬下窄，而相面者一般以耳垂肥厚下垂者爲福相，所謂"兩耳垂肩，兩手過膝"爲大福大貴之相。

不是莫錯

黃征先生《〈變文字義待質録〉考辨》第63條"不是莫錯"：

> 《大目乾連冥間救母變文》："報言獄主：'我無兒子出家，不是莫錯？'"（1033.5）[①]

按此爲青提夫人告獄主的話，本爲口語對白。因目連救母找到地獄，獄主告青提夫人，青提夫人大感意外，故急切中說："我無兒子出家，不是……莫錯？"猶謂我無兒子出家，來者三寶不是我兒，莫不搞錯了？"不是莫錯"這樣的句式雖不多見，但意思並不難理解，而相近的句式則習見，如南唐釋靜、筠《祖堂集》卷四《藥山和尚》："師問僧：'汝從什摩處來？'對曰：'南泉來。'師曰：'在彼中多少時？'對曰：'經冬過夏。'師曰：'與摩則作一頭水牯牛去也。'對曰：'雖在彼中，不曾上他食堂。'師曰：'不可口吃東西風也。'對曰：'莫錯和尚，自有人把匙箸在。'"最後一句，宋普濟《五燈會元》卷五《澧州藥山惟儼禪師》則作"和尚莫錯，自有拈匙把箸人在"。又，宋道原《景德傳燈録》卷十一《台州勝光和尚》："龍華照和尚來，師把住云：'作麼生？'照云：'莫錯。'師乃放手。"又卷二十二《泉州招慶院省僜淨修大師》："問：'全提不到，請師商量。'師曰：'拊掌得麼？'僧曰：'恁麼即領會去也。'師曰：'莫錯。'"

（原載《中國訓詁學報》第一輯，商務印書館2009年版）

[①] 黃征：《敦煌語言文字學研究》，甘肅教育出版社2002年版，第83頁。

附記：本文原爲中國訓詁學研究會2004年學術年會（桂林，2004.10）上發表的論文，會後即束之高閣。其中"烺"條經修改補充後，以《釋敦煌變文的"烺"字》發表於《中國語文》2005年第3期。後《中國訓詁學報》創刊，2009年7月由商務印書館出版第一輯，方知本文刊載發表。今次編選論文集，《敦煌禪宗文獻校讀札記》第25條僅對P.3913《壇法儀則·付法藏品部第三十四》"悉爲烺爐"作簡略校勘，本文討論"烺"字主要針對黃征先生以爲"烺天"即"張天"的新解，《釋敦煌變文的"烺"字》徹底廓清了聚訟紛紜的"烺"字問題，可見學術研究的逐步推進，故不擬删汰，以志寸進跡痕，並敘厓略如上。

釋敦煌變文的"炘"字

王重民先生等編《敦煌變文集·維摩詰經講經文》有一句話："狂癡心，煎似鍋，焰焰添莘（薪）炘天猛。"[①]任半塘先生《敦煌歌辭總編》［〇六七八］首後所附錄文作"枉癡心，煎似滾。火焰添薪炘天猛"，並於"炘"字後注"待校"[②]。

可以說，這是一個疑難問題，至今還無一個令人信服的解釋。

據筆者所知，最先對此作出解說的是蔣禮鴻先生。他在《敦煌變文字義通釋》"烓"條解釋說："'炘'字不見於字書，是'烓'字的形近之誤，字書多誤作'炮'。《玉篇》：'炮，都狄切，望見火。'《廣韻》入聲二十三錫韻：'炮，望見火皃。他歷切。'都和本文意義相合。按這字也見於《說文》，許氏說'讀若馰顙之馰'。段玉裁注：'各本篆體作炮，皀聲。按皀聲讀若逼，又讀若香，於馰不爲龤聲；皀聲與勺聲則古音同在二部。葉抄宋本及《五音韻譜》作烓，旨聲，獨爲不誤。《玉篇》、《廣韻》、《集韻》、《類篇》作炮，皆誤。'段說是對的，今據以改正。"所以他說"烓"是"火光上揚，遠處可以望見的意思"[③]。

黃征、張涌泉先生《敦煌變文校注》基本上贊同蔣說，謂"炘，蔣禮鴻謂是'烓'的形近誤字。近是"，除引《說文》及段注外，另加按語說："《龍龕手鏡·火部》云：'炮，他歷反，望見火貌也。'字正作'烓'，

---

① 王重民等編：《敦煌變文集》，人民文學出版社1957年版，第540頁。
② 任半塘編著：《敦煌歌辭總編》，上海古籍出版社1987年版，第1130頁。
③ 蔣禮鴻：《敦煌變文字義通釋》（增補定本），上海古籍出版社1997年版，第361頁。

釋敦煌變文的"烺"字 | 51

可爲段說助證。但'炟'是一個生僻字，未見于載籍使用，講經文作爲一種民間文學（其作者和聽眾大抵爲'下里巴人'），却使用這樣的生僻字，實在令人懷疑。另外從句子結構看，'天'字前似乎應該是一個動詞纔合適，而'炟'顯然屬於形容詞性質。我們懷疑'烺'爲'烺'的誤字。'烺'爲'朗'字別構。《正字通·火部》：'烺，明也。與朗通。''烺天猛'指火焰之烈把天都照明了。述古堂影宋鈔本《集韻·蕩韻》'爤'字下云：'爤，爤烺，火貌。'其中的'烺'也是'烺'的誤字（同韻'烺'下作'爤烺，火貌'；《廣韻》同韻則作'爤朗，火光寬明'），與'烺天'誤作'烺天'同例。以上兩說不知何者爲優，姑皆存之，以俟採擇。"①校注者懷疑"民間文學"用僻字確有道理，但"炟""烺"同樣不常用，若"民間文學"用這樣的字，也值得懷疑。正因爲如此，黃征先生《敦煌變文字義新待質錄》第34條即"烺"字，引《維摩詰經講經文》例，謂見《校注》762頁第6行②。

其實，"烺"字既不是"'炟'字的形近之誤，字書多誤作'炟'"，也非"'烺'的誤字。'烺'爲'朗'字別構"，而是"煨"字俗寫或形譌（影本截圖如下，圖片S.4571、S.516見《英藏敦煌文獻》第6冊154頁、第1冊223頁；P.3913、P.3717見林世田編《敦煌禪宗文獻集成》上冊第352、154頁；鹹字29v見《敦煌寶藏》第78冊512頁）。

| S.4571 | P.3913 | 鹹字29v | S.516 | P.3717 |

"烺"字除見於上引S.4571《維摩詰經講經文》外，亦見於敦煌文書

---

① 黃征、張涌泉：《敦煌變文校注》，中華書局1997年版，第791—792頁。
② 浙江大學漢語史研究中心編：《中古近代漢語研究》第一輯，上海教育出版社2000年版，第224頁。

P.3913《壇法儀則・付法藏品部第三十四》及北圖鹹字29（3554）v《付囑法藏傳略抄並注》："火先焚經像，檢錄科儀，悉爲烬爐，一無所遺。"日本學者田中良昭《敦煌禪宗文獻の研究》P.3913亦據寫卷照錄作"烬爐"①，無校。按"烬爐"不辭。S.4478《付法藏因緣傳》則作"持火用焚經像，悉爲灰爐，一無所遺"，與P.3913及北圖鹹字29（3554）v例句式幾乎完全相同，可見"悉爲烬爐"即"悉爲灰爐"。又，與上引敦煌文書同記東漢明帝永平十四年僧道角法，用火焚驗道經符術及佛圖經像以辨真偽的S.516、P.3717《歷代法寶記》云："道經子書符術等，見火化爲煨爐。"傳世佛典亦載此事，如唐釋道宣《廣弘明集》卷一引《漢顯宗開佛化法本傳》云："欲使開示蒙心，得辯真偽，便縱火焚經，經從火化，悉成煨爐。"釋道世《法苑珠林》卷十八引《漢法本內傳》："以火取驗，用辨真偽，便放火燒經，並成煨爐。"又卷五十五"引證部・辯聖真偽"引《造（漢）法本內傳》："啟白天尊乞驗，縱火焚經，經從火化，悉成煨爐。"此爲敦煌文書P.3913及北圖鹹字29（3554）v所謂"悉爲烬爐"，即"化爲煨爐""悉成煨爐"之力證。

另外，"悉爲煨爐"這一短語，同樣習見於世俗文獻。如唐劉餗《隋唐嘉話》卷下："十二年王家失火，圖書悉爲煨爐。"《舊唐書・音樂志二》："廣明初，巢賊干紀，輿駕播遷，兩都覆圯，宗廟悉爲煨爐。""化爲煨爐"亦習見，如唐于邵《唐劍南東川節度使鮮于公經武頌》："是以綠林逋藪，白晝殘人，池隍鞠爲茂草，邑里化爲煨爐。"

又，《漢語大詞典》"煨爐" ❶"灰爐，燃燒後的殘餘物"，首引晉左思《魏都賦》："翼翼京室，耽耽帝宇。巢焚原燎，變爲煨爐。"由此可見，P.3913及北圖鹹字29（3554）v之"烬爐"，即S.4478之"灰爐"，同義而異寫，亦可證"烬爐"即"煨爐"。又，《說文・火部》："煨，盆中火。"《漢語大字典》《漢語大詞典》"煨"均立"焚燒"義，首並同引《新唐書・沙陀傳》："克用請帝還京師，以二千騎衛乘輿。時宮室煨殘，駐尚書省。"《敦煌變文校注》認爲"從句子結構看，'天'字前似

---

① [日] 田中良昭：《敦煌禪宗文獻の研究》，日本東京大東出版社1983年版，第149頁。

乎應該是一個動詞才合適"，"煨"字正好充當了這個角色，"煨天猛"指燒得很猛，烈焰騰空。此正如P.3913、北圖鹹字29（3554）v及S.4478接下來寫"以火爇佛經像，猛焰蔽空"（S.4478"爇"作"焚"）。"煨"字非僻字，"民間文學"用之，正得其宜。

綜上所述，"焰焰添莘（薪）炘天猛"，應校作"焰焰添薪煨天猛"，"煨"謂燃燒，句意猶今俗語"衆人添柴火焰高"；"悉爲炘爐"，就是"悉爲煨爐"。

（原載《中國語文》2005年第3期）

敦煌本《和菩薩戒文》的幾個問題

《大正新脩大藏經》（以下簡稱"《大正藏》"）是佛教界和學術界流傳使用最廣的漢文大藏經，日本學者編校刊布的首善之功值得稱贊。但不可否認的是，以敦煌寫本校錄的部分經典，誤釋誤錄、標點斷句錯誤百出，甚至令人不能卒讀的現象觸目皆是。如第85卷古逸疑似部No.2851《和菩薩戒文一本》（見第85册1300頁），就是以敦煌寫卷S.1073v校錄入藏的。可以說，這個校錄本誤字脱字及破句實在太多。除此之外，日本學者田中良昭《敦煌禪宗文獻の研究》（463頁）、陳祚龍《敦煌學園零拾》（666—679頁）、任半塘《敦煌歌辭總編》（1089—1099頁）、《潘石禪先生九秩華誕敦煌學特刊》（201頁）、日本學者池田溫《中國古代寫本識語集錄》（431頁）等，有錄文或研究[①]。

郝春文主編《英藏敦煌社會歷史文獻釋錄》（以下簡稱"郝錄"）第五卷對S.1073《和菩薩戒文》重新作了校錄，較《大正藏》本有了很大提高。但因校錄者所見仍然局限於少數幾個寫本，亦時有疏誤（參見下文新校）。于淑健《敦煌本〈和菩薩戒文〉考論》未提及以上學者的有關錄文及研究情况，所附《和菩薩戒文》校錄，以S.6631v爲底本，而任半塘先生早在1987年12月出版的《敦煌歌辭總編》即以該卷爲底本校錄。以上各家校錄本，均未盡善[②]，有必要再加校理，是正得失。下面我們就《和菩薩戒文》的有關問題作初步研究，以供參考。

---

① 參見郝春文主編《英藏敦煌社會歷史文獻釋錄》第五卷，第68頁 S.1073《和菩薩戒文》釋錄所列"參考文獻"。

② 項楚師：《敦煌歌辭總編匡補》，巴蜀書社2000年版，第152—153頁，對任先生幾處校勘有匡補。

一 《和菩薩戒文》的流傳及版本

菩薩戒，本爲經名，是大乘菩薩僧之戒律，總名三聚淨戒。與《和菩薩戒文》內容密切相關者，即"梵網爲宗之說"：

> 受戒之作法出於《梵網經律藏品》，其戒相爲《梵網經》所說之十重禁四十八輕戒，是三聚戒中之攝律儀戒也。①

《梵網經》全名爲《梵網經盧舍那佛說菩薩心地戒品第十》，又稱《梵網菩薩戒經》《菩薩戒本》。僧肇《梵網經序》謂"菩薩心地品第十，專明菩薩行地"，並說詔鳩摩羅什翻譯此經，當時"道融、道影三百人等，即受菩薩戒，人各誦此品，以爲心首"，出家和在家的佛教徒皆可受持。《梵網經》規定之"十重戒"，包括殺生、偷盜、邪淫、妄語、酤酒、說四眾過、自贊毀他、慳惜加毀、嗔心不受悔、謗三寶，"四十八輕戒"包括不敬師友、飲酒、食肉、食五辛等。

《和菩薩戒文》是佛教中受菩薩戒者受戒時，在戒師引導下就十重戒齊聲和誦的文字內容，意在強化戒律的約束力量，未見著錄有傳世本，僅從敦煌遺書中發現多個寫卷。《敦煌遺書總目索引》(427頁，以下簡稱"《總目索引》")著錄3件，即S.1073、S.6631、散1492。《敦煌遺書散錄》(以下簡稱"《散錄》")16《敦煌所出古名逸經疑似經目錄》(據《大正新修大藏經》卷八十五並著印本頁數)1492"和菩戒文一本"，注謂"大英博物館藏敦煌本'頁一三〇〇'"(《總目索引》347頁)，即指《大正藏》卷八十五據S.1073校錄本，實際上《總目索引》著錄只有兩件。《敦煌遺書總目索引新編》(索引85—86頁，以下簡稱"《新編》")著錄6件，即S.1073va、S.6631、P.3241、P.4597、P.4967、北8726(海80)，增4件。郝錄第五卷(61頁)亦謂"現知敦煌文獻中保存的《和菩薩戒文》有六件"，同《新編》著錄。

其實，《和菩薩戒文》遠不止《新編》及郝錄所著錄的6件。宗舜法師

---

① 丁福保編：《佛學大辭典》，上海書店出版社1991年版，第2116頁。

認爲《浙藏敦煌文獻》浙敦196（浙博171）懺悔歌辭（68）"擬題不當。原件共4頁"，"考其内容，抄録的是《和菩薩戒文》中的一段（《大正藏》本所據底本甚差，而且録文、標點也有問題，故有出入）"，"《和菩薩戒文》另有浙敦061、浙敦062兩種，浙敦196的内容也見於浙敦062第3頁。故此件可擬名爲：和菩薩戒文"①。那么，《和菩薩戒文》共有9個敦煌寫卷。

不過，《新編》及郝録是據寫卷原有題名或已有研究成果著録的。至於題名有異，而内容相同，以上各家則未注意。

據我們所知，《和菩薩戒文》，亦省作《和戒文》，如S.6631首題"和菩薩戒文"，尾題"和戒文壹本"，是其證。任半塘先生《敦煌歌辭總編》（1089頁，以下簡稱"《總編》"）卷四收録"失調名 和菩薩戒文"，列12個寫卷，即甲S.6631、乙P.4597、丙S.5557、丁S.5894、戊北8411（字59）、己北7177（服30）、庚S.1073、辛S.4301、壬S.4662、癸S.5977、子P.3241、丑S.5457。這些寫卷包括了原題作"和菩薩戒文"、"和戒文"及"和十戒文"者，視其爲相同内容的寫本，無疑是正確的。郝録（57—68頁）參考文獻列有《總編》，但"說明"没有涉及任先生將"和戒文"統歸於"和菩薩戒文"的情況，亦未將"和戒文"入校。

《總目索引》（427頁）著録"和戒文"12件，即S.4301、S.4662、S.5497、S.5557、S.5977、S.5894、S.6211、P.2921（一卷）、P.3185（一本）、P.3826、散641、散1325（和戒俗文）。《新編》索引（85頁）增P.2145v、P.2789va、北8362（制5）、北8362v、北8366（衣74）。

《新編》索引（85頁）著録爲"和戒文"的P.2147va，《伯希和劫經録》著録爲"2147 受菩薩戒文一卷"（《總目索引》257頁），《總目索引》（427頁）著録爲"受菩薩戒文（一卷）"；《新編·伯希和劫經録》（226頁）著録爲"P.2147受菩薩戒文一卷 P.2147va受戒文"，《新編》索引（99頁）著録爲"P.2147 受菩薩戒文"，未著録P.2147va，同一寫卷前後著録不一，而索引（85頁）著録爲"和戒文"顯然有誤。北8367（推28）即《散

---

① 宗舜法師：《〈浙藏敦煌文獻〉佛教資料考辨》，2001年7月12日於蘇州西園戒幢佛學研究所無盡燈樓，見"慈航網/九蓮佛教""戒幢佛學教育網/宗舜法師文集"。

錄》之1325，不重複計數。因此，兩書共著錄17個寫卷。

《新編》著錄題名《和菩薩戒文》6件，筆者認爲《和戒文》即《和菩薩戒文》之省名者17件，宗舜法師考定《浙藏敦煌文獻》中有3件，筆者另考定首尾殘闕而文字內容爲《和菩薩戒文》者1件（S.543v），《總編》所列北7177（服30）《和十戒文》實即《和戒文》（說均詳下），共計28個寫卷。

于淑健《敦煌本〈和菩薩戒文〉考論》，謂"檢得內容基本相同的菩薩和戒文20號"，其中除上文已及者外，本文初稿未涉及俄Дx00600"和菩薩戒文一本"、上圖140（812590）"和戒文一本"、S.5457"誡文一本"等3件。

筆者又新發現S.4690v一段文字亦爲"和菩薩戒文"（說詳下）。計前所揭，"和菩薩戒文"總共有32個卷號。假以時日，可能還會續有增加。

二 《和菩薩戒文》敘錄

以上32個寫卷，可以分爲四種情況。爲便於讀者參考，現將所見寫本敘錄如次。

（一）題名爲"和菩薩戒文"或"和戒文"而無"經云"者

S.1073va，首尾完整。首題"和菩薩戒文一本"，下空一字符，接寫正文。卷尾題"乾符四年四月就報恩寺寫記"。《大正藏》據本卷校錄，郝錄有新校錄本，但有疏誤[①]。《斯坦因劫經錄》（以下卷號前凡冠有人名縮寫，均簡稱爲"《劫經錄》"）、黃永武主編《敦煌寶藏》（以下簡稱"《寶藏》"）、《英藏敦煌文獻》（以下簡稱"《英藏》"）、《新編》據題著錄。

S.4301，首尾殘。起"諸菩薩莫偷盜偷盜得物猶"，下有兩處破損，末行"□露膽披肝"，以下殘損。《劫經錄》著錄爲"和戒文"，《寶藏》《新編》據題，《英藏》題"和菩薩戒文"。

S.5497，《劫經錄》著錄爲"和戒文"，《新編》著錄爲"和戒文（首題）"，說明："案：僅十二行，窄紙。""十二行"包括兩寫"和戒文"，

---

① 郝春文主編：《英藏敦煌社會歷史文獻釋錄》第五卷，社會科學文獻出版社2006年版，第57—68頁。參見下文新校。

正文起"深心渴仰",末尾大半行殘損,可知內容爲"迷心不覺知是故慇"。

S.5557,首尾殘。起"等共斷煞業不須行",終"□(墮)惡道"。《劫經錄》著錄爲"和戒文",《寶藏》《英藏》《新編》據題。

S.5894,首尾完整。首題"和戒文",正文起"深心渴仰傳(專)注法音",末寫"願惟戒師布施歡喜"。《劫經錄》著錄爲"和戒文",《寶藏》《英藏》據題,《新編》著錄爲"和戒文(首題)"。

S.5977v

S.5977,首全無題。起"深心渴仰專駐法音",終"當來空手入黃泉",末寫完。《劫經錄》著錄爲"和戒文",《寶藏》《英藏》據題,《新編》著錄爲"和戒文(擬)",按語謂"存二十一行,兩面書寫,與正面同爲一人手筆,但已模糊不清,最後有題記:'丙子年六月九日靈圖寺學郎張富□記。'"其實背面寫"和戒文"後部分內容,《英藏》影本(見左)能夠辨認,起"□(塵)至犯累及千生勝果菩提斯皆頓失既嬰",終"□(慚)愧戒師布施歡喜"及題記。就《和菩薩戒文》內容來說,本卷尾亦完整。

S.6211,首題"禍戒文","禍"爲"和"字音借。空一字符,寫"深心渴仰專駐法音",末寫"諸菩薩莫估(沽)酒估(沽)酒鎔銅"。《劫經錄》著錄爲"和(原作禍)戒文",《寶藏》《新編》同,《英藏》題"和戒文"。

P.2145v,爲信手雜寫,其中有"和戒文 和戒文深心□"一列,此外與《和戒文》內容無涉。《劫經錄》著錄2145爲"略抄一本(全)",未著錄背面情況。《法藏敦煌西域文獻》(以下簡稱"《法藏》")題"佛典雜抄"。《寶藏》及《新編》著錄爲"和戒文",不及《法藏》所題客觀(影本見右)。

敦煌本《和菩薩戒文》的幾個問題 | 59

P.2789va，首題"和戒文"，正文起"深心渴仰專主（注）法音"，終"不容乞命暫分疎獄卒"，未寫完，下有于闐文書。《劫經録》2789著録爲"殘佛經（背有梵文）"，《新編》《法藏》著録爲"和戒文"。

P.2921，首尾完整。首題"和戒文壹本"，無尾題，後轉列寫"散花樂"。《劫經録》著録爲"和戒文一本"，説明謂"俗文體，趙僧正寫。標題下有梵文一行"。《新編》著録爲"和戒文壹本（首題）"，説明謂"俗文體。標題下有梵文一行"，按語謂"背有'此是趙僧正和戒文'等語"。《寶藏》《法藏》據題。

P.3185，首尾完整，卷首兩行下端有殘損。首題"和戒文一本"，空一字符接寫正文，無尾題。《劫經録》《寶藏》《法藏》據題，《新編》著録爲"和戒文一本（首題）"。

P.3241，首殘尾全。首列均殘存半字，仿佛可辨爲"命來生短命報世世兩目"，尾有題記。《劫經録》著録爲"佛家勸善歌（無書名）"，説明謂"用'諸菩薩'起句，餘爲七言句，末有'乾寧二年乙卯歲六月廿三日靈圖寺比丘惠槃念記'"。《新編》著録爲"和菩薩戒文"，按語謂"此依法國目録定名。用'諸菩薩'起句，餘爲七言句"。《寶藏》《法藏》據題。

P.3826，首尾完整。首題"和戒文"，無尾題，下轉列寫"一切恭敬恭敬常住三寶"，爲其他内容。《劫經録》著録爲"和戒文（背有孔子共項託相問書一節）"，《新編》分項著録爲"和戒文（首題）""va和戒文""ve'戊子年閏五月六日□法律自手寫和戒文壹本□'二行"。《寶藏》題"和戒文（附金剛般若波羅蜜經大身真言）"，其實"和戒文"止第5幀

照片中間"今聞此戒並得消除惟願戒師布施歡喜",內容完整,以下轉列所寫內容與《和戒文》無涉。至於"金剛般若波羅蜜經一卷",轉列居中寫"大身真言",更在13幀照片矣。

P.4967,首尾殘。首列殘存"知是"二字,下列寫"諸菩薩",後殘,卷末寫"何囗(時)卻得"。《劫經錄》著錄爲"佛家自勸文(有韻)",說明謂"始句用'諸菩薩'三字,末句用'佛子'結,共存廿五行"。《新編》著錄爲"和菩薩戒文一本",按語謂"此依法國目錄定名"。

北8362(制5),首尾完整。首題"和戒文一本",空一字符接寫正文"深心渴仰",終"惟願戒師布施歡喜",無尾題。下空一字符寫"散蓮花樂"。《北京圖書館藏敦煌遺書簡目》(以下簡稱"《北藏》")著錄爲"懺文",不知何據。《寶藏》題"和戒文",又"背面 和戒文(前接)"。《新編》著錄爲"和戒文一本(首題)、散花樂(首題)",錄卷末題記:"建隆叁年(962)歲次癸亥(963)五月四日律師僧保德自手題記,比丘僧慈願誦。(背面)。"《寶藏》影本背面接寫的仍爲"散花樂",首句爲"帝釋四王捧馬足",正好接正面"不生嗔滿道場",末句爲"一時巴(舉)手散虛空滿道場",是一首完整的"散花樂",與正面所寫"和戒文"無涉①。

北8366(衣74),首題"和戒文",空約兩字符寫"深心渴仰專注法",下有殘損,終"發露懺悔",未完。《北藏》著錄爲"懺文",未見原卷題目。《寶藏》據首題,《新編》著錄爲"和戒文(首題)"。

北8367(推28),即散1325,首題"和戒文",卷末寫"當來空手入黃泉 仏子",轉寫"諸",下殘,末完。《北藏》著錄爲"懺文",不確。《散錄》著錄爲"和戒俗文(推字第二十八 一卷)",案語謂連同前八種"皆通俗勸導之文也",但原卷題名無"俗"字。《寶藏》據首題,《新編》著錄爲"和戒文(首題)"。以上三卷,原寫本均有首題,而《北藏》

---

① 可參看 P.2921、S.5557v "散花樂",S.4690 "散花梵文一本"等。李小榮《敦煌佛曲〈散花樂〉考源》(《法音》2000年第10期)認爲:"尤可注意的是北制字5號原題爲'和戒文一本',題記則云'建隆三年(962)歲次癸亥五月四日律師僧保德自手題記,比丘僧慈願誦。'由此可見《散花樂佛曲》不但用於寺廟法會上,亦可行於授戒行儀中。"《寶藏》似未注意到"和戒文"後所寫的"散花樂",未分項著錄,此說或有未確。

著錄爲"懺文",殊爲費解。

北8726(海80),首殘尾全。首起"莫多慳",末寫"惟願戒師布施歡喜",後有題記,無尾題。《北藏》著錄爲"俟考諸經",《寶藏》題"和菩薩戒文(參見大正藏八十五冊頁一三〇〇)",《新編》著錄爲"和菩薩戒文",錄題記:"己亥年五月六日比丘寫記沙彌淨覺貞讀誦。"

散641,《散錄》著錄爲"和戒文",謂"唐寫本","共七一行",《寶藏》缺,《新編》未著錄。此卷不知所終,惜未見到。

俄Дx00600,殘存12行,首起"願垂廣說",末寫"惟願戒師布施歡喜",轉行寫"散蓮花華落","花"字右側寫廢除號"卜","散華落"爲另一內容題名,共六行,《俄藏敦煌文獻》籠統題爲"和菩薩戒文一本",實則應分題爲"和菩薩戒文""散蓮華落"。

(二)題名爲"和菩薩戒文"或"和戒文"而有"經云"者

S.6631,首尾完整。首題"和菩薩戒文",與前一內容尾題"九相觀詩一本"同一列,轉列起"經云敬心奉持",空一字符寫"和云",以下另有9處"經云",尾題"和戒文壹本",證明"和戒文"即"和菩薩戒文"之省。本卷與下三寫卷的特別之處是有"經云"部分,《總編》謂此本"後記仍曰'經云'、'和云',與上述壬本(S.4662)之辭後語同,出於作者,非出書手口氣"(1093頁)。郝錄謂"推測'經云'之後的文字當爲戒師的說詞,'和云'之後的文字則是受戒者的唱和"(61頁)。應當說,"經云"後面應有戒師引經,即引《梵網菩薩戒經》,因戒師熟悉經文,故寫卷"經云"只是備忘,"敬心奉持"云云方爲"戒師的說詞"。《總編》以本卷爲底本校錄,刪除"經云""和云""仏子"等內容,分解爲10首歌辭,另據北7177(服30)補小題。

S.4662,首殘尾全。卷首7列有殘損,可據S.6631、P.4597校補,"[經云敬]心奉持　和云深心渴仰專貯(注)法音惟願[戒師廣垂開演經云是]菩薩"云云,終"今聞此戒並得消除慚愧戒師布施歡喜",無尾題,轉列寫"菩薩唱道文"。卷首"經云"部分殘損,"經云　不聞父母三寶名字",下有"和云苦哉苦哉",P.4597a下接"已是不應",於"已"字右側補"苦哉",而字側

當有重文號，S.6631脫，均可據本卷補校；其餘"經云"部分相同。《劫經録》著録爲"和戒文"，《寶藏》《新編》據題，《英藏》題"和菩薩戒文"。

P.4597，首尾完整。首題"和菩薩戒文"，下約空兩字符有"惠水文一本"五字，轉列寫"和菩薩戒文"正文，無尾題，後寫"西方樂讚文"。卷中"經云"部分同S.6631、S.4662，可比勘。本卷號内容頗多，《劫經録》著録爲"釋子歌唱讚文集本"，說明謂"所收甚多，幾可與法照念佛誦經觀行儀相等。背有雜字若干"。《新編》據題，"按：中有：（1）和菩薩戒文惠水□一本（首題）"。按"□"《寶藏》《法藏》影本爲"文"字。

上圖140（812590），首全尾殘。首題"和戒文一本"，末寫"恒沙戒品希遇宣揚惟願戒師"，殘損不多。"何時值愚（遇）人天道仏子"下一列寫"經云一切皆失"，以下另有"經云墮三惡道中""經云二劫三劫"兩處，與S.6631相較，像是書手隨意抄録，並不系統。

以上四卷"經云""和云"部分可互校。

北7177（服30）

（三）題名爲"和十戒文"或"誡文"者

北7177（服30），首尾完整。首題"和十戒文"，約空半字符寫"深心渴仰"，終"布施勸（歡）喜"，無尾題，轉列寫其他文字。本卷（卷首部分影本見左）内容"諸菩薩"前寫"一□□□（煞生戒）""二盗戒""三耶（邪）婬戒"，直至"九嗔戒"，"十"僅有序號，下接寫"諸菩薩莫謗三寶"，是目前所見31個寫卷中唯一有小題的"和菩薩戒文"。本卷現存8

個小題，原本每戒應該都有小題，以突出十重戒，實際就是"和戒文"。《北藏》著錄爲"戒律"，未發現原題。《寶藏》據首題，《新編》著錄爲"和十戒文（首題）"。《總編》（1092頁）謂此本"寫在卷背，有小標題，他本所無。茲援《十恩德》例，將此項小標題列於辭前。末辭'十、謗三寶戒'之題原闕，依辭補"。于文校錄以S.6631v爲底本，每戒小標題據本卷補，這一工作也是步任先生後塵，但未提及。

S.5457，首全尾殘。寫卷天頭約有半字或一字符寬窄破損，首題"誡文一本"，應爲"和戒文"之省寫。正文首起"深心渴仰"，其中"深"字殘存少半，卷末寫"犯戒之保（報）已落三塗"。《劫經錄》著錄首題，《寶藏》據題，《新編》著錄爲"誡文一本（首題） 按：小冊子"。

（四）題名有誤或無題名者

S.543v，前兩項《劫經錄》（120頁）著錄爲"0543₂地獄變文（？） 0543₃懺悔文"；《寶藏》題"地獄變文"；《新編》（19頁）著錄爲"S.0543va地獄變文 S.0543vb戒懺文（首題）"；《英藏》第二冊（38頁）S.543v題"文樣（戒懺文、大乘菩薩維那文、課邑文等）"；郝錄第三卷（149頁）此卷背題名爲"戒懺文等佛事文文集"，未分列細目，（160頁）說明謂"此件前缺，第一篇失題，疑爲受戒文，以下依次爲'戒懺文'、'大乘布薩維那文'、'聲聞布薩維那文'、'表歎文'"。從以上四家著錄來看，卷首失題文書，劉銘恕先生實際上是疑爲"地獄變文"，而《寶藏》《新編》則加以坐實[①]，不知何據。郝錄顯然不認同前兩說，而疑爲"受戒文"。其實，三說皆有未允。卷首失題文字既不是"地獄變文"，也不是"受戒文"，而是"和菩薩戒文"（影本見下）。

[①] 按《新編》索引（48頁）著錄"地獄變文"有"S.0543va"及"北8439（衣033）"，後一寫卷，首先由向達先生校錄，收入《敦煌變文集》卷六，擬題爲"地獄變文"，校記謂"原本無題，依故事內容擬補"（761—763頁）。項楚師認爲："'依故事內容'擬補題名爲《地獄變文》，則不恰當，亦可見對故事內容的理解尚存隔膜。原文雖有'繞身餓鬼道'之語，但這是追述的話，故事並不發生在地獄"，並考出故事源自《經律異相》卷四十七《鬼還鞭其故尸》引《譬喻經》等（見《敦煌文學雜考·關於〈地獄變文〉》，原載《一九八三全國敦煌學術討論會文集（文史·逸書編）》，收入《敦煌文學叢考》，上海古籍出版社1991年版，第12—15頁）。許國霖《敦煌雜錄》輯錄，題爲"譬喻經變文"，黃征、張涌泉《敦煌變文校注》據題（中華書局1997年版，第1077—1078頁）。因此，《新編》著錄的兩個"地獄變文"，根本就不存在。

本卷首殘，較清晰處起"說□說喻若湯澆雪"，末寫"發路（露）懺悔"，但後部分內容及次序與其他寫卷稍有不同，現校錄如下：

戒師戒師，如此罪人，不聞父母三寶名字与否？苦哉苦哉！深心慚愧，不敢覆藏。惟願戒師，慈悲廣說。曠大劫來，恒沙罪障。今聞此戒，並得消除。惟願戒師，布施歡喜。

第一　大師密藏，甘露真詮。今遇宣陽（揚），願垂廣說。
第二　我今懺悔，不敢覆藏。惟願戒師，慈悲廣說。
第三　蓮花藏界（戒），曠劫難聞。今日洪宣，願垂廣說。
第四　恒沙戒品，希遇難聞。惟願戒師，慈悲廣說。
第五　深心慙愧，不敢覆藏。露膽披肝，發路（露）懺悔。

本卷將他卷以"惟願戒師，布施歡喜"爲全文結語寫在前面，他卷"和云"部分均加序號。本卷于文亦以爲"菩薩和戒文"，但未詳所據[①]。

S.4690v，計17列，前9列爲"和菩薩戒文"，首殘尾全，無尾題。後寫"散花梵文一本"。《劫經錄》4690v1擬題爲"懺悔文"、v2著錄爲"散華

[①] 參見于淑健《敦煌本〈和菩薩戒文〉考論》，《敦煌研究》2008年第1期。

敦煌本《和菩薩戒文》的幾個問題 | 65

梵文一本"，"華"實寫"花"。《寶藏》據《劫經錄》擬題，《新編》著錄爲S.4690va"懺悔文"、S.4690vb"散華梵文一本（首題）"。寫卷段落間約空一字符，爲便於讀者參考，此照式迻寫校錄如次（影本見下）：

S.4690v

累極（及）千生，勝果菩提，斯皆頓失。己（既）嬰六道，良亦可［悲。天上人］間，謂生何處。 犯戒之報，以（已）落三塗。未審於中□□己（幾）劫，已之（至）極苦。更經劫數，成（誠）可痛心。歲月遲長，不知得聞父母三寶名字已不？ 苦哉苦哉！ 蓮花藏界（戒），今日得聞，眾共傾心，願垂廣說。 大師密藏，甘露真詮，喜慶今聞，願垂廣說。 我今懺悔，不敢覆藏，惟願戒師，慈悲廣說。如來心地，曠劫難聞，今遇宣陽（揚），願垂廣說。 深心慚愧，不敢覆藏，露膽披肝，發露懺悔。 曠大劫來，恒沙罪彰（障），今聞此戒，並得消除，慚愧戒師，布施歡喜。

"極苦"下原寫"膚□□"，右側隱約可見補寫"更經劫數"，據錄。S.1073每段前有"和云"二字，本卷雖無，但以空格分別，或許"和菩薩戒文"

爲人所熟知的應用文範，實際和誦時加上就可以了。

《和菩薩戒文》的書寫年代，任半塘先生說："戊本後記曰：'戊子年八月三日，比丘法江寫記。'庚本後記曰：'乾符四年（公元八七七）四月，就報恩寺寫記。'癸本後有'丙子年六月'五字。子本後記曰：'乾寧二年乙卯歲六月二十三日，靈圖寺比丘惠藂念記。''制'字五號《和戒文》後記曰：'建隆三年（公元九六二）歲次癸亥，五月四日，律師僧保德自手題記，比丘僧慈願誦。''海'字八十號後記曰：'己亥年五月六日，比丘寫記，沙彌淨覺貞讀誦。'諸本所記年月，除庚本及'制'字本有年號外，戊癸二本及'海'字本均僅有干支，並無年號。因其時沙州正陷於吐蕃，中朝年號敦煌已不用，而僅記干支。使原因果如此單純，癸本丙子應屬德宗貞元十二年（公元七九六），戊本戊子應屬憲宗元和三年（公元八〇八），'海'本己亥應屬元和十四年（公元八一九）。設將干支各推遲六十年，則三者均已落於宣宗大中五年以後，其時河湟已復，瓜沙已還唐治，不應仍廢唐室年號不用。"①按子本後記"乾寧"爲唐昭宗年號，"二年"即895年。以上這些有年號或干支的寫本，據任先生推斷，最早應寫於796年，最晚爲962年。

三 《和菩薩戒文》新校

敦煌本S.1073《和菩薩戒文》，《大正藏》據以校錄入藏，因未見其他寫本，且釋錄錯誤頗多，幾不可用。郝錄另參5個寫本重新校錄，改正了《大正藏》的許多失誤，但仍有疏漏。爲方便與《大正藏》本參照，現仍以本卷爲底本，另以30個寫卷參校。若底本不誤而他本誤，則不出校。但已有校錄本誤校誤錄者，則正其得失，以供參考。

和菩薩戒文一本[1]

深心渴仰[2]，專注法音。惟願戒師，廣垂開演[3]。

和云[4]：諸菩薩，莫煞生[5]，煞生必當墮火坑[6]。煞命來生短命

---

① 任半塘編著：《敦煌歌辭總編》，上海古籍出版社1987年版，第1093—1094頁。

敦煌本《和菩薩戒文》的幾個問題 | 67

報，世世兩目復雙盲[7]。勸請道場諸眾等，共斷煞業不須行。佛子[8]

諸菩薩，莫偷盜，偷盜得物猶嫌少[9]。死後即作畜生身，披毛戴角來相報[10]。終日駈牽不停息[11]，無有功夫食水草。猶恐迷心不覺知[12]，是故慇懃重相報[13]。佛子

諸菩薩，莫邪婬，邪婬顛倒罪根深。鐵床炭炭來相向[14]，銅柱赫赫競來侵[15]。舉身遍體皆紅爛[16]，因何不發菩提心[17]？佛子

諸菩薩，莫妄語[18]，妄語當來墮惡趣[19]。不見言見詐虛言，鐵犁耕舌并解鋸。為利名譽惑眾生[20]，欺誑師僧及父母。若能懺悔正思惟[21]，當來必離波吒苦。佛子

諸菩薩，莫沽酒[22]，沽酒洋銅來灌口[23]。足下火出炎連天，獄卒持鋒斬兩手。惣為昏癡顛倒人[24]，身作身當身自受[25]。仍被驅將入阿鼻[26]，鐵壁千重無處走[27]。佛子

諸菩薩，莫自說，自說喻若湯澆雪[28]。造罪猶如一剎那，長入波吒而悶絕。連明曉夜下長釘，眼耳之中皆泣血。罪因罪果罪根深，乃被牛頭來拔舌。不容乞命暫分疎[29]，獄卒持权而俠泄[30]。佛子

諸菩薩，莫毀他，毀他相將入奈河[31]。刀劍縱橫從後赸[32]，跳入泥水便騰波[33]。混鈍猶如鑊湯沸[34]，一切地獄盡經過。皮膚血肉如流水，何時得離此波吒[35]。佛子

諸菩薩，莫多慳，多慳積寶縱似山[36]。見有貧窮來乞者，一針一草不能判[37]。貪心不識知厭足，當來空手入黃泉。佛子

諸菩薩，莫多嗔，多嗔定受蟒蛇身[38]。婉轉腹行無手足[39]，為緣前世念怒因[40]。八萬簡小虫來唼食[41]，遺留白骨及皮筋[42]。受斯痛苦難堪忍[43]，何時却得復人身[44]？佛子

諸菩薩，莫謗三寶，若謗三寶墮惡道。三百具長釘定釘心[45]，叫喚連天聲浩浩[46]。謗佛謗法更加嗔[47]，銅開鐵棒來相拷[48]。痛哉苦哉不可論，何時值遇天堂道[49]？佛子

和云：微塵之犯[50]，累及千生[51]。勝果菩提，斯皆頓失。既嬰六道[52]，良亦可悲。天上人間，取生何路？

和云：犯戒之報[53]，已落三塗。未審於中[54]，死經幾歲[55]。

和云：墮惡道中，已至極苦。更經劫數，誠可痛心。歲月遐長，不知得聞父母三寶名字已否？

和云：苦哉苦哉！

和云：蓮花藏戒，今日得聞。眾共傾心，願垂廣說。

和云：我今懺悔，不敢覆藏。惟願戒師，慈悲廣說。

和云：大師密藏，甘露真詮。喜慶今聞，願垂廣說。

和云：如來心地，曠劫難聞[56]。今遇宣揚，願垂廣說。

和云：恒沙戒品，希遇宣揚。惟願戒師[57]，慈悲廣說。

［和云］[58]：深心慚愧，不敢覆藏。露膽披肝，發露懺悔。

［和云］：曠大劫來，恒沙罪障。今聞此戒，並得消除。慚愧戒師，布施歡喜。

乾符肆年四月就報恩寺寫記

校勘記：

［1］和菩薩戒文一本，S.6631無"一本"二字，尾題作"和戒文壹本"；P.2921首題作"和戒文壹本"；其餘首題或作"和戒文一本"。郝錄謂P.4597作"惠承文一本"，按實作"和菩薩戒文"，下空約兩字符寫"惠水文一本"，當屬書手信筆爲之，與"和菩薩戒文"內容無涉。

［2］深，S.4662、S.6631、S.5894、S.5977、S.6211、P.2789、P.3826等各本同，《大正藏》錄作"涼"，下"罪根深"亦錄作"涼"，均非是。"深心"前S.6631、P.4597有"經云敬心奉持和云"八字，S.4662卷首殘損，但仍見"心奉持和云"五字。

［3］開，S.6631、P.4597同，《大正藏》作"湖"，非是。開演，謂闡述解說。後秦佛陀耶舍共竺佛念譯《佛說長阿含經》卷一："爾時世尊告梵王曰：'吾愍汝等，今當開演甘露法門。是法深妙，難可解知。今爲信受樂聽者說，不爲觸擾無益者說。'"唐法海等《六祖大師緣起外紀》："後一百七十年，有肉身菩薩，於此樹下開演上乘，度無量眾，真傳佛心印之法主也。"宋普濟《五燈會元》卷七《雪峰義存禪師》："三乘十二分教，爲凡夫開演，不爲凡夫開演？"《總編》（1093頁）謂"'廣垂開

演'，兼包音樂歌唱與問題，總謂之'開演'也"，可備一說。

[4]和云，郝錄謂S.6631"二字前有'經云，是菩薩或懼或罪'九字"。按校錄不確。S.6631、P.4597二字前實作"經云是菩薩波羅夷罪"，S.4662卷首殘，存"菩薩波羅夷罪"，"夷"原俗寫"曵"，佛典習見"是菩薩波羅夷罪"。

[5]煞，除P.2921形誤作"然"，各本同。煞，《廣韻·黠韻》謂同"殺"。《資治通鑑》卷二百三十六唐順宗永貞元年："叔文聞之，怒，欲下詔斬之，執誼不可；則令杖煞之，執誼又以爲不可；遂貶焉。"胡三省注："煞，與殺同。"《大正藏》本卷"煞"均改作"殺"，不必。

[6]火坑，S.6631、S.5984、S.5977、P.2789、P.2921、P.3185、北7177（服30）等卷同，《大正藏》誤錄作"大抗"。

[7]世世，P.2789、S.5984、S.4462、P.2921、P.3185、上圖140（812590）等卷同，《大正藏》作"娑婆"，誤。

復，《大正藏》作"傷"，非是。

[8]佛子，原寫"仏子"，各本於每首和辭後，或空半字符或空一字符不等，字體大小或同和辭或靠右小寫，似提示以上爲受戒者和辭。

[9]偷盜，原不重，似脫重文號，據P.3241、P.3185、S.5894、S.5557、S.4462、S.4301、上圖140（812590）等各本補。《大正藏》不重，失校。

嫌，《大正藏》作"孃"，文不成義。

[10]披毛戴角，謂變爲禽獸，即佛教所謂墮入畜生道。高麗沙門諦觀錄《天台四教儀》："二畜生道，亦云旁生。此道遍在諸處，披毛戴角，鱗甲羽毛，四足多足，有足無足，水陸空行，互相吞噉，受苦無窮。愚癡貪欲作中品五逆十惡者，感此道身。"宋道原《景德傳燈錄》卷二十《隂玨和尚》："學人不負師機，還免披毛戴角也無？"上圖140（812590）作"披毛帶角"，"帶"爲"戴"音借。《大正藏》作"被毛載角"，誤。

[11]駈，《玉篇·馬部》："駈，同驅。"《大正藏》作"驅"，不煩改。

[12]恐，即"恐"俗字，敦煌文獻習見。《大正藏》作"□"。

[13]相，原脫，據S.5977、S.5894、S.5557、S.4462、上圖140（812590）

等補。《大正藏》失校。

〔14〕岌岌，原寫作"岌"，下有重文號，當爲匆忙中少寫捺畫。《大正藏》作"岌岌"、郝録作"岃岃"，按《玉篇·山部》："岃，古文會字。"均失校。兹據S.6631、S.5984、S.5977、P.2789、P.2921、S.3185、S.5457等卷正。岌岌，急速貌。《文選·潘岳〈笙賦〉》："汎淫泛艷，雪曄岌岌。"李周翰注："雪曄岌岌，急疾貌。"《總編》據S.6631校録，不誤。

〔15〕銅，《大正藏》誤作"鋸"。有關邪婬之報，佛典習見。後漢安世高譯《佛說阿難問事佛吉凶經》："婬泆抱銅柱，大火相燒然。"劉宋求那跋陀羅譯《佛說罪福報應經》："喜婬他人婦女者，死入地獄，男抱銅柱，女臥鐵床。"又譯《過去現在因果經》卷三："見地獄中考治眾生，或洋銅灌口，或抱銅柱，或臥鐵床，或以鐵鑊而煎煮之。"唐道世《法苑珠林》卷七十《惡報部第十一》："三謂邪婬，犯人婦女，或爲夫主邊人所知，臨時得殃，刀杖加刑，首足分離，禍及門族；或爲王法收捕著獄，酷毒掠治，身自當辜，死入地獄，臥之鐵床；或抱銅柱，獄鬼然火，以燒其身。"敦煌本《目連緣起》："其地獄者黑壁千重，烏門千刃（仞），鐵城四面，銅苟（狗）喊呀，紅焰黑煙，從口而出。其中受罪之人，一日萬生萬死。或刀山劍樹，或鐵犁耕舌；或洋銅灌口，或吞熱鐵火丸；或抱銅柱，身體燋然爛壞。枷鎖杻（杻）械，不曾離身。牛頭每日凌遲，獄卒終朝來拷。鑊湯煎煮，痛苦難當。"

侵，《大正藏》作"假"，誤。

〔16〕舉，《大正藏》作"皋"，誤。

體，《大正藏》誤重一字。

紅，《大正藏》誤作"沽"，下空一字符，但原寫實不空。紅爛，謂身體受損紅腫潰爛。

〔17〕因，原作"囙"。《干禄字書·平聲》："囙因，上俗下正。"《大正藏》誤作"曰"。

〔18〕妄語，當脫重文號，據S.4301、S.4662、P.2789、P.2921等卷並辭例補。《大正藏》不重，失校。

〔19〕當來，將來。《魏書·崔亮傳》："但令當來君子，知吾意焉。"

敦煌本《和菩薩戒文》的幾個問題 | 71

《大正藏》作"□來",未是。

墮,《大正藏》作"誰",誤。

惡,原脱,據P.2789、P.2921、S.4301、S.4662、S.5457、北8367(推28)、上圖140(812590)等卷補。

[20]名譽,《大正藏》作"見□",非是。

惑,原作"或",同音借字,據P.2789、P.2921、北8367(推28)、北8366(衣74)等改。《大正藏》失校。

[21]正思惟,《大正藏》作"不忍惟",誤。

[22]沽,原寫"估",形近而誤,據S.4662、P.2789、P.2921、P.3826、北7177(服30)、上圖140(812590)等正。《大正藏》失校。

[23]洋銅,S.4662、P.2789、P.2921、P.4597等卷同。洋銅,即熔化的銅液。洋銅灌口,佛典習見。後秦佛陀耶舍共竺佛念譯《佛說長阿含經》卷十九《第四分世記經地獄品第四》:"罪人爲灰河所煮,利刺所刺,洋銅灌口。"唐實叉難陀譯《地藏菩薩本願經》卷上《觀眾生業緣品第三》:"復有夜叉執大鐵戟中罪人身……百肢節內悉下長釘,拔舌耕犁,抽腸剉斬,洋銅灌口,熱鐵纏身,萬死千生,業感如是。"蔣禮鴻《敦煌變文字義通釋》(第四次增訂本104頁)云:"熔化金屬的'烊'字唐人都寫作'洋',或寫作'煬'。"郝録謂"洋"當作"鎔",不煩校。

[24]惣,《字彙·牛部》:"惣,同總。"《中華大字典·心部》:"惣,揔譌字。"晉唐文獻習見。《大正藏》作"總",不煩改。

[25]身當,"身"字原脱,據P.3826、北7177(服30)、北8362(制5)、北8366(衣74)、上圖140(812590)等各本補。《大正藏》失校。

[26]將,各本同。《大正藏》、郝録作"掠",誤。

[27]走,《大正藏》作"事",出韻,誤。

[28]澆,《大正藏》作"洗",誤。沸湯澆雪,如湯澆雪,佛典習見。

[29]分,《大正藏》作"而",誤。分疎,亦作"分疏",謂解釋,辯白。《北齊書·祖珽傳》:"珽自分疏,並云與元海素相嫌,必是元海譖臣。"《漢書·袁盎傳》"且緩急人所有,夫一旦扣門,不以親爲解,不以在亡爲辭,天下所望者,獨季心、劇孟"顏師古注:"解者,若今言分疏也。"

唐张鷟《游仙窟》："娘子莫分疎。"S.543v、上圖140（812590）作"分疎"。

［30］杈，原作"扠"，敦煌寫本"木""扌"相混，此録正，上圖140（812590）作"叉"。《大正藏》作"秉"，誤。

俠泄，S.543v作"硤柵"，P.3185、S.5977作"俠柵"，P.3826作"使楔"，北7177（服30）作"夾柵"，北8362（制5）作"挾契"，北8366（衣74）作"挾泄"，北8367（推28）作"俠楔"，上圖140（812590）作"𢴦柵"。本句《總編》（1090頁）作"獄卒持杈使夾膝"[①]，于文作"獄卒持杈而使峽泄"，與七言不合，謂"'峽泄'二字，S.1073B作'俠泄'，P.4597，S.4662，S.5457作'使泄'，北圖服30作'夾泄'，北圖字59卷作'梜泄'，P.3241、北圖衣74作'挾泄'，S.5557、S.5894作'狹泄'，S.5977作'使柵'，北圖制5作'狹契'，北圖推28作'俠楔'"[②]。按"俠泄"疑當作"枷楔"，指施以酷刑。"夾"爲"枷"音借，"硤""俠""挾""狹""峽""𢴦"爲"夾"增旁字，"扌""犭"混用，"使"爲"俠"形誤，前後九戒末句均爲七言，此不應例外，故S.6631當衍"使"字；"泄""柵"爲"楔"音借，"契"爲"楔"省筆致誤。楔，以扦子楔入手指。《新唐書·酷吏傳序》："推劾之吏，以嶮責痛詆爲功，鑿空投隙，相矜以殘，泥耳籠首，枷楔兼暴，拉脅籤爪，縣髮熏目，號曰獄持。"宋任廣輯《新刻呂涇野先生校正中秘元本》卷十八《獄具囚徒》："拷人曰加簝若干（虞延），枷栲曰關木被笙（司馬迁）……枷等曰枷楔（唐酷吏序）。"明沈國元述《兩朝從信録》卷二十二："刑部尚書喬允升《廣教化以省刑罰疏》曰：'……爰書日奏，斷獄日多，雨血猶腥而桁楊接踵，藁街未淨而枷楔盈庭。'"

［31］河，原脱，據S.5557、P.3185、P.3826、北8362（制5）、北8366（衣74）等卷補，S.543v、北7177（服30）作"乃河"。上圖140（812590）作"柰河"，"柰"即"奈"，同"奈"。"奈河"郝録作"奈何"，誤[③]。奈河，俗傳爲陰間的河。唐張讀《宣室志》卷四："（董觀）行十餘里，

[①] 郝春文主編：《英藏敦煌社會歷史文獻釋録》第三卷，社會科學文獻出版社2003年版，第149頁，本句作"獄卒持收如硤柵"，"收"爲"杈"字之誤，"如"、"而"互通。

[②] 于淑健：《敦煌本〈和菩薩戒文〉考論》，《敦煌研究》2008年第1期。

[③] 郝春文主編：《英藏敦煌社會歷史文獻釋録》第三卷，社會科學文獻出版社2003年版，第149頁S.543v作"（柰）河"，是。

至一水,廣不數尺,流而西南。觀問(靈)習,習曰:'此俗所謂奈河,其源出於地府。'觀即視其水,皆血,而腥穢不可近。"敦煌本《大目乾連冥間救母變文并圖一卷》:"(目連)行經數步,即至奈河之上,見無數罪人,脫衣掛在樹上,大哭數聲,欲過不過,迴迴惶惶,五五三三,抱頭啼哭。"又:"奈河之水西流急,碎石巉(巉)巖行路澀。"又《太子成道經》:"煞鬼不怕你兄弟多,任君眷屬總僂儸,黑繩繫項牽將去,他(地)獄裏還交(教)度奈河。"P.3156v"有情欲拔三塗苦,無意將身入奈河",《總編》(1028—1029頁)〔〇〇五四〕"拔"作"撥","奈河"作"乃阿",謂"'乃阿'未詳"。項楚師《敦煌歌辭總編匡補》(136頁):"'撥'字應作'拔'。'撥'與'拔'本通用,原本所書即似'拔'字","'乃'即'奈'之音誤,'阿'則'河'之形誤。'奈河'是地獄中的界河,'入奈河'即入地獄,如〔〇六一五〕首:'諸菩薩,莫毀他;毀他相將入奈河。'"

[32] 從後趁,《大正藏》作"役渡趣",誤。

[33] 跳,《大正藏》作"趣",誤。

騰波,原似作"騰被",《大正藏》照錄,失校。茲據S.4301、S.4662、S.5557、S.5894、S.5977、P.2921、P.3185、P.3241、P.3826、P.4597、北7177(服30)、上圖140(812590)等卷正。

[34] 湯,原脫,據S.543v、S.5457、S.5557、S.5894、S.5977、P.2921、P.3185、P.3826、P.4597、上圖140(812590)等卷補。《大正藏》失校。

[35] 此,《大正藏》漏錄。

[36] 慳,"多"下"慳"字原脫,據S.543v、S.4301、S.4662、S.5557、S.5894、S.5977、P.2921、P.3185、P.3826、P.4597、上圖140(812590)等卷補。

縱似,《大正藏》作"□。仍",誤。

[37] 判,《大正藏》作"制",誤。

[38] 蟒,原作"奔",爲"莽"形誤字,而"莽"即"蟒"音借。S.4301、S.5557、P.3185、P.3826、P.4597等作"蟒",據正。

[39] 腹,原似作"腸",據S.4662、P.4597、北7177(服30)、北8366

（衣74）、上圖140（812590）等卷正。《大正藏》照錄，誤。

　　［40］緣，《大正藏》作"□"，未是。

　　因，原作"曰"，俗字。《大正藏》作"曰"，誤。

　　［41］箇，《大正藏》作"筒"，誤。

　　小虱，即小虫，《大正藏》作"□"，非。

　　［42］白，《大正藏》作"自"，誤。

　　及，《大正藏》作"乃"，誤。

　　筋，《大正藏》作"□"。

　　［43］受斯痛，《大正藏》作"□所□"，非是。

　　［44］復，原寫"腹"，同音借字，據S.4662、P.3826、P.4597、北7177（服30）、北8362（制5）、北8366（衣74）、北8726（海80）等卷正。《大正藏》作"勝"，誤。

　　［45］具，《大正藏》作"貝"，誤。

　　心，《大正藏》作"處"，誤；前原有"定"字，當衍，據S.543v、S.5457、S.6631、P.2921、P.3185、P.3241、P.3826、P.4597、北7177（服30）、北8362（制5）、北8366（衣74）、北8726（海80）、上圖140（812590）等卷正。《大正藏》刪，是。

　　［46］叫，前《大正藏》作"□"，原本無闕。

　　［47］法，原脫，據S.543v、S.4662、S.5457、S.5894、S.6631、P.2921、P.3185、P.3241、P.3826、P.4597、北7177（服30）、北8362（制5）、北8726（海80）、上圖140（812590）等卷補，《大正藏》失校。

　　加，《大正藏》作"□"。

　　［48］開，即"関"同字異構，《漢語大字典》引《老子》第二十七章、隋杜臺卿《玉燭寶典·十月孟冬》及《遼文匯·賈師訓墓志》等三例。《大正藏》作"開"，誤。

　　棒，《大正藏》作"欅"，誤。

　　拷，《大正藏》作"悖"，誤。

　　［49］堂，《大正藏》作"掌"，誤。

　　［50］之，原作"至"，音誤字，《大正藏》失校。

［51］累及，"及"原寫"極"，據S.4662、S.5977、S.6631、P.2921、P.3826、P.4597、北7177（服30）、北8362（制5）、北8366（衣74）、北8726（海80）等卷正。《大正藏》作"黑極"，誤。

　　［52］既，《大正藏》作"玩"，誤。

　　［53］之，原作"知"，據S.4662、S.5457、S.5977、S.6631、P.2921、P.3241、P.4597、北8362（制5）、北8366（衣74）等卷正。《大正藏》失校。

　　［54］審，原作"番"，形近而譌，據S.4662、S.5894、S.5977、S.6631、P.2921、P.3241、P.3826、P.4597、北8362（制5）、北8366（衣74）、上圖140（812590）等正。《大正藏》失校。

　　［55］死，《大正藏》作"所"，誤。

　　［56］難聞，《大正藏》作"障閉"，誤。

　　［57］惟，前原有"願"字，衍，據S.5894、S.6631、P.2921、P.3241、P.3826、P.4597、北8366（衣74）、上圖140（812590）等卷刪。《大正藏》失校。

　　［58］和云，原脫，據S.4662、P.3185、P.4597等卷補。下"和云"同。

（原載《項楚先生欣開八秩頌壽文集》，中華書局2012年版）

　　附記：本文初稿於2007年10月，應西北大學文學院之邀，出席於2007年11月24日至26日在西安召開的"中國語言文獻與文學文獻學高層論壇"學術研討會交流。本次會議由中華文學史料學學會古代文學史料學分會、《文獻》編輯部、西北大學文學院聯合主辦，陝西省社會科學院古籍研究所、三秦出版社協辦，西北大學文學院承辦。

　　後讀于淑健發表於《敦煌研究》2008年第1期的《敦煌本〈和菩薩戒文〉考論》，以為拙文據不同文獻著錄及研究《和菩薩戒文》計32個寫卷，多出于文12個，並且兩文側重點各不相同，可以互補。欣逢項楚師七十華誕，茲稍作修改，以為先生壽。

《廣韻》所見俗語詞箋識（一）

　　《廣韻》既是一部重要韻書，又是一部同音字典，在解說字義時，又不可避免地對涉及的一些複音詞進行解釋，其中很多是俗語詞。當然，我們所說的俗語詞，是一個比較寬泛的概念，包括俚語、俗語、方言，甚至較冷僻的詞語。這些詞語在古代文獻典籍中亦不乏用例，是傳統文化的組成部分，自有其學術研究價值。以前人們關注《廣韻》，主要是從音韻學的角度加以利用，認爲藉此可以上推古音，下推今音。其實，從漢語史研究來看，《廣韻》所涉及的俗語詞，也可以古今推展，是近代漢語的重要內容和源頭之一。但迄今尚未引起太多關注，即以當前收羅字詞義項最爲完備的兩部最大的漢語文工具書——《漢語大字典》和《漢語大詞典》（以下簡稱"《大字典》""《大詞典》"）來看，有關《廣韻》所涉俗語詞漏略不少[①]，或書證過於滯後，或義項闕如。現酌加箋識，或於將來《大字典》和《大詞典》的修訂以及漢語詞彙史研究，均不無裨益矣。

一　東韻

　　1. 東……亦東風菜。《廣州記》云："陸地生，莖赤，和肉作羹，

[①] 新近所出《故訓匯纂》（商務印書館 2003 年版），《廣韻》所釋俗語詞亦多有漏載，如《東韻》"喁，喁喁，大言""涷，潰涷，水沸湧也""灀，沖灀，大水皃""魟，鯆魟，江蟲，形似蟹，可食""籯，籠籯，取魚器。俗""艟，艟艨，戰船""楒，水楒子，果名，出南州""吽，吽吽，市人聲"等；或書證不引《廣韻》而引後出輯佚者，如《東韻》"疘，《文字集略》云：'脫疘，下部病也。'"《匯纂》（1864 頁）"脫"之㊳ "～疘，下部病也。《小學鉤沉·文字集略》"，此爲清人輯佚。

《廣韻》所見俗語詞箋識（一） | 77

味如酪，香似蘭。"《吳都賦》云："草則東風扶留。"（1頁/12列，上海古籍出版社1983年4月影《鉅宋廣韻》本，下同）

菄，東風菜，義見上注，俗加艹。（2/3）

按：東風菜，一種菜名，可入藥。《玉篇·艸部》："菄，得紅切，東風菜。"（此據《四部叢刊》初編本，中華書局影印本作"得洪切"，脫"東風菜"三字）《大詞典》（縮印本2500頁，以下僅出頁碼）"東風菜"謂"菜名。亦可入藥"，首引《重修政和證類本草》，書證晚出。

2. 倲，儱倲，儜劣皃。出《字諟》。（2/4）

按：據周祖謨《廣韻校本》（15頁）所校，北宋本、巾箱本同，元泰定本、明本、棟亭本、澤存堂本作"儱倲"。

儱倲（-dōng），懦怯庸劣。《玉篇·人部》："倲，都聾切。儱倲，儜劣皃。"或亦本《字諟》。《大字典》（縮印本100頁，以下僅出頁碼）"儱（三）lóng"下列複詞"儱倲"，引《集韻·東韻》："儱倲，劣也。"與《廣韻》義稍別，且書證滯後。《大詞典》（736頁）"儱倲"謂"弱劣貌"，引《玉篇》，是矣。

3. 蠢，蛞蠢，科斗蟲也。案《爾雅》曰："科斗，活東。"郭璞云："蝦蟆子也。"字俗從虫。（2/6）

按：蛞蠢（kuòdōng），蝌斗。《玉篇·虫部》："蛞，胡括切，蛞蠢。"《廣韻·末韻》："蛞，蝦蟇子名。"據上平聲《東韻》"蠢"注，或應作"蛞蠢，蝦蟇子名"。《集韻·東韻》："蠢，蛞蠢，科斗。通作東。"是"蛞蠢"即"活東"。《大字典》（1188頁）"蛞"（一）未收《廣韻》"蝦蟇子名"義，列複詞"蛞螻"，未收"蛞蠢"；《大詞典》（5102頁）"蛞"下未收"蛞蠢"。均當補。又，《爾雅·釋魚》："科斗，活東。"陸德明釋文："活東，如字，謝、施音括，舍人本作頴東。"郝懿行義疏：

"活東、科斗，俱雙聲字也。"唐慧琳《一切經音義》卷四十二《大方等陀羅尼經第三卷》："蚪斗，苦和反，一名活東，亦名顆東。郭璞云即蝦蟇子也。"《大詞典》（3225頁）首引《急就篇》顔師古注，書證晚出。

4. 舸，舸船。（2/9）

按：舸船（tóng-），船的一種。《廣雅·釋水》："舸，舟也。"則"舸船"爲同義複詞。《玉篇·舟部》："舸，徒紅切，舸船。"敦煌文書P.2016五代本《切韻》作"舸，舸舩名"（敦煌所出本均當早於今所見《廣韻》各本，故酌加引證。下引據通稱於卷號前徑冠"P.""S."）。《龍龕手鏡·舟部》："舸，音同，舸舩也。"《太平御覽》卷九百三十八引《嶺表録異》曰："海鰌魚，即海上最偉魚也，其小者亦千餘尺。每歲廣州常發舸船過南安貨易。"《舊唐書·懿宗紀》："令和雇入海舸船，分付所司。"《新唐書·黎幹傳》："幹密具舸船作倡優水戲，冀以媚帝。"宋唐慎微《證類本草》卷十三《枕林（材）》："生南海山谷，作舸船次於樟木。"吴自牧《夢梁録》卷十二《河舟》："若士庶欲往蘇湖常秀江淮等州，多雇舸船、舫船、航船、飛蓬等船。"《大詞典》（5306頁）"舸"下收録"舸艚"，謂"小船名"，未收"舸船"，當補。

5. 瓶，瓶瓦。（2/10）

按：瓶瓦（tóng-），即筒瓦，是半圓筒形的覆瓦。如《玉篇·瓦部》："瓶，徒公切，牡瓦也。"《六書故·工事四》："瓶，小牡瓦如筒者也。""瓶瓦"亦見於《龍龕手鏡·瓦部》："瓶、瓶，音同。瓶瓦。二同。"亦作"筒瓦"。《六書故·植物三》："瓦如筒者謂之筒瓦。"注："別作瓶、瓶、瓶。"《南齊書·輿服志》："玉輅……優遊上和鸞鳥立花趺銜鈴，銀帶瑇瑁筒瓦，金塗鏤鍱，刀格，織成手匡金花細錦衣。"唐段成式《酉陽雜俎續集》卷三《支諾皋下》："開鱗徹上容釵股若合筒瓦。"

亦作"箇瓦"。宋王稱《東都事略》卷二十九《郭進》:"太祖嘗命有司治第,賜進蓋以箇瓦,有司言:'舊制,非親王公主之第不用箇瓦。'"按宋曾鞏《元豐類稿》(《四部叢刊》本)卷四十九《任將》作"瓶瓦",彭百川《太平治跡統類》卷二作"甋瓦"。《大詞典》(2857頁)"瓶瓦"謂"筒瓦。半圓筒形的瓦",首引宋李誡《營造法式》;又(5212頁)"筒瓦"謂"半圓筒形的瓦",引《紅樓夢》;又(5227頁)"箇瓦"謂"圓箇狀的屋瓦",首引陸游文。釋義不盡一致,書證均晚出。又(2859頁)"甋"❷"同'瓶'",引孫光憲《北夢瑣言》"點甋瓦半葉以呈之",未收複詞"甋瓦",割裂詞語。

6. 哃,哃嘡,大言。(3/2)

按:哃嘡(tóngtáng),說大話。《玉篇·口部》:"哃,妄語也。""妄語"猶胡說。《集韻·東韻》:"哃,哃嘡,大言。"《類篇·口部》:"哃,徒東切。哃嘡,大言。"宋黃希《祭左丘明文》:"張脣哆齒,哃嘡囁嚅。"或作"哃唐"。明朱謀㙔《駢雅·釋訓》:"諏諗、呫囁,私語也。傾頤、哃唐,揚言也。"《大字典》(282頁)"嘡"下列複詞"哃嘡",謂"話不對頭",引《龍龕手鑑·口部》:"哃嘡,語不中也。""語不中"或謂語不符實。其實《手鑑》云:"哃嘡,上音同,下音唐。哃嘡,語不中也。又大言也。"《大字典》截引前一義項,將見於《廣韻》的後一義項棄而不用,不知何故。《大詞典》(1581頁)"哃"謂"妄言;大言",下收複詞"哃喝""哃疑""哃嚇",未收"哃嘡""哃唐",當補。

7. 衰……又衰衣,襞衣也。(3/5)
　薛韻:襞,衰衣。(402/10)

按:S.2055《切韻》作"哀,按《說文》'衰,襞衣也'","哀"爲

"衷"字形誤。P.2017《切韻》作"衷，善。又衷衣"。澤存堂本《廣韻·薛韻》作"褻，裏衣"，《廣韻校本》（540–541頁）云："裏，日本宋本巾箱本黎本景宋本均作衷，與唐韻合。案漢書敘傳蕭該音義引字林云：'褻，衷衣也。'"自注："切三及故宮王韻衷亦作裏。"（按周氏與余迺永校標點與通行用法多有不同，引文均照式逐錄，以下同）《新校互註宋本廣韻》（增訂本496頁，以下簡稱"《新校》"）校云："切三·王二·全王及楝亭本同，唐韻及廣韻餘本並作'衷'。按說文：'褻·私服'。'裏·衣內也'。又'衷·裏褻衣'。注：'褻衣有在外者，衷則在內者也'。故裏衣義勝衷衣。周校以衷衣爲合，非也。"古來本有"衷衣"一說，周校是，余校非之則有未當。

　　衷衣，內衣。《龍龕手鏡·衣部》："褻，私列反，衷衣也。"《增韻·薛韻》："褻，私服，衷衣也。"明蕭大亨《夷俗記·北虜風俗·匹配》："婦之衷衣，必以馬尾辮維繫之固，婿以小刀斷之，其始配如此。"《大詞典》（5318頁）"衷衣"謂"見'衷裏衣'"，又同頁"衷裏衣"謂"貼身內衣"，引明夏完淳詩；又"亦省稱'衷衣'"，引清宣鼎《夜雨秋燈錄》。似謂先有"衷裏衣"，或"省稱'衷衣'"，恐非是。其實"衷"即中，亦即裏。《說文·衣部》："衷，裏褻衣。"段玉裁注："褻衣有在外者，衷則在內者也。"亦作"中衣"。《釋名·釋衣服》："中衣，言在小衣之外，大衣之中也。"漢繁欽《定情》詩："何以結秋悲，白絹雙中衣。"《龍龕手鏡·衣部》："衷，音中，善也，適也，中也，正也。又褻衣，中衣也。"

　　8. 𩜰，饞𩜰，貪食也。出《古今字音》。（3/12）

　　按：饞𩜰（-chóng），貪吃。清桂馥《札樸》卷九《鄉里舊聞·鄉言正字》："貪食曰饞𩜰。"亦作"𩜰饞"。《龍龕手鏡·食部》："𩜰，鋤弓反。𩜰饞，貪食也。"《集韻·東韻》："𩜰，𩜰饞，貪食。"《類篇·食部》："𩜰，鉏弓切。𩜰饞，貪食。"《大字典》（1858頁）"𩜰"

《廣韻》所見俗語詞箋識（一） | 81

下列複詞"饞噄"，謂"貪食。也作'噄饞'。"引《廣韻》《集韻》，引段成式《送窮文》則作"嚵噄"。《增韻·咸韻》："饞，饕也。亦作嚵。"《字彙·口部》："嚵，同饞。"《大詞典》（7365頁）"饞"下未收錄此詞；又（7360頁）"噄"謂"貪食"，亦引段文，未收"噄饞"，均當補。

9. 瀜，沖瀜，大水皃。（4/7）

按：沖瀜（chōngróng），大水的樣子。《玉篇·水部》："瀜，弋終切。沖瀜，大水皃。"《五音集韻·東韻》："瀜，沖瀜，大水皃。"或作"沖瀜"。《集韻·東韻》："沖，沖瀜，水深廣皃。"又："瀜，沖瀜，水深廣皃。"亦作"冲瀜"。《增韻·東韻》："瀜，沖瀜，水深。"《大字典》（749頁）"瀜"❶列複詞"沖瀜"，謂"也作'冲瀜'。水深廣貌"，引《廣韻》及《文選》李善注等，但李注謂"沖瀜沆瀁，深廣之貌"，並非單注"沖瀜"，故釋義與書證並不榫合。《大詞典》（3145頁）"沖瀜"謂"亦作'冲瀜'"，❶"充盈彌漫貌"，引唐竇庠詩；❷"水波蕩漾貌"，引王闓運文，作"冲瀜"。未收"大水皃"一義，書證亦晚。

10. 艨，艨艨，醜皃。（4/8）

按：艨艨（méng-），醜陋的樣子。《集韻·東韻》："艨，醜也。"此釋單字義。又："艨，艨艨，醜皃。"則"艨艨"爲同義疊音詞。《康熙字典·色部》："艨，《廣韻》莫中切，《集韻》謨中切，並夢平聲。艨艨，醜也。"明鄧球《閒適劇談》卷四："艨，音蒙，醜貌。"又，《正字通·色部》"艨"字注："艨，音蒙。艨艨，醜貌。"按《玉篇·色部》："艕，普郎切。艕艕，無色。"《廣韻·蕩韻》："艕，艕艕，無色。"未聞"艕"有醜義，頗疑《正字通》"艕艨"爲"艨艨"之譌。《大字典》

（1280頁）"艷"下列複詞"艷艷"，引《廣韻》。《大詞典》未收"艷"及"艷艷"。

11. 豐，偓豐，仙人。（5/3）

按：偓豐（wòfēng），或作"闕偓豐"，仙人名。《玉篇·人部》："豐，孚公切。偓豐，仙人也。"《集韻·東韻》："豐，闕偓豐，仙人名。"《類篇·人部》："豐，敷馮切。闕偓豐，仙人名。"《五韻集韻·東韻》："豐，偓豐，仙人。"《字彙·人部》："豐，孚公切，音豐。偓豐，仙人也。"《康熙字典·人部》："豐，《廣韻》敷空切，音豐。偓豐，仙人也。"明張時徹《芝園定集》卷十三《壽顧馬湖二十韻》："奚啻調龍虎，還期遇偓豐。"《大字典》（100頁）"豐"下列複詞"偓豐"，引《玉篇》；又（83頁）"偓"下列複詞"偓佺"，未收"偓豐"。《大詞典》（671頁）"偓"下收錄"偓佺"，謂"古傳說中的仙人名"，未收"偓豐"。均當補。

12. 茺，茺蔚，草也。（5/4）

按：S.2055《切韻》、故宫王韻作"茺，茺蔚，草"，故宫裴韻作"茺，茺蔚，草名"。

茺蔚（chōngwèi），即益母草。《爾雅·釋草》"萑，蓷"郭璞注："今茺蔚也。葉似荏，方莖，白華，華生節間，又名益母。"晉陸璣《毛詩草木鳥獸蟲魚疏》卷上："中谷有蓷：……《韓詩》及《三蒼說》悉云：'蓷，益母也。'故劉歆曰：'蓷，臭穢，即茺蔚也。'"《玉篇·艸部》："茺，齒戎切。茺蔚，即益母草。"《集韻·東韻》："茺，茺蔚，艸名，益母也。"《大詞典》（5469頁）"茺蔚"引明李時珍《本草綱目》一例，書證過晚。

13. 箜，箜篌，樂器。《釋名》云："師延所作靡靡之音，出桑

間濮上。"（5/6）

按：靡靡之音，指頹靡冶泆的音樂。遼希麟《續一切經音義》卷九《根本說一切有部毘奈耶破僧事卷第四》："箜篌：……《世本》云：'師延所作靡靡之音也，出於濮上，取空國之侯名也。'"宋羅泌《路史》卷二十三《帝履癸》："廣優猱戲奇偉，作東哥而操北里，大合《桑林》，驕溢妄行，於是羣臣相持而唱於庭，靡靡之音，人以龜其必亡。"吳子正等《箋註評點李長吉歌詩》卷一《李憑箜篌引》："按劉熙《釋名》云：'箜篌，師延所作；靡靡之音，空國之侯所作。'"今本《釋名》作"靡靡之樂"。《大詞典》（6841頁）"靡靡之音，指柔弱、頹靡的音樂"，首引清蒲松齡《聊齋志異》，書證晚出。

14. 疘，《文字集略》云："脫疘，下部病也。"（6/9）

按：脫疘①，直腸脫垂。《玉篇·疒部》："疘，古紅切，下病也。"《集韻·東韻》："疘，脫疘，下病。"《類篇·疒部》："疘，沽紅切。脫疘，下病。"清桂馥《札樸》卷九《鄉里舊聞·疾病》："後病曰脫疘。"亦作"脫肛"。隋巢元方《諸病源候論》卷十七《脫肛候》："脫肛者，肛門脫出也。"唐孫思邈《千金要方》卷十四："小兒脫肛方。"《大詞典》（3930頁）"脫肛"引清《醫宗金鑑》，書證過晚；未收"脫疘"詞形，當補。

15. 蚣，蜈蚣，蟲。（6/9）

按：S.2055《切韻》作"蚣，蜈蚣，虫"，故宮王韻作"蚣，蜈蚣，虫名"。

蜈蚣，一種有毒的昆蟲，中醫入藥。《類篇·虫部》："蜈，訛胡切。

---

① "疘"音gāng，《廣韻》音古紅切，則舊讀gōng。

蜈蚣，蟲名。"亦可以"蜈蚣蟲"爲語詞，文獻中亦習見。《說文・虫部》"蚣，蜙或省"徐鉉等曰："今俗作古紅切，以爲蜈蚣蟲名。"宋釋延壽述《萬善同歸集》卷下："《譬喻經》云：有一比丘飽食入室，閉房靜眠，愛身快樂。卻後七日其命將終，佛愍傷之。告比丘言：汝維衛佛時，曾得出家，不念經戒，飽食卻眠，命終魂神生蜈蚣蟲中。"明李時珍《本草綱目》卷四上《百病主治藥下・耳》："豬肪：枕之，並主蜈蚣蟲、蠼入耳。"羅懋登《三寶太監西洋記通俗演義》第三十一回："天師照舊的跨上草龍，卻轉在犀牛之後，一個雷響，一陣大風，一天都是朱頭黃尾，百足扶身的蜈蚣蟲，竟奔那些犀牛身上而去。"或作"蜈蚣虫"。明朱橚《普濟方》卷三百八《蟲獸傷門》："巴荳膏（出經驗良方）治蜈蚣虫咬傷痛方。""虫"當爲"虫"俗字①。《大詞典》（5106頁）收"蜈蚣""蜈蚣船"，未收"蜈蚣蟲"，當補。

16. 魟，鱈魟，江蟲，形似蟹，可食。（6/10）

按：鱈魟（xuégōng），蟹的一種。《廣韻・東韻》又云："魟，魟曰魚。"又："魟，河魚，似鱉。"則"鱈魟"爲語詞。"鱈"見於《集韻・薛韻》，音似絕切。"魟"或作"䱡"，"鱈魟"又或倒作"䱡鱈"。《集韻・東韻》："䱡，䱡鱈，魚名，似鱉。或从工。"又《薛韻》："鱈，䱡鱈，魚名，似蠨蛑，生海中。""蠨蛑"即今梭子蟹。《字彙・魚部》："䱡，䱡鱈，江蟲，形似蟹，可食。"釋義同《廣韻》。《大詞典》（7638頁）收錄"鱈魟"，謂"亦作'鱈䰾'"，首引宋傅肱《蟹譜》。又（7629頁）"䱡鱈"謂"蟹的一種"，首引明胡世安《異魚圖贊補》，次引清李元《蠕範》，再引《集韻》，時代先後倒錯，亦不符一般先引工具書的通例。

17. 刂，鉏穫也。（6/10）

---

① 《龍龕手鏡・虫部》："虫，許偉反，鱗介惣名也。又近代音直中反。"

按：銍穫（zhì-），收割，收穫。《說文·金部》："銍，穫禾短鎌也。"《廣雅·釋器》："銍謂之刈。"王念孫疏證："《太平御覽》引《纂文》云：'江湘以銍爲刈。'刈者，斬割之名。"又用作動詞。《詩·周頌·臣工》："命我眾人，庤乃錢鎛，奄觀銍艾。"毛傳："銍，穫也。"《玉篇·金部》："銍，知栗切，刈也。"又，《說文·禾部》："穫，刈穀也。"《廣雅·釋言》："穫，刈也。""銍穫"爲同義複詞，義爲收割。《禮記·月令》"喆人之令德，示民軌儀"孔穎達疏："喆人后稷布其德教，示以法儀，當及時銍穫而收藏之。"唐錢起《觀村人牧山田》詩："禾黍入寒雲，茫茫半山郭。秋來積霖雨，霜降方銍穫。"宋張嵲《諸廟祈晴文》："三日爲霖，九農告病，憫茲嘉穀，垂及築場，苟淫雨之未除，豈銍穫之可望。"元姚燧《學稼亭記》："且官以農爲名，而曰吾學稼之，是羞教督之不先也，藝樹之不勤也，銍穫之失有秋也。"清陳迦陵《重修芙蓉寺碑記》："蓋雪公未至時，先已遣僧徒十人事播種，今則慚可銍穫矣。"《大詞典》（7035頁）"銍"下未收"銍穫"，但收錄與此同構的"銍艾"，謂"收割。引申指收穫。艾，通'乂'"，實則"銍穫"亦當收錄。

18. 箕，箕笠。方言。（6/11）

按：P.2016v韻書殘卷同。

箕笠（gōng-），即斗笠。《玉篇·竹部》："箕，古紅切，笠名。"《龍龕手鏡·竹部》："箕，音工，笠也。"《五音集韻·東韻》釋義同《廣韻》。"箕笠"亦稱"箕子"。宋黃庭堅《乞笥於廖宣叔頌》："攜長鑱，戴箕子。"陸游《采藥》詩："箕子編成細箸新，獨穿空翠上嶙峋。"又《三峽歌》："亂插山花箕子紅，蠻歌相和瀼西東。"《大詞典》（5244頁）"箕[1]"引陸氏《采藥》詩，但未以"箕子"列詞目，割裂詞語；亦未收"箕笠"，當補。

19. 襱，襱頭。襱，上同。（7/3）

按：P.3798《切韻》殘卷作"韃，韃馬頭"，故宫裴韻作"韃，馬韃頭"。據《廣韻校本》（22頁）校："注切二及故宫王韻並作'馬韃頭'，此注宜增'馬'字。"

韃頭（lóng-），即籠頭，套在馬騾等頭上用以繫韁繩的器具。《說文·革部》："鞥，轡鞥。从革，弇聲，讀若摩。一曰韃頭繞者。"段玉裁注："韃，各本作'龍'。《玉篇》作'籠'，而《玉篇·有部》'韃'下曰'馬韃頭'，《吴都賦》云'罿韃'，則'韃頭'爲長，'籠'近之，'龍'非也。'韃頭'即羈也。"王筠《說文釋例》卷十一《讀若直指》："韃，讀若聾，小徐作籠，是也。《玉篇》訓曰'馬韃頭'，蓋以羈絡馬頭，與兼有義合。籠絡，又恒言也。"《玉篇·有部》："韃，力公切，馬韃頭。""韃頭"亦見於其他敦煌文獻，如S.1477《祭驢文一首》（尾題）："更擬別覓囗皮换却朽爛繩索，覓新鞍子以俻，求好韃頭與著。"又："破韃頭拋在塩（墻）邊，任從風雨；韉鞍子棄於槽下，更不形相。"《大詞典》（7752頁）"韃"下未收"韃頭"，當補。

20. 籠，籠餅。（7/6）

按：籠餅（lóng-），籠蒸有餡或無餡食品，猶今之包子、饅頭之類。《龍龕手鏡·食部》："籠，音籠，籠餅。"《集韻·東韻》："籠，餅屬。"此不甚了了，僅謂"籠"爲"餅屬"矣。《正字通·食部》："籠，俗字，舊註音龍，籠餅。""籠餅"或本作"籠餅"，因偏旁類化而作"籠餅"。《太平廣記》卷二百五十八《侯思止》（出《御史臺記》）："思止嘗命作籠餅，對膳者曰：'與我作籠餅，可縮葱作。'比市籠餅葱多而肉少，故令縮葱加肉也，時人號爲縮葱侍御史。"宋黄朝英《靖康緗素雜記》卷二《湯餅》："余謂凡以麪爲食具者皆謂之餅，故火燒而食者呼爲燒餅，水瀹而食者呼爲湯餅，籠蒸而食者呼爲蒸餅，而饅頭謂之籠餅，宜矣。"陸游《蔬園雜詠·巢》："昏昏霧雨暗衡茅，兒女隨宜治酒殽。便覺此身如在蜀，一盤籠餅是豌巢。"自注："蜀中雜彘肉作巢饅頭，佳甚。唐人正謂饅頭爲籠餅。"《大詞典》（5268頁）"籠餅"謂"饅頭的古稱"，

《廣韻》所見俗語詞箋識（一） | 87

引陸游詩及自注，書證晚；未收"籠"及"籠餅"，"籠餅"與"籠餅"之關係亦付闕如矣。

21. 洰，潰洰，水沸湧也。（7/10）

按：潰洰（kuì hóng），水沸湧翻騰。《龍龕手鏡·水部》："洰，音紅。潰洰，水沸湧也。"《集韻·東韻》："洰，水聲。一曰潰洰，水沸湧。"《類篇·水部》："洰，胡公切，水聲。一曰潰洰，水沸湧。"《五韻集韻·東韻》："洰，潰洰，水沸湧出也。"《大詞典》（3440頁）"潰洰"謂"水流廣大貌。《文選·左思〈吳都賦〉》：'潰洰泮汗，滇㴸淼漫。'李善注：'謂直望無崖也。'"似以爲李注謂"潰洰泮汗，滇㴸淼漫"兩句"謂直望無崖也"，實則李注云："潰洰泮汗，謂直望無崖也。滇㴸淼漫，山水潤遠無崖之狀。""謂直望無崖也"是注"潰洰泮汗"一句的，而非注"潰洰"，因此"水流廣大貌"非"潰洰"確詁。《大字典》（704頁）"洰"（一）❶列複詞"潰洰"，1."水沸湧"，引《廣韻》；2."水勢廣闊貌"，引《文選》李善注引劉逵："潰洰泮汗，謂直望無崖也。"其失亦同《大詞典》。實際上，"潰洰"當從《廣韻》所釋，指水沸湧翻騰，不必析爲兩義。

22. 籦，籠籦，取魚器。俗。（7/11）

按：籠籦（lóngcóng），捕魚的器具。《集韻·東韻》："籦，籠籦，取魚器。"《類篇·竹部》："籦，徂聰切。籠籦，取魚器。"元楊桓《六書統》卷九："籦，或从竹从聚，聚竹簡也。假借作籠籦字，取魚器也。"明朱謀㙔《駢雅·釋器》："籠籦、漫岑、典梁，取魚者。"清王士禄《漁歌子·錦湖四時漁歌四首》之二："懸箬笠，枕籠籦，臥待宵涼理釣筒。"《大詞典》未收此詞，但（5268頁）收錄與此同構的"籠籦"，謂"捕魚鳥的竹器"，可見"籠籦"亦當收錄。

23. 楆，水楆子，果名，出南州。（8/1）

按：水楆子（-wēng-），水果名。《龍龕手鏡·木部》："楆，烏紅反。水楆子，果名也。"《五音集韻·東韻》："楆，水楆子，果名，出南州。"《康熙字典·木部》："楆，《唐韻》烏紅切，《集韻》烏公切，並音翁。《唐韻》：'水楆子，果名，出南州。'"清嘉慶二十五年《增城縣志》卷一《物產》："木之品有桐，有梓，有桂，有楠……多水楆（其子即水楆子果，見《唐韻》）。"《大詞典》（3095頁）"水"下未收"水楆子"，當補。

24. 蟌，蜻蜓。《淮南子》曰："蝦蟆爲鶉，水蠆爲蟌。"（8/2）

按：P.2018《唐韻》殘卷作"蟌，蜻蜓。《淮南子》云：'蝦蟇爲鶉，水蠆爲蟌。'加"，"加"表示唐孫愐所增加的字。

水蠆（-chài），蟲名，一說指蜻蜓。《淮南子·齊俗》："夫蝦蟇爲鶉，水蠆爲蟌。"又《說林》："水蠆爲蟌，孑孓爲蚤。"高誘注："水蠆化爲蟌，蟌，青蜓也。"《集韻·東韻》："蟌，蟲名。《淮南子》：'水蠆爲蟌。'一曰蜻蜓。"《爾雅翼·釋蟲二》："水蠆既化青蛉，青蛉相交還於水上，附物散卵，出復爲水蠆，水蠆復化焉，交相禪無已。"《六書故·動物四》："《淮南子》曰：'水蠆爲蟌。'"《大詞典》未收"水蠆"，但（3105頁）收錄與此同構的"水蛭"、（3110頁）"水蟲"及"水雞"等，當補收"水蠆"。

25. 酦，酦醭，濁酒。（8/3）

按：酦醭（cōngméng），未經過濾的酒，即醪糟酒，故亦謂之濁酒。或作"酦濛"。《廣韻·東韻》："酦，酦醭，濁酒。"又作"酦濛""酦濛"。《集韻·東韻》："酦，醪謂之酦濛。或作酦。"《類篇·酉部》："酦，麤叢切，醪謂之酦濛。或作酦。"又或作"酦醭"。《篇海類編·食貨類·酉部》："酦，酦醭，濁酒也。"亦作"酦醴"。《集韻·東韻》：

"醲，醲醲，濁酒也。"以上幾種詞形《大詞典》均未收錄。

26. 曈，曨曈，欲明之皃。（8/5）

按：《廣韻校本》（23頁）云："案元泰定本明本作'曈曨'，與玉篇集韻合，當據正。本書徒紅切、他孔切下曈字注均作曈曨。"（"本書"指所用底本澤存堂本）《新校》（31頁）"曨曈"乙作"曈曨"，或即據周氏校。其實，"曨曈"不誤。

曨曈（lóngtóng），光欲亮的樣子。《五音集韻‧東韻》："曈，曨曈，欲明之皃。"唐姚月華《有期不至》詩："月落星稀竟不來，煙柳曨曈鵲飛去。"元俞遠《海門賓日》詩："天在海門東復東，星移河落日曨曈。"《大詞典》（3094頁）"曨"字下收"曨曈"，謂"微明貌"，未收此詞；但（3089頁）"曈"下收"曈曨"，謂"亦作'曈朧'"，❶"日初出見明貌"，❷"泛指光線微弱貌"，❸"猶蒙朧。不明貌"。顯然，"曨曈"即"曈曨"，同詞異序，文獻中並存不廢，故亦應收錄。

27. 犎，犎鬆，髮亂皃。（8/9）

按：S.2055《切韻》作"犎，犎鬆，乱皃"。

犎鬆（péngsōng），頭髮散亂的樣子。《集韻‧東韻》："犎，《字林》：'犎鬆，髮亂皃。'或作鬙。"《類篇‧彡部》："犎，補蒙切。《字林》：'犎鬆，髮亂皃。'或作鬙。"則"犎鬆"已見於晉代矣。又，宋吳自牧《夢粱錄》卷二十《角觝》："角觝者，相撲之異名也，又謂之爭交。……每遇拜郊、明堂大禮、四孟車駕親饗，駕前有頂帽，鬢髮犎鬆，握拳左右行者是也。"元張憲《周昉橫笛圖》詩："容貌衣裳畧相似，犎鬆雲髻作懶狀。"明藍仁《雲壑寄惠黃楊木簪並詩》："慚媿病軀梳沐少，犎鬆雙鬢日高眠。"或作"犎鬆"。《廣韻‧冬韻》："鬆，犎鬆，髮亂皃。私宗切，二。鬆，上同。"《集韻‧冬韻》："鬆，犎鬆，髮亂。或作髮、鬙。"宋薛嵎《漁父詞》："白髮犎鬆不記年，扁舟泊在荻花邊。"

亦作"鬙鬆"。宋周紫芝《石婦行》二首之一："良人去不返，兩鬢常鬙鬆。"楊萬里《篷梅》詩："詩翁曉起鬢鬙鬆，縮頸微掀黃篾篷。"《大詞典》（7431頁）"鬘鬆"謂"亦作'鬙鬆'、'鬙鬆'。❶毛髮散亂貌"，"鬘鬆"首引《五燈會元》，書證晚；"鬆散紛亂貌"，引清代兩例作"鬙鬆"。又（7434頁）"鬙"謂"同'鬘'"，但古今其他辭書未見收錄"鬙"字，頗爲可疑。"鬘鬆"一形則未收，當補。

28. 吽，吽吽，市人聲。（8/10）

按：吽吽（hōng-），形容市人聲。《集韻·東韻》："吽，呵也。一曰吽吽，人聲；一曰嗯語。或作哄。"《類篇·口部》："吽，呼公切，呵也。一曰吽吽，人聲；一曰嗯語。或作哄。"《五音集韻·東韻》："吽，吽吽，市人聲。或作哄。"明彭大翼《山堂肆考》卷二百四十："吽吽，市人聲。"清桂馥《札樸》卷九《鄉里舊聞·雜言》："囂聲曰吽吽。"亦形容雷聲。宋道原《景德傳燈錄》卷二十九載志公和尚《十四科頌·迷悟不二》："世人迷倒至甚，如犬吠雷吽吽。"《大詞典》（1483頁）"吽"謂"同'哄'。言語嘈雜"，引《集韻》，不知爲何不引《廣韻》，亦未以"吽吽"列目，是不以之爲語詞矣。但（1577頁）收錄"哄哄"，謂"嘈雜紛亂貌"，首引《清平山堂話本》，實則"吽吽"爲"哄哄"同詞異形，亦當收錄。《大字典》（242頁）"吽"❷"同'哄'。言語嘈雜"，引《集韻》，亦不引《廣韻》。

29. 訇，訇訌，大聲。（8/11）

按：訇訌（hōnghóng），大聲。《廣韻·東韻》："訌，大聲。"《集韻·東韻》："訌，大聲。或作吽、嗊。"又："訇，大聲。或作呵。""訇訌"爲同義複詞。《龍龕手鏡·音部》："訇，呼紅反。訇訌，大聲也。"《五韻集韻·東韻》："訇，訇訌，大聲。或作呵。"《字彙·音部》："訇，呼紅切，音烘。訇訌，大聲也。"《正字通·音部》："訇，

同缸，舊註音烘。䚗缸，大聲。誤分爲二。"《大字典》（1869頁）"䚗"下列複詞"䚗缸"，首引《廣韻》。《大詞典》未收"䚗"及"䚗缸"。

30. 憽，惺憽，了慧人也。（8/11）
青韻：惺，惺憽，了慧兒。出《聲類》。（128/6）

按：惺憽（-sōng），聰明的樣子；聰明人。"惺憽"出《聲類》，則見於三國曹魏之時矣。《玉篇·心部》："惺，桑經切。惺憽，了慧也。"《集韻·東韻》："憽，惺憽，了惠兒。"《類篇·心部》："憽，蘇叢切。惺憽，了惠兒。"明耿隨朝《名物類考》卷二《身體》："了慧曰惺憽。""惺憽""了慧"互訓，謂聰明。又，《龍龕手鏡·心部》："惺，音星。惺憽，了惠人也。"《五韻集韻·東韻》："憽，惺憽，了慧人也。""了慧人"謂聰明人。《太平廣記》卷三十七《陽平謫仙》（出《仙傳拾遺》）："有一少年，自言無親族，賃爲摘茶，甚勤願了慧。"宋張君房《雲笈七籤》卷二十八作"有一少年，賃爲摘茶，自言無親族，性甚了慧勤願"。《大詞典》（4346頁）"惺憽"謂"亦作'惺鬆'"，❷"清醒"，引元吳昌齡《張天師》"則見他不惺憽"，書證過晚；"了慧"義則未收錄。《大字典》（987頁）"憽"下列複詞"惺憽"，謂"也作'惺鬆'。清醒"，首引《玉篇》，亦未及"了慧"義。

二　冬韻

1. 誴，謀誴，樂也。（9/6）

按：《廣韻校本》（26頁）云："案謀與樂爲二義。集韻誴與悰爲一字，本書悰下云：'慮也。一曰樂也。'此處謀誴下宜有'一曰'二字。"
謀誴（-cóng），快樂。《龍龕手鏡·言部》："誴，昨宗反。謀誴，樂。"《五韻集韻·冬韻》："誴，謀誴，樂也。"《大字典》（1661頁）"誴"下列複詞"謀誴"，謂"快樂"，引《廣韻》。《大詞典》（6643

頁）"諒"謂"謀"，又（6644頁）"謀"下未收"謀諒"。

2. 饟，饝饟，強食。（9/7）

按：饝饟（níngnóng），腹飽仍強吃，即俗謂貪食。《原本玉篇殘卷·食部》："饟，女江反。《字書》：'饝饟，強食也。'"《龍龕手鏡·食部》："饟，奴冬反。饝饟，強食。又女江反，亦強食也。"《集韻·冬韻》："饟，饝饟，強食。"又《江韻》："饟，饝饟，強食也。"《類篇·食部》："饟，饝饟，強食。又濃江切，又尼綘切，食無廉。又匿講切，河朔強食不已曰饟。"明朱謀㙔《駢雅·釋訓》："饝饟，強食也。"《大字典》（1862頁）"饝"❹"〔饝饟〕勉強吃"，首引《玉篇》，又引清胡文英《吳下方言考》卷一："饝饟，不可食而勉強食之也。吳中謂將就食曰饝饟，又腹飽可以不食而強食之亦曰饝饟。"《大詞典》"饝""饟"二字均未收，不及"饝饟"一詞。

3. 憹，憵憹，悅也。（9/8）

按：憵憹（féngnóng），喜悅。《集韻·冬韻》："憹，憵憹，悅也。"《類篇·心部》："憹，奴冬切。憵憹，悅也。"明朱謀㙔《駢雅·釋訓》："憵憹，悅樂也。"宋史炤《資治通鑑釋文》卷十五："懊憹，上烏浩切，下奴冬切。琴之歌名謂懊惱而憵憹也。"《大字典》（988頁）"憹"（二）下列複詞"憵憹"，謂"喜悅"，引《廣韻》。《大詞典》未收"憵"字，"憹"收nāo音，謂"心亂；煩悶"，未收"憵憹"。

三 鍾韻

1. 蚣，蝶蚣，蟲。（10/1）

按：P.2018《唐韻》殘卷作"蚣，阜蝶，蟲"，故宮裴韻一東"蝶，案

鼠螽，蟲名。又作蝾"。

蠢螽（fùzhōng），蝗蟲的總名。《廣韻·元韻》："蟼，蠢螽。"又《有韻》："蠢，蠢螽。"《類篇·蚰部》："蠢，扶缶切，蟲名。《爾雅》：'蠢螽，蟼。'"宋唐慎微《證類本草》卷二十一："蚱蜢、石蟹，注：……蠢螽之類，無別功，與蚯蚓交，在土中，得之堪爲媚藥。入《拾遺記》。"明李時珍《本草綱目》卷四十一《蟲之三·蠢螽》："蚱蜢：時珍曰：此有數種，蠢螽，總名也。江東呼爲蚱蜢，謂其瘦長善跳，窄而猛也。"清敕修《日下舊聞考》卷一百五十三《物產三》："蠢螽，燕俗呼螞蚱。"或作"鼠螽"，見《爾雅·釋蟲》："鼠螽，蟼。"郭璞注："《詩》曰：'趯趯阜螽。'"邢昺疏："鼠螽，一名蟼。李巡曰：'蝗子也。'"郝懿行義疏："鼠螽，蟼者，鼠螽名蟼。《詩》作'阜螽'。"或作"阜螽"，見《詩·召南·草蟲》。亦作"蜳螽"。唐慧琳《一切經音義》卷六十一《根本說一切有部苾芻尼律第一卷》："蜳螽，上音負，下音終，草蟲也。""蠢螽""鼠螽""阜螽""蜳螽"同詞異形。《大詞典》（5103頁）收"鼠螽"，謂"蝗類的總名。一說，蝗子"；又（6891頁）"阜螽"謂"蝗的幼蟲"，引《詩》、毛傳及陸德明釋文，然《一切經音義》卷四十一《大乘理趣六波羅蜜多經第一卷》："阜螽：上音負，下音終。許慎云：阜螽，蝗蟲類也。在草中，色青白，不食苗，從蚰，冬聲也。"又卷四十九《大莊嚴經論第十二卷》："蝗蟲：胡光、胡孟二反。阜螽，蝗也。今人謂蝗子爲螽子。"釋義與故訓不盡一致。未收"蠢螽""蜳螽"詞形。

2. 彸，征彸，行皃。（10/1）

按：S.2055《切韻》、P.3798《切韻》殘卷、P.2018《唐韻》殘卷、故宮王韻裴韻同。

征彸（-zhōng），趨走；惶遽。《五韻集韻·鍾韻》："彸，征彸，行皃。"與此同。《集韻·鍾韻》："彸，征彸，怖遽皃。"據《文選·王褒〈四子講德論〉》"百姓征彸，無所措其手足"李善注引《方言》：

"彶伀，惶遽也。"今本《方言》卷十作"彶伀，遑遽也"。《集韻》釋義則本《方言》矣。又，《增韻·鍾韻》："伀，彶伀，遽行。"《龍龕手鏡·彳部》："彶伀，音正，下音鍾。彶伀，惶遽趨走貌也。"則將《方言》《切韻》之兩義雜糅爲釋。唐慧琳《一切經音義》卷十六《無量清淨平等覺經上卷》："彶伀，上之盈反，下之容反。《方言》云：'彶伀，惶遽皃也。'《廣雅》：'屛營、彶伀，趍走皃也、'亦形聲字也。"《大詞典》（1836頁）"彶伀"謂"亦作'彶松'、'彶伀'。驚惶失措貌"，未及"行""惶遽趨走"義。

3. 橦，《字樣》云："本音同，今借爲木橦字。"（10/1）

按：P.2018《唐韻》殘卷作"㠉，《字樣》云：'本音同，今借爲木橦字。'加"，"㠉"爲"橦"字形誤。

木橦（-tóng），截爲段的木料。《六書故·植物一》："植爲橦，衡爲杠，帳柱、旌旗之幹皆曰橦。"注："又徒紅切。孫恉曰：……又木才謂之橦，唐長安有司農木橦渠。"《唐六典》卷四"凡親王已下常食料各有差"注："木橦十根，炭十斤。"《太平御覽》卷五百六十九引石虎《鄴中記》云："設馬車立木橦，其車上長二丈，橦頭安橦木，兩伎兒各坐木一頭，或鳥飛或倒掛。"《新唐書·孫伏伽傳》："時司農市木橦倍直與民，右丞韋悰劾吏隱没，事下大理訊鞫。"《資治通鑑》卷一百九十五唐太宗貞觀十四年："尚書左丞韋悰句司農木橦價貴於民間，奏其隱没。"胡三省注："橦，諸容翻，木一截也。唐式：柴方三尺五寸爲一橦。""諸容翻"今音zhōng。明李實《蜀語》："木段曰橦〇橦音同。"清張慎儀《蜀方言》卷下："木段曰橦。"原注："《類篇》：橦，木一截也。"《大詞典》未收"木橦"，但（2434頁）收"木鍾"，謂"粗大的木材"，引《漢書·百官公卿表上》"東園主章"顏師古注："如淳曰：'章謂大材也。舊將作大匠主材吏名章曹掾。'今所謂木鍾者，蓋章聲之轉耳。東園主章掌大材，以供東園大匠也。""木鍾"實即"木橦"，同詞而異形，《大詞典》釋義及引證似可再斟酌，亦當補收"木橦"一詞。

4. 籦，籠籦，竹名。《廣志》云："可爲笛。"（10/2）

按：《廣韻校本》（26頁）云："籠籦當作籦籠，故宮王韻及集韻均作籦籠，本書力鍾切籠下同。案籦籠見文選南都賦長笛賦。"《新校》（34頁）"籠籦"乙作"籦籠"，校云："王二・唐韻及P二〇一八作'籦籠'。合張衡南都賦及馬融長笛賦。"周、余所校或未是。

籠籦（-zhōng），竹的一種。《集韻・鍾韻》："籠……一曰籠籦，竹名。"《類篇・竹部》："籠……一曰籠籦，竹名。"唐皮日休《奉和魯望漁具十五詠・釣筒》詩："籠籦截數尺，標置能幽絕。"宋孫奕《示兒編》卷十五《雜記・人物通稱》："竹有名龍鍾。……予攷之《廣韻》、《玉篇》，籠籦，竹名。《廣志》云：'可爲笛。'二字皆從竹。"唐杜甫《堂成》詩"榿林礙日吟風葉，籠竹和煙滴露梢"仇兆鰲注："黃山谷曰：'籠竹，蜀人名大竹云。'蔡氏曰：'蜀有竹名籠籦。'"《古文苑》卷四揚雄《蜀都賦》"其竹則鍾龍䈽箽野篠紛㛫"章樵注引晉戴凱之《竹譜》曰："籠籦，竹名。伶倫吹以爲律。"亦作"龍鍾"。北周庾信《邛竹杖賦》："霜風色古，露染斑深。每與龍鍾之族，幽翳沉沉。"北魏賈思勰《齊民要術》卷十《五穀果蓏菜茹非中國物產者・竹》引《南越志》云："羅浮山生竹，皆七八寸圍，節長一二丈，謂之龍鍾竹。"清梁紹壬《兩般秋雨盦隨筆》卷八《名字通用》："龍鍾，竹也，老態也。"郝懿行《證俗文》卷六："龍鍾，竹名也。"原注："張衡《南都》及馬融《長笛賦》並作籦籠。""籠籦"當爲"龍鍾"增旁字。《大詞典》（7749頁）"龍鍾"❻"指竹"，首引北周庾信賦；又（5268頁）收"籦籠"，謂"亦作'籦龍'。竹的一種。可用以作笛"，未收"籠籦"，當補。

5. 鴿，鸀鴿，鳥名。（10/5）

按：S.2055《切韻》、P.3798《切韻》殘卷同。
鸀鴿（dúchōng），布穀鳥。《集韻・鍾韻》："鴿，鸀鴿，鳥名，

布穀也。通作舂。"《類篇·鳥部》: "鶶，書容切。鸀鶶，鳥名，布穀也。"《格致鏡原》卷七十九《鳥類三·鳩》: "《韻府》: 鸀鶶，鳥名，布穀也。"或作"鸑鶶"。南朝梁蕭子雲《玄圃園講賦》: "鳥則杉雞、繡質、木客、錦章、戴勝、吐綬、鸑鶶。"又作"鸀舂""獨舂"。除《集韻·鍾韻》外，《古今韻會舉要·冬韻》: "鶶，鸀鶶，鳥名，布穀也。通作舂。"《康熙字典·鳥部》"鶶"下引《廣雅》: "鸀舂，鴶鵴也。"按王念孫疏證本《廣雅》作"獨舂"。《方言》卷八: "鴶鵴，周魏齊宋楚之間謂之定甲，或謂之獨舂。""獨舂"或謂之寒號鳥。《敦煌變文集·鷰子賦》: "頭似獨舂鳥，身如大襖形。""鸀""獨"義符不同而音同，"鶶"爲"舂"增旁字。《大字典》(1938頁) "鸀"(二) dú下複詞"鸀鶶"，謂"布穀鳥"，引《廣韻》和《集韻》。《大詞典》(7610頁) "鸑"[3]音chù，謂"亦作'鸀'"，收"鸑鵙"，而(7609頁) "鸀"謂"同'鸑'[3]"，未及《廣韻·屋韻》"徒谷切"(dú)一音，亦未收"鸑鶶""鸀鶶""鸀舂"，當補。

6. 艟，艟艨，戰船。(10/7)

按: 《廣韻校本》(27頁) 云: "注艟艨當作艨艟，見東韻莫紅切艨下及集韻注。"《新校》(34頁) "艟艨"乙作"艨艟"，校云: "廣雅釋水作'艨艟'。釋名釋船作'艨衝'。""艟艨""艨艟"典籍中並存，不煩校。

艟艨(chōngméng)，古代戰船。《增韻·鍾韻》: "艟，舟名。釋云: 艟艨，戰舡。"《類篇·舟部》: "艟……艟艨，戰船，所以突敵。"宋董衝《唐書釋音》卷二十五: "艟，尺容切。艟艨，戰船。"元蘇天爵《元名臣事略》卷七《丞相史忠武王》: "宋將呂文德率艟艨千餘，蔽嘉陵江來犯，逆戰不利。"黎崱《安南志略》卷九《張舟》: "先有戰船數十艘，且遲鈍。舟造成艟艨三十二艘，每舡載水手二十五人，棹手二十三人，車弩二枝。"《大詞典》(5307頁) "艟艨"謂"艨艟"，引鄭觀應

《盛世危言》，書證過晚。

　　7. 瑢，瑽瑢，佩玉行也。（10/12）
　　　瑽，瑽瑢，佩玉行皃。（13/2）

　按："佩"爲"佩"字形誤。
　瑽瑢（cōngróng），佩玉行。《玉篇·玉部》："瑽，瑽瑢，佩玉行皃。"《龍龕手鏡·玉部》："瑽瑢，珮玉行皃。"一說"佩玉聲"。《集韻·鍾韻》："瑽，瑽瑢，佩玉聲。"《大詞典》（2412頁）"瑽瑢"❷"佩玉緩行貌"，首引明鄭真文，書證晚；次引《龍龕手鑑》，時代倒錯。

　　8. 箞，箞䇴，又矢。（10/12）

　按：箞䇴（róngróng），箭。一說文竹。《集韻·鍾韻》："箞，箞䇴，矢也。一曰文竹。"《類篇·竹部》："箞，餘封切。箞䇴，矢也。一曰文竹。"明朱謀㙔《駢雅·釋器》："箞䇴，矢也。"《大字典》（1253頁）"箞"下列複詞"箞䇴"，謂"箭"，引《集韻》。《大詞典》未收"箞"及"箞䇴"。

　　9. 雝，雝䢵，多皃。（11/7）
　　　䢵，雝䢵。（11/8）

　按：故宮王韻、裴韻同，P.3696《切韻》殘卷作"雍，雍䢵，多皃"，S.2055《切韻》"䢵，雝䢵"。
　雝䢵（yōngnóng），多。《方言》卷十："雝、䢵，多也。南楚凡大而多謂之雝，或謂之䢵。"《廣雅·釋詁三》："雝、䢵，多也。"王念孫疏證："雝、䢵者，雝之言擁，䢵之言濃，皆盛多之意也。""雝""䢵"同義，故可構成複音詞。唐慧琳《一切經音義》卷三十九《不空羂索經第

十卷》："濃塗，上女龍反。張戩《考聲》云：'濃，汁厚也。'《古今正字》：'露多也。'從水，農聲，經從多作穠。是翁穠字非此義也。翁音翁，穠音農。"《龍龕手鏡·多部》："翁，或作；雍，正，于容反。雍穠，多皃也。"又："穠，女容反，翁穠也。"《集韻·鍾韻》："翁，翁穠，多也。或作雍。"《類篇·多部》："穠，尼容切。翁穠，多也。"《大詞典》（5921頁）"穠"謂"多，盛"；又（6195頁）"翁"未收"多"義，亦未收複音詞"翁穠"，均當補。

10. 鸗，鸗鶑，鳥名。（11/10）

按：鸗鶑（chóngcháng），鳥的一種。《玉篇·鳥部》："鸗，鸗鶑，鳥。"《龍龕手鏡·鳥部》："鸗鶑，上音重，下音常。鸗鶑，鳥名也。"《集韻·陽韻》："鶑，鸗鶑，鳥名。或从隹。"《類篇·鳥部》："鸗，傳容切。鸗鶑，鳥名。"亦作"重常"，"鸗鶑"爲其增旁字。漢王充《論衡·別通篇》："董仲舒睹重常之鳥，劉子政曉貳負之尸，皆見《山海經》。"清郝懿行《山海經訂譌》："《論衡·通別篇》云：'董仲舒覩重常之鳥，劉子政曉貳負之尸，皆見《山海經》。'案'重常'，《玉篇》作'鸗鶑'。"《大字典》（1930頁）"鸗"字下列複詞"鸗鶑"，引《玉篇》及《廣韻》。《大詞典》未收"鸗"及"鸗鶑"，亦未收"重常"。

11. 鏠，鏠鏳，矛也。（11/12）
    鏳，鏠鏳，矛也。（12/6）

按：故宫王韻作"鏠，鏠鏳，矛"，又"鏳，鏠鏳"。《廣韻校本》（30頁）云："鏠 故宫王韻作鏠。本韻而容切鏳下作鏳鏳。""鏠"爲"鏠"字形誤，"鏠"同"鏠"。
鏠鏳（féngróng），矛的一種。或作"鏳鏳"。《玉篇·矛部》："鏳，扶容切。鏳鏳，矛有二柄。"又："鏳，如容切，鏳鏳。"《集韻·鍾韻》：

《廣韻》所見俗語詞箋識（一） | 99

"𥎊，《字林》：'矛有二橫曰𥎊𥎉。'或從夆。"《類篇·矛部》："𥎊，敷容切，矛屬。或從夆。又並符容切。《字林》：'矛有二樸曰𥎊𥎉。'或從夆。"《大字典》（1155頁）"𥎊"、（1156頁）"𥎉"下均列複詞"𥎊𥎉"。《大詞典》未收錄"𥎊""𥎉""𥎉"字。

12. 碰，碰碾，礪石。（12/4）

按：碰碾（zōngqú），一種質地細膩的磨刀石。《廣雅·釋器》："碰碾，礪也。"王念孫疏證："《眾經音義》卷九云：《通俗文》：'細礪謂之碰碾。'"《原本玉篇殘卷·石部》："碰，子龍反。《廣雅》：'碰碾，礪也。'"又："碾，渠俱反。《埤蒼》：'碰碾也。'"（"埤"下原衍"也"字，今刪）後秦鳩摩羅什譯《大智度論》卷三十《釋初品中善根供養義第四十六》："忍爲大舟，能渡生死此岸到涅槃彼岸；忍爲碰碾，能瑩明諸德。"唐慧琳《一切經音義》卷四十六《大智度論第三十三卷》："碾碌，案字體宜作碰碾二形，子容、其俱反。《廣雅》：'碰碾，礪石也。'《通俗文》：'細礪謂之碰碾。'"《五音集韻·鍾韻》："碰，碰碾，礪石。"明來知德《遊峨賦》："黑水白水，礦碔碰碾。"《大字典》（1026頁）"碰"下列複詞"碰碾"，謂"質地細膩的磨刀石"，引《廣雅》及《玉篇》。《大詞典》未收"碰"字及"碰碾"。

13. 鬊，鬊鬆，髮亂也。（12/8）

按：鬊鬆（qióngsōng），頭髮散亂的樣子。《古今韻會舉要·冬韻》："鬆，鬊鬆，髮亂貌。"《字彙·髟部》："鬊，巨容切，音窮。鬊鬆，髮亂貌。"《正字通·髟部》："鬊，俗字，舊註音窮。鬊鬆，髮亂貌。"元李昱《草閣拾遺·冬夜與池文仲聯句》："鬊鬆髮寒立池，燦艷顏丹渥李。""髮"同"髮"。清錢載《蘀石齋詩集》卷八《立夏日雨湖樓即事二首》之一："迅景追思夢亦慵，樓窗幾攬髮鬊鬆。"《大詞典》（7430頁）"鬊

鬆"謂"頭髮散亂貌",引清李鄴嗣詩,書證晚出。

14. 髸,髸鬆。(12/11)

按:髸鬆(gōngsōng),頭髮散亂。《龍龕手鏡・髟部》:"髸,音公。髸鬆也。"《集韻・鍾韻》:"髸,髸鬆,髮亂。"《類篇・髟部》:"髸,居容切。髸鬆,髮亂。"《大字典》(1880頁)"髸"下列複詞"髸鬆",謂"也作'髶鬆'。頭髮鬆亂。也指亂髮。單用義同",首引《廣韻》,"亂髮"義引《清平山堂話本》;又"髶"下例複詞"髶鬆",謂"髮亂貌",首引《廣韻》;又(1878頁)"髿"下列複詞"髿鬆",謂"也作'髶鬆',髮亂貌",《字彙・髟部》:"髿,髶字之譌。"《正字通・髟部》:"髶,髿、髸並俗字,舊註以髿爲譌,不知髶亦譌,皆可廢也。"則"髸鬆"即上條"髶鬆"同詞而異寫。《大詞典》未收"髸"及"髸鬆"。

四 江韻

1. 豇,豇豆,蔓生,白色。(13/5)

按:豇豆,一年生草本植物所結圓筒形長莢果,其嫩莢可作蔬菜。《龍龕手鏡・豆部》:"豇,音江,豇豆也。"《五音集韻・江韻》:"豇,豇豆,蔓生,白色。"北魏賈思勰《齊民要術》卷二《大豆》題下注[①]:"小豆有菉赤白三種。黃高麗豆、黑高麗豆、鷰豆、䝁豆,大豆類也;豌豆、豇豆、虉豆,小豆類也。"[②]《黃帝內經素問》卷十九《五運行大論篇》"在藏爲腎"唐王冰注:"腎藏有二形,如豇豆相並而曲附於膂筋。"元王禎《農書》卷二十八《小豆》:"今世有小豆,有菉豆、赤豆、白豆、豇

[①] 明徐光啟以爲注釋爲賈思勰作,《四庫全書總目》認爲或宋人作。
[②] 明徐光啟《農政全書》卷二十六:"小豆,《廣雅》曰小豆荅也。賈思勰曰:'小豆有菉赤白三種、䝁豆、豌豆、豇豆、鷰豆、留豆,亦其類也。'"

豆、登豆，皆小豆類也。"魯明善《農桑·衣食撮要》卷上："種紅豇豆白豇豆。"《大詞典》（5872頁）"豇豆"引明李時珍《本草綱目》，書證過晚。

2. 䲲，鴻䲲。（13/8）

按：鴻䲲（-nóng），鴻雁。《集韻·江韻》："䲲，鳥名，鴻也。"《字彙·鳥部》："䲲，奴冬切，音農，鴻之別名。"則"鴻䲲"爲同義複詞。《大詞典》（7579頁）"鴻"下未收"鴻䲲"，亦未收"䲲"字。

3. 栙，栙雙，帆未張。（13/11）

按：栙雙（xiángshuāng），帆未張。或本作"栙雙"。《說文·木部》："栙，栙雙也。"朱駿聲通訓定聲："栙，栙雙，疊韻連語，即筓也。如今糧艘以簍席爲帆。"又《竹部》："筓，栙雙也。"段玉裁注："栙雙見《木部》。《廣雅》：'箱雙謂之筓。'《廣韻·四江》曰：栙雙者，帆未張也。又曰：雙者，帆也。按以簍席爲帆曰栙雙，故字或皆从竹。今大船之帆多用簍席是也。"《玉篇·木部》："栙，下江切。《說文》曰：'栙雙也。'"亦作"箱雙"。《廣雅·釋器》："箱雙謂之筓。"王念孫疏證："《說文》：'栙，栙雙也。''筓，栙雙也。'徐鍇傳引《字書》云：'箱雙，帆也。'箱雙與栙雙同。"或作"栙欀"。《類篇·木部》："栙，胡江切。《說文》：'栙欀也。'一曰未張帆兒。"又："欀，疎江切。栙欀，未張帆。"清洪亮吉《卷施閣文甲集》卷三《釋舟》："又謂之雙，又謂之篷；《說文》：'栙雙也。'《玉篇》別作'艂艭'，又作'栙雙'。《廣韻》：'栙雙，帆未張。'又云：'雙，帆也。'今從《說文》作'雙'。"《大字典》（506頁）"栙"下列"栙雙"，謂"用簍席做船帆"，引《說文》。《大詞典》未收"栙""箱"字及"栙雙""栙雙""栙欀""箱雙"。

4. 䜶，䜶䗁，胡豆。（13/11）

按：S.2055《切韻》、P.3696《切韻》殘卷、故宮王韻和裴韻同。

䜶䗁（xiángshuāng），胡豆。《玉篇·豆部》："䜶，胡江切，䜶䗁也。"《龍龕手鏡·豆部》："䜶䗁，上音降，下音雙。䜶䗁，胡豆也。"北魏賈思勰《齊民要術》卷二《大豆》題下小注（參"豇豆"條）："張楫《廣雅》曰：'大豆，菽也。小豆，荅也。豍豆、豌豆，䅟豆也。胡豆，䜶䗁也。'"一說指豇豆。《大字典》（1485頁）"䜶"下列複詞"䜶䗁"，謂"豇豆"，引明李時珍《本草綱目·穀部·豇豆》："豇豆，䜶䗁。〔時珍曰〕此豆紅色居多，莢必雙生，故有豇、䜶䗁之名。《廣雅》指爲胡豆，誤矣。"又（1487頁）"䗁"下"䜶䗁"謂"豇豆"，《大詞典》（5873頁）"䜶䗁"謂"即豇豆"，均引《本草綱目》，時代晚。

5. 跭，跭䠙，堅立也。（13/12）
　　䠙，跭䠙，立也。（14/2）

按："堅立"不辭。《廣韻校本》（33頁）云："'堅'字元泰定本明本作'豎'是也。"《新校》（567頁）云："按註文'堅立'無義。當從元勤德堂本及明經廠本云：'豎立也。'"

跭䠙（xiángshuāng），豎立；行不進。《集韻·江韻》："跭，跭䠙，竦立也。一曰行不進。"《類篇·足部》："跭，胡江切。跭䠙，竦立也。一曰行不進。"又："䠙，疎江切。跭䠙，竦立。""竦立"即聳立，義同豎立。清倪濤《六藝之一録》卷二百六十三《古今書體九十五·兩字別録》："跭䠙，豎立，竦立。又久行不進。"《大字典》（1541頁）"跭"下列複詞"跭䠙"，收錄上兩義。《大詞典》（6116頁）"跭䠙"謂"行不進貌"，引清徐蘅坡詩，書證過晚；未收"豎立"義，當補。

6. 艭，胮艭，船名。（14/1）

按：故宮裴韻作"艭，舿艭，吳舟"。"舿"當作"舽"，形近而訛。《廣韻校本》（33頁）所據澤存堂本作"舽"，校云："'舽'各本作'舿'。"《新校》（39頁，所據底本亦爲澤存堂本）："王二：'舽艭、吳船'。廣韻各本及集韻俱作舿。又本注'舩'乃俗船字。"

舽艭（pángshuāng），船名。《龍龕手鏡·舟部》："艭，音雙。舽艭，舩名也。"《集韻·江韻》："舽，舽艭，船也。"《類篇·舟部》："舽，皮江切。舽艭，船也。"又："艭，疎江切。舽艭，舟名。"宋周紫芝《與同舍郎觀潮分韻得還字、一字、江字三首，一字、江字爲坐客作》詩："驚濤裂巨石，洪鐘殷朝撞。萬瓦響飛霓，千艘碎舽艭。"周弼《鄱陽湖四十韻》詩："絃索延商婦，舽艭送莫愁。"戴復古《夜宿水舘》詩："驚鴈相呼秋滿江，小軒臨水似舽艭。"《大詞典》（5306頁）"舽艭"引元陳孚詩，書證晚出。

7. 舽，舽舡，船兒。（14/3）
   舡，舽舡，船兒。（14/4）

按：《廣韻校本》（34頁）云："兒，元泰定本明本作名。……集韻舡下云：'舽舡舟名'。"《新校》（40頁）："元泰定本·明本'舽'注兒字作'名'。舡字注宜並改。"所校是。

舽舡（pángxiāng），船名。《增韻·江韻》："舡，許江切。舽舡，吳船名。又舽舡，船貌。俗以爲船字，誤。《佩觿集》曰：'舽舡之舡爲舟船，其順非有如此者。'"明朱謀㙔《駢雅·釋器》："舽舡、浩漂、艤艎，舟也。"清洪亮吉《卷施閣文甲集》卷三《釋舟》："又謂之舽：見上。《玉篇》：'舽，吳船也。'《轉注古音》：'吳人目舟曰舽舡。'"《大詞典》（5306頁）"舽"下未收此詞，當補。

8. 𦞠，髖𦞠，尻骨。（14/5）
   髖，髖𦞠，尻也。（14/7）

按：兩"尻"字均爲"尻"字形譌。《廣韻校本》（34頁）云："尻，元泰定本明本作尻，是也。"《新校》（40頁）："骯尻骨之尻、从尸、九聲。棟亭本・元本・明本・集韻俱不誤。下髕字注同。"

髖腔（chuángqiāng），尾骨。《集韻・江韻》："髖，髖腔，尻骨。或从肉。"《改併四聲篇海・骨部》引《玉篇》："骯，髖腔，尻骨也。"故"髖腔""膧腔""膧骯"均爲同詞而異寫。《大字典》（1837頁）"髖"下列複詞"髖腔"，謂"尾骨"，引《改併四聲篇海》；又（886頁）"膧"下列複詞"膧腔"，引《集韻》。《大詞典》未收"骯"及"髖腔"，又（3966頁）"膧"下未收"膧腔""膧骯"。

參考文獻

［1］（梁）顧野王：《原本玉篇殘卷》，中華書局1985年版。

［2］《大廣益會玉篇》（簡稱"《玉篇》"），中華書局1987年版。

［3］（宋）丁度等：《集韻》，上海古籍出版社1985年據上海圖書館藏述古堂影宋鈔本影印。

［4］（宋）司馬光等：《類篇》，上海古籍出版社1988年據上海圖書館藏汲古閣影宋鈔本影印。

［5］（宋）毛晃等：《增修互註禮部韻略》（簡稱"《增韻》"），《文淵閣四庫全書》本。

［6］（遼）行均：《龍龕手镜》，中華書局1985年據高麗版影印遼刻本。

［7］（金）韓道昭：《五音集韻》，《文淵閣四庫全書》本。

［8］周祖謨編：《唐五代韻書集存》，中華書局1983年版。

［9］周祖謨：《廣韻校本》，中華書局1960年第1版，1988年第2版。

［10］余迺永：《新校互註宋本廣韻》（增訂本），上海辭書出版社2000年版。

（原載《漢語史研究集刊》第八輯，巴蜀書社2005年版）

《廣韻》所見俗語詞箋識（二）

往歲作《〈廣韻〉所見俗語詞箋識》，因揭載篇幅所限，以上平聲前四韻刊出，以就教同好。現檢出舊稿，續加補綴，藉以次第刊佈，仍冀同道有以教之。

五　支韻

1. 紋，縴紋，挽船繩也。（14頁/10列，上海古籍出版社1983年4月影《鉅宋廣韻》本，下同）

按：縴紋（qiànzhī），挽船的繩子。《龍龕手鏡·糸部》："紋，音支。牽紋，挽舩繩也。"（如無必要，引書一般從習慣省去反切以避繁複，如直音或必需之又音則予保留，下同）《集韻·支韻》："紋，《字林》：'縴紋，挽舟繩。'"清任大椿《字林考逸》卷七："縴紋，挽舟繩。《集韻》、《類篇》、《六書統㴑原》。""縴紋"已見於晉。《漢語大字典》（縮印本1404頁，以下簡稱"《大字典》"，並僅出頁碼）"紋"下列複詞"縴紋"，謂"挽船繩"，引《集韻》。《漢語大詞典》（縮印本5729頁，以下簡稱"《大詞典》"，並僅出頁碼）"縴"下未收"縴紋"，當補。

2. 只，專辭。（14/10）

按：專辭，範圍副詞，唯獨。"只"爲範圍副詞，僅，僅僅，與"唯"

"獨"同義。《集韻·支韻》："只，專辭也。"又《脂韻》："唯，專辭。"《類篇·口部》："唯，夷隹切。專辭。"《增韻·脂韻》："惟，夷隹切。謀也，思也。又專辭。""唯""惟"均爲專辭。《康熙字典·口部》："唯，《廣韻》以追切，《集韻》、《韻會》夷隹切，並音惟。《玉篇》：'唯，獨也。'《集韻》：'專辭。'""唯""獨"同義，故有複詞"唯獨"。如《戰國策·燕策一》："齊城之不下者，唯獨莒、即墨。"而《康熙字典》以《玉篇》"唯，獨也"，與《集韻》"專辭"並舉，則"專辭"猶"獨"也。唯、獨均爲範圍副詞，僅僅，唯獨。因此，"專辭"當指範圍副詞。《周禮·天官冢宰》"惟王建國，辨方正位，體國經野，設官分職以爲民極"元毛應龍集傳："惟，專辭也。首稱惟王示天下後世，尊歸天子之義。"亦作"耑辭"。《音韻述微·四支》："只，語已辭。又耑辭。"清李光地《榕村語錄》卷三《問舜有臣五人章》："太宰者與是疑辭，子貢固字是決辭，太宰何其是耑辭，子貢又字是兼辭。"

　　"專辭"古代文獻習用。最早見於《春秋穀梁傳·僖公二年》："二年春，王正月，城楚丘。楚丘者何？衛邑也。國而曰城，此邑也，其曰城何也？封衛也。則其不言城衛何也？衛未遷也。其不言衛之遷焉何也？不與齊侯專封也。其言城之者，專辭也。"又《定公五年》："諸侯無粟，諸侯相歸粟，正也。孰歸之？諸侯也。不言歸之者，專辭也。"歷代注疏於"專辭"均未作解釋，揆諸文意，似謂專門之辭。此後"專辭"使用廣泛，如東漢蔡邕《文範先生陳仲弓銘》："祀典所宗，鄉人之祠，非此遺孤，不得專辭。"舊題三國蜀諸葛亮《便宜十六策·察疑第五》："或無罪被辜，或有罪蒙恕，或強者專辭，或弱者侵怨，或直者被枉，或屈者不伸，或有信而見疑，或有忠而被害，此皆招天之逆氣，災暴之患，禍亂之變。""專辭"或謂自專之辭，猶今謂掌握話語權。《魏書·刑法志七》："其家人陳訴，信其專辭而阻成斷，便是曲遂於私，有乖公體。""專辭"或謂一面之詞。

　　"專辭"作爲語法術語，清劉淇《助字辨略》自序分助字爲重言、省文、助語……專辭、僅辭、歎辭等三十類，謂"專辭，如'獨''唯'是

也"①。又卷一《唯》："《正字通》云：'《書》助辭皆用惟，《詩》助辭多用維，《魯論》《左傳》助辭多用唯。'〇愚案：《書·益稷》：'啟呱呱而泣，予弗子，惟荒度土功。'《論語》：'唯我與爾有是夫。'此專辭也，猶云獨也。"卷五《職》："《詩·國風》：'無已太康，職思其居。'《小雅》：'東人之子，職勞不來。'《書·秦誓》：'亦職有利哉。'柳子厚《天爵論》：'然則聖賢之異愚也，職此而已。'職，專也。專，主也，專務之也。職守非異人之任，故爲專辭也。專務職業，無有二志，故又可轉爲唯獨之辭。職此，猶云唯此也。"又《輒》："《廣韻》云：'專，輒也。'《世說》：'華歆、王朗，俱乘船避難。有一人欲依附，歆輒難之。'此輒字，專辭，猶云獨也，特也。"馬建忠《馬氏文通》繼用作語法術語，如《論句讀卷之十》引《孟子·公孫丑下》："知其罪者，惟孔距心。"《左傳·襄公二年》："免寡人，唯二三子。"《管子·樞言篇第十二》："日益之而患少者惟忠，日損之而患多者惟欲。"謂"諸引表詞，無助無斷。加'惟'字者，專辭也"②，"專辭"指範圍副詞。

《大字典》（240頁）"只"㊁❷"副詞。1. 只，僅"，首引《廣韻》此條爲書證，未進一步申說。如以互訓例之，則"專辭"指副詞。《大詞典》（1280頁）"專辭"，"謂眾口一詞。明歸有光《孟子敘道統而不及周公顏子》：'至於敘大孝則稱曾子，論好學則獨予顏淵，蓋昔人之專辭也。'"此別一義，應補收《廣韻》"專辭"義。而"耑辭"一形則未收錄。

3. 毿，氋毿者，輕毛皃。（14/10）

按：氋毿（xiānzhī），輕細的毛。或本指細氎類毛織品。《廣雅·釋

---

① 中華書局 2004 年版，第 1—2 頁，下 3 例見第 19、273、282 頁。張鵬麗《試析劉淇〈助字辨略〉釋詞術語》，據劉淇所引《論語》例，謂"此處的'唯'是專辭，相當於範圍副詞，可譯成現代漢語的'只'、'僅僅'等"，未解釋"專辭"。參見《上饒師範學院學報》2006 年第 4 期。

② 商務印書館 1983 年版，第 395—396 頁。又見章錫琛《馬氏文通校注》，中華書局 1988 年版，第 504 頁。章氏未注。

器》:"毲毣,氍也。"王念孫疏證:"毲毣,猶粟毛毣也。按毣,氍之細者也。《廣韻》:'毲毣,輕毛兒。'《太平御覽》引《通俗文》云:'細葛謂之毲毣。'義並相近也。"《玉篇·毛部》:"毲,思連切。毲毣,氍。"又:"毣,之移切。毲毣也。"《類篇·毛部》:"毲……相然切。毲毣,氍也。"明朱謀㙔《駢雅·釋服食》:"毲毣,細褐也。"方以智《通雅》卷三十七《衣服》:"無功載毲翅細葛也,見《通俗文》。按道昭:毲毣,氍也。《唐韻》作毲毣,恐誤。"或作"毲翅"。《太平御覽》卷八百十九引服虔《通俗文》曰:"細葛謂之毲翅。"《康熙字典·毛部》:"毲……《博雅》:'毲毣,氍也。'又《風俗通》:'毲翅,細葛也。'"《大字典》(839頁)"毲"字下列複詞"毲毣",謂"細氈類毛織品",引《廣雅》。《大詞典》未收"毲"及"毲毣"。

4. 岐,祇衼,泥法衣也。祇音岐。(14/11)
　祇,祇衼,尼法衣。(17/2)

按:《四庫全書》本《原本廣韻》、清黎庶昌校本、《廣韻校本》及《新校互註宋本廣韻》(以下簡稱"《新校》")等"泥""岐"均作"尼""祇",下例"衼"原譌作"被",據各本正。

祇衼(qízhī),亦作"祇衼",僧尼的法衣。《五韻集韻·脂韻》:"祇,祇衼,尼法衣。"又:"衼,毛衣也。……又祇衼,尼法衣也。祇音岐。"唐玄應《一切經音義》卷十四《四分律第四十八卷》:"祇衼,《字苑》巨兒、之移反,法服也。或作竭支,或言僧迦支,又作僧迦鵄,梵言訛轉也。正言僧腳崎,此云覆腋衣也。或言瞿修羅,此云圖也。像其衣形立二名也。此二衣西國亦著,但非淨耳。"(據徐時儀點校本)《字苑》即晉葛洪《要用字苑》。清文廷式《純常子枝語》卷二十五:"馬國翰輯葛洪《要用字苑》:'祇衼,巨兒、之移反,法服也。'或作'竭支',或作'僧迦支',或作'僧迦鵄',梵言訛轉也。"丁福保《佛學大辭典》未收"祇衼"而收"祇支",又"僧祇支"謂"又作僧迦、僧竭支、祇支、竭支"。

一說即袈裟。《集韻·支韻》:"衼,毛衣也。一曰裘裟謂之祇衼。"

《類篇·衣部》："衼，毛衣也。袈裟謂之祇衼。"又："祇，袈裟謂之祇衼。"《五韻集韻·脂韻》："衼，毛衣也。一曰袈裟謂之祇衼。"《正字通·衣部》："衼，與支通。祇支，即今僧家覆腋衣。邐園考《金陵雜志》，隋煬嚫戒師聖種納袈裟一緣，黃紋舍勒一腰，鬱泥南絲布袈裟一緣，䓯納袈裟一領，絲布祇支二領。譯云'舍勒，內衣也'，'鬱泥，謂鬱多羅泥也'。據此説，祇支與袈裟爲二物甚明。《集韻》'袈裟謂之祇衼'，舊註'衼，尼法衣，即袈裟'，並非。"①

又，《玉篇·衣部》："衼，章移切。祇衼，胡衣也。"又《毛部》："氈，古牙切。氈毟，胡衣也。"均着眼於非華夏衣飾。

《大詞典》（5321頁）"祇₂衼"謂"袈裟。僧尼的法衣"，引《新唐書》，書證晚出；未分立"袈裟"及"法衣"義，亦未及"胡衣"義。

5. 榰，《爾雅》曰："榰，柱也。"謂相榰柱也。（15/1）

按：榰柱（zhīzhǔ），支撐，支持。《爾雅·釋言》："榰，柱也。"郭璞注："相榰柱。"陸德明釋文："榰音枝，柱音注。"郝懿行義疏："柱者，《説文》云：'楹也。'《玉篇》訓楹者音雉縷切，訓塞者音株主切。塞謂樘塞，即榰柱之義也。榰者，《説文》云：'柱砥，古用木，今以石。'《玉篇》云：'榰，柱也。'《釋文》榰柱作搘拄，俱从手旁，非也。榰通作支。《周語》云：'天之所支，不可壞也。'韋昭注：'支，柱也。'又通作枝，《莊子·齊物論篇》釋文引同。馬云：'枝，柱也。'然則枝柱猶言枝梧，省作支吾，皆相撐持之義也。榰柱之聲又相轉。"阮元校勘記："榰柱也：唐石經、單疏本、雪牕本、元本、閩本同。《石經考文提要》引至善堂九經本亦作榰柱。《五經文字·木部》引《爾雅》：'榰，柱也。'監本、毛本作搘拄非。按《釋文》作搘拄，云《説文》作榰柱，皆從木。然則今本從手，據《釋文》改也。按郭注云'相搘拄'，義當從手，若經字則本從木。"《大詞典》（2657頁）"榰柱"謂"支撐，支持"，首引

---

① 明顧起元號邐園居士，"隋煬嚫戒師"事，亦見其筆記《客座贅語》卷三《陳後主沈后施物》。詳參中華書局點校本1987年版，第92—93頁。

清錢謙益文；又（3717頁）"揩拄"謂"亦作'揩柱'"，❶"支撐，支持"，首引《明史》。書證均過晚。

6. 恀，恑恀，不憂事。（15/4）

按：恑恀（qíyí），謂無憂無慮，事不關心。《說文·心部》："恀，恑恀，不憂事也。从心，虒聲。讀若移。"《集韻·支韻》："恀，恑恀，不憂事。"又《紙韻》："恀，《說文》：'恑恀，不憂事也。'"《類篇·心部》："恑，常支切。恑恀，不憂也。"又："恀，相支切。恑恀，不憂事。"據《說文》及《廣韻》，"不憂事"當釋"恑恀"，《集韻·支韻》亦單釋"恀"爲"不憂其事"，《大字典》（978頁）"恀"謂"不憂其事"，引《說文》及《集韻》，恐不確。《大詞典》（4251頁）"恑"下未收"恑恀"，當補。

7. 訑，訑訑，自得皃。又淺意也。（15/4）

按：訑訑（yī-），自得的樣子。《集韻·支韻》："訑，訑訑，自得也。或作詑、謻、沱。"《類篇·言部》："訑，余支切。訑訑，自得也。或作詑、謻。"亦作"訑訑"。《孟子·告子下》："夫苟好善，則四海之內皆將輕千里而來告之以善；夫苟不好善，則人將曰'訑訑，予既以知之矣'，訑訑之聲音顏色，拒人於千里之外。"趙岐注："訑者，自足其智，不嗜善言之貌。"明周祈《名義考》卷八《施從施施（施從之施音尸，施施之施音移）》："《離婁篇》'施從良人之所之'，施本作䙅。《說文》：'䙅，伺人也。''蚤起伺良人之所之而從之也'，'施施從外來'，'施施'當作'訑訑'。《廣韻》：'訑訑，自得之貌。'齊人躄足之狀也。"方以智《通雅》卷九《釋詁》："訑訑，自得貌，猶睍睍也。《孟子》作'訑訑'，又作'施施'，《集韻》作'謻'，《禮韻續降》作'詑施'。"宋曾毅齋《諏訪論》："不善者反此，昂昂然詑詑然，使人仰之如天神之尊而不敢親，望望然皆將求去之之不暇，敢有言乎？有言矣，敢

《廣韻》所見俗語詞箋識（二） | 111

盡言乎？"《大字典》（1647頁）"詑"（三）yī下列複詞"詑詑"，引《廣韻》。《大詞典》（6555頁）"詑"僅收tuó音，未收yī音及複詞"詑詑"，當補。

8. 荎，葳荎，草。（15/4）

按：葳荎（wěiyí），草之一種。《說文·艸部》："荎，艸葳荎。从艸，移聲。"段玉裁注："葳荎疊韻。"《集韻·支韻》："荎，《說文》：'艸葳荎。'"《正字通·艸部》："荎，伊齊切，音移。《說文》：'草葳荎也。'《本草綱目》引《說文》葳荎即葳蕤，誤。"《康熙字典·艸部》："荎，《唐韻》弋支切，音夷。草葳荎也。"又，《龍龕手鏡·草部》："荎，音移。葳丨，草。"《五音集韻·脂韻》："荎，葳荎，草。"清厲荃《事物異名錄》卷二十九《藥材部上·草類》："葳香，葳荎、烏女、蟲蟬、馬薰。《本草綱目》：'葳蕤一名葳香。'《說文》作葳荎。吳普《本草》又有烏女、蟲蟬之名，宋本一名馬薰。"《大字典》（1366頁）"荎"下列複詞"葳荎"，謂"草動貌"，引《說文》及徐灝注箋，徐云"凡言逶迤、委蛇，皆字異義同"，則以《說文》之"葳荎"爲動詞。此"葳荎"或爲藥草，或因草綿延而生故名之。《大詞典》（5490頁）"葳"下未收"葳荎"，當補。

9. 熑，爁熑，火不絕皃。（15/4）

按：爁熑（liányí），火不絕的樣子。《玉篇·火部》："爁，爁熑，火不絕。""爁"或作"燫"。《集韻·鹽韻》："燫，《說文》：'火煣車輞絕也。'引《周禮》：'煣牙外不燫。'一曰火不絕皃。或作爁。"清惠士奇《禮說》卷十四《考工記》："'凡揉牙外不廉'，注云：'廉，絕也。'案《說文》'揉'作'煣'，屈申木也，從火柔聲；'廉'作'燫'，車網絕也，從火兼聲。《長門賦》曰：'心燫移而不省故。'注引鄭注曰：'燫，絕也。'則知古本《考工》亦作'燫'矣。《集韻》'燫移'作'爁

熔',云'火不絕皃'。'爈'省爲'廉',其音同也。或非誤,當兩存。"雍正勅修《畿輔通志》卷一百十六:"劉忠嗣殺妻巷戰,刀頭之火爈熔。"《大字典》(933頁)"熔"下列複詞"爈熔",謂"火不絕貌",引《玉篇》及《廣韻》。《大詞典》未收"爈""爈"字;電子本"爈熔"謂"火勢蔓延不絕貌",無書證,"爈"下未收複詞"爈移"。

10. 縻,繫也。又縻爵。亦作靡。(15/12)

按:縻爵(mí jué),爲官爵所繫累。《魏書·常景傳》:"若然者,雖縻爵帝局,焉得而寧之?"《隋書·劉昉傳》:"昉既位列羣公,秩高庶尹,縻爵稍久,厚禄已淹,正當戒滿歸盈,鑒斯止足。"《宋史·外國三·高麗》:"我使之行,每乘二神舟,費亦不貲。三節官吏縻爵捐廩,皆仰縣官。"《大詞典》(5729頁)收"縻職",謂"被職務牽制束縛",則"縻爵"當與"縻職"義同,應補收。

11. 爢,爢爛。(16/1)

按:爢爛(mí làn),熟爛。《說文·火部》:"䕻,爛也。"段玉裁注:"古多借縻爲之。"《廣雅·釋詁三》:"爢,熟也。"《玉篇·火部》:"爢,爛熟也。""爢"與"䕻"均從火,同字而異寫。《龍龕手鏡·火部》:"爢,美爲反,|爛也。"《詩韻釋要·支韻》:"爢,爢爛。通縻。"明盧之頤《本草乘雅半偈》卷十:"祭曰:穀府之受盛水穀,以成醖醸,若䐃中之䕻爛有形也。"《大詞典》(4203頁)收"䕻"字及複音詞"䕻散",而未收"䕻爛"詞形,未收"爢"字和"爢爛",當補。

12. 蘼,薔蘼,蘷冬也。(16/1)

按:薔蘼,薔薇。蘷冬(mén-),即薔薇。"薔蘼"本作"牆蘼"。《爾雅·釋草》:"牆蘼,蘷冬。"郭璞注:"門冬,一名滿冬。"郝懿

行義疏："即今薔薇。《本草》營實一名牆微，一名牆麻，《別錄》一名薔蘼，蘼、麻、蘪聲相轉，蘼薇古音同也。……又蘪冬、天門冬二名相亂，故說者或失之，《釋文》又誤爲麥門冬也。"《說文·艸部》："蘠，蘠蘼，蘪冬也。"《大詞典》（5570頁）"蘠蘼"謂"即薔薇"，引明李時珍《本草綱目》，書證過晚；又（5540頁）"薔"下未收"薔蘼"，當補。又（5571頁）"蘪冬"謂"即天門冬和麥門冬"，亦引《本草綱目》；附項謂"一說，即薔薇"，引《爾雅》及郝懿行義疏。

13. 糜，糜碎。（16/1）

按：糜碎（mí-），粉碎。《說文·米部》："糜，碎也。"段玉裁注："《石部》云：'碎，糜也。'二字互訓。王逸注《離騷》'瓊靡'云：'靡，屑也。'靡卽糜字。《廣雅》縻字二見：曰'縻，饘也'，與《說文》同；曰'縻，糊也'，卽《說文》之糜碎也。靡與糜音同義少別，凡言粉碎之義當作糜。"《玉篇·米部》："糜，二皮切。糜碎也，屑也。""糜碎"同義連文而構成複詞。《五音集韻·脂韻》："糜，糜碎也。"《大詞典》（5405頁）"糜"謂"粉碎"；又（6841頁）"靡碎"❶"靡爛粉碎"，據段玉裁說，則當以"糜碎"爲正，但"糜"下未收"糜碎"詞形，當補。

14. 跂，跂跂，飛皃。（17/4）

按：跂跂（chī-），飛翔的樣子。《說文·羽部》："翄，翼也。从羽，支聲。翅，翄或从氏。"段玉裁注："支、氏同部。《魏都賦》：'翄翄精衛。'李云：'《說文》翄亦翅字，叔豉反，今音祇。翄翄，飛貌也。'按《廣韻》：'跂跂，飛皃。'巨支切。"《龍龕手鏡·羽部》："跂，渠支反。跂跂，飛貌也。"《文選·左思〈魏都賦〉》："翄翄精衛，銜木償怨。"李善注："《說文》曰：翄亦翅字，翼翅也。叔豉反，今音祇。翄，飛貌也。"《集韻·支韻》："跂，《說文》：'翼也。'一曰跂跂，飛皃。或从氏，亦書作翅。"《大詞典》（5575頁）"翄翄"謂"飛貌"，

引《文選》左思賦及李善注；又（5575頁）"㧞"字下未收"㧞㧞"一形，當補。

15. 芪，藥草。《說文》曰："芪母也。"（17/4）

按：芪母（qí-），即知母，多年生草本植物，根莖中醫入藥。《說文·艸部》："芪，芪母也。从艸，氏聲。"徐鍇繫傳："按《本草》，芪母即知母之一名也。"段玉裁注："一名蝭母，一名知母，一名蚔母，皆同部同音。"《廣雅·釋草》："芪母，兒踵，束根也。"《玉篇·艸部》："芪，巨支切。芪母也。"《類篇·艸部》："芪，常支切。《說文》：'芪母也。'一曰知母。"明方以智《通雅》卷四十一《植物》："芪母，即葿母，今之知母也。《說文》有'芪，芪母'，又有'葿，艸名'，《玉篇》'葿母，即知母，藥艸也'，明是一字而徐氏別之。"《大詞典》（5433頁）"芪"謂"見'黃芪'"，未收"芪母"，亦未收"知母"，均當補。

16. 烾，烾欨，貪者欲食皃。（17/6）
　　烾，烾欨，乞人見食皃。（21/5）

按：烾欨（xī xū），貪食者急切想吃的樣子。周祖謨《廣韻校本》（40頁）云："'欲'，切二及故宮王韻作'見'。本書此韻香支切烾下亦云：'烾欨乞人見食皃'。"P.3696、切韻斷片一（周編《集成》70頁）均作"烾，烾欨，貪者見食皃"，是。《龍龕手鏡·火部》："烾，許羈反。｜欨，貪者欲食皃也。"《集韻·支韻》："烾，烾欨，欲食也。"又："烾，烾欨，欲食也。"《康熙字典·火部》："烾，《廣韻》許羈切，《集韻》虛宜切，並音犧。《廣韻》：'烾欨，貪者欲食貌。'又《廣韻》《集韻》並香支切，音詑。《廣韻》：'烾欨，乞人見食貌。'又《集韻》香依切，音希。義同。"《大字典》（923頁）"烾"下列複詞"烾欨"，謂"饞貌"，引《廣韻》及周校。《大詞典》（4101頁）"烾"下收錄複詞"烾嗅"，謂"吹噓"，未收"烾欨"，當補。

《廣韻》所見俗語詞箋識（二） | 115

17. 戲，於戲，歎辭。又姓，虞戲氏之後。（17/7）
欷，歎辭。（20/11）

按：歎辭，即感歎詞。《大詞典》（4004頁）"歎辭"謂"見'歎詞❶'"，"歎詞"❶"亦作'歎辭'。慨歎之詞"，❷"即感歎詞。詞類之一。表示強烈的感情以及表示招呼、應答的詞。如：啊，哎，唷，嗯，喂"，則"於戲"正爲感歎詞矣。《大詞典》既不以爲"感歎詞"亦可寫作"歎辭"，又無文獻書證，《廣韻》之"歎辭"正可補其漏略。其實，《詩·周南·麟之趾》"於嗟麟兮"毛傳："於嗟，歎辭。"又《齊風·猗嗟》"猗嗟昌兮，頎而長兮"毛傳："猗嗟，歎辭。"又《周頌·清廟》"於穆清廟，肅雝顯相"，毛傳："於，歎辭也。""歎辭"早已見於秦漢矣。

18. 殦，死也。《說文》：棄也。俗語謂死曰大殦。（17/9）

按：大殦（-qī），死。《說文·歺部》："殦，棄也。从歺，奇聲。俗語謂死曰大殦。""大殦"當爲東漢謂死之俗語。《玉篇》《類篇》釋義均引《說文》。元楊桓《六書統》卷十四："殦，去其切，棄也。從歺，奇聲。俗謂死曰大殦。"明趙南星《明誥封董母劉夫人墓誌銘》："某不幸，吾妻遂大殦。"清王筠《說文釋例》卷十二《讀若引諺》："殦，棄也。俗語謂死曰大殦，雖非讀若，然亦相類，蓋死亦從歺，故億大殦之語當作殦，蓋猶之言棄世矣。"按《說文》桂馥義證："俗語謂死曰大殦者，通作奇。《素問》有《大奇》篇。"王筠句讀："此義通作期，《素問》有《大期》篇。"則"大奇""大期"即"大殦"，王氏謂"大殦之語當作殦"，恐未是。此詞《大詞典》未收，當補。

19. 㦖，憸㦖，儉急。（17/9）
鹽韻：憸，憸㦖，意不安也。（152/1）

按：悈㥓（qiānqī），儉急。一說意不安。《玉篇·心部》："㥓，悈㥓，儉急。又儉意也。"《廣韻·紙韻》："㥓，悈㥓，儉急也。"又《鹽韻》："㥓，悈㥓，儉急。"《廣韻校本》（41頁）謂上條"急，集韻作意，當據正。鹽韻悈下云：'悈㥓意不安也。'"《新校》（572頁）："'急'爲意字之訛。"按《玉篇》謂"悈㥓，儉急。又儉意也"，據周、余所校，則"儉意"重出，其說或非是。《大字典》（968頁）"㥓"、（973頁）"悈"下均列複詞"悈㥓"，引《玉篇》《廣韻》等。《大詞典》（4345頁）"悈"下收複詞"悈悈"，謂"心不安貌"，未收"悈㥓"，當補。

20. 堤，堤封頃畝，《漢書》作提。顔師古曰："提封者，大擧其封彊也。"提音題。（18/2）

按：堤封（shífēng），大約；總共。《廣雅·釋訓》："堤封，都凡也。"王念孫疏證："堤封亦大數之名，猶今言通共也。……提封與隄封同，蘇林音祇，曹憲音時，《集韻》音常支切，字作隄，引《廣雅》：'隄封，都凡也。'李善本《文選·西都賦》'提封五萬'，五臣本及《後漢書·班固傳》並作'隄封'。提封爲都凡之轉，其字又通作堤、隄，則亦可讀爲都奚反。凡假借之字，依聲託事，本無定體，古今異讀，未可執一。顔注以蘇林音祇爲非，《匡謬正俗》又謂提封之提不當作隄字，且不當讀爲都奚反，皆執一之論也。"《集韻·支韻》："隄，《博雅》：'隄封，都凡也。'或从土，通作提。"亦見於敦煌文獻，如S.619《讀史編年詩卷上並序·七歲二首》："泥來風月見詩癖，歸去堤封披淚襟。"①《大詞典》（1224頁）"堤₂封"，謂"都凡；通共。詳'提封'"，但（3696頁）"提"音"tí"，"提封"❶"通共；大凡"，引《漢書》兩例及王先謙補注引王念孫說，均無作"堤封"者，疏於配合，"詳"而不詳矣。又，S.2071《切韻·梗韻》："埖，堤封，吳人云。"《廣韻·梗韻》："埖，堤封，吳

---

① 徐俊《敦煌詩集殘卷輯考》525頁，郝春文主編《英藏敦煌社會歷史文獻釋錄》第三卷第405頁，均謂"堤"應校錄作"提"，不必。

人云也。"《說文·土部》"埩，秦謂阬爲埩"段玉裁注："若《廣韵》曰吳人謂堤封爲埩，今江東語謂畦埒爲埩，此又別一方語，非許所謂。"《大詞典》（1224頁）"堤封"謂"堤岸；崖岸。亦以喻人的風操"，未及"埩"義，特爲表出。

21. 葹，葹母，即知母草。出《字林》。（18/3）

按：葹母（chí-），即知母。《玉篇·艸部》："葹，葹母草，即知母也。"《龍龕手鏡·草部》："葹，是支反。葹母，即知母草也。"清吳玉搢《別雅》卷一："芪母、葹母，知母也。《說文》有芪字，註云：'芪母也。'徐鍇《說文繫傳》曰：'按《本艸》芪母即知母之一名。'又有葹字，註云：'艸也。'《繫傳》曰：'按即今之知母。'《廣韻》：'葹母，即知母草。出《字林》。'是芪、葹二字音義皆同，當是一字重文。今但用知者，以同音借用也。"《大字典》（1352頁）"葹"下列複詞"葹母"，謂"即百合科植物知母"，引《玉篇》。《大詞典》未收"葹"及"葹母"。

22. 姼，姼母也。（18/3）

按：姼母（shí-），稱妻之母。《方言》卷六："南楚瀑洭之間，謂婦妣曰母姼，稱父考曰父姼。"郭璞注："古者通以考妣爲生存之稱。"《廣雅·釋親》："妻之父謂之父姼，妻之母謂之母姼。"或倒作"姼母"。《玉篇·女部》："姼，是支切，姼母也。"《五韻集韻·脂韻》："姼，姼母也。"《叶韻匯輯·支韻》："媞，是支切，姼母也。"《大詞典》（2292頁）"姼"下未收"姼母"。

23. 鼸，鼸鼸，小鼠相銜行也。（18/6）
　　泰韻：鼸，鼸鼸，小鼠相銜而行。（280/2）

按：鼷䶅（líài），小鼠相銜而行。《玉篇·鼠部》："䶅，鼷䶅，小鼠相銜而行。"S.2071《切韻》："鼷，小鼠相銜行。"《龍龕手鏡·鼠部》："鼷，今音離，小鼠相銜行也。"《字彙·鼠部》："䶅，於蓋切，音愛。鼷䶅，小鼠相銜而行。"《正字通·鼠部》："䶅，烏蓋切，音愛。鼷䶅，小鼠也。孫愐曰：'《秦記》及《草木子》載羣鼠數萬相銜而行，以爲鼠妖。'據此說妖在數萬，非指鼷䶅言。使小鼠二三偶相銜，何妖之有？李時珍謂此即鼷䶅，誤甚。鼠數萬，舉鼠族爲羣，莫可分別，安知其皆鼷䶅小鼠也。"清光緒五年《丹徒縣志》卷十八《食貨十一·物產二》："鼷䶅（音離艾）鼠，孫愐云：'小鼠也，相銜尾而行。'"《大詞典》（7716頁）"鼷䶅"謂"一種小鼠"，引《本草綱目》及《山堂肆考》，書證晚，釋義亦與故訓不同。

24. 鶹……又鴳鶹，自爲牝牡。（18/6）
鹽韻：鴳，鴳鶹，自爲牝牡也。（150/7）

按：鴳鶹（yánlí），一種雌雄同體的鳥。或作"鴳離"。《廣雅·釋鳥》："鴳離，怪鳥屬也。"《玉篇·鳥部》："鴳，弋占切。鴳鶹，自爲牝牡。"《類篇·鳥部》："鶹，鄰知切。鶹鴳，鳥名，自爲牝牡。或作離。"《山海經·北山經》"有鳥焉，其狀如烏，五采而赤文，名曰鵅鵌，是自爲牝牡"郝懿行箋疏："案《廣雅》云：'鴳離，怪鳥屬也。'《玉篇》云：'鴳離鳥，自爲牝牡。'《廣韵》亦同。是鴳離即鵅鵌之異名。"《大字典》（1928頁）"鴳"下列複詞"鴳離"，謂"舊說一種雌雄同體的怪鳥"，引《廣雅》和《玉篇》，未收"鴳鶹"詞形。《大詞典》未收"鴳"字及"鴳鶹""鴳離"。

25. 欐，柴欐也。（18/8）

按：柴欐（zhàilí），藩籬，柵欄。《龍龕手鏡·木部》："欐，音離，柴欐也。"《五韻集韻·脂韻》："欐，柴欐。"又，《集韻·支韻》：

"籬，落也。或作欏。"《大詞典》（2527頁）"柴₂籬"謂"木柵欄，藩籬"，未收"柴欏"詞形，當補。

26. 灘，淋灘，秋雨也。（18/9）

按：淋灘，秋雨。《增韻·支韻》："灘，淋灘，秋雨。通作漓，亦作離。"《五韻集韻·脂韻》："灘，淋灘，秋雨也。"清吳玉搢《別雅》卷一："林離、淋灑，淋灘也。《廣韻》：'淋灘，秋雨也。'省作淋漓。《漢書》司馬相如《大人賦》：'麗以林離。'即淋灘也。《文選·王褒〈洞簫賦〉》：'被淋灑其靡靡兮。'灑亦同灘。"則"林離""淋灑"均謂秋雨也。《大詞典》（3304頁）"淋灘"謂"見'淋漓'"，又"淋漓"謂"亦作'淋離'、'淋灘'"，列"沾濕或流滴貌"、"長而美好貌"、"盛多；充盛"及"形容酣暢"4個義項，未收"秋雨"義，當補。

27. 蠫，蚸蠫，蟲名。（18/9）
鹽韻：蚸，蚸蠫，蟲名。（152/6）

按：蚸蠫（jiànlí），蟲名，一說魚名，又或謂無角龍。或作"蚸離"。《說文·虫部》："蚸，蚸離也。"段玉裁注："司馬彪曰：'蚸離，魚名也。'張揖曰：'其形狀未聞。'按許以此次於蠖、蠏二篆間，必介蟲之類。"《玉篇·虫部》："蚸，才廉切，蚸蠫也。"《集韻·支韻》："蠫，蚸蠫，龍無角。一曰蟲名。"又《琰韻》："蚸，蟲名。《說文》：'蚸離也。'一曰魚名。"《類篇·虫部》："蠫，鄰知切。蚸蠫，龍無角。一曰蟲名。"又："蚸，慈鹽切。蚸蠫，蟲名。……一曰魚名。"《大字典》（1213頁）"蠫"下列複詞"蚸蠫"，並分列"蟲名"、"魚名"及"無角龍"義。《大詞典》（6128頁）"蚸離"，謂"魚名"，未收"蚸蠫"詞形及"蟲名""龍無角"義，當補。

28. 矑，矑睞也。（18/9）

按：矖瞜（lí lóu），視力強的人。《集韻‧支韻》："矖，矖瞜，明目者。通作離。"《類篇‧目部》："矖，鄰知切。矖瞜，明目者。"《正字通‧目部》："瞜，盧侯切，音樓。矖瞜，古明目者。通作婁。"清吳玉搢《別雅》卷一："矖瞜，離婁也。《字典》：'矖瞜，古明目者。《孟子》作離婁。'"按《孟子‧離婁》篇趙岐注："離婁者，古之明目者，蓋以爲黃帝時人也。黃帝亡其玄珠，使離朱索之。離朱即離婁也，能視於百步之外，見秋毫之末。"《大詞典》（4604頁）"矖"音xǐ，列複詞"矖目""矖曠"，未收"lí"音及"矖瞜"一詞，當補。

29. 穲，穲穲，黍稷行列。（18/10）

按：穲穲（lí-），黍稷行列。《增韻‧支韻》："穲，苗也。又穲穲，黍稷行列。"明方以智《通雅》卷十《釋詁》："王伯厚亦謂《說文》引《詩》'穖穖'，孫愐收'穲'，云：'穲穲，黍稷行列也。'而'穖'字下則曰：'長沙人謂禾二把曰穖。'此或見別本，亦或古人誤，不可不詳考。"周祈《名義考》卷九《離離》："《詩》：'彼黍離離。'《說文》釋'穖'引《詩》'彼黍穖穖'。長沙人謂禾把曰穖。《詩》作'離離'，與《說文》作'穖穖'俱非是。按《集韻》：'穲穲，黍稷行列也。'當作'彼黍穲穲'。"《大詞典》未收"穲"及"穲穲"。

30. 柌，無柌木。一名楰。（18/11）

按：無柌木（-cí-），即無瑕疵之木。《玉篇‧木部》："柌，疾貲切，無柌木。"《龍龕手鏡‧木部》："柌，疾移反，無柌木。一名柌楰。"《廣韻校本》（42頁）："楰，段氏據爾雅釋木'楰無疵'之文改作楰，與故宮王韻合。"《新校》（573頁）："《王二》及《全王》訓：'楰。'《爾雅‧釋木》：'楰，無疵。'疵字《釋文》注：'木，又作樠。'郭注：'楰，梗屬，似豫章。'與楰木不同類。《集韻》正以柌、樠並列或體。""楰"爲"楰"字形近而譌。《爾雅‧釋木》："楰，無疵。"郭

璞注："梌，梗屬，似豫章。"邢昺疏："梌，美木也。無疵病因名之。"《大詞典》收"仁壽木""交讓木""常春木""梧桐木""椋子木"等三音節詞，並且（4123頁）收"無患木"，僅於同頁"無疵"❸"木名"，引《爾雅》及邢疏，未收"無枇木"，當補。

31. 胔，人子腸名。（18/11）

按：子腸，小腸。《玉篇·肉部》："胔，疾移、七移二切，人子腸。"《廣韻·脂韻》："胼，胇胼，牛馬子腸。"《集韻·支韻》："胔，人子腸。"又："背，人子腸也。或作芓。"《類篇·肉部》："背，七支切，人子腸也。"明朱謀㙔《駢雅·釋服食》："胇胼，牛馬子腸也。"宋楊簡《先聖大訓》卷四："背者，脅腹枯瘠腸臟隱然露見，故或謂背，人子腸。或作胔。《月令》掩骨埋胔，疾智反。凡事從肉者爲月，而云人子腸者，疵雌二音，以義推之，當通。"另"子腸"指子宮，古代醫方習見。如唐王燾《外臺秘要方》卷三十三："右二味蜜丸如彈子丸，綿裹導子腸中，日再易，無所下，但開子藏令陰溫，即有子也。"宋陳自明《婦人大全良方》卷十七："遇產後子腸不收之時，以醋半盞，新汲冷水七分，碗調停，噀產婦面，每噀一縮，三噀收盡。"《大字典》（1223頁）"胔"（二）cí，"人的小腸"，引《玉篇》，故"子腸"即小腸。《大詞典》未收"子腸"，當補。

32. 鶿，鷀鶿，水鳥，似魚虎，蒼黑色。（18/11）
　　鶿，鷀鶿。（18/12）

按：鷀鶿（zhēncí），水鳥名。《說文·鳥部》："鷀，鷀鶿也。"《玉篇·鳥部》："鷀，止深切。鷀鶿，水鳥，似魚虎而黑色。"又："鶿，子奇切。鷀鶿，鳥。"按《大詞典》（7612頁）"鷀鶋"謂"亦作'鷀鶋'。水鳥名。一說，即鸕鷀"，引《史記·司馬相如列傳》作"鷀鶿"，按語謂"《全漢文》載司馬相如《上林賦》作'鷀鶋'"，溯源是，但《玉篇》

"似魚虎而黑色",揭示信息較豐富,亦不可不引及。又,"魚虎"一名魚師、魚狗,是一種能捕食魚的水鳥。《大詞典》(7619頁)"魚虎"首引宋陸游詩,書證晚。

33. 鎡,鎡錍,斧也。(19/2)
　　錍,鎡錍,斧也。(19/6)

按:鎡錍(zībēi),斧子的一種。一說短斧。《說文·金部》:"鎡,鎡錍,斧也。从金,兹聲。"段玉裁注:"鎡錍,斧之一種也。"又:"錍,鎡錍也。"桂馥義證:"鎡錍,短斧也。"《龍龕手鏡·金部》:"鎡,即移、此移二反。鎡錍,斧也。"明朱謀㙔《駢雅·釋器》:"鎡錍,斧也。大曰欘斧,小曰蕭斧。"① 《大字典》(1746頁)"鎡"下列複詞"鎡錍",謂"短斧",引《說文》。《大詞典》未收"鎡"及"鎡錍"。

34. 羈,馬絆也。又馬絡頭也。(19/3)

按:馬絆,繫馬的繩子。馬絡頭,套在馬頭上用來繫韁繩掛嚼子的用具,也叫馬籠頭。《說文·网部》:"羈,馬絡頭也。从网,从馽。馽,馬絆也。"《公羊傳·襄公二十七年》"夫負羈縶"何休注:"縶,馬絆也。"《史記·司馬相如列傳》"蓋聞天子之於夷狄也,其義羈縻勿絶而已"司馬貞索隱:"羈,馬絡頭也。""馬絆",《大詞典》(7445頁)首引宋洪邁《夷堅支志乙》,書證過晚。"馬絡頭"則失收,當補。

35. 奇,不偶也。又虧也。(19/3)

---

① 《後漢書·馬融傳》載融《廣成頌》:"翬終葵,揚關斧,刊重冰,撥蟄戶。"李賢注:"關斧,斧名也。"《大詞典》(5548頁)"蕭斧"謂"古代兵器斧鉞。蕭,通'肅',按語謂"因斧鉞用於刑罰,故取嚴肅之義"。附項謂"一說蕭斧即越斧,見《文選·左思〈魏都賦〉》李周翰注。一說蕭斧即芟艾之斧,見徐鍇《說文解字繫傳·艸部·蕭》"。據《駢雅》,"關斧""蕭斧"爲成雙對舉的器物,《大詞典》收"蕭斧",則"關斧"亦當收錄,特爲表出。

按：不偶，謂單數。"奇"與"偶"相對，如《禮記·郊特牲》："鼎俎奇而籩豆偶，陰陽之義也。"《大詞典》（187頁）"不偶"列兩義："1. 不遇；不合"，"2.引申为命运不好"，未及單數義，當補。

36. 脾，《說文》曰："土藏也。"《釋名》曰："脾，裨也。在胃下裨助胃氣，主化穀也。"（19/7）

按：土藏，指脾臟，因脾於五行屬土，故稱。所引《說文》見今本《肉部》，所引《釋名》見卷二《釋形體》。《大詞典》（1161頁）"土藏"此義引《急救篇》顏師古注，書證晚出。"胃氣"中醫指胃的生理功能及其精氣，《大詞典》（3903頁）引金李杲《脾胃論》，書證更晚。

37. 䴬，麵餅。（19/7）

按：《廣韻校本》（44頁）："麵，故宮王韻作麴，與方言十三及廣雅釋器'䴬麴也'訓合。"然譌誤已久，就"麵餅"一詞而言，可考其詞之所起。

麵餅，即用麵粉做的餅。《太平御覽》卷五百二十五引《春秋繁露》："古者歲四祭，因四時所生熟而祭先祖父母也：春曰祠者，以正月始食韭也；夏曰禴，禴者以四月熟麵餅也；秋曰嘗，嘗者以七月嘗黍稷也；冬曰烝，烝者以十月進初稻也。"《南史·齊宣孝陳皇后》："永明九年，詔太廟四時祭宣皇帝，薦起麵餅、鴨臛。"《資治通鑑》卷一百三十七齊武帝永明九年作"起麪餅"，胡三省注："起麪餅，今北人能爲之，其餅浮軟，以卷肉噉之，亦謂之卷餅。"宋程大昌《演繁露續集》卷六《蒸餅》："蕭子顯《齊書》曰：詔太廟四時祭薦宣皇帝麵起餅。起者入教麵中（俗書教爲酵），令鬆鬆然也。"①《大詞典》（7549頁）"麪餅"謂"亦作'麵餅'"，唯一書證引《金瓶梅詞話》，詞形爲"麵餅"，書證晚；"麪餅"

---

① "教麵（麪）"，含酵母菌的麵團，用以發麵。《大詞典》未收。

一形則無書證，當補。

38. 蜱，《爾雅》曰："蟷蠰，其子蜱蛸。"郭璞云："蟷蠰，蟷蜋別名。"（19/8）

按：蟷蠰（dāngnáng）、蟷蜋（tángláng），均爲螳螂別名。《爾雅·釋蟲》："不過，蟷蠰。其子蜱蛸。"郭璞注："蟷蠰，蟷蜋別名。"又注"蜱蛸"："一名蟗蟭，蟷蠰卵也。"邢昺疏引《方言》云："譚魯以南謂之蟷蠰，三河之域謂之螳螂，燕趙之際謂之食庬，齊杞以東謂之馬蝍。"① "蟷蠰"，《大詞典》（5139頁）首引《禮記·月令》孔穎達疏："舍人云：'不過，名蟷蠰，今之螳蜋也。'"應徑引《爾雅》以彌補書證晚出。又"蟷蜋"一形，《大詞典》（5127頁）"蟷"下失收，當補，最早書證應爲《廣雅·釋蟲》"芈芈、齓肬，蟷蜋也"。

39. 麩，麩麮，麥麪。（19/9）
麮，麩麮，餅也。（25/1）

按：麩麮（pílí），炒熟後磨成的米粉或麪粉。《廣雅·釋器》："麩麮謂之麪。"《大字典》（1911頁）"麩"、（1913頁）"麮"下均列複詞"麩麮"。《大詞典》未收"麩"及"麩麮"。又，《廣韻校本》（45頁）："麪，故宫王韻作麮，是也。廣雅釋器云：'麩麮謂之麪。'" "麥麪"雖沿誤久，但可考其詞之所起矣。"麥麪"即麥粉，麪粉。《初學記》卷二十六引《釋名》云："餅，並也。溲麥麪使合並也。"《大詞典》（7548頁）"麥麪"附見"麥麫"，引《元史》，書證過晚。又，《廣韻校本》（55頁）："餅，故宫王韻作麮，與廣雅釋器合。"《新校》（583頁）："《廣雅·釋器》：'麩麮謂之麪。'又《釋言》：'糗，麮食也。'《說

---

① 今本《方言》無，據阮元校引盧文弨曰："《藝文類聚》稱此爲《鄭志月令》，正義誤引爲《方言》，此承其誤。"按《禮記·月令》孔穎達疏引亦謂《方言》云云。阮元校："盧文弨校云：據《藝文類聚》，非《方言》，乃《鄭志》也。段玉裁校本亦云'方言'二字當作'鄭志'。"

文》：'糗，熬米麥也。'糗、麴皆乾食之類。《全王》云：'麩麰。'後之注者遂增餅字釋義。"

40. 覛，規覛，面柔也。本亦作戚施。（19/10）

按：規覛（qīshī），諂諛獻媚，義同"戚施"。《玉篇·見部》："規，且狄切。規覛，面柔也。"《龍龕手鏡·見部》："覛，音施。規覛，面柔也。"《集韻·支韻》："覛，規覛，面柔，不能仰。"又："覛，《說文》：'司人也。'一曰規覛，面柔。或作覷、䫇，通作施。"宋劉子翬《屏山集》卷六《髯戲》："人各有能有不能，若乃規覛俛顏，嚅唲強哂，偶旅望塵，咿呦乞憐，雖位三槐，食五鼎，馬千駟，祿萬鍾，澤九族，宥十世，吾弗能也。"明周祈《名義考》卷六《籧篨戚施》："戚施本作規覛，《廣韻》：'規，面柔也。'《說文》：'覛，司人也。'司與伺同。愚謂覛从見，朿聲，亦伺也。今巡緝字當作規，《廣韻》亦誤釋。蓋面柔者，必低首下人，媚以容色，有似於伺人者，故曰規覛。《詩》作戚施，古字通用。"《詩·邶風·新台》"燕婉之求，得此戚施"鄭玄箋："戚施，面柔。"《文選·李康〈運命論〉》："凡希世苟合之士，籧篨戚施之人，俛仰尊貴之顏，逶迤勢利之間。"張銑注："戚施，面柔也。"《大字典》（1526頁）"覛"下列複詞"規覛"，謂"面柔"，首引《玉篇》。《大詞典》未收"覛"及"規覛"。

41. 黿，䗁黿，蟾蜍別名。（19/11）

按：䗁黿（qiūshī），與"戚施"音近，蟾蜍別名。《說文·黽部》："黿，䗁黿，詹諸也。《詩》曰'得此䗁黿'。"段玉裁注："《邶風·新臺》文。今《詩》作'戚施'，毛傳曰：'戚施，不能仰者。'《釋言》曰：'戚施，面柔也。'"《爾雅翼·釋魚》："（《說文》）又云：'䗁黿，詹諸也。《詩》曰'得此䗁黿'，言其行黿黿。《韓詩薛君》亦曰：'得此戚施：戚施，蟾蜍，喻醜惡也。'"宋王應麟《困學紀聞》卷三：

"《說文敘》云其稱《詩》毛氏者,皆古文也。以今《詩》考之,其文多異:'得此醜騹'爲蟾蠩,'碩大且嫶'爲重頤,皆《韓詩》之說也。"洪邁《容齋續筆》卷六《〈說文〉與經傳不同》:"許叔重在東漢,與馬融鄭康成輩不甚相先後,而所著《說文》引用經傳,多與今文不同……'得此戚施'爲'醜騹'。"清吳玉搢《別雅》卷一:"醜騹,戚施也。《說文》引《詩·邶風·新臺篇》作'得此醜騹',《集韻》或作'頬䫏',韓道昭《五音集韻》作'槶頭',云'面柔也。本亦作戚施',楊用脩作'黿醜'。"《大字典》(1980頁)"醜"據《集韻》七六切,音cù,又雌由切,下列複詞"黿醜";而同頁"騹"下列複詞"醜騹",謂"蟾蜍",首引《說文》。《大詞典》(7710頁)"醜"據《廣韻》七由切,音qiū,"醜騹"謂"蟾蜍"。兩工具書"醜"字所據音切不同,《大字典》"醜"字音注應分列,複詞"黿醜"取七六切,"醜騹"則應取雌由切。

42. 霢,小雨。(19/12)
　　浽,浽溦,小雨。

按:小雨,降雨量較小的雨。亦指下小雨。《詩·小雅·信南山》"益之以霡霂,既優既渥"毛傳:"小雨曰霡霂。"鄭箋:"成王之時,陰陽和,風雨時,冬有積雪,春而益之以小雨,潤澤則饒洽,既霑既足,生我百穀。"《史記·天官書》:"西北戎菽爲,小雨趣兵。"司馬貞索隱:"謂風從西北來,則戎菽成,而又有小雨,則其國趣兵起也。"《大詞典》(1309頁)"大雨"謂"1.降雨量較大的雨。亦指下大雨","2.現我國氣象觀測規定,一小時內的雨量在8.0毫米以上的雨,或二十四小時內的雨量爲25.0—49.9毫米的雨爲大雨",未收"小雨",疏於配合。《現代漢語詞典》"大雨""小雨"均收錄,可參看。

43. 澌,凌澌。(20/1)

按:凌澌(língsī),流動的冰淩。唐姚合《夜期友生(一作賈島)

不至》詩:"忍寒停酒待君來,酒作凌澌火作灰。"《舊五代史·唐書·張承業傳》:"夾城之役,遣承業求援于鳳翔。時河中阻絕,自離石渡河,春冰方泮,凌澌奔蹴,艤舟不得渡。"或作"凌凘""凌漸"。唐慧琳《一切經音義》卷九十四《音續高僧傳第二十九卷》:"凌澌:上力澄反,鄭註《周禮》云'凌聲也';下賜資反,《說文》云'澌,流水也',從冫從斯聲。"元稹《生春》詩:"蘆筍雖猶短,凌澌玉漸融。"方干《題仙巖瀑布呈陳明府》詩:"遠壑流來多石脈,寒空撲碎作凌澌。"《大詞典》(3303頁)"凌澌"首引蘇軾詩,書證滯後;又(916頁)"凌凘"謂"亦作'凌澌'",又同頁"凌漸"謂"見'凌澌'",但(3303頁)"凌澌"不言"亦作'凌漸'"或"凌凘",疏於配合。

44. 瘶,痠瘶,疼痛。(20/1)
 齊韻:瘶,痠瘶,疼痛。亦作癋。(50/12)

按:痠瘶(suānxī),疼痛。《玉篇·疒部》:"瘶,思移、思兮二切,痠瘶也。"《類篇·疒部》:"瘶,相支切,《博雅》:'病也。'一曰痠瘶,痐楚。"《大字典》(1124頁)"瘶"下列複詞"瘶,痠瘶",謂"疼痛",引《玉篇》及《廣韻》。《大詞典》(4865頁)"痠"下收複詞"痠凍""痠疼""痠痛""痠痺",未收"痠瘶",當補。

45. 鷉,奢鷉,雅烏。(20/1)

按:"奢"各本作"鸒"。《篇海類編·文史類·文部》"奢,與譽同。俗字",與雅烏無涉,當據各本作"鸒"。
鸒鷉(yūsī),本衹作鸒,烏鴉的一種。體形較小,腹下白,喜群飛齊鳴。又名鴉烏、鵯鵊。古詩文中常用以比喻貪利小人。《爾雅·釋鳥》:"鸒斯,鵯鵊。"郭璞注:"鴉烏也,小而多羣,腹下白,江東亦呼爲鵯烏。"陸德明釋文:"鸒,弋庶反。《毛詩傳》云:'鸒,鵯鵊,雅烏也。'《小爾雅》云:'小而腹下白,不反哺者,謂之雅烏。'

《說文》、《字林》皆云'楚烏也'。一名鸒，一名鵯鶋，秦云'雅烏'。'斯'本多無此字。案'斯'是詩人協句之言，後人因將添此字也。而俗本遂'斯'旁作鳥，謬甚。"邢昺疏："鸒斯，一名鵯鶋，郭云：'鴉烏也，小而多羣，腹下白，江東亦呼爲鵯烏。'《詩·小雅》云：'弁彼鸒斯。'毛傳云：'鸒，鵯鶋。'然則此鳥名鸒，而云斯者，語辭，猶'蓼彼蕭斯'之類也。"本來"雅烏"一名"鸒"，一名"鵯鶋"，《爾雅》則連語辭"斯"作"鸒斯"（或誤本如此），更爲離奇的是"俗本遂'斯'旁作鳥"，就變成了"鸒鷞"。宋王楙《野客叢書》卷二十三《鸒匹蠣三事》："《毛詩》'弁彼鸒斯'，鸒，鳥名也；斯者衍辭，如曰'螽斯'、'鹿斯'之類，而劉孝標乃謂鳥名鸒斯，失矣。""斯"爲語辭，非衍辭。袁文《甕牖閒評》卷一："《春秋》書螽只曰螽，《詩》以《螽斯》名篇，猶是借本詩之二字，其間往往有如此者，豈可云言若螽斯！斯乃是助辭，與'菀彼柳斯'、'蓼彼蕭斯'之斯同。此序《詩》者之失也，遂使後世竟以鸒爲鸒斯而不悟。如揚子雲《法言》云'頻頻之黨，甚于鸒斯'者，皆《詩序》有以啓之爾。又《法言》于鸒斯，斯字復添一鳥字，不知何義，遂使《唐韻》斯字門復添一'鷞'字，云'此鸒鷞之鷞'。若斯字可添一鳥，則'柳斯'、'蕭斯'當復添何字？殊可笑也。只恐是後人誤添爾。若子雲自作此字，則當時問者又何以從其奇字耶！"《玉篇》以下辭書均沿襲舊誤，謂"鷞，鸒鷞，雅烏也"之類。古詩文亦襲用之。南朝梁江淹《雜體詩·效阮籍〈詠懷〉》："青鳥海上遊，鸒斯蒿下飛。"唐皮日休《九諷·見逐》："彼鸒斯之蟊賊兮，固不能容乎鶬鶊。"《大詞典》（7610頁）"鸒斯"謂"鸒斯"，未收"鸒鷞"詞形。

46. 䫌，䫌䫌，頭不正也。䫌音精。（20/2）

按：䫌䫌（jīngsī），頭不正；一曰好貌。《集韻·支韻》："䫌，䫌䫌，頭不正。一曰好貌。"《類篇·頁部》："䫌，相支切。䫌䫌，頭不正。一曰好皃。""䫌"或爲"䫌"字形譌。或作"䫌䫌"。《玉篇·頁部》："䫌，思移切。䫌䫌，頭不正也。"又："䫌，子庭切，䫌䫌。"

《正字通·頁部》："頿，譌字，舊註音精。顲頿，頭不正。誤。"《大字典》（1820頁）"頿"及（1824頁）"顲"下均列複詞"顲頿"。《大詞典》未收"頿"及"顲頿"。

47. 蕬，葴蕬，草，似燕麥。（20/3）

按：葴蕬（zhēnsī），草的一種，似燕麥。《玉篇·艸部》："蕬，思擊切。蕬蕒，大薺。又息移切，葴蕬，草，似燕麥。《子虛賦》曰：'高燥則生葴蕬。'"《集韻·支韻》："蕬，葴蕬，草名，似鷰麥。或作析。"據《玉篇》、《廣韻》和《集韻》所釋，則《文選·司馬相如〈子虛賦〉》"其高燥則生葴蕬苞荔"李善注引張揖曰："葴，馬藍也。蕬，似燕麥也。"不當分釋。又，《史記》《漢書》等載《子虛賦》作"葴析"。《大詞典》（5496頁）"葴"下未收複詞"葴蕬""葴析"，當補。

48. 蟴，《爾雅》曰："蟴螽，蜙蝑。"郭璞云："蜙蝑，俗呼蜙螽。"（20/3）

按：蟴螽（sīzhōng），即螽斯，蝗類蟲名。《爾雅·釋蟲》："蟴螽，蜙蝑。"郭璞注："蜙蝑也。俗呼蜙螽。"《通雅》卷四十六《動物》："蟴螽，《周南》作'螽斯'，《七月》作'斯螽'，一名舂黍。"又："蟴螽，幽人謂之舂箕，即舂黍，蝗類也。"又，"蜙蝑"音sōngzōng，俗呼蜙螽。《大詞典》（5112頁）"蟴螽"謂"即螽斯"，"蜙"音sōng，謂"同'蚣$_2$'"，又（5092頁）"蚣$_2$"音shōng，"蚣$_2$蛰"謂"亦作'蜙蛰'。蟲名。螽斯"。一作舌尖前音，一爲舌尖後音，注音不一致。

49. 縒，參縒也。（20/4）

按：參縒，即參差，紛亂，不齊。《說文·糸部》："縒，參縒也。从糸，差聲。"朱駿聲通訓定聲："字从糸，當言絲之不齊。《集韻》引

《說文》謂亂絲皃。按參差,雙聲連語,此字疑後出。"《類篇·糸部》:"縒,又宜切。《說文》:'參縒也。'謂絲亂皃。"清段玉裁《重刊明道二年〈國語〉序一》:"始知外間藏書家《國語》,皆自謂明道二年本,而譌踳奪扇,參縒乖異,皆傳校而失其真者也。"《大詞典》未收"參縒"詞形,當補。

50. 螭,螭無角如龍而黃,北方謂之地螻。(20/5)

按:地螻,即螭,傳說中的無角龍。《說文·虫部》:"螭,若龍而黃,北方謂之地螻。从虫,离聲。或云無角曰螭。"段玉裁注:"《呂氏春秋》曰:'黃帝之時,天先見大螻大螾。'《史記·封禪書》:'黃帝得土德,黃龍地螾見。'地螻之說,其本此與?非螻蛄也。"桂馥義證:"若龍而黃北方謂之地螻者,《字林》同。《荀子·賦篇》'螭龍為蝘蜓'注云:'地螻。'"《爾雅翼·釋蟲三》:"《說文》解螭云'若龍而黃,北方謂之地螻',則未知黃帝時所見為何等也。"《漢書·揚雄傳》載其《甘泉賦》"馭蒼螭兮六素虬"顏師古注:"螭似龍,一名地螻。虬即龍之無角者。"《大詞典》未收"地螻",當補。

51. 鸍,鳧鳥名。又名沈鳧,似鴨而小也。(20/7)

按:沈鳧,鸍別名,一種似鴨而小的水鳥。《爾雅·釋鳥》:"鸍,沈鳧。"郭璞注:"似鴨而小,長尾,背上有文。今江東亦呼為鸍。"郝懿行義疏:"按此即今水鴨。"宋鄭樵《通志》卷七十六《昆蟲草木略第二》:"鸍,《爾雅》曰:'沈鳧。'似鶩而小,尾白,俗呼水䳢,好沒,故曰沈鳧。鸍音施。"明李時珍《本草綱目》卷四十七《禽之一·鳧》:"野鴨、野鶩。鸍,沈鳧。"《大詞典》未收"沈鳧",當補。

52. 㰦,㰦抅,山名。(20/8)

按：攗拘（mí jū），山名。《玉篇·手部》："攗，莫規切。攗拘，山名。"《正字通·手部》："攗，舊註音迷。攗拘，山名。按《杜陽雜編》拘弭國有大凝山。弭亦作彌，攗拘即拘弭之譌。"《康熙字典·手部》："攗，《唐韻》武移切，音彌。攗拘，山名。"《廣韻校本》（46頁）："攗拘，故宮王韻同。集韻作欙枸，玉篇作欙拘，今本山海經中山經作句欙。"按"欙枸"見《集韻·支韻》："欙，欙枸，山名。或作㭕。"《大詞典》未收"攗拘""欙枸"，當補。

53. 貿，質當也。亦作膩。（20/10）

按：質當，抵押。《史記·高祖本紀》："乃取漢王父母妻子於沛，置之軍中，以爲質當。"宋史炤《資治通鑑釋文》卷十八《陳紀一》："相貿，職利切，質當以爲信。"《大詞典》（6031頁）"質當"❶"典當；質押"，首引《元典章》，書證晚。

54. 猗，長也，猗也，施也。又犗犬，出《字林》。（20/11）

按：犗犬（jiè-），閹割過的狗，亦指爲狗去勢。名動同詞。《說文·犬部》："猗，犗犬也。从犬，奇聲。"段玉裁注："犬曰猗，如馬曰騬，牛曰犗，羊曰羠，言之不妨通互耳。"明李時珍《本草綱目》卷五十上《獸之一·狗》："許氏《說文》云：……去勢曰猗。"清陳啟源《毛詩稽古編》卷二十七《正字》："猗本訓犗犬，字見《詩》者，俱借也。"《大詞典》（3503頁）收錄"犗特"，謂"閹割過的牛"，未收與其同構的"犗犬"，當補。

55. 趍，《說文》曰："趍趙，夂也。"（21/1）

按：趍趙（chí-），行走遲緩。所引今本《說文》"夂"譌作"久"。段玉裁注："夂，行遲曳夂夂也。楚危切。各本皆譌久。《玉篇》、《廣

韻》不誤。趍趙雙聲字，與崎嶇、蠹箸、蹢躅字皆爲雙聲轉語。"《說文·走部》："趙，趍趙也。"（此從段注本）《玉篇·走部》："趍，直離切。《說文》曰：'趍趙，夂也。'"又："趙，徐小切。《說文》曰：'趍趙也。'"《大字典》（1453頁）"趍"下列複詞"趍趙"，謂"行走遲緩"。《大詞典》（5781頁）收"趍趍"，未收"趍趙"，當補。

56. 簃，連閣。又音移。（21/1）

按：連閣，樓閣邊相連的小屋。《爾雅·釋器》："連謂之簃。"郭璞注："堂樓閣邊小屋，今呼之簃，廚連觀也。"邢昺疏："簃，樓閣邊相連小屋名也。"郝懿行義疏引服虔《通俗文》："連閣曰簃。"唐慧琳《一切經音義》卷五十八《十誦律第三十八卷》："施棚，《通俗文》：'連閣曰棚。'棚亦閣也。閣謂重屋也。"《大詞典》（6284頁）"連閣"❶"連延的樓閣"，❷"滿閣"，未收"樓閣邊相連的小屋"義。

57. 褫，薅衣。又曰褫氈。《說文》曰："奪衣也。"（21/2）

按：薅衣，猶謂臥氈。《說文·衣部》："薅，陳艸復生也。从艸，辱聲。"段玉裁注："薅訓陳艸復生，引申爲薦席之薅。"《佩文韻府·四支韻十》："褫，直離切。奪衣也。《說文》薅衣，一名褫氈。""薅衣"，《大詞典》（5515頁）"薅"下未收，當補。

褫氈（chízhān），有飾邊的毛氈。《新唐書·吐蕃傳》："公主惡國人赭面，弄贊下令國中禁之，自褫氈、羶襲，紈綃爲華風。"宋王十朋《縣學落成百韻》詩："金馬袍披錦，戎亭帳褫氈。""褫"有裝飾義，如宋王鞏《王氏談錄·評書》："公言好永禪師書，嘗得石本《千字文》，手自褫褙，暇則玩閱，至老不倦。""褫"爲"褫"俗字，見《龍龕手鏡·衣部》。"褫褙"爲同義複詞，故"褫氈"正以氈飾邊得名。或作"池氈"。唐顏師古《匡謬正俗》卷七《池氈》："或問云：'今之臥氈者裏施緣者，何以呼爲池氈？'答曰：'《禮》云"魚躍拂池"，池者緣飾之名，謂其

形象水池也。左太沖《嬌女》詩云"衣被皆重池",即其證也。今人被頭別施帛爲緣者,猶謂之被池。此氈亦有緣,故得池名耳。俗間不知根本,競爲異說,或作褫、持字,皆非也。'"章炳麟《小學答問》:"緣邊周幣者亦曰池。《(初學)記》言'魚躍拂池',顏師古引左思詩曰'衣被皆重池'。唐時臥氈施緣者曰池氈,唯本誼爲水有厓隄防,故緣飾邊幅者依以爲名。斯則本字爲隄,耤字爲沱,沱變作池。""池"當爲"褫"字音借。《說文·衣部》:"褫,奪衣也。从衣,虒聲。讀若池。"顏、章二氏之說迂曲彌甚,恐不可信。《大詞典》(3132頁)"池氈"謂"有邊飾的毛氈",書證爲宋趙令時《侯鯖錄》引《匡謬正俗》,未徑引,晚出。又趙令時《侯鯖錄》卷一:"余得一古被,是唐物,四幅紅錦,外緣以青花錦,與此說正合。"謂與唐時臥氈著裏施緣爲池氈說合。又《大詞典》(5355頁)收錄"褫褙",未收"褫氈",當補。

58. 䶢,咸䶢,黃帝樂名。《樂記》作池。(21/3)

按:咸䶢(-chí),即咸池,同詞異形,黃帝樂名。《原本玉篇殘卷·音部》:"䶢,除奇反。《禮記》:'咸䶢脩矣。'鄭玄曰:'黃帝所作樂名也……䶢之言施也,言德無不施也。'今爲或池字,在《水部》。"《集韻·支韻》:"䶢,咸䶢,黃帝樂名。通作池。""咸䶢"一形,《大詞典》(2826頁)"咸"下未收,"咸池"條亦未及兩詞形間的關係,當補。

59. 伿,㧾伿,參差也。(21/3)
　　紙韻:伿,㧾伿,參差皃。(164/5)

按:㧾伿(cīzhì),參差不齊的樣子。《玉篇·人部》:"伿,㧾伿,參差也。"《古今韻會舉要·紙韻》:"伿,㧾伿,參差貌。通作庛。《前(漢書)·揚雄傳》'柴虒參差',張揖曰:'不齊貌。'如淳音此豸。"《音韻述微·支韻》:"伿,㧾伿,參差。或作傑伿。揚雄《甘泉賦》:

‘偨傂参差。’《上林賦》作‘偨池’。”又《紙韻》：“傂，佌傂，参差貌。通作虒。《上林賦》‘佌池茈虒’。”清毛奇齡《大清建皇京賦》：“顧菟猋淼乎樂浪之宇，翔鳥佌傂乎平壤之巔。”《大詞典》（678頁）“偨”下收“偨池”“偨傂”，又（2556頁）“柴₄”下收“柴₄池”，但（566頁）“佌”下未收“佌傂”“佌池”，當補。

60. **厜，厜㕒。**（21/4）

厜，厜㕒，山巔狀。（21/7）

按：厜㕒（zuīwēi），與“崔嵬”同詞異形，指山巔或山勢高峻。《爾雅·釋山》：“崒者厜㕒。”郭璞注：“謂山峰頭巉巖。”郝懿行義疏：“厜㕒，山顛也，通作崔嵬。鄭箋《十月之交》云：‘崒者崔嵬。’《漸漸之石》云：‘卒者崔嵬’，謂山巔之末也。俱本《爾雅》。卒、崒字通，崔嵬、厜㕒字異義同。”《説文·厂部》：“厜，厜㕒，山顛也。”又：“㕒，厜㕒也。”《大詞典》（393頁）“厜㕒”謂“山峰高峻”，首引《爾雅》及郭璞注，附項謂“亦指高峻的山顛”，未引及郝懿行《爾雅義疏》，詞源關係不明。

61. **峗，三峗，山名。**（21/4）

按：三峗，古代西部山名。亦作“三危”“三危山”。《莊子·在宥》：“堯於是放讙兜於崇山，投三苗於三峗。”陸德明釋文：“三峗，音危，本亦作危。三峗，西裔之山也。今屬天水。堯六十六年竄三苗于三危。”《大詞典》（83頁）“三危”按語謂“關於三危的位置，說法不一。一說今甘肅敦煌三危山即古三危。一說在甘肅岷山之西南。一說在雲南”，未收“三峗”詞形，當補。

62. **腄，瘢胝。**（21/10）

《廣韻》所見俗語詞箋識（二） | 135

按：瘢胝（bānzhī），繭疤。《說文·肉部》："胝，瘢胝也。"按段注本改作"跟胝"，注云："跟，鉉作瘢，不可通。跟，足踵也。《戰國策》'墨子聞之，百舍重繭'高注：'重繭，絫胝也。'是足跟生胝之說也。"但《疒部》"痕，胝瘢也"段注："胝瘢，謂胝之傷。《肉部》'胝'下云'瘢胝也'，與此同義。"則又未作"跟胝"，不知何以乖互如此。《集韻·支韻》："胝，《說文》：'瘢胝也。'"《大詞典》（4872頁）"瘢胝"謂"疤痕和跰子"，引宋蘇軾《石鼓歌》，書證過晚。

63. 敊，敊敊，不齊。（21/10）

按：敊敊（língzhuí），不整齊。《集韻·支韻》與此同。按汲古閣影宋鈔本《類篇·支部》："敊，株垂切。敊敊，不齊。"明焦竑《俗書刊誤》卷十一："物不齊曰敊敊（音零椎）。"《類篇》及焦氏《刊誤》（《四庫全書》本）作"敊"，并特別注明音讀，則"敊"當作"敊"，從支令聲。清張文虎《舒藝室隨筆》卷三："《類篇·支部》：'敊，株垂切。敊敊，不齊。'《而部》無'敊'字。《支部》出'敊、鈙'二字云：'渠金切，《說文》：持也。或從金。又枯含切。敊敂，不齊。'……《集韻·五支》株垂切'敊'下注作'敊敊，不齊'。二十三覃枯含切'敊'下注作'敊敂，不齊'，二十六嚴其嚴切、二十九凡丘凡切'敊'下並作'敊敂，不齊'。《廣韻·五支》竹垂切'敊'下注作'敂敊，不齊'，蓋支、支形近易混，敊、敂亦皆誤文。敂乃敊之譌，敂又敊之譌也。竊疑'敊'即《說文》'敊'字：'敊，敊隕也。'《玉篇》：'敊，傾低不正。亦作敊。'此'敊'字下亦云'今作不正之敊'。《說文》'敊，持去也'，'鈙，持也'，則鈙、敊二字並有持義，金、今同音，故從其聲者多通用。不正與不齊義亦相近，支、支義皆從又，支、危、垂古音本同部，故敊亦作敊也。"按《玉篇·支部》："敊，敊也。"《集韻·紙韻》："敊敊，多少不齊兒。""敊敊"同義連文。《大字典》（559頁）"敊"下列複詞"敂敊"，謂"見'敂'"，同頁"敂"無音讀，下列複詞"敂敊"，謂"不齊"，所引《廣韻》或即據張士俊澤存堂本。《廣韻校本》

《新校》所見版本甚夥，"敆敄"均無校。據《說文·攴部》："敆，合會也。从攴、合，合亦聲。"徐灝注箋："合、敆古今字。"《篇海類編·人事類·攴部》："敆，合會也，併也，集也……亦合也。"《大字典》（612頁）"敆"無音注，謂"同'合'"，同頁"敆"亦無音注，謂"同'敆（合）'"，是"敆""敆"同字異形，與"敄"形近，均與"不齊"無涉，澤存堂本"敄"當爲"敆"字形近而譌。此詞《大詞典》未收。

64. 檇，檇檇，木名，貫可食也。（21/12）

按："貫"爲"實"損泐致誤，謂"實可食也"。

檇檇（zīwéi），木名。亦作"檇檇""檇檇"。《集韻·支韻》："檇，檇檇，木名，實可食。或从嶲。"又："檇，《說文》：'以木有所擣。'引《春秋傳》：'越敗吳於檇李。'或作檇。"《大字典》（547頁）"檇"下列複詞"檇檇"，謂"同'檇檇'"，"檇"下列複詞"檇檇"，均引《集韻》。又同頁"檇"音zuì。另（556頁）"檇"（一）wéi，下列複詞"檇檇"，引《廣韻》本條；（二）zuì，謂"同'檇'"。《集韻·支韻》："檇，或作檇。"則"檇""檇""檇"同字異形，但《大字典》注音不同。《大詞典》未收"檇檇""檇檇"。

六 脂韻

1. 栺，栺桸，木名。亦指栭，柱。（22/2）

按：栺桸（zhī/zhǐér），一種木名，亦指柱。《玉篇·木部》："栺，五計切，枔栺。又旨夷切。栺桸，木。"《集韻·脂韻》："栺，栺桸謂之柱。一曰木名。"《康熙字典·木部》："栺，《唐韻》旨夷切，音脂。栺桸，亦木名。又《集韻》蒸夷切，音脂。栺桸謂之柱。"《大詞典》未收"栺"及"栺桸"。

2. 嵎，嵎崃，山名。《書》作嵎夷，傳云："東表之地。"（22/6）

按：嵎崃（yúyí），山名。古代指山東濱海之地。宋毛居正《六經正誤》卷二："《堯典》嵎夷，馬云：'嵎，海嵎也。夷，萊夷也。'……又案《廣韻》、《說文》作'嵎崃'，音夷。"《大字典》（324頁）"崃"下列複詞"嵎崃"。《大詞典》（1804頁）"嵎夷"引《尚書》等3例爲書證，未收"嵎崃"詞形，當補。

3. 菟，菟瓜。（22/6）

按：菟瓜（tú-），似土瓜。《爾雅·釋草》："菟，菟瓜。"郭璞注："菟瓜，似土瓜。"邢昺疏："菟瓜，一名菟，苗及實似土瓜。土瓜者，即王瓜也。"明馮復京《詩名物疏》卷二十九《萋》："考之《本草》，王瓜一名土瓜，生魯地平澤田野及人家垣墻間，三月採陰乾。《圖經》云：'葉似栝樓，圓無叉缺，有刺如毛，五月結黃花，花下結子如彈丸，生青熟赤，根似葛，細而多糁，均房間人呼爲菟瓜。'《爾雅》曰：'菟，菟瓜。'郭璞云：'似土瓜。'而土瓜自謂之鉤蘵姑，蓋菟瓜別是一種也。予謂《本草》明言王瓜一名土瓜，則二物小異，實一種耳。"或作"兔瓜"。《說文·艸部》："菟，兔瓜也。"《大詞典》（5492頁）"菟"及（854頁）"兔"下未收"菟瓜""兔瓜"，當補。

4. 陝，陝崃，險阻。（22/7）

按：陝崃（wēiyí），險阻。亦作"陝陝""陝夷"。《廣雅·釋邱》："陝陝，險也。"王念孫疏證："陝陝、威夷、倭遲，並字異而義同。"《玉篇·阜部》："陝，陝夷，險阻也。"《龍龕手鏡·阜部》："陝陝，上音威，下音夷。陝陝，險阻也。"《大字典》（1724頁）"陝"下列複詞"陝陝"。《大詞典》（6954頁）"陝陝"謂"險阻；危難"，未收"陝崃""陝夷"詞形，當補。

5. 荑，莁荑。（22/7）

　　虞韻：莁，莁荑。（38/3）

　　黠韻：蔱，莁荑。（397/9）

按：莁荑（wúyí），草名。《爾雅·釋草》："莁荑，蔱蘠。"郭璞注："一名白蕢。"邢昺疏："莁荑，一名蔱蘠。郭云'一名白蕢'。此草也。案《本草》：'莁荑，一名無姑，一名蕨瑭。'唐本注云：'《爾雅》莁荑一名蔱蘠，今作蕨瑭，字之誤也。而在《木部》，疑非是。或者與草同氣。"《龍龕手鏡·草部》："莁荑，香草也。"《新唐書·地理志三》："石州昌化郡，下。本離石郡，天寶元年更名。土貢：胡女布、龍鬚席、蜜、蠟燭、莁荑。"宋唐慎微《證類本草》卷十三《蕪荑》："然莁荑草類，蕪荑乃木也，明是二物，或氣類之相近歟？三月採實陰乾，殺蟲方中多用之。"《大字典》（1339頁）"莁"下列複詞"莁荑"，謂"又名'蕪荑'、'大果榆'。榆科。落葉小喬木或灌木狀。種子味辛溫，古用作醬調味，今爲殺蟲消疳藥"，首引《爾雅》；又（1333頁）"荑"（二）yí，❶"莁荑"謂"草名"，引《爾雅》。一爲"落葉小喬木或灌木狀"，一爲"草名"，其實應兩不相涉，如《證類本草》所謂"莁荑草類，蕪荑乃木也，明是二物"。《大字典》"莁"下之"莁荑"所釋，第三例引《本草綱目》卷三十四《木之二·蕪荑》："時珍曰：按：《說文》云：'梗，山枌榆也，有刺，實爲蕪荑。'《爾雅》云：'無姑，其實夷。'又云：'莁荑，蔱蘠。'則此物乃莁樹之荑，故名也。"時珍引《爾雅》，前見《釋木》，後例見《釋草》，並明謂"此物乃莁樹之荑"，則與草本之"莁荑"非同一種植物，《大字典》或即據李時珍引，與《爾雅》之"莁荑"混爲一談，恐非是。又《本草》引《說文》"梗"當作"梗"。《大詞典》未收"莁"及"莁荑"。

6. 羠，《廣雅》云："犍羊也。"（22/8）

　　旨韻：羠，犍羊。（166/10）

按：羯羊、犍羊，閹過的羊，又指爲羊去勢，名動同詞。澤存堂本前例亦作"犍羊"。按《說文·羊部》："羠，騇羊也。"朱駿聲通訓定聲："馬曰騇，牛曰犗、曰犍，豕曰豶，犬曰猗，羊曰羠、曰羯，俗語通謂之扇。""扇"即骟。《廣雅·釋獸》："騇、犗、羯、㸬、豶、猗、𠛎、攻，㹇也。"王念孫疏證："《史記·貨殖傳》：'羯羠不均。'徐廣注云：'羯羠，皆犍羊也。'案犍當爲犍字之誤也。……（《衆經音義》）卷十四引字書云：'犍，割也。'……今俗謂牡豬去勢者曰犍豬，聲如建。"《六書故·動物一》："羠，《說文》曰：'騇羊也。'徐廣曰：'音兕，犍羊也。'一曰野羊。"《史記·貨殖列傳》"其民羯羠不均"裴駰集解引徐廣曰："羠音兕，一音囚几反，皆犍羊名。"司馬貞索隱："羯音已紇反。羠音慈紀反。徐廣云羠音兕，皆犍羊名也。其方人性若羊，健悍而不均。"又，《玉篇·羊部》："羠，囚以、以脂二切，犍羊也，騇羊也。"《龍龕手鏡·羊部》："羠，犍羊也。"亦作"健羊"。建德周氏藏元刊本《玉篇·羊部》："羠，因以、以脂二切，健羊也，騇羊也。"宋葉庭珪《海録碎事》卷四上《羯羠不均》："代地迫近北夷，師旅亟往中國委輸時，有寄羨其人，羯羠不均，健羊也。"《大詞典》（3500頁）"犍"❶"閹過的牛"，"犍牛"謂"閹割過的牛"，與此同構的"犍（健、羯）羊"，當謂"閹割過的羊"，《大詞典》失收，當補。又《大詞典》（7484頁）"騇馬"謂"經閹割的馬"，"騇豬"謂"經閹割的豬"，未收"騇羊"，亦當補。

7. 鸃，鸃鶌，一名飛生。（22/9）

按：《廣韻校本》（51頁）："鸃鶌，集韻作鸃鶌，是也。"所校是。鸃鶌（yíyóu），即鼯鼠。《集韻·脂韻》："鸃，鸃鶌，鳥名，飛生也。通作夷。"《類篇·鳥部》："鸃，鸃鶌，鳥名，飛生也。通作夷。"或本作"夷由"，"鸃鶌"爲其增旁字。《爾雅·釋鳥》："鼯鼠，夷由。"郭璞注："狀如小狐，似蝙蝠，肉翅，翅尾項脅毛紫赤色，背上蒼艾色，腹下黃，喙頷雜白，腳短爪長，尾三尺許，飛且乳，亦謂之飛生。聲如人

呼，食火烟，能從高赴下，不能從下上高。"《大字典》（1922頁）"鵋"（二）yí，下列複詞"鵋䳡"，謂"又名'飛生'。獸名。鼯鼠"。《大詞典》（1372頁）"夷由"❸"鼯鼠的別名"，但（7578頁）"鵋"下未收"鵋䳡"，當補。

8. 鰤，老魚。（22/12）

按：老魚，又叫師魚，有毒。增旁作"鰤魚"。敦煌本S.2071《切韻·脂韻》："鰤，老魚。"《集韻·脂韻》："鰤，老魚。一說出歷水，食之殺人。或省。""或省"謂"鰤"亦作"鲺"。唐李賀《李憑箜篌引》詩："夢入神山教神嫗，老魚跳波瘦蛟舞。"李商隱《河陽詩》："南浦老魚腥古涎，真珠密字芙蓉篇。"宋梅堯臣《阻風》詩："老魚吹浪不肯休，一夜南風打籬響。"明李時珍《本草綱目》卷四十四《鱗之三·魚師》："時珍曰：陳藏器諸魚注云：'魚師，大者有毒，殺人。'今無識者。但《唐韻》云：'鰤，老魚也。'《山海經》云：'歷灘之水有師魚，食之殺人。'其即此與？""師魚"已見於《山海經·北山經》："歷虢之水出焉，而東流注于河，其中有師魚，食之殺人。"吳任臣廣注引《事物紺珠》："鰤魚，青黃色，腮下有橫骨如鋸。"《大詞典》未收"老魚""師魚""鰤魚"。

9. 篩，篩竹，一名太極。長百丈，南方以爲船。出《神異經》。又竹器也。（22/12）

按：篩竹（shī-），竹的一種。《類篇·竹部》："篩，竹名。《神異經》曰：'長百丈，南方以爲船。'"明董斯張《廣博物志》卷四十三引《神異經》："篩竹一名太極，長百餘丈，南方以爲船。"盧之頤《本草乘雅半偈》卷四："《神異經》：'南方荒中……有篩竹，一名太極竹，可以爲船。'"《大字典》（1251頁）"篩"（一）shī下❶"竹名"，引《廣韻》。《大詞典》（5247頁）"篩"未收shī音及竹名義，又（1362頁）

"太極"亦未收竹名義。

  10. 螄，蛳螺。（22/12）

  按：蛳螺，即螺蛳。《五音集韻·脂韻》："螄，蛳螺。"元陶宗儀《說郛》卷六十二下引周達觀《真臘風土記·魚龍》："蛤蜆，蛳螺之屬，淡水洋中可捧而得，獨不見蟹，想亦有之，而人不食耳。"《四庫全書》本《真臘風土記》則作"螺蛳"。明崇禎十年《烏程縣志》卷四《物產》："螺有田螺，有蛳螺，清明前可食，以後不宜。"清雍正間修《山東通志》卷二十四《鱗介屬》："螺，類不一。惟蛳螺、田螺可食。"《大詞典》（5129頁）"螺"下收複詞"螺蛳"；又（5126頁）"蛳"下未收"蛳螺"，當補。

  11. 芘，藜芘，荆蕃。（23/2）

  按：藜芘（lípí），荆編蕃籬。《五音集韻·脂韻》同《廣韻》。《三國志·魏書·裴潛傳》裴松之注引《魏略》："妻子貧乏，織藜芘以自供。"盧弼集解："官本藜作蔾。《御覽》四百八十四引《典略》作'荆芘'。又七百六六引《魏略》作'筥笓'。"《册府元龜》卷六百七十九："（裴潛）妻子貧乏，織藜芘以自供。"《大詞典》（5558頁）作"藜芘"，謂"藜編的壁障"，書證爲《三國志》裴注引《魏略》，又（5530頁）"藜"下未及"藜芘"詞形，當補。

  12. 膍，牛百葉。又鳥膍胵也。（23/2）
    胵，膍胵，鳥藏。（23/7）

  按：膍胵（píchī），反芻動物的瓣胃，又叫百葉；亦指鳥類的胃。《說文·肉部》："膍，牛百葉也。从肉，毘聲。一曰鳥膍胵。"《玉篇·肉部》："膍，鳥膍胵。"《六書故·人五》："胵，膍胵，鳥胃也。"明

朱謀㙔《駢雅·釋服食》："膍胵,鳥胃也。"《大詞典》(3958頁)"膍胵"❷"鳥類的胃。如:雞膍胵",未舉文獻書證。

13. 魾,文魾,魚名。狀如覆銚,鳥首而翼魚尾,音如磬,生珠玉。出《山海經》。(23/3)

按:文魾(-pí),魚的一種。《說文·魚部》:"魾,文魾,魚名。从魚,丕聲。"《初學記》卷八引《南越志》曰:"海中有文魾,鳥頭,尾鳴似磬而生玉。"《大詞典》(4034頁)"文魾"謂"魚名",首引《文選·郭璞〈江賦〉》,晚出。

14. 鈚,犁錧別名。(23/3)
宵韻:磬,大磬也。《爾雅注》云:"形如犁錧,以玉石為之。"(92/12)

按:《廣韻校本》(52頁):"錧字誤,集韻作錧,是也。"所校是。犁錧(-guǎn),即犁鏵。《爾雅·釋樂》"大磬謂之磬"郭璞注:"磬形似犁錧,以玉石為之。"邢昺疏:"《字林》云:'錧,田器也。自江而南呼犁刀為錧。'此磬形似犁錧,但大爾。"《集韻·脂韻》:"鈚,犁錧也。"《宋書·樂志一》:"八音二曰石,石,磬也。《世本》云叔所造,不知叔何代人。《爾雅》曰形似犁錧,以玉為之,大曰磬,磬音嚚。"應謂"《爾雅注》曰形似犁錧"。《大詞典》(3500頁)"犁錧"謂"亦作'犁錧'。即犁鏵",引郭沫若《奴隸制時代·西周也是奴隸社會》,書證過晚。

15. 罌,篝筬。(23/4)
迥韻:筬,篝筬,籠也。(218/4)

按:篝筬(gōulíng),竹籠。《廣雅·釋器》:"篝、筬,籠也。"

"籅笒"爲同義複詞。《玉篇·网部》:"罬,籅笒。"《類篇·竹部》:"籅,《說文》:'笒也。可熏衣,宋楚謂竹籅牆以居也。'一曰蜀人負物籠,上大下小而長,謂之籅笒。"明周祈《名義考》卷四《甌窶汙邪》:"《淳于髡傳》'甌窶滿籅,汙邪滿車',謂偏側汙下之地,皆生五穀,籅笒與車皆滿也。"《廣韻校本》(52頁):"笒,當是筌字之誤。廣雅釋器云:'籅筌謂之笓'。案笓見齊韻,注云:'取蝦竹器'。集韻笓罬一字。可知罬即捕魚蝦器,注文笒字自當作筌。玉篇云:'捕魚笱。'"然《類篇》《名義考》豈盡誤耶?故《新校》(52頁)云:"罬、全王作毘,注:'籅笒。'王二注'籅',同紐另出笓字云:'取蝦具。'集韻以笓、籅、罬三字重文,注:'取暇具。博雅:籅筌謂之笓。'周校謂笒字當作筌,不審籅笒乃複輔音連語,故王二或單訓'籅'。籅與筌俱爲竹籠,然有籅笒而無籅筌也。集韻侯韻居侯切籅字亦謂之籅笒,周校誤解廣雅注義,遂改笒爲筌,非也。"《大詞典》(5242頁)收錄"籅簍",謂"竹筐",未收與之同構的"籅笒",當補。

16. 粢,祭飯。(23/5)

按:祭飯,古代祭祀時供奉的飯食。《龍龕手鏡·米部》:"粢,正,音資,祭飮也。""飮"同"飯"。漢應劭《風俗通義》卷三:"士相見之禮,贄用腒雉,受而不拒,而交答焉,唯祭飯然後拜之。"《太平御覽》卷八百五十引《孟子》曰:"齊人有一妻一妾,其良人出行則饜酒肉而後返,欺其妻云:富貴人共飲食也。其後妻向其所之,乃就郊外乞人粢飯。"《大詞典》(4453頁)"祭肉"謂"古代祭祀時供奉之肉",同頁"祭菜"謂"供祭祀用的芹、藻等菜蔬",未收與其同構的"祭飯",當補。

17. 虮,密虮,蟲名。(23/7)

按:密虮,昆蟲的一種,俗謂草鞋蟲。《爾雅·釋蟲》作"密肌",謂"密肌,繼英",郭璞注"未詳",郝懿行義疏:"《釋鳥》有'密肌,

繫英'，與此同名。或說此蟲即肌求也。……然則蚑蛛即肌求，聲之轉也。……按此蟲足長，行駛其形鬖鬖，今棲霞人呼草鞵底，亦名穿錢繩，楊州人呼蓑衣蟲，順天人呼錢龍是也。'密肌'《廣韻》作'密虮'，'繼英'《玉篇》作'蠿蟒'，皆或體字。"《大字典》（1182頁）"虮"下列複詞"密虮"，謂"蟲名"。《大詞典》（2090頁）"密"下未收"密虮"，當補。

18. 膥，肫膥，牛馬子腸。（23/8）
　　肫，肫膥也。（410/2）

按：肫膥（tuōchī），畜類水腸。《集韻·脂韻》："膥，肫膥，畜水腸。"《類篇·肉部》："膥……肫膥，畜水腸。"又："肫……肫膥，畜水腸。"明朱謀㙔《駢雅·釋服食》："肫膥，牛馬子腸也。"《大字典》（862頁）"肫"下列複詞"肫膥"，謂"畜水腸"，又（871頁）"膥"（二）chī下列複詞"肫膥"，謂"見'肫'"。《大詞典》未收"肫"及"肫膥"。又，"子腸"《大詞典》未收，說見前"支韻"第31條。又，"水腸"謂小腸。明朱橚《普濟方》卷二百十七《透水散》："治水腸不通，腸腹急滿。"又卷三百六十一《盤腸氣瘸啼附論》注："水腸爲冷氣所薄，致使痛發腰曲，爲腸結痛也。當溫小腸，則痛住。"《大詞典》未收"水腸"，亦當補。

19. 濟，水名，在常山郡。又涔濟，久雨。又音資。（23/12）
　　䨘，涔䨘，久雨。（同上）

按：涔濟（cénzī），亦作"涔䨘"，久雨。《說文·水部》："濟，久雨涔濟也。一曰水名。从水，資聲。""涔濟也"下段玉裁注："亦作涔䨘。"《原本玉篇殘卷·水部》："濟，《說文》久雨曰涔濟。一曰水名。"《龍龕手鏡·雨部》："䨘、霽，子斯反，雨聲也。又疾資反。涔|，久雨也。二同。"《集韻·脂韻》："濟，《說文》：'久雨涔濟也。一

曰水名。'"《增韻·脂韻》："濟，浶濟，久雨。又水名，在常山。"明朱謀瑋《駢雅·釋天》："浶濟、雷霪，久雨也。"趙寬《觀瀾生賦》："或呂梁縣水之可蹈兮，或濡裳於浶濟。"《音韻述微·支韻》："瀕，浶瀕，久雨也。亦作濟。"宋蘇頌《次韻久雨言懷》詩："久雨浶瀕浹旬坼，層雲晻曖壓城低。"《大詞典》（3248頁）"浶"下未收"浶濟""浶瀕"，當補。

20. 彽，彽徊，猶徘徊也。（24/4）

按：彽徊（dī-），猶徘徊，遲疑不前的樣子。《玉篇·彳部》："彽，彽徊，徘徊也。"《龍龕手鏡·彳部》："彽，直尼反。｜徊，猶徊徘也。或作彶。"《集韻·脂韻》："彽，彽徊，裵回也。""裵回"即徘徊。又《灸韻》："彽，彽回，疑不即進。"又《灰韻》："彽，徘徊，不進皃。"《康熙字典·彳部》："彽，《廣韻》直尼切，《集韻》陳尼切，並音墀。《玉篇》：'彽徊，猶徘徊也。'"《大字典》（343頁）"彽"下列複詞"彽徊"，謂"徘徊"。《大詞典》（539頁）"彽徊"謂"徘徊，流連"，未收"彽徊"一形，當補。

21. 莖，《爾雅》云："蕰，莖。"今之刺榆也。（24/4）
　　侯韻：樞，木名。《爾雅》曰："樞，莖。"今之刺榆。（141/7）
　　屑韻：莖，刺榆。（400/8）

按：刺榆，當指一種枝上有刺的榆樹。《爾雅·釋木》"蕰，莖"郭璞注："今之刺榆。"郝懿行義疏："按刺榆即今山榆，葉小於常榆，刺皆如柘刺。"《玉篇·木部》："樞，木名。《爾雅》云：'樞，莖。'今之刺榆。"《集韻·侯韻》："樞，木名。《爾雅》：'樞，莖。'今刺榆也。或作楓。"三國吳陸璣《毛詩草木鳥獸蟲魚疏》卷上《常棣》："又有赤棣，樹亦似白棣，葉如刺榆葉而微圓。"北魏賈思勰《齊民要術》卷五《種榆白楊》題注："《廣志》曰：'有姑榆，有朗榆。'案今世有

刺榆，木甚牢肕，可以爲犢車材。"《大詞典》收"刺桐""刺楸""刺槐"等，未收與其同構的"刺榆"，當補。

22. 諄諈，語諄諈也。（24/4）

按：諄諈（zhūnchí），言語遲鈍。《說文·言部》："諈，語諄諈也。从言，屖聲。"段玉裁注："諄諈，蓋猶鈍遲也。"朱骏声通訓定聲："諄諈，猶遲鈍。"《原本玉篇殘卷·言部》："諈，《說文》：'語諄諈者也。'"《集韻·脂韻》："諈，《說文》：'語諄諈也。'"《大詞典》（6640頁）"諄"下未收"諄諈"，當補。

23. 鳲，鳲鳩，鵠鶋，今布穀也。《詩疏》云："鳩之養其子，朝從上下，暮從下上，食之平均如一也。"（24/6）

按：鵠鶋（jiájú），即布穀鳥。宋刊本《左傳·昭公十七年》"鳲鳩氏，司空也"杜預注："鳲鳩，鵠雛也。鳲鳩平均，故爲司空，平水土。"阮元校刻《十三經注疏》本作"鵠鶋"。明彭大翼《山堂肆考》卷二百十四《鳩》："鳲鳩，鵠雛也。亦名布穀，江東謂之穫穀。"亦作"鵠鴝""鵠鶋""鵠鞠""秸鞠"，《大詞典》收錄，但（7578頁）"鵠"下未收"鵠鶋"詞形，當補。又，《大字典》（1932頁）"鶋"謂"同'雛'"，而（1708頁）"雛"（二）jú，謂"鳥名"，引《類篇》，可見"鶋"謂"同'雛'"的解說似欠周密。

24. 蛷，蛷蛾，蟰負，蟲也。（24/11）
昔韻：盧，蟰負，蟲。亦作蟰，又音柘。（419/9）

按：蟰負（shǔ-），即鼠婦。《爾雅·釋蟲》"蛷威，委黍"郭璞注："舊說鼠婦別名，然所未詳。"又"蟠，鼠負"郝懿行義疏："《說文》：'蟠，鼠婦也。'又蠼讀若樊，或曰鼠婦。是蠼、蟠同，婦、負古字通，

《釋文》'負又作婦'是也。《詩疏》引陸璣疏云:'伊威,一名委黍,一名鼠婦,在壁根下甕底土中生,似白魚者是也。'今按鼠婦長半寸許,色如蚯蚓,背有橫文,腹下多足。生水巩底或牆根濕處。此蟲名蟠,不名負蟠,《本草》:'鼠婦,一名負蟠。'非也。"《五韻集韻·脂韻》:"蜰,蜰蠛,蟓負,蟲也。"《大詞典》收錄"鼠婦""鼠負",但(5136頁)"蟓"下未收"蟓負",當補。

25. 蝍,蝍蝶,蝍蛆,蜈蚣。(25/1)

按:蝍蝶(jílí),蝍蛆別名,即蜈蚣。《玉篇·虫部》:"蝍,蝍蝶,蝍蛆,能食蛇。亦名蜈蚣。"又:"蝶,蝍蝶。"《龍龕手鏡·虫部》:"蝍,今音疾,蝍蝶也。"《五韻集韻·脂韻》:"蝶,蝍蝶,蝍蛆,蜈蚣也。或作蛩。"清倪濤《六藝之一錄》卷二百六十三《古今書體九十五·兩字別錄》:"蝍蝶,蟲名。"《大字典》(1204頁)"蝶"下列複詞"蝍蝶"。《大詞典》未收"蝍"及"蝍蝶"。

26. 朕,臢朕,醜也。(25/2)
    朕,臢朕,醜兒。(26/4)
    仙韻:臢,臢朕,醜兒。(89/11)

按:臢朕(quánkuí),醜的樣子。《廣雅·釋詁二》:"臢朕,醜也。"《玉篇·肉部》:"臢,臢朕,醜兒。"又:"朕,臢朕。"宋郭忠恕《佩觿·辨證》:"按《博雅》臢朕,醜也。"明朱謀㙔《駢雅·釋訓》:"臢朕,醜惡也。"劉基《送窮文》:"其泣嬰如恣睢,臢朕孔隙以窺。"《大字典》(880頁)"朕"、(892頁)"臢"下均列複詞"臢朕",謂"醜的樣子"。《大詞典》(3981頁)"臢"下未收"臢朕",當補。

27. 鶒,鶒鳩,鳥。(25/3)

按：鶎鳩（kuí-），一種較小的鳩鳥。《方言》卷八："（鳩）其大者謂之鳻鳩，其小者謂之䳡鳩，或謂之鶎鳩。"《廣雅·釋鳥》："鶎鳩，鳩也。"《急就篇》卷四"鳩鴿鶉鴳中網死"顏師古注："鳩有雜種，其名非一，䳡鳩、鶌鳩、鶎鳩、鶻鳩、鵻鳩、鳴鳩之類是也。"《大字典》（1931頁）"鶎"謂"同'鶆'"，又（1937頁）"鶆"下列複詞"鶆鳩"，謂"小鳩"。《大詞典》（7608頁）"鶆"下未收"鶆鳩"，亦未收"鶎"及"鶎鳩"。

28. 蟴, 蟹蟴, 神蛇, 一首兩身, 六足四翼, 見則其國大旱, 湯時見於陽山。出《山海經》。（25/8）
未韻：蟹, 蟹蟴, 神蛇。（256/5）

按：《廣韻校本》（369頁）："蟹字誤，集韻作蜰。案山海經西山經北山經均作蜰，故宮王韻同。"又（56頁）後例校："蟹，段改作蜰，是也。當據正。"《新校》（584頁）："按《王二》注：'蜰蟴，虵名，一首二身，六足四翼，見則大旱，出《山海經》。'……本注蟹字誤。"按周、余所校是，後例若作"蜰"則不當入《未韻》。

蟹蟴（fèiyí），蛇名。一說神蛇，見則天下大旱。《集韻·至韻》："蟴，蟹蟴，神蛇，二身同首，六足而四羽，見則不雨。"又《未韻》："蟹，蟹蟴，神蛇也。"《類篇·虫部》："蟴，蟹蟴，蛇名。《山海經》泰華山有蛇六足四翼，見則天下旱。"又："蟹，蟲名。……蟹蟴，神蛇也。"亦作"蜰蟴"。《玉篇·虫部》："蟴，蜰蟴，蛇名，一首兩身，六足四翼，見則天下大旱，湯時見陽山下。"今本《山海經·西山經》亦作"蜰蟴"。《大字典》（1195頁）"蜰"（二）fèi下列複詞"蜰蟴"，謂"傳說中的神蛇"；又"蟹"音fèi，列複詞"蟹蟴"，謂"即'蜰蟴'。傳說中的神蛇"，引《廣韻·未韻》例。《大詞典》（3885頁）"蜰遺"❷"蛇名"，未收"蜰蟴"詞形，當補；又（5114頁）"蟹₂"音fèi，"蟹₂蟴"謂"亦作'蝛蟴'、'蜰蟴'。傳說中的神蛇"，同頁"蟹"謂"同'蟹₂'"。按"蟹"爲"蜰"形譌字，兩辭書誤收並誤釋，當刪。

29. 椎，椎鈍，不曲撓也。亦棒椎也。又椎髻。（27/4）

按：棒椎，亦作"棒槌"，搥打用具。《集韻·脂韻》："椎，或作栝，通作槌。"《龍龕手鏡·木部》："椎，棒椎也。"《增韻·脂韻》："椎，《漢（書）·張良傳》爲鐵椎百二十斤。又擊也，擣也。亦作搥。又椎鈍，不曲撓。又棒椎。又椎髻。亦作魋。""椎鈍"音chuí dùn，"不曲撓"或謂不彎曲，引申指屈服。《大詞典》（2618頁）"椎鈍"謂"樸鈍；愚鈍"，首引宋蘇轍《燕趙論》，與《廣韻》所釋或別一義。又（2600頁）"棒槌"❶"搥打用的木棒。多在洗衣時用以搥衣"，引《二十年目睹之怪現狀》；"棒槌"❶"搥打用的木棒"，首引《金瓶梅詞話》。未收"棒椎"一形。實際上，"棒椎"詞形早於"棒槌"和"棒槌"，當補。

30. 䕞，蘢古，大者曰䕞。（27/7）

按：蘢古，紅草，亦作"茏草"，一年生草本植物，也叫水葒，中醫入藥。《爾雅·釋草》："紅，蘢古，其大者䕞。"郭璞注："俗呼紅草爲蘢鼓，語轉耳。"《玉篇·艸部》："䕞，大蘢古也。"又："茏，蘢古。"亦作"蘢鼓"。《集韻·姥韻》："鼓，艸名。《爾雅》：茏，一曰蘢鼓。"明李時珍《本草綱目》卷十六《草之五·馬蓼》集解引陶弘景曰："馬蓼生下濕地，莖斑葉大，有黑點，亦有兩三種，其最大者名蘢鼓，即水葒也。"《大詞典》（5566頁）"蘢"下未收"蘢古""蘢鼓"，當補。

參考文獻

［１］（梁）顧野王：《原本玉篇殘卷》，中華書局1985年版。

［２］《大廣益會玉篇》（簡稱"《玉篇》"），中華書局1987年版。

［３］（宋）丁度等：《集韻》，上海古籍出版社1985年據上海圖書館藏述古堂影宋鈔本影印。

［４］（宋）司馬光等：《類篇》，上海古籍出版社1988年據上海圖書館藏汲古閣影宋鈔

本影印。

［５］（宋）毛晃等：《增修互註禮部韻略》（簡稱"《增韻》"），《文淵閣四庫全書》本。

［６］（遼）行均：《龍龕手鏡》，中華書局1985年據高麗版影印遼刻本。

［７］（金）韓道昭：《五音集韻》，《文淵閣四庫全書》本。

［８］周祖謨編：《唐五代韻書集存》，中華書局1983年版。

［９］周祖謨：《廣韻校本》，中華書局1960年第1版、1988年第2版。

［10］余迺永：《新校互註宋本廣韻》（增訂本），上海辭書出版社2000年版。

（原載《漢語史研究集刊》第九輯，巴蜀書社2006年版）

《廣韻》語詞箋識

周祖謨《廣韻校本·序言》說："廣韻雖爲韻書，實兼字書之用，乃唐以前文字訓詁之總匯。"《廣韻》在解說字義時，往往涉及一些複音詞，其中大部分又是俗語詞，包括俚語、俗語、方言，甚至較冷僻的詞語，在古代文獻典籍中不乏用例，是傳統文化的組成部分，其學術價值自不待言。前作《〈廣韻〉所見俗語詞箋識》，因揭載篇幅所限，以上平聲東、冬、鍾、江四韻及支、脂兩韻分別發表於《漢語史研究集刊》第八、九輯（巴蜀書社2005年、2006年版）。現以上平聲七之、八微兩韻爲例續加補綴，並以目前收詞最多的《漢語大詞典》（以下簡稱"《大詞典》"）爲參照，藉以管窺一斑，爲大型語文辭書編纂修訂提供鏡鑒。

七　之韻

1. 芝，芝草。《論衡》曰："芝生於土，土氣和，故芝草生。"《古瑞命記》曰："王者慈仁，則芝草生。"出，篆文，象芝草形，峜從此也。（27頁/8—9列，上海古籍出版社1983年影《鉅宋廣韻》本，下同）

按：芝草，瑞草。《大詞典》（縮印本5420頁，以下僅出頁碼）"芝草"謂"靈芝。菌屬。古以爲瑞草，服之能成仙"，首引晉左思《魏都賦》。宋王應麟《漢藝文志考證》卷二"記百三十一篇"條，據《隋志》云"河間獻王得仲尼弟子及後學者所記一百三十一篇獻之"，謂"今逸篇之名可

見者"有"瑞命記",見於"文選注、論衡"。即《古瑞命記》見《文選·左思〈魏都賦〉》"德連木理,仁挺芝草"李善注引,究竟爲何代文獻,事涉渺茫,難以考信。《四庫全書》本、《諸子集成》本漢王充《論衡·驗符篇》"芝生於土,土氣和,故芝生土",不作"芝草",亦未見引及《古瑞命記》。不過《恢國篇》云:"孝明麒麟、神雀、甘露、醴泉、白雉、黑雉、芝草、連木、嘉禾與宣帝同奇。……今上嗣位,元、二之間,嘉德布流。三年,零陵生芝草五本。"又《驗符篇》:"建初三年,零陵泉陵女子傅寧宅土中忽生芝草五本,長者尺四五寸,短者七八寸,莖葉紫色,蓋紫芝也。……五年,芝草復生泉陵男子周服宅上,六本,色狀如三年芝,並前凡十一本。"凡六見。《後漢書·明帝紀》永平十七年:"芝草生殿前。""芝草"凡七見。《楚辭·屈原〈九歌·河伯〉》"采三秀兮於山間"王逸注:"三秀,謂芝草也。"舊題漢東方朔《海內十洲記》:"(生洲)上有仙家數萬,天氣安和,芝草長生。"宋洪適《隸釋》卷三《張公神碑》漢桓帝和平元年:"芝草茂木,瀟瀟滋榮。""芝草"在東漢已爲語詞,則殆無疑義矣。又,王充《論衡·驗符篇》:"芝草延年,仙者所食,往世生出不過一二,今並前後凡十一本,多獲壽考之征。"《藝文類聚》卷九十八引《古瑞命記》:"王者慈仁則芝生,採食之則延年不終,與真人同。"《太平御覽》卷九百八十六引《古瑞命記》:"王者仁慈則生,食之者則延年。"但卷八百七十三引《孫氏瑞應圖》:"王者慈仁則芝草生,食之令人延年。"又引《漢書》曰:"武帝元封六年,甘泉宮內產芝草九莖,異產連葉。"按《漢書·武帝紀》元封二年:"六月,詔曰:'甘泉宮內中產芝,九莖連葉。'"顏師古注:"應劭曰:'芝,芝草也,其葉相連。'如淳曰:'《瑞應圖》王者敬事耆老,不失舊故,則芝草生。'"唐慧琳《一切經音義》卷九十《高僧傳音下卷》:"案芝草者,神仙所食瑞草也。""芝草"謂"靈芝",亦有所本。唐段成式《酉陽雜組續集》卷四《貶誤》:"予太和初從事浙西贊皇公幕中,嘗因與曲宴中夜,公語及國朝詞人優劣云,世人言靈芝無根,醴泉無源,張曲江著詞也。蓋取虞翻與弟求婚書,徒以芝草爲靈芝耳。"按《爾雅·釋草》:"茵,芝。"郭璞注:"芝,一歲三華,瑞草。"邢昺疏:"瑞草名也,

一歲三華，一名茵，一名芝。"郝懿行義疏："按《類聚》九十八引《爾雅》作'菌芝'，蓋'菌'字破壞作'茵'耳。""芝"當本作"㞢"。明王鏊《震澤長語》卷下《字學》："（周伯琦）又云古人因事物制字，如之本芝草，乎本籥氣，焉本鳶也，後人借爲助語。助語之用既多，反爲所奪，又制字以別之，乃有芝字、籥字、鳶字，此說似爲得之。"

2. 蘮，紫蘮，似蕨菜。（28/12）

按：紫蘮（-qí），蕨類植物，初生嫩苔可食。《爾雅·釋草》"蘮，月爾"①郭璞注："即紫蘮也，似蕨可食。"郝懿行義疏："《廣雅》：'茈蘮，蕨也。'茈蘮即紫蘮。……紫蘮即紫蕨，以其色紫，因而得名。"《玉篇·艸部》："蘮，紫蘮，似蕨，可食。"《五音集韻·脂韻》："蘮，艸名。《博雅》：'紫蘮，蕨也。'或從基、從萁。"北魏賈思勰《齊民要術》卷九《作菹藏生菜法·蕨》："《爾雅》云：'蕨，鱉。'郭璞注云：'初生無葉，可食。《廣雅》曰紫蘮，非也。'《詩義疏》曰：'蕨，山菜也。初生似蒜莖，紫黑色。'"②按《廣雅·釋草》："茈蘮，蕨也。"或作"茈其"。《後漢書·馬融傳》載《廣成頌》："茈其、芸菔，昌本、深蒲。"李賢注："茈音紫。其音其。《爾雅》曰：'蘮，月爾。'郭璞注曰：'即紫蘮也，似蕨可食。'"則"紫蘮""茈蘮""茈其"同詞異形。

《大詞典》（5551頁）"蘮"謂"草名。即紫蕨。蕨類植物。嫩葉可

---

① 《說文·艸部》："蘮，月爾也。從艸，綦聲。"徐鍇繫傳："按《爾雅》'月爾'，似蕨可食，即紫蘮也。"段玉裁注本作"蘮，土夫也"，注云："各本作'蘮，月爾也'，今依《爾雅音義》。考今本《釋艸》'芏，夫王'，郭云：'芏艸生海邊。''綦，月爾'，郭云：'即紫蘮也，似蕨可食。'陸德明曰：'綦字亦作蘮，紫蘮菜也。'《說文》云：蘮，土夫也。'其所據《說文》，必與《爾雅》殊異而稱之，不則何容稱也？今本《說文》恐是據《爾雅》郭本郭注改者，但許君《爾雅》之讀，今不可知矣。"明李時珍《本草綱目》卷二十七《菜之二·蕨》："一種蘮其似蕨，有花而味苦，謂之迷蕨，初生亦可食，《爾雅》謂之月爾，《三蒼》謂之紫蕨，郭璞云'花繁月（日）爾'，紫蕨拳曲繁盛，故有月爾之名。"按"爾"謂花朵繁盛貌。《詩·小雅·采薇》："彼爾維何？維常之華。"毛傳："爾，華盛貌。"《說文·艸部》"薾"引《詩》作"彼薾惟何"，段玉裁注："薾與爾音義同。"《大詞典》未收"月爾"，當補。

② 石聲漢：《齊民要術今釋》下冊981頁"莖"屬下讀，非是。

食，根莖可入藥"；又（5457頁）"茈₁"❷"通'紫'"，"茈其"謂"草名。一種蕨類植物"，引《後漢書·馬融傳》及李賢注引郭璞《爾雅注》，未收"紫蕢""茈蕢"，當補。

  3. 艃，艤艃，舟名。䑴，上同。（29/2）
    艃，䑴艃，船名。（30/1）

 按：䑴艃（qílí），一種船名。《廣雅·釋水》："䑴艃，舟也。"王念孫無疏證。中華書局本"䑴艃"間施頓號，但據《集韻·之韻》"䑴，《博雅》：'䑴艃，舟也。'或从基。"《類篇·舟部》"䑴""艃"，《康熙字典·舟部》"䑴"，共五引《博雅》，"䑴艃"當爲複詞。《正字通·舟部》："䑴，艤、舩、䑴並俗字，舟無䑴名。"亦可證。《玉篇·舟部》："䑴，渠之切。䑴艃，舟名。"又："艃，力之切，䑴艃。"《龍龕手鏡·舟部》："䑴、艤，音其，｜艃，舩名。"又："艃，力之反，䑴艃也。"《集韻·止韻》："艃，䑴艃，舟名。"《字彙·舟部》："䑴，渠之切，音其。䑴艃，舟名。"《正字通·舟部》："艃，俗字。舊註：䑴艃，船名。"

 《漢語大字典》（二/6/3265頁，指第二版第6卷第3265頁，下同，並簡稱"《大字典》"）"䑴"下列複詞"䑴艃"，謂"船"，引《廣雅》；又（3269頁）"艤"謂"同'䑴'"，引《集韻》；又（3264頁）"艃"下列複詞"䑴艃"，謂"見'䑴'"。《大詞典》未收"䑴""艤"及"䑴艃""艤艃"。

  4. 頯，方相。《說文》曰："醜也。今逐疫有頯頭。"䫏，上同。魌，亦同。（29/7）

 按：頯頭（qī-），古代驅鬼逐疫時扮神者所戴的面具。《說文·頁部》："頯，醜也。从頁，其聲。今逐疫有頯頭。"段玉裁注："此舉漢事以爲證也。《周禮·方相氏》鄭注云：'冒熊皮者，以驚驅疫癘之鬼，如今魌

頭也。'"王筠句讀:"顤頭即今假面。"《集韻·之韻》:"顤,《說文》:'醜也。今逐疫有顤頭。'顤頭,方相也。或作魌,通作倛。"《古今韻會舉要·支韻》:"魌,《說文》'顤頭也',本作顤,從頁,其聲,'今逐疫有顤頭'。徐曰:'顤頭,方相四目也。'今文作魌,通作倛。"宋高承《事物紀原》卷九《吉凶典制部·魌頭》:"宋朝《喪葬令》有方相、魌頭之別,皆是其品所當用,而世以四目為方相,兩目為魌頭。按漢世逐疫用魌頭,亦《周禮》方相之比也。方相氏蒙熊皮,黃金四目,以索室驅疫。鄭注云:'如今魌頭是也。'疑自漢始云。然《荀子》有仲尼之面如蒙倛,則戰國已為是名。"明方以智《通雅》卷二十一《姓名》:"方相,即倛頭也。因彷彿罔象而名之。《荀子》曰:'面如蒙倛。'《南史·沈雲禎傳》:'葬不須輴車、靈舫、倛頭也。'孫恟收顤、䫏、魌而無倛,蓋一字也,恟偶遺耳。"①清惠棟《九經古義》卷八:"應劭《風俗通》曰:俗說亡人魂氣遊揚,故作魌頭以存之。言頭魌魌然盛大也,或為魌頭,為觸壙殊方語也。"孫詒讓《周禮正義》卷五十九:"案魌正字當作顤,字又作倛。"則"魌頭""顤頭""倛頭"同詞異形。因"顤頭"為喪葬用品,用過即棄之如敝履,正如清黃宗炎《周易尋門餘論》卷上云:"宋儒之注經,其誤不勝舉矣。……然其用也如倛頭,其棄也如敝帚,孰以此決疑獄、定國論而懼其遺禍也哉!"李劼人《死水微瀾》第五部分十三:"蔡大嫂是羅哥的人,不比別的賣貨,可以讓他撿魌頭。"原注:"魌音欺。撿魌頭,即撿便宜的意思。古人出喪時,除用一具紙紮大鬼叫方相的導引於前外,還要用米麥粉做成一些鬼頭模樣的東西,撒於道上,與方相作用一樣,謂能避邪。這就叫魌頭,使人撿食之。"②又《大波》中卷第一部分:"所以新津並非官兵攻下的,只算檢了個魌頭!"原注:"魌頭,便宜也。魌讀若欺字音。"③大概因這種東西得來容易,故引申指便宜的東西。姜亮夫《昭通方言疏證》(465條):"昭人言討人便宜曰諜欺頭。"或記音作"欺頭"。清傅崇矩《成都通覽·成都之詐騙》:"先前想是欺頭,如今

---

① 明張存紳《雅俗稽言》卷二十二《孔子無須》:"《荀子》云:'仲尼狀如蒙倛。'倛、魌今音欺,《韻略》無倛字。韓退之注:'四目為方相,兩目為蒙倛。'"
② 《李劼人選集》第一卷,四川人民出版社1980年版,第226頁。
③ 李劼人:《大波》,中華書局1938年再版,第271、283頁。

才是貴貨。"又《成都之土語方言》："欺頭，便宜也。"民國十七年《長壽縣志》卷四《人事部·方言》："佔便宜曰欺頭。"《四川方言詞典》（311頁）作"欺頭（魌頭）"。

《大詞典》（613頁）"倛頭"謂"古代驅除疫鬼時扮神的人所戴的面具，其狀猙獰可怖。後亦以指凶神"，引清汪價《三儂贅人广自序》；又（7253頁）"頎頭"謂"一種形狀醜惡的面具。古代驅疫時扮神的人所蒙"，引《說文》及段注；又（7315頁）"魌頭"❶"古時打鬼驅疫時扮神者所戴的面具。宋代喪禮亦用之"，引《周禮》等；❷"方言。猶便宜"，引李劼人《死水微瀾》。以上爲同詞異形，但釋義不盡相同。又（704頁）"傲"、（3995頁）"欺"下未收"傾頭""欺頭"。

許寶華等主編《漢語方言大詞典》（7353頁）"魌頭"謂"便宜"，西南官話。又（5907頁）"欺頭"❶"即魌頭。比喻價錢便宜的東西；不應得的小利；不勞而獲的好處"，西南官話。

5. 鵋，鵋鵙，鴟鵂鳥。亦作鵙。（29/8）
　　志韻：鵋，鵋鵙，鴟鵂鳥，今之角鴟。（253/3）

按：鵋鵙（jìqī），又叫鴟鵂，即貓頭鷹。《爾雅·釋鳥》："鵋，鵋鵙。"郭璞注："今江東呼鴟鵂爲鵋鵙，亦謂之鵂鶹。"陸德明釋文："鵋，巨記反，本亦作忌；鵙，去其反，本亦作欺。"《玉篇·鳥部》："鵋，其記切，鵋鵙，鳥。"又："鵙，去其切，鵋鵙。亦作鵙。"遼希麟《續一切經音義》卷九《根本説一切有部毘奈耶破僧事卷十五》："鴟鵂：……《爾雅》云：'鵋，鵋鵙。'郭注云：'今江東呼鴟鵂爲鵋鵙也。'鵋音格，鵋音忌，鵙音欺。"《集韻·之韻》："鵙，鳥名，今江東呼鴟鵂爲鵋鵙。或作鵙。"按唐玄應《一切經音義》卷二十四《阿毘達磨俱舍論第二卷》"鴟鵂"條引《爾雅》："鵋，忌欺。"宋唐慎微《證類本草》卷十九《鉤鵋》兩引《爾雅》，明毛晉《陸氏詩疏廣要》卷下之上、馮復京《六家詩名物疏》卷三十、清陳大章《詩傳名物集覽》卷二引《爾雅》郭注均作"鵋欺"。明徐應秋《玉芝堂談薈》卷三十三《九頭鳥》："謝

在杭曰：'梟鴞、鵂鶹、鵋期、訓狐、貓頭，皆一物而異名，種類繁多。'"則"鵋鵙""鵋鶘""鵋欺""鵋期"同詞異形。

《大字典》（二/8/4944頁）"鵙"音qí，❶"〔鵋鵙〕見'鵋'"；又（4943頁）"鵋鵙"謂"貓頭鷹。又名鵂鶹"，首引《爾雅》；又（4968頁）"鶘"音qī，"〔鵋鶘〕同'鵋鵙'"，引《玉篇》。《大詞典》（7589頁）"鵋鵙"謂"貓頭鷹"，首引《爾雅》，未收"鵋鵙""鵋欺""鵋期"詞形。

6. 狸，野貓。狸，俗。（29/12）

按：野貓，即貓狸。唐慧琳《一切經音義》卷二十四《金剛髻珠菩薩修行分經》"貓狸"條分訓，引顧野王云："似虎而小，人家養畜令捕鼠，或從犬作貓，俗字也。"此則謂家貓。又："下里知反，顧野王云：亦似虎而小，野獸，亦貓之類，俗謂之野貓，好偷人家雞食之。"窺基《妙法蓮華經玄贊》卷六："（贊曰）十狸，野貓也。應作貍，無狸字。"宋馬純《陶朱新錄》："又數日捕得野貓，又謂高氏曰：'能更使此貓爲人乎？'高爲誦呪，其貓夜亦死。"洪邁《夷堅志乙》卷七《臨江二異》："臨江軍相傳有二怪：其一，軍治內野貓兩目如丹，出則以前足抱頭，而睢盱人立。"明李時珍《本草綱目》卷五十一上《獸之二》："狸：釋名：野貓。"方以智《通雅》卷四十六《動物》："今之野貓即狸，則此可知矣。"

《大詞典》（6092頁）"野貓"謂"亦作'野猫'"，❶"貓狸的俗稱"，首引明陸采《懷香記》，書證過晚。

7. 嫠，《字說》云："微畫也。"（29/12）

按"字說"，南宋巾箱本同，《四庫全書》本《重修廣韻》、澤存堂本作"字統"，當據正。

微畫，細微的畫紋。《說文·文部》："嫠，微畫也。"段玉裁注：

"此謂微畫之文爲氂也。"王筠句讀:"其畫之甚微妙也。"

《大字典》(二/4/2327頁)"氂"音lí,謂"細微的畫紋",引《說文》。《大詞典》(1890頁)"微畫","謂無足輕重的策劃",引漢王粲《從軍詩》之四:"鞠躬中堅內,微畫無所陳。"釋義則當本《文選》劉良注:"言我但敬懼于卒伍之中,微少畫策亦無能陳設。"《說文》及段注"微畫"義,《大詞典》未及。

8. 孷,孷孖,雙生子也。(30/1)

按:孷孳(lí-),孿生子。《玉篇·子部》:"孷,孷孖,雙生也。"《集韻·之韻》:"孷、孳,《方言》:'陳楚之間,凡人獸乳而雙產謂之孷孳。'或省。"按"孖"音zī。《廣韻·之韻》:"孖,雙生子也。"《集韻·之韻》:"孖,一產二子。"又,《方言》卷三:"陳楚之間,凡人獸乳而雙產謂之釐孳。秦晉之間,謂之僆子。自關而東趙魏之間,謂之孿生。"戴震疏證:"案《說文》:'孿,一乳兩子也。'亦作孌。《廣雅》:'釐孳、僆,孌也。''雙、孌,二也。'義本此。釐亦作孷,孳亦作孖。《玉篇》云:'孷孖,雙生也。'"華學誠校釋匯證:"《集韻·之韻》'孷'字下引《方言》作'孷孳','孷孳'、'孷孖'與'釐孳'同,乃'僆子'之轉語。"《廣雅·釋詁三》:"釐孳、僆,孌也。"王念孫疏證:"《堯典》傳云:'乳化曰孳。'釐、僆語之轉,'釐孳'猶言連生。"

《大字典》(二/2/1091頁)"孷"謂"〔孷孖〕也作'孷孳'",❶"人和哺乳動物產雙子",引《玉篇》和《集韻》;❷"雙生子",引《廣韻》。又(1090頁)"孳"謂"〔孷孳〕也作'孷孖'",引《集韻》。按《廣雅·釋詁三》"孳,孌也"王念孫疏證引《方言》"釐孳"作"釐孌"。《大詞典》(6095頁)"釐孳"謂"雙生子。俗稱雙胞胎",引《方言》。按電子本"孷孳"謂"見'孷孖'";"孷孖"謂"亦作'孷孳'",❶"人和哺乳動物一胎生雙子",❷"孿生子",引《廣韻》。紙本則未收。

《廣韻》語詞箋識 | 159

9. 鬙，髻鬙，髮起。（30/1）

按：髻鬙（pī lí），頭髮豎起的樣子。《玉篇·髟部》："髻，普悲切，被髮走皃。"又："鬙，力之切，髮卷。"《龍龕手鏡·髟部》："鬙，力之反。髻鬙，髮起也。"《集韻·之韻》："鬙，髻鬙，髮起貌。"《康熙字典·髟部》："鬙，《廣韻》里之切，《集韻》、《韻會》陵之切，並音釐。髻鬙，髮起也。"

《大詞典》（742頁）"髻"下收"髻髶""髻髯"髻髽"，未收"髻鬙"。

10. 輧，輧軿車。（30/4）

按：《字彙·車部》："輧，同軿。"

輧軿車（-píng-），泛指有屏蔽的车子。《說文·車部》："輧，軿車前、衣車後也。"又："軿，輧車也。"朱駿聲通訓定聲："輧、軿皆衣車。前後皆蔽曰輧，前有蔽曰軿。《字林》：'軿車有衣蔽，無後轅。'"《釋名·釋車》："輧軿之形同，有邸曰輧，無邸曰軿。"畢沅疏證："《宋書·禮志》引《字林》曰：'軿車有衣蔽無後轅，其有後轅者謂之輧。'"《玉篇·車部》："軿，衣車也。""輧軿"義同"輧軿車"。按晉干寶《搜神記》卷一："一旦，顯然來遊，駕輧軿車，從八婢，服綾羅綺繡之衣，姿顏容體，狀若飛仙。"《白孔六帖》卷十一："輧軿車：《五代史》：'王出入閭里，乘輧軿車。'"《淵鑒類函》卷三百八十七："輧軿車：《五代史》云：'唐史圭爲貝州刺史，罷歸常山，閉門絕人事，出入閭里，乘輧軿車。'又《張敞傳》云：'君母出門則乘輧軿車。'"[1]上兩類書均以"輧軿車"列目。蔡夢麒《廣韻校釋》（93頁）："輧，輧軿，車。""車"或當與"輧軿"連讀。

《大詞典》（5852頁）"輧軿"謂"輧車和軿車的並稱。後泛指有屏蔽的車子"，首引《漢書》；又"輧軿車"謂"泛指有屏蔽的車子"，引

---

[1] "出入閭里，乘輧軿車"見《新五代史·史圭傳》。"君母出門"云云，見《漢書·張敞傳》："禮，君母出門則乘輧軿。"顏師古注："輧軿，衣車也。"

《後漢書·輿服志上》。按"後漢書"當作"續漢書"。范書無志,梁劉昭取司馬彪《續漢書》補入,故不宜將續書部分混稱"後漢書"矣。

11. 痴,痴瘵,不達之皃。（30/9）
　　御韻:瘵,痴瘵,不達。（258/10）
　　瘵,痴瘵,不達。（260/2）

按:"瘵"音zhù。"瘵"當"瘵"字形訛,《四庫全書》本《原本廣韻》《重修廣韻》、澤存堂本均不誤。

痴瘵,不達。《玉篇·疒部》:"痴,痴瘵,不達也。"《龍龕手鏡·疒部》:"痴瘵,痴瘵者,不進不達之貌。《玉篇》又病行貌也。"《集韻·之韻》:"痴,痴瘵,不達兒。"明朱謀㙔《駢雅·釋詁下》:"痴瘵,不達也。"宋俞德鄰《荾茗賦》:"是以忠邪之背馳,子不彼誚而獨我嗤,非滯礙而不化,或痴瘵之未醫。"清倪濤《六藝之一錄》卷二百六十三《古今書體九十五·乃》:"癡,音笞,俗作痴,乃痴瘵字。"或作"癡瘵"。《音韻述微·御韻》:"瘵,癡瘵,不達也。"

又,《集韻·御韻》:"痴,痴瘵,不達也。"又:"瘵,痴瘵,不達也。"《類篇·疒部》:"痴,又如倨切。痴瘵,不達也。"又:"瘵,又褚遇切。痴瘵,不達也。"《五音集韻·御韻》澄三:"瘵,痴瘵,不達。"又徹三:"痴,痴瘵,不達也。"按辭書通例,複詞必有一字承前字頭構詞,此"痴"當爲"痴"字形訛。據上引文獻,則"痴瘵""痴瘵"同義矣,俟再考。

《大字典》（二/5/2868頁）"痴"❶"〔痴瘵〕不進不達之貌",首引《玉篇》;又（2876）"瘵"❶"〔痴瘵〕見'痴'"; 又（2860頁）"痴瘵"謂"不達",引《集韻》。《大詞典》（4866頁）"痴"謂"同'癡'",未收"痴瘵";又（4878頁）"癡"下未收"癡瘵"。又未收"痴"及"痴瘵"。

12. 嗞,嗞嗟,憂聲也。（31/1）

按：嗞嗟，憂聲。《說文·口部》："嗞，嗟也。从口，兹聲。"段玉裁注："嗟，《言部》作諮，云：'諮，嗞也。'與此爲互訓。今本《言部》作咨也，淺人妄改耳。謀事曰咨，音義皆殊。……《詩·綢繆》：'子兮子兮，如此良人何？'毛傳：'子兮者，嗟兹也。'兹當作嗞。古言諮嗞，今人作嗟咨，非也。"朱駿聲通訓定聲："嗞，經傳皆以咨爲之。"桂馥義證："經典借咨字。"按《綢繆》孔穎達疏："思而不得，乃自咨嗟，言子兮子兮，當如此良人何？"南唐徐鍇《說文解字篆韻譜》卷一："嗞，嗞嗟也。"遼希麟《續一切經音義》卷三《新譯十地經卷四》"籲嗞"引《切韻》云："嗞嗟，憂聲也。"《龍龕手鏡·口部》："嗞，子之反。嗞嗟，憂聲也。"又："嗞，子之反。嗞嗟，憂聲也。"重出。宋法雲譯《毘婆尸佛經》卷上："滿度摩國王，毘婆尸太子，見彼命終人，嗞嗟而不悅。"清雍正間修《四川通志》卷四十二《順慶府西溪新修廣恩橋記》："嗞嗟乎，西橋之舊，吾郡宿老頗能譚述。"又，《戰國策·趙策四》："平原令見諸公，必爲之言曰：'嗟嗞乎，司空馬！'"鮑彪注："嗞亦嗟也。""嗞嗟""嗟嗞"當同詞異序。據段、朱等人說，"嗞嗟""咨嗟"，"諮嗞""嗟嗞"並同詞異形。

《大詞典》（1589頁）"咨嗟"❷"歎息"，首引漢焦贛《易林》；又（1628頁）"嗟咨"謂"慨歎"，首引《新唐書》；"嗟兹乎"謂"見'嗟嗞乎'"，而（1628頁）"嗟嗞乎"謂"亦作'嗟兹乎'。歎息聲"，引《管子》、漢劉向《說苑》均作"嗟兹乎"。未收"嗞嗟"及"嗟兹""諮嗞"。

八　微韻

1. 楎，橜也，在牆曰楎。又犁頭也。（31/5）

按：犁頭，即耕田地之犁。《增韻·微韻》："楎，杙也，橜也，在牆曰楎。一曰犁頭。"《五韻集韻·微韻》："楎、樟，橜也，在牆曰楎。樟又犁頭也。"元魏瞿曇般若流支譯《正法念處經》卷十四《地獄品之十》：

"彼舌既出，閻魔羅人，即取敷置焰燃鐵地，以惡業故，作一千犁，在彼地處，犁頭焰燃，極大力牛，百到千到，若來若去，縱橫耕之。"《大寶積經》卷五十六《佛說入胎藏會第十四之一》（唐義淨譯）："或中如多根樹，或如犁頭，或如車轅，或如藤條，或如樹葉。"宋俞琰《周易集說》卷三十二："斲木以木之銳者，因而削之爲耜，今人加以鐵謂之犁頭。"陳埴《木鐘集》卷九："耜即今之犁頭也。"元熊良輔《周易本義集成》卷八："耒耜只是今民間之犁，所以耕者。耜爲犁頭，耒犁轅也。"張憲《贈石畊子》詩："黃金鑄犁頭，白玉磨耙齒。"明來知德《周易集注》卷十四："耒耜者，今之犁也。耜者耒之首，斲木使銳而爲之，今人加以鐵錔謂之犁頭。"何楷古《周易訂詁》卷十二："耜者耒之首，斲木使銳而爲之，所以入土，俗呼犁壁，今又加以鐵錔，謂之犁頭。"按上引《周易集說》以下五例，"犁（犂）頭"或爲語詞，又似詞組。民國二十四年《雲陽縣志》卷十四《禮俗下·方言上》："耒謂之犁。《玉篇》：'犁，耕具也。'俗呼爲犁頭。"《四川方言詞典》（267頁）"犁頭"謂"舊式犁"。

許寶華等主編《漢語方言大詞典》（5525頁）"犁頭"❶"犁錔"，冀魯官話、江淮官話、西南官話、吳語、贛語、粵語、閩語；❷"犁"，西南官話、客話（四川西昌）。《大詞典》未收，當補。

2. 猚，山猚，獸名，似犬，見人則笑，行疾如風。（31/6）
　　魂韻：猚，似大（犬），人面，見人則笑，行疾如風。（69/12）

按：山猚（-huī），一種似犬而人面的動物。一說即狒狒。《玉篇·犬部》："猚，獸。如犬，人面，見人即笑。"《集韻·微韻》："猚，《山海經》：獄法山有獸，狀如犬而人面，是善投，見人則笑，其名山猚。""是"字疑衍。《山海經·北山經》："（獄法之山）有獸焉，其狀如犬而人面，善投，見人則笑，其名山猚，其行如風，見則天下大風。"郝懿行箋疏："《吳都賦》云：'猚子長嘯。'劉逵注云：'猚子，猿類。猿身人面，見人則嘯。'嘯蓋與笑通。"《太平御覽》卷九百十二引《山

海經圖贊》："山獾之獸，見乃歡唬，厥性善投，行如矢繳，是惟氣精，出則風作。"《爾雅翼·釋獸二》："（狒狒）一名獾獾，一名梟羊、嗅陽，一名山獾，俗謂之山都，北方謂之土螻。"明朱謀㙔《駢雅·釋獸》："山獾，人面犬也。"清吳任臣《山海經廣注》卷三："狒狒人形，山獾獸狀，故有差別，羅氏誤矣。"《古今通韻·微韻》："獾，山獾，猩屬。"

《大詞典》（1776頁）"山獾"謂"獸名。猿的一種"，首引《山海經》。

3. 囗，《文字音義》云："回也，象圍帀之形。"（31/8）

按：《說文·囗部》："囗，回也。象回帀之形。"段玉裁注："回，轉也。按圍繞、周圍字當用此，圍行而囗廢矣。"《玉篇·囗部》："囗，古圍字。"《廣韻》引《文字音義》"圍帀"，即《說文》之"回帀"矣。

圍帀，環繞，周回。《說文·帀部》："帀，周也。从反之而帀也。"《禮部韻略·合韻》："帀，周也。亦作匝。按《莊子》圍之數匝。"《增修校正押韻釋疑·合韻》："帀，亦作匝。"《五音集韻·合韻》："帀、迊，遍也，周也。从反之而帀也。徐曰：日一日行一度，一歲往反而周帀也。俗作匝。"元李文仲《字鑒》卷五《二十七合》："帀，《說文》：'周也。'從倒屮，屮古之字，俗作匝、迊。"明焦竑《俗書刊誤》卷四："帀，俗作匝，非。"《音韻述微·合韻》："匝，周也，徧也。通作帀、迊。"唐善無畏譯《童子經念誦法》："七萬八千鬼神前後圍匝。"宋贊寧《宋高僧傳》卷十九《唐揚州孝感寺廣陵大師傳》："於是索少壯鬪擊，觀者圍帀千數。"徐夢莘《三朝北盟會編》卷三十："京師如此之闊，敵兵只十數萬，何能圍匝？無故四門都閉，則敵人得以縱掠，而吾民困矣。"明朱橚《普濟方》卷一百九十七《療十二瘧》："令瘧人坐篩，以圍匝燃火。"黃仲昭《未軒文集》卷三《高州郡守前揭陽知縣陳侯祠堂記》："侯亟下令曰：'敢有棄鄉井而逃者死！'乃撤民廬舍，而以其材木圍匝於外，然後築城浚池爲守備計，不旬日而成，民遂有固志。"又作"圍迊"。《龍

龕手鏡‧囗部》："囗，雨非反，囗見大物失聲也。又《文字音義》云：'回也，象圍迊之形也。'"亦作"回帀"。除前引《說文》外，唐張參《五經文字》卷下："囗部，于非反，象回帀形。"元周伯琦《六書正訛》卷一："囗，回也，象回帀之形，隸作圍守也。"清顧藹吉《隸辨》卷六："囗，讀若圍，與《說文》同，象回帀之形。"沈彤《果堂集》卷二《釋骨》："曲骨前斷而若逆者，曰大迎骨，通回帀；口頰下之骨曰或骨。"原注："《骨空論》云：'或骨空在口下，當兩肩。'王太僕注云：'謂大迎穴也。'彤按：《說文》或即域本字。云或骨者，以其骨在口頰下，象邦域之回帀也。"又作"回匝"。漢李尤《德陽殿賦》："爾乃周閣回匝，峻樓臨門。"唐金厚載《都盧尋橦賦》："既翻身而自下，漸托質以彌高。回匝花場，見千夫而共喜；閑臨紫陌，瞰萬井以無逃。"《太平廣記》卷二百九十二《黃原》（出《法苑珠林》）："行數里至一穴，八百餘步，忽有平衢，槐柳列植，垣牆回匝。"

《大詞典》（6243頁）"迴匝"謂"猶環繞"，引晉左思《魏都賦》："築曾宮以迴匝，比岡隒而無陂。"按李周翰注："言築宮迴匝，比之岡隒而無險也。"未收"回帀"詞形，亦未收"圍帀""圍匝""圍迊"，當補。

4. 娝，江娝，神女。（31/8）

按：江娝，神女。亦作"江妃""江斐"。《集韻‧微韻》："斐，《說文》：'往來斐斐貌。一曰醜貌。'《列仙傳》江斐二女，或書作娝。"《五音集韻‧微韻》："娝，江娝，神女。"《音韻述微‧微韻》："斐，江斐，神女。又醜也。一作娝。"《古今通韻‧微韻》："娝，江娝，神女名。"清顧炎武《金石文字記》卷一《合陽令曹全碑並陰》："《列仙傳》江斐二女，則竟以爲妃之異文。"原注："《文選‧左思〈蜀都賦〉》'娉江斐與神游'，《吳都賦》'江斐於是往來'，五臣並作妃。其字亦可作娝。《真誥》：'江娝登湄而解佩。'"周祖謨《廣韻校本》（65頁）："娝，切二切三敦煌王韻無。廣韻此字音雨非切，非也。集韻于非切下無

此字。案江婓神女左思蜀都賦作江斐，集韻芳微切下有斐字，注云：'或書作婓。'是此字當入霏紐，音芳非切。"按顧炎武所引《真誥》爲南朝陶弘景著，"江婓"詞形或首見於此。

《大詞典》（3123頁）"江妃"謂"亦作'江斐'。傳説中的神女"，引劉向《列仙傳》等三例作"江妃"，引左思《蜀都賦》作"江斐"；又（3124頁）"江斐"謂"見'江妃'"。未收"江婓"詞形，當補。

5. 騛，騛兔，馬而兔走。（31/12）

按：騛兔（fēi-），古代飛奔如兔的駿馬。《說文·馬部》："騛，馬逸足也。从馬，从飛。《司馬法》曰：'飛衛斯輿。'"按《古今韻會舉要·微韻》載《說文》引《司馬法》同。又，《集韻·微韻》："騛，《說文》：'馬逸足也。'引《司馬法》：'騛衛斯輿。'"《類篇》、《康熙字典》"騛"下《說文》引《司馬法》，《禮部韻略》《增修校正押韻釋疑·微韻》"騛"引《司馬法》，均作"騛衛斯輿"，則"飛""騛"同。《玉篇·馬部》："騛，騛兔，古之駿馬也。"《龍龕手鏡·馬部》："騛，音非，《玉篇》云：騛兔，龍馬，日行三千里。"《音韻述微·微韻》："騛，騛兔，古駿馬，如兔走。通作飛。"亦作"騛駿""飛兔""飛兔"。《五音集韻·微韻》："騛，飛兔，馬而兔走。"《正字通·馬部》："騛，騛兔，良馬。本作飛兔。"《康熙字典·馬部》："騛，《篇海》土故切，音兔。騛駿，良馬。本作飛兔。"《呂氏春秋·離俗》："飛兔、要褭，古之駿馬也。"高誘注："飛兔、要褭，皆馬名也。日行萬里，馳若兔之飛，因以爲名也。"按周祖謨《廣韻校本》（66頁）："走，切三及敦煌王韻作足，是也。""走"古漢語謂"跑"，如謂"馬如兔跑"，則與"日行三千里""日行萬里，馳若兔之飛"不侔，故《廣韻》《五音集韻》《音韻述微》"兔走"均當"兔足"形譌，謂"騛兔"得名"馬而兔足"。

《大字典》（二/8/4857頁）"騛"謂"〔騛駿〕見'騛'"；又（4863頁）"〔騛駿〕也作'飛兔'、'騛兔'。飛馳如兔的駿馬。也單用作'騛'、

'飛'"。《大詞典》（7411頁）"飛兔"謂"亦作'飛菟'。駿馬名"，引《呂氏春秋》等三例作"飛兔"，引應瑒《馳射賦》作"飛菟"；又（7412頁）"飛菟"謂"見'飛兔'"；電子本"驦兔"謂"飛奔如兔的駿馬"，無書證，未說明與"飛兔""飛菟"的關係，紙本則未收"驦"及"驦兔""驦驍"。

6. 蜚，蟲名，即負盤蟲。（32/1）

尾韻：蜚，《爾雅》云："蜚，蠦蜰。"郭璞云："即負盤臭蟲。"（172/1）

按：負盤蟲，即蜰蠊，俗稱蟑螂，蜀語稱偷油婆[1]。前例趙少咸《廣韻疏證》（315頁）"盤"下擬補"臭"字，似不必。《爾雅·釋蟲》"蜚，蠦蜰"郭璞注："蜚即負盤臭蟲。"邢昺疏："此蟲名蜚，一名蠦蜰，而舍人、李巡皆云蜚蠦一名蜰，非也。此蟲一名負盤，《漢書》及《左傳》注多作負礬者，以此下有草蟲負礬，故相涉誤耳。"《音韻述微·微韻》："蜚，負盤蟲也，一名蜰，見《爾雅》。"宋唐慎微《證類本草》卷三十《一十五種蟲類》："行夜，療腹痛寒熱，利血，一名負盤。"注云："陶隱居云：今小兒呼窠（音屁）盤，或曰窠蜰（音頻）蟲者也。臣禹錫等謹按陳藏器云：窠盤蟲，一名負盤蟲，一名夜行蜰蠊，又名負盤。雖則相似，終非一物。戎人食之，味及（極）辛辣。窠盤蟲有短翅，飛不遠，好夜中行，觸之氣出也。"或作"負蠜"。《玉篇·虫部》："蜰，蠦蜰，即負盤臭蟲。"《集韻·桓韻》："蠜，負盤臭蟲。通作盤。"宋羅願《新安志》卷二《水族》："古僂羅魚，色黑斑，有蟲寄其腹中，或一或二，大者如負蠜，小者如鼠婦。"清朱鶴齡《讀左日鈔》卷一"有蜚"條引孔穎達疏："郭璞云：'蜚即負蠜臭蟲。'經傳皆云有蜚，則此蟲直名蜚耳。作蜚蠦者，非是此蟲，一名負盤。"按《十三經注疏》本《左傳注疏》孔疏引作"負盤"，則"負盤""負蠜"同詞異形。

---

[1] 王文虎等《四川方言詞典》（385頁）"偷油婆"謂"蟑螂"。明李時珍《本草綱目》卷四十一《蟲之三·蜰蠊》："蜰蠊、行夜、皇蟲三種，西南夷皆食之，混呼爲負盤。俗又訛盤爲婆，而諢稱爲香娘子也。""偷油婆"之稱，亦其來有自矣。

《大詞典》（5949頁）"負盤"謂"蟲名。蜚蠊的別名"，引明李時珍《本草綱目》及清俞樾《春在堂隨筆》，書證晚。未及"負蟹"詞形，當補。

7. 䰾，蠹䰾，鳥名，如梟，人面，一足，冬見夏蟄，著其毛令人不畏雷，出《山海經》。（32/1）

按：蠹䰾（dùféi），一種似梟的鳥。《康熙字典·非部》："䰾，《廣韻》、《集韻》並符非切，音肥。《廣韻》：'蠹䰾，鳥名。'《山海經》：羭次之山'有鳥焉，其狀如梟，人面而一足，曰蠹䰾'。"亦作"橐䰾""槖䰾"。"橐"《集韻·暮韻》都故切，與"蠹"同一小韻，音同。《正字通·木部》："橐，俗省作槖。"明朱謀㙔《駢雅·釋蟲魚》："橐䰾（一足）、瞿如（三足）、鶖鶊（如烏）、虒溪（如雞），人面鳥也。"《山海經·西山經》："（羭次之山）有鳥焉，其狀如梟，人面而一足，曰橐䰾，冬見夏蟄，服之不畏雷。"郭璞注"䰾"音"肥"，"著其毛羽，令人不畏天雷也"。《康熙字典》則引作"蠹䰾"。又或作"橐䦻""槖䦻"。按《廣韻·尾韻》敷尾切："䦻，鳥如梟也。"又《至韻》："䦻，鳥如梟。又非尾切。"《龍龕手鏡·雜部》："䦻，音肥，鳥名，如梟，人面，一足。"《康熙字典·非部》："《說文》、《玉篇》有䰾無䦻，《廣韻》、《集韻》、《類篇》䰾、䦻分見，音義略同，應即一字，訛分爲二。"又："䦻，《唐韻》非尾切，《集韻》府尾切，並音匪，《說文》：'別也。从非，已聲。'又《廣韻》敷尾切，《集韻》妃尾切，並音斐，鳥名，山梟也。……又《廣韻》平秘切，音備，鳥如梟。《集韻》書作䰾。"則"䦻""䰾"同字異形。余迺永《新校互注宋本廣韻》（定稿本64頁）："䦻說文从非、已聲，當正。"但不排除"䰾"爲晚出俗字，不必定從《說文》矣。《藝文類聚》卷二引《山海經》曰："羭次之山有鳥名橐䰾，服其毛羽，令人不畏雷也。"《北堂書鈔》卷一百五十二："食（服）毛羽不畏雷：《山海經》：羭次之山有鳥名橐䰾，服其毛羽，令人不畏雷。"可見，"蠹䰾""橐䰾""槖䰾""橐䦻""槖䦻"均同詞異形。

《大字典》（二/7/4354頁）"𦙍"音fěi，❶"〔蠹𦙍〕也作'橐𦙍'。鳥名。也單用"，首引《廣韻》。《大詞典》（5150頁）"蠹𦙍"謂"傳說中的鳥名"，引《山海經》一例；又（2699頁）"橐¹"音tuó，謂"亦作'槖'"，"橐𦙍"謂"亦作'槖𦙍'。神話傳說中的鳥名"，引《山海經》及《通雅》，但"橐₁"音tuó與"蠹"音不同。

8. 陒，陒陭，險也。（32/3）
　脂韻：陭，陒陭，險阻。（22/7）

按：陒陭、陒陭（wēiyí），險，險阻。亦作"陒夷""威夷"。《廣雅·釋丘》："陒陭，險也。"王念孫疏證："《小雅·四牡篇》：'周道倭遲。'釋文云：'《韓詩》作倭夷。'《文選·西征賦》注引《韓詩》：'周道威夷。'又引薛君章句云：'威夷，險也。'《爾雅》：'西陵威夷。'蓋亦取險阻之義。陒陭、威夷、倭遲，並字異而義同。"《玉篇·𨸏部》："陒，於歸切。陒夷，險阻也。"《龍龕手鏡·𨸏部》："陒陭，上音威，下音夷。陒陭，險阻也。"《類篇·𨸏部》："陒，於非切。《博雅》：'陒陭，險也。'"清莊履豐等《古音駢字續編》卷一："陒陭，威夷，險阻也。"

《大詞典》（6954頁）"陒陭"謂"險阻；危難"，首引《廣雅》及王念孫疏證，未收"陒陭""陒夷"；又（2827頁）"威夷"❶"陵夷，衰頹"，❷"逶迤。迂遠貌"，未及"險"義。

9. 蝛，蚾蝛，蟲也。一名蝼蟥。（32/3）
　語韻：蝼，蝼蟥。（173/6）
　有韻：蟥，蝼蟥。（219/12）
　禡韻：蠦，蝼蟥，蟲名。亦作蟧也。（334/1）

按：有韻《四庫全書》本《原本廣韻》《重修廣韻》、澤存堂本均作"蟥，蝼蟥"，當據正。

蟦蝜（shǔfù），即"鼠婦"，亦作"鼠負""黍負""鼠蜟""蝍婦"。一種棲於陰濕壁角之間或甕底盆下等處的橢圓形環節昆蟲，俗稱"地蝨"、"地蝨婆"或"地蝨子"[①]。《爾雅·釋蟲》："蟠，鼠負。"陸德明釋文："負本亦作蝜，又作婦，亦作蜟，音同。《本草》：'鼠負，一名負蟠，一名伊威，一名委黍。'陶注云：'多在鼠坎中，鼠背負之。'今作婦字，則似乖理。一名鼠姑。"邢昺疏："此與下蛜威、委黍是一，故下注委黍云：舊說鼠蜟別名。則此蟲一名蟠，一名鼠負。負或作婦，《本草》作婦。一名蛜威，一名委黍也。……陶注《本草》云：'多在鼠坎中，鼠背負之。'然為鼠蜟及鼠婦則似乖。"又"蛜威，委黍"郭璞注："舊說鼠蜟別名，然所未詳。"陸德明釋文："蛜音伊，本今作伊威。委黍，今《爾雅》本旁或並加蟲，並如字。蜟音婦。"《廣韻·紙韻》："蟡，黍負。《爾雅》：'蛜威，委黍。'字或從虫。"《龍龕手鏡·虫部》："蟦蝜，上音暑，下音負，蟦蝜，蟲名。"《集韻·語韻》："蟦，蟲名。……一曰蟦蝜。或从鼠，亦書作鼡。"又《有韻》："蝜，蟦蝜，蟲名。或从帚。"又《昔韻》："蠖，蟲名，蟦蝜也。或作蚚。"又《紙韻》："蟡，蟲名，黍負也。通作委。"《增韻·微韻》："蟻，蛜蟻。一曰黍負。《詩》作'伊威'。《爾雅》：'蛜蟻，委黍。'注：'鼠婦別名。'"《音韻述微·微韻》："蟻，蛜蟻，蟲名。一名蟦蝜，又作鼠婦，亦作伊威。"三國吳陸璣《毛詩草木鳥獸蟲魚疏》卷下《伊威在室》："伊威，一名委黍，一名鼠婦，在壁根下、甕底土中生，似白魚者是也。"清莊履豐等《古音駢字續編》卷三："蟦蝜（玉篇）、鼠婦、黍負、蝍蜟，四同。"倪濤《六藝之一錄》卷二百五十八《古今書體九十·古文轉注》："鼠婦（韻學注）、蝍蜟（韻學）、蟦蝜（玉篇）、黍負（韻學注）。"

[①] 明李時珍《本草綱目》卷四十一《蟲之三·鼠婦》："因濕化生，故俗名濕生蟲，曰地雞、地蝨者，象形。"清方旭《蟲薈》卷三《昆蟲·鼠負》："《爾雅》'蟠，鼠負'註：'甕器底蟲。'《本草綱目》：鼠負，即鼠婦也。一名鼠姑，一名鼠粘，一名濕生蟲，一名地雞，一名地蝨。寇宗奭曰：此蟲多足，大者長三四分，灰色，背有橫文蹙起。"光緒四年《彭縣志》卷三《民事門·物產志》："蟠，俗呼地蝨，一名鼠負。"亦謂"地蝨婆""地蝨子"。清嘉慶十七年《郫縣志》卷四十《物產》："蛜蟻，《說文》作蛜委，鼠婦也，俗呼為地蝨子。"嘉慶二十四年《安仁縣志》卷四《風土·方言》："鼠婦曰地蝨婆。"光緒五年《武昌縣志》卷三《物產》："有鼠蟲俗名地蝨婆。"民國二十一年《萬源縣志》卷五《教育門·方言》："鼠婦曰地蝨子。"

《大字典》(二/5/3093頁)“蝜”音shǔ，謂“〔蝜螾〕也作‘蝚螾’。螽斯別名”，引《集韻·語韻》：“蝚，蟲名。《博雅》蛩蝑，蝽蝚。一曰蝚螾。或从鼠。”“蝜螾”非“螽斯別名”，引證亦似是而非。《大詞典》(7713頁)“鼠婦”謂“亦作‘鼠蝜’。蟲名。古稱伊威，又名鼠負潮蟲。體形橢圓，胸部有環節七，每節有足一對，棲于陰濕壁角之間”，首引晉干寶《搜神記》；“鼠蝜”謂“見‘鼠婦’”；又(7713頁)“鼠負”謂“蟲名。又名鼠婦”，首引《爾雅》；又(5136頁)“蝚”、(7700頁)“黍”下未收“蝚螾”“黍負”，未收“蝜”及“蝜蝜”“蝜婦”。

10. 圻，又《書傳》爲京圻字。(32/5)

按：京圻，猶京畿。《詩·小雅·祈父序》“祈父，刺宣王也”鄭玄箋：“祈父之職，掌六軍之事，有九伐之法。祈、圻、畿同。”孔穎達疏：“此職掌封畿兵甲，當作畿字。今作圻，故解之。古者祈、圻、畿同，字得通用，故此作祈，《尚書》作圻。”因下傳云“祈父，司馬也，職掌封圻之兵甲”，箋引《書》“若疇圻父”，故箋、疏有此說矣。《漢書·文帝紀》：“封圻之內，勤勞不處。”顏師古注：“圻亦畿字。”《集韻·微韻》：“畿，《說文》：‘天子千里地，以遠近言之，則言畿也。’一曰限也。或作圻、墈。”[①]清朱駿聲《說文通訓定聲·屯部》：“圻，叚借爲畿。”故“京圻”即京畿也。《尚書·畢命》“申畫郊圻，慎固封守，以康四海”僞孔傳：“郊圻雖舊所規畫，當重分明之，又當謹慎堅固封疆之守備，以安四海，京圻安則四海安矣。”宋宋敏求編《唐大詔令集》卷七十三《親祀東郊德音》：“京圻之內雜役殷繁，言念劬勞，豈忘優恤。”《唐會要》卷五十九《鑄錢使》：“(永泰元年正月十三日)第五琦充京圻關內河東劍南山南西道鑄錢使。”《冊府元龜》卷九十二後唐莊宗同光四年：“京圻之內，自全義制置已數十年，每聞開墾荒蕪，勸課稼穡，曾無歉歲。”

---

① “遠”，《說文》段注依小徐本作“逮”，謂“逮者，及也。‘九畿’注曰：‘故書畿爲近，鄭司農云近當言畿。’按故書作近，猶他書叚圻作畿耳。許言以逮近言之則曰畿者，謂畿最近天子，故稱畿”，作“逮”是。

《廣韻》語詞箋識 | 171

《大詞典》（887頁）"京圻"，謂"（-qí）猶京畿"，首引元孛朮魯翀《范墳》詩，書證晚。

11. 蘮，葅蘮，草。（32/8）

按：葅蘮（jùjī），草名。《玉篇·艸部》："蘮，音機。葅蘮，草。"《集韻·微韻》："蘮，葅蘮，草名。"《類篇·艸部》："蘮，居希切。葅蘮，艸名。"《康熙字典·艸部》："蘮，《唐韻》居依切，音機。《玉篇》：'葅蘮，草。'"或作"葅蘮"。《龍龕手鏡·草部》："蘮，居依反。葅蘮，草也。"按《玉篇·艸部》"葅"同"葅"。

《大字典》（二/6/3517頁）"蘮"謂"〔葅蘮〕草名"，引《玉篇》。《大詞典》（5504頁）"葅"謂"同'葅'"，又（5493頁）"葅₂"，未收"葅蘮""葅蘮"。

12. 荍，菟葵。（18/8）

按：菟葵，即野葵，嫩葉可食。《爾雅·釋草》："荍，菟葵。"郭璞注："頗似葵而小，葉狀如藜，有毛。汋啖之，滑。"《玉篇·艸部》："荍，菟葵，似葵而葉小。"宋唐慎微《證類本草》卷九："菟葵，味甘，寒，無毒，主下諸石五淋，止虎蛇毒。"清吳其濬《植物名實圖考·蔬類·菟葵》："菟葵即野葵，比家葵瘦小耳，武昌謂之棋盤菜。"或作"兔葵"。《說文·艸部》："荍，兔葵也。"《集韻·微韻》："荍，草名。《說文》：'兔葵也。'一曰似葵而小，葉狀如藜，有毛。汋啖之，滑。"《六書故·植物四》《康熙字典·艸部》"荍"引《爾雅》均作"兔葵"。唐劉禹錫《劉賓客文集》卷二十四《再游玄都觀絕句並引》："蕩然無復一樹，唯兔葵、燕麥動搖於春風耳。"孟棨《本事詩·事感第二》、宋計敏夫《唐詩紀事》卷三十九《劉禹錫》、《舊唐書》及《新唐書·劉禹錫傳》、《全唐詩》卷三百六十五等亦均作"兔葵"。宋葉廷珪《海錄碎事》卷二十二下《兔葵》："兔葵苗如龍芮，花白莖紫。"

《大詞典》（5492頁）"菟葵"謂"植物名。似葵，古以為蔬"，引

唐劉禹錫《再游玄都觀絕句》序，又（855頁）"兔葵"謂"植物名。《爾雅·釋草》作'菟葵'"，首引《海錄碎事》，書證均晚出。

13. 稀，稀踈。（32/11）
　　魚韻：踈，稀踈。（35/6）
　　錫韻：秝，稀踈。（421/5）

按：稀踈，不稠密。《玉篇·禾部》："稀，稀踈也。"又《网部》："罤，又稀踈也。"《龍龕手鏡·禾部》："秝，或作；秝，正：音歷，稀踈也。"《五音集韻·魚韻》："踈，稀踈也。""踈"爲"疏""疎"的俗字，"疏"又爲"疏"的異體。《廣韻·魚韻》："疏，俗作踈。"又《御韻》："疏，亦作踈。"《增韻·魚韻》："疎，稀也。又菜。《荀子》'葷菜百疏'。俗作踈。"《康熙字典·足部》："踈，《正字通》疏字之訛，本從疋，《玉篇》誤从足。"清黃生《字詁》："凡稀疏之義，當借用延，疏通之義，當借用疏，今人但作疏，非是。俗又妄爲踈，不知何故從束？"

《大詞典》（4764頁）"稀疏"謂"亦作'稀疎'"，❶"不稠密"，引《後漢書》、五代齊己《寒節日寄鄉友》詩等均作"稀疏"；❷"猶言冷落，疏遠"，引元季子安《粉蝶兒·題情》套曲作"稀疎"。未及"稀踈"詞形。

14. 溰，溰溰，霜皃。（33/2）

按：溰溰（yí-），霜雪貌。《禮部韻略·微韻》："溰，溰溰，霜雪。"《五音集韻·微韻》："溰，溰溰，霜皃也。"《叶韻匯輯·微韻》："溰，《博雅》：'溰溰，霜雪貌。'"《古今通韻·微韻》："溰，溰溰，霜雪貌。"《宋書·傅亮傳》："風蕭瑟以陵幌，霜溰溰而被墉。"《藝文類聚》卷九引晉傅咸《神泉賦》："彼溰溰而含凍，此灼灼而含熱。"《楚辭·王逸〈九思·憫上〉》"霜雪兮漼溰"洪興祖補注："一作溰溰，一作漼漼。補曰：漼音摧，溰五來切。霜雪積聚貌。"或作"漼溰""溰溰"。

《廣雅·釋訓》："漼澄，霜雪也。"《集韻·微韻》："澄，《博雅》：'澄澄，霜雪也。'或从白、从水。"又《灰韻》："澄，《博雅》：'漼澄，霜雪也。'"《增韻·微韻》："澄，澄澄，霜雪貌。"周祖謨《廣韻校本》（67頁）："澄，當從廣雅釋訓'漼澄霜雪也'文改作澄。澄，曹憲音五哀五非二反。澄亦見玉篇欠部。"但从冫或从氵之字，載籍亦多混用。據上引文獻，作"澄"亦習見。

《大詞典》（3388頁）"澄澄" ❶ "潔白貌"，首引《文選·枚乘〈七發〉》及李善注；❷ "露濃貌"，引明劉基《秋懷》詩。未及"霜皃"或"霜雪貌"義。

15. 薲，馬蓼，似蓼而大也。（33/3）

按：馬蓼，草名，亦稱大蓼。《廣雅·釋草》："茏、蘢、蕻，馬蓼也。"王念孫疏證："《玉篇》云：'蘢，馬蓼也。'蓼與蓼同。"《集韻·屑韻》："蕻，蘢蕻，艸名，馬蓼也。"《禮部韻略·東韻》："茏，水草，釋云：馬蓼也。"三國吳陸璣《毛詩草木鳥獸蟲魚疏》卷上《隰有游龍》："游龍，一名馬蓼，葉麄大而赤白色，生水澤中，高丈餘。"唐蘇鶚《蘇氏演義》卷下："茶，蓼也。茶紫色，蓼青色，其味辛且苦，食之明目。或謂紫葉者爲香茶，或謂青葉者爲青茶，亦以紫色者爲紫蓼，青色者爲青蓼，其長大而不苦者爲馬蓼。"《太平御覽》卷九百九十九引《毛詩疏義》："紅草一名馬蓼，葉麄大，赤白色，生水澤中。"又，《玉篇·艸部》："蘢，馬藻也。《爾雅》曰：'紅，蘢古。'"明楊慎《轉注古音略》卷三《五尾》："薲，《說文》：'薲，茏蘢。'《爾雅》作'紅蘢'。《集韻》：'馬藻也。'"《續通志》卷一百七十四："《玉篇》云：'蘢，馬藻也。'"按未聞"蘢""薲"謂"馬藻"，王念孫《廣雅疏證》引《玉篇》作"馬蓼"，謂"蓼與蓼同"，當本《玉篇·艸部》："蓼，《詩》曰：'蓼彼蕭斯。'蓼，長大皃。又音了。蓼，同上。"楊慎所引當出《集韻·屑韻》，實作"馬蓼"；《續通志》所引或據《益會玉篇》。故"馬藻"當爲"馬蓼"之譌。

《大詞典》（7447頁）"馬蓼"謂"一年生或多年生草本。初夏開花

成穗，略帶紅色。又稱大蓼"，首引《廣雅》，未及"馬蓼"詞形。

參考文獻

［1］《大廣益會玉篇》（簡稱"《玉篇》"），中華書局1987年版。

［2］（宋）丁度等：《集韻》，上海古籍出版社1985年據上海圖書館藏述古堂影宋鈔本影印。

［3］（宋）佚名：《附釋文互注禮部韻略》（簡稱"《禮部韻略》"），《四部叢刊續編》景宋本。

［4］（宋）毛晃等：《增修互注禮部韻略》（簡稱"《增韻》"），《文淵閣四庫全書》本。

［5］（遼）行均：《龍龕手鏡》，中華書局1985年據高麗版影印遼刻本。

［6］（金）韓道昭：《五音集韻》，《文淵閣四庫全書》本。

［7］周祖謨編：《唐五代韻書集存》，中華書局1983年版。

［8］周祖謨：《廣韻校本》，中華書局1988年版。

［9］余迺永：《新校互註宋本廣韻》（定稿本），上海人民出版社2008年版。

［10］蔡夢麒：《廣韻校釋》，岳麓書社2007年版。

［11］趙少咸：《廣韻疏證》，巴蜀書社2010年版。

（原載《合肥師範學院學報》2012年第2期）

附記："《廣韻》詞彙研究"2010年獲國家社科基金立項（10XYY0012）資助，應《合肥師範學院學報》曹小雲教授約稿，以《廣韻》上平聲七之、八微兩韻整理爲《〈廣韻〉語詞箋識》呈上，學報限於篇幅，以《〈廣韻·微韻〉詞語箋識》爲題發表於2012年第2期。現以全稿收入，與前兩文形成一東至八微的完整內容，管窺蠡測，以睹《廣韻》詞彙研究價值的基本概貌。

《鄉言解頤》詞語箋釋

　　清人李光庭所著《鄉言解頤》五卷，成書於道光二十九年，爲作者晚年"追憶七十年間故鄉（今天津寶坻）之謠諺歌誦耳熟能詳者"成書，分"天部"、"地部"、"人部"及"物部"上下，莫不與日常生活起居密切相關。作者自署題名"鄉言"而可"解頤"，以爲饒有趣味矣，今展卷細品，信然。其中部分詞語，檢視大型或斷代語文辭書，多有失收或義項漏略，或雖收而無書證，或可與今某地方言互爲印證者，不失爲近代漢語詞彙研究的寶貴資料。

　　以迄今收詞最爲豐富的《漢語大詞典》（以下簡稱"《大詞典》"）爲參照，有以下幾種情況。

一　大量極爲普通的詞語不見收錄

三伏天　打麥天　曬書天
卷一《天》：

　　春謂春天，夏謂夏天，秋謂秋天，冬謂冬天，道其常也。曰三伏天，曰好熱天，曰三九天，曰好冷天，因其時也。曰打麥天，曰曬書天，曰搗衣天，曰趕集天，適其用也。（中華書局校點本，與王有光《吳下諺聯》合一冊，1982年8月第1版，第1頁。以下僅出頁碼）

　　按：三伏天，爲初伏、中伏、末伏的總稱。農曆夏至後第三庚日起爲

初伏，第四庚日起爲中伏，立秋後第一庚日起爲末伏。三伏天是一年中最熱的時候。《初學記》卷四引《陰陽書》："從夏至後第三庚爲初伏，第四庚爲中伏，立秋後初庚爲後伏，謂之三伏。"唐白居易《送敏中新授戶部員外郎西歸》詩："千里歸程三伏天，官新身健馬翩翩。"又《竹窗》詩："是時三伏天，天氣熱如湯。"宋頤藏主《古尊宿語録》卷二十一《舒州白雲山海會演和尚語録》："炙茄會，上堂云：'六月三伏天，火雲布郊野。松間臨水坐，解帶同歡醼。'"明李攀龍《四時子夜歌》八首之三："三伏天雨火，郎但籠窗坐。"《紅樓真夢》第二十七回："這裏的好處就在這幾棵松樹，一片竹子。一進來就覺得分外清涼，若是三伏天，陪着老太太在這裏過夏，那纔好呢！"此詞《大詞典》未收（縮印本83頁僅收"三伏"，以下僅出頁碼），但（74頁）收録與之相對的"三九天"，謂"從冬至起，每九天爲一九，至九九爲止。冬至後第十九天至第二十七天爲三九天，是一年中最冷的時候"，引老舍《四世同堂》及楊朔《亂人坑》，書證晚；亦疏於配合。

　　打麥天，謂宜於打麥的天氣，引申指長江流域初夏的農忙時節。用連枷等工具使麥子脫粒謂之打麥。宋陳造《早夏》詩："鱭魚入市河豚罷，已破江南打麥天。"清李友太《初夏漫書》詩："纔過紅雨飛花日，又到黃雲打麥天。"劉宇昌《留別崞陽》二首之一："計程歸度瞿塘峽，已是雲坪打麥天。"百度網載廣川酒徒作於2006年6月上旬之《麥季偶感》詩："白日熏風打麥天，農家五月不曾閑。"①《大詞典》（3518頁）收"打麥"、（7546頁）"麥天"，未收"打麥天"。

　　曬書天，指宜於曬書的天氣。古代有夏曆七月七日曬書的風俗。南朝宋劉義慶《世說新語·排調》："郝隆七月七日出日中仰臥。人問其故，答曰：'我曬書。'"蓋自詡滿腹詩書矣。《太平御覽》卷三十一引晉王隱《晉書》："時七月七日，高祖方曝書。"於此知古代有曬書的風俗習慣②。唐李洞《寄南岳僧》詩："新秋日後曬書天，白日當松影卻圓。"《大

---

① http://tieba.baidu.com/p/105845998。
② 蜀中後演變爲六月初六日曬書。如清同治十三年《德陽縣志》卷十八《風俗志》："六月六日曬衣服、曝書畫。又爲曬經會，釋子陳佛經於日中曬之，禮佛者雲集。"

詞典》（3095頁）收"曬書"，未收"曬書天"。

天梳 日帽 日翁
卷一《日》：

　　日者，太陽之精。謂日爲太陽，是矣。又曰日頭，頭字不可考。《晉書·天文志》："日上有戴。"樓鑰《白醉閣詩》："天梳與日帽，且免供酒事。"曰戴曰帽，則日頭之稱可矣。……又曰日頭爺，曰老爺兒。《雲笈七籤》載日母。李頎詩："采藥傍梁宋，共言隨日翁。"翁與爺之稱相似也。（1—2頁）

　　按：天梳日帽，謂天作梳而日爲帽。所引樓鑰詩見《攻媿集》卷三、《宋詩鈔》卷八十三《樓鑰攻媿集鈔》、《宋詩紀事》卷五十二及宋周密《齊東野語》卷四《曝日》引。宋陶穀《清異錄》卷上《天梳日帽》："唐隱君子田游巖，一日冬晴，就湯泉沐髮，風於朝暉之下。適所親者至，曰：'高年豈不自愛，而草草若是耶？'游巖笑而答曰：'天梳日帽，他復何需。'"《淵鑒類函》卷二百八十九《天梳日帽》引《稗史》；《駢字類編》卷四《天梳》引《舊唐書·田游巖傳》，今新舊《唐書》不載，疑引出處有誤。《大詞典》未收"天梳""日帽"或"天梳日帽"。

　　日翁，太陽的別稱。李頎詩見《全唐詩》卷一百三十二、《文苑英華》卷二百五十二，但明高棅《唐詩品彙》卷二十三李頎《贈蘇明府》題注："《文苑英華》作李頎詩。按頎集無此篇，疑誤。"此詞《大詞典》未收，但收錄與之相對的"日母"，謂"太陽。亦指東方日出之所"，引《文選·枚乘〈七發〉》及李善注，疏於配合。

月兒 月牙兒
卷一《月》：

　　月者，太陰之精。然舉世鄉言無謂之太陰者，通謂之月亮。……

或曰月兒。《雲仙雜記》載：上賜柳公權翦刀麪、月兒羹①。未知此羹是何形色。初生之月，婦女稍知書者曰初三初四蛾眉月。餘則曰月牙兒，楊維楨詩"翡翠裙翻踏月牙"，又"髻雲淺露月牙灣"②，肖其形也。農諺曰：月牙兒仰，糧食長。月牙兒歪，糧食衰。又八月十五雲遮月，正月元宵雪打燈。鄉人之占驗也。……至於陸放翁詩中用月王，高達夫用月卿，李義山用月姊，若鄉人以月兒爺呼之，則無稽矣。（2—3頁）

按：月兒，當爲月亮的口語化稱謂。宋張鎡《眼兒媚》詞："何如且向南湖住，深映竹邊門，月兒照着，風兒吹動，香了黃昏。"佚名《月兒彎彎照九州》："月兒彎彎照九州，幾家歡樂幾家愁。"金董解元《西廂記諸宮調》卷一："月兒沉，雞兒叫，現東方，日光漸擁出扶桑。"《釋鑑稽古略續集》二《太祖高皇帝》："十一月皇孫允炆生，皇孫頭顱頗偏。太祖撫之曰'半邊月兒'，知其不克終也。"沈從文《láomei, zuohen！》："在藍色之廣大空間裏：月兒半升了銀色之面孔，超絕之'美滿'在空中擺動，星光在毛髮上閃爍——如神話裏之表現。"俞平伯《標語》："又如簡單地說月亮是老實，若說什麼鵝蛋似的月兒，眉彎似的月子，甚而至於'聞佩嚮知細腰'的月姊卻是不老實。"柳亞子《浣溪沙》詞："火樹銀花不夜天，弟兄姐妹舞翩躚，歌聲唱徹月兒圓。"此詞《大詞典》未收。

月牙兒，指新月③。即農曆月初形狀如鉤的月亮。元王和卿《蕎山溪·閨情》："我將你錦片也似前程，花朵兒身軀，遙望着梅梢上月牙兒咒！"《雍熙樂府》卷八《一枝花》："柳枝兒怎比纖腰，花朵兒難學玉容，月牙兒剛比鞋弓。"清梁同書《直語補證·月牙》："物之圓而缺者曰月牙兒，比月之如鉤者然也。"茅盾《談月亮》："我也曾對着彎彎的新月仔

---

① 見舊題唐馮贄《雲仙雜記》卷六《剪刀麪月兒羹》。
② 按楊維楨生於元成宗元貞二年（1296），卒於明太祖洪武三年（1370），爲元代詩壇領袖。"月牙"已見於宋張澄（？—1143）《和林秋日感懷寄張丈御史》之二："別家六見月牙新，萬里風霜老病身。"
③ 亦稱上弦月，與"殘月"相對。判斷新月與殘月的簡單方法：與殘字拼音字母"C"方向相同的爲殘月，方向相反則爲新月。

細看望。我從沒覺得這殘缺的一鉤兒有什麽美；我也照着'詩人們的說法'，把這彎彎的月牙兒比作美人的眉毛，可是愈比愈不像。"老舍《月牙兒》："我又看見月牙兒了，帶着點寒氣的一鉤兒淺金。多少次了，我看見跟現在這個月牙兒一樣的月牙兒。"亦作"月芽兒"。元盧摯《湘妃怨·西湖》："梅梢雪霽月芽兒，點破湖煙雪落時。"明劉侗等《帝京景物略·春場》："幼兒見新月，曰月芽兒。"民國十四年《興京縣志》卷十五《雜志·土語》："月芽兒仰仰，糧價必長長。農人之諺。"《大詞典》（3857頁）"月牙"謂"亦作'月芽'"，未以"月牙兒""月芽兒"立目或參見處理。

巧 雲

卷一《雲》：

七月八月看巧雲，即秋雲似羅之意也。（4頁）

按：巧雲，指秋天輕薄的雲。宋張耒《舟行即事二首》之一："秋高孤月靜，天末巧雲長。"朱淑真《鵲橋仙》詞："巧雲妝晚，西風罷暑，小雨翻空月墜。"元馬祖常《奉和奧屯都事秋懷》詩："靈河七夕巧雲稠，墜露聲清夜得秋。"清沈季友《檇李詩繫》卷三十五錄周慧貞《七夕》詩："雙星暗度巧雲飛，玉漏聲殘月正西。"李漁《閒情偶寄·聲容部》："若謂天高雲遠，視不分明，難於取法，則令畫工繪出巧雲數朵，以紙剪式，襯於髮下，俟櫛沐既成，而後去之，此簡便易行之法也。"《五燈全書》卷七十九《南陽香嚴宕山遠禪師》："解夏上堂：'金風扇野，素月流輝。巧雲出岫，白露橫江。'"民國二十二年《續修昌黎縣志》卷五《風土志·歌謠》："五月六月看老雲，七月八月看巧雲。"原注："五六月油然作雲，故曰老；七八月秋雲似羅，故曰巧。"民國二十六年《灤縣志》卷四《人民志·謠諺》："五月六月看老雲，七月八月看巧雲。"原注："夏雲厚，故曰老；秋雲薄，故曰巧。"汪曾祺《異秉》："到了七月，傍晚，還可以看巧雲。七月的雲多變幻，當地叫做'巧雲'。"《大詞典》（1148

頁）"巧夕"謂"即七夕。農曆七月七日之夜。古代婦女於是夜穿針乞巧，故稱"；又"巧月"謂"俗稱農曆七月。參見'巧夕'"，未收與其同構而習見並常用於人名的"巧雲"。

收　雷
卷一《雷》：

曰收雷了，仲秋之月雷始收聲也。（7頁）

按：收雷，謂中秋以後不再有雷聲①。《呂氏春秋·仲秋》："（仲秋）行冬令，則風災數起，收雷先行，草木早死。"《禮記·月令》："（仲秋）行冬令，則風災數起，北風殺物，收雷先行，草木蚤死。"孔穎達疏："風災數起，收雷先行，天災；草木蚤死，地災也。"《大詞典》（2899頁）收錄同樣見於《禮記·月令》的"收聲"，謂"止聲；銷聲"；又（2898頁）收與此同構的"收電"，"收雷"則未收。

亞　山
卷一《日》：

至日平西曰亞山，則夕陽在山，西入崦嵫之候矣。（2頁）

按：《大詞典》（1260頁）收"壓山"，謂"方言。謂日將落山"，引《兒女英雄傳》，未收"亞山"一形。

至於"好天道"謂好天氣，"日頭爺"謂太陽，"曬爺爺"謂冬日負暄，"月兒爺"爲月亮別稱，"惱雲"謂夏天多變的雲，"露水珠兒"謂露水露珠，"打頭雷"謂春天初發之雷，"露水閃"謂祇見閃電而無雷聲等大量詞語，如果《大詞典》收錄，書證即可引本書。

---

① 《禮記·月令》："（仲秋之月）是月也，日夜分，雷始收聲，蟄蟲坏戶，殺氣浸盛，陽氣日衰，水始涸。"鄭玄注："又記時候也。雷始收聲，在地中，動內物也。"

二　許多常見詞語的某義項不見收錄

媽　媽

卷一《雨》：

（謠曰）下雨了，刮搭搭，小孩醒了吃媽媽。京師謂乳爲咂咂，鄉人直謂之媽媽，天籟可聽也。（5頁）

按：媽媽，指嬰幼兒之母或乳母的乳房、乳汁。清劉廷璣《在園雜志》卷四："北方小兒呼其母曰媽媽，呼其母之乳亦曰媽媽。"又："小兒吸乳母之乳曰吃咂咂，亦曰咂媽媽。""咂咂"當以嘴在吮咂時發出的響聲移指吮咂的對像。如晉干寶《搜神記》卷十七："蛇來先聞臭氣，便於鼻中入，盤其頭中……聞其腦間食聲咂咂，數日而出去。"清吳下阿蒙《斷袖篇·琴書》："琴書自夢中驚躍，章即抱持之。接以唇，咂咂有聲。"又，民國二十一年《孟縣志》卷八《社會·方言》："孟地語音與直魯晋相類，而名詞則有不同，其關於身體者，如……乳曰媽媽。"民國二十七年《新安縣志》卷九《社會·方言》："乳曰媽媽，曰奶頭。"《大詞典》（2312頁）"媽媽"列"母親""稱年長的已婚婦女""稱老妻""稱老年女僕"等4義，未及"指嬰幼兒之母或乳母的乳房、乳汁"義。

仙　露　明　珠

卷一《露》：

秋露如珠，仙露、明珠，皆秋露也。（6頁）

按：仙露、明珠，秋露。《唐大慈恩寺三藏法師傳》卷六載《大唐三藏聖教序》："松風水月，未足比其清華；仙露明珠，詎能方其朗潤。"《大詞典》（488頁）"仙露"謂"本指漢武帝所造銅仙人捧盤所接的甘露，

後亦借指皇帝賜的御酒";又（2991頁）"明珠"列"光澤晶瑩的珍珠""比喻忠良的人""比喻可寶貴的事物""道教謂眼睛"等4義,未收"秋露"義。

糨 子
卷一《雪》：

昔聞河間太守招同官賞雪,席間吟詩,太守曰"大雪下了二尺五",縣令曰"只見梅花不見土"。廣文曰"準備來年收麥子",都司曰"糨子抹遍河間府"。以麥屑和水熟稠曰糨子,生稀曰麪糊。（9頁）

按：糨子,糊狀稀粥。本書所記河間府太守招同官賞雪吟詩之糨子,實際指希望下層平民百姓能吃上的糊狀稀粥。《大詞典》（5405頁）"糨子"謂"糨糊",無書證,而"糨糊"謂"用麵粉等調成的可以粘貼東西的糊狀物"。

文 墨
卷二《塵》：

列公,倒在塵埃,就是躺在地下,不過文墨一點兒。（18頁）

按：文墨,猶文雅。《大詞典》（4034頁）"文墨"列"文書辭章。亦指寫文章,從事文字工作""寫文章的人；從事文字工作的人""指文化知識""刑律判狀"等4個義項,未收"文雅"義。

刀 山
卷二《寺觀》：

外來趕廟者,偶有女筋斗、繩戲、馬卸、刀山等戲。（26頁）

《鄉言解頤》詞語箋釋 | 183

按：刀山，爲雜耍之一種。今仍有爬刀梯①、光腳踩刀鋒、裸背仰躺刀鋒之上而腹部壓石板錘擊開石等名目。《明珠緣》第二回："朱公道：'你還有甚麼戲法？'婦人道：'還有刀山、吞火、走馬燈戲。'"《三俠劍》第五回："伙計說道：'此廟甚大，每年對臺戲，刀山馬戲，無一不有。'"《大詞典》（970頁）"刀山"列"佛教語。地獄中的酷刑之一""喻極險惡的境地"兩義，未及"雜耍之一種"義。

歇　台
卷二《寺觀》：

開戲謂開台，收謂歇台。一日之內，大約巳初開，未初歇，申初開，酉正歇。點燈時開，二鼓歇，謂之夜八出。（26頁）

按：歇台，謂演出結束。今四川方言亦習用。《四川方言詞典》（414頁）："歇台，本指戲演完了停歇下來。轉指結束、了結，完蛋、下台。"《大詞典》（4000頁）"歇臺"謂"舊時窯工吃飯、休息時用的土臺"，但（7142頁）"開臺"謂"戲曲開演"，引《花月痕》例，有"開臺"當然也就有"歇臺"，疏於配合。

乾　沒
卷三《言語》：

乾沒，無潤及之，如取他人，鄉言則曰乾出身兒，義意皆合。（30頁）

按：乾沒，謂無絲毫利人者。《大詞典》（333頁）"乾沒"列"投機

---

① 清俞樾《右台仙館筆記》卷五："既畢，則布樓梯一具，每級剸利刃，刃皆上向，道士赤足踏其鋒，拾級而登。如是數次，謂之上刀山。"按此雖爲道士所作法事之一環節，而民間雜耍之"上刀山"一如此矣。

圖利"（附項"亦指僥倖之利"）、"冒險僥倖"、"貪求；貪得"、"侵吞公家或別人的財物"等4義，無本書所載義項。又，"乾出身兒"，四川方言謂之"乾滾龍"。本書所載意思，與《金瓶梅詞話》中西門慶僕人甘潤，字出身，即諧乾出身取意正合。

孝　服
卷三《婚姻》：

若鄉人無知，冒凶而娶曰孝服，則爲悖禮之大者。（32頁）

按：孝服，謂居喪時乘凶婚娶。《大詞典》（2230頁）"孝服"列"居喪時穿的白布或麻布喪服""指爲尊長服喪的時期"兩義。後義《大詞典》引清李漁《奈何天・慮婚》："後來守制三年，不便婚娶；如今孝服已滿，目下就要迎娶過門。"如服喪期間婚娶，即是冒凶而娶，謂"孝服"者，取意正謂着孝服而娶也。

三　爲大型辭書提供書證

蛾眉月
卷一《月》：

初生之月，婦女稍知書者曰初三初四蛾眉月。（2頁）

按：蛾眉月，農曆初三初四的一種月相。因月球被照亮一小部分，形似蛾眉，故名。《玉臺新詠》卷五何子朗《和繆郎視月》詩："清夜未云疲，細簾聊可發。泠泠玉潭水，映見蛾眉月。"按《藝文類聚》卷一引作梁虞騫《視月》詩。宋尤侗《月夜》詞："遠山新吐蛾眉月，半鉤飛入梧桐葉。"戴復古《滿江紅》詞："胸中有，蛾眉月。"四川方言亦謂"初

三初四蛾眉月"①。《大詞典》（5107頁）"蛾眉月"謂"月初或月末的一種月相。因月球被照亮半球的一小部分，形似蛾眉，故稱。如：在地球上看月亮，有時像鐮刀，這叫'蛾眉月'"，無文獻書證。又，似未聞月末之殘月稱蛾眉月。

火燒雲
卷一《雲》：

盼雲先看日，曰晚昫火燒雲，明早曬煞人。（4頁）

按：火燒雲，指日落時出現的赤色雲霞。唐元稹《甕三首》之二："千山溪沸石，六月火燒雲。"《清詩別裁集》卷二十沈受宏《舟暮》："江清波浸月，山赤火燒雲。"清梁章鉅《農候雜占》卷三《霞占》："京師諺云：火燒雲者晴，雲燒火者雨。"民國二十年《青縣志》卷十一《風俗‧方言》："霞曰火燒雲。"民國二十一年《南皮縣志》卷四《風土志下‧歌謠》："晚上火燒雲，明日曬煞人。"《大詞典》（4076頁）"火燒雲"謂"即火雲。如：隨着酒歌點起了野火，山村裏就像升起了火燒雲。參見'火雲'"，自編例句。

坐地虎兒
卷二《地》：

謂生長於此者曰伏地蟲兒，又曰坐地虎兒。（14頁）

按：坐地虎兒，猶謂地頭蛇。《金瓶梅詞話》第九十九回："他是守備老爺府中管事張虞侯的小舅子，有名坐地虎劉二。"《飛龍全傳》第七回："雖然沒有官員，卻有一個坐地虎光棍人兒，名叫董達，手下有百十

---

① 唐樞：《蜀籟》，第65頁。

個的勇力家人，日夜輪流把守這座橋口。"清費善慶《垂虹識小錄·逼試》："這幾班地方官，盡是地豪地棍當地蛇坐地虎，儘許多福地名山竟成地獄，到處收地丁地稅地也無皮。"《大詞典》（1180頁）"坐地虎"謂"地方上的惡霸。猶言地頭蛇"，無書證。

草　帽　草帽子

卷二《市集》：

（林亭）菜市、席市在南街，蘇市、草帽在東柵欄外之火神廟。（22頁）

卷三《草帽工》：

古人云："首戴茅蒲"，又曰青箬笠，皆以蔽日遮雨也。南人多用竹笠。北方則麥莛編成，謂之草帽子。每當麥秋後，收麥之家，親屬來投，莛桿去根作柴，去粗皮及黃不堪用者，為滑稽，可以和泥。爬梳之，選擇之，其中最精白者，掐辮子，用絲線編細草帽。……某作歌曰："麥子剃了頭，齊把莛桿投。掐成辮子編作帽，賤者賣幾百，貴者賣幾吊。粗粗刺刺不賣錢，編了草帽編帽圈。男戴草帽耕隴畔，婦戴帽圈來送飯。稚子戴了去放牛，老翁戴了上漁舟。歸來共飯黃昏後，數數帽圈轂不轂。"（44頁）

按：草帽，用麥秸等編成的帽子。清周廣業《過夏續錄·草帽花》："北方謂笠曰草帽。"《儒林外史》第五回："換了藍布衣服、草帽、草鞋，尋一條小路，忙忙如喪家之狗，急急如漏網之魚，連夜找路回省城去了。"《飛龍全傳》第三十九回："只有鄭恩把上身衣服脫得精光，坐在地下，手內拿了一個草帽，不住的扇風。"徐珂《清稗類鈔·植物類·河套植物》："又有所謂芨箕者，亦叢生草類也，莖桿挺出，性堅韌，可製

爲草帽及蚊扇、掃帚諸物。"亦叫"草帽子"。《兒女英雄傳》第五回："白臉兒郎摔的那草帽子也丟了，幸而不曾摔重。"《紅樓復夢》第三十九回："眾人細看，原來是十四五頂草帽子同十四五件大布衫，還有些土牆的繩梯、鐵搭等物。"民國二十三年《完縣新志·風土第六·方言》："兒，名物助詞。例如草帽兒、大褂兒等，猶言草帽子、大褂子也。"李劼人《死水微瀾》第二部分《在天回鎮》："她知道制臺、將軍、藩臺、臬臺，出來多大威風，全街沒一點人聲，祇要聽見道鑼一響，鋪子裏鋪子外，凡坐着的人，都該站起來，頭上包有白帕子，戴有草帽子的，都該立刻揭下。"沙汀《隨軍散記》三十五："大家都穿草鞋，藍布短褂，一頂破草帽子。"《大詞典》（5460頁）"草帽"謂"用麥稭等編成的帽子。式樣繁多，夏天多用來遮擋陽光"，無書證；未收"草帽子"。

四　提前書證時代

老爺兒

卷一《日》：

> 又曰日頭爺，曰老爺兒。（2頁）

按：老爺兒，方言指太陽。民國二十年《滿城縣志略》卷八《風土一·方言》："老爺兒，太陽；老母兒，太陰。"民國二十一年《徐水縣新志》卷六《風土記·慣語》："老爺兒即俗所稱日頭。老母兒即俗所稱月亮。"民國二十三年《完縣新志·風土第六·方言》："稱太陽曰老爺兒，當即老陽音之轉也。"《大詞典》（4989頁）"老爺兒"謂"方言。太陽"，引周立波《暴風驟雨》，書證滯後。又，"日頭爺"亦指太陽。民國二十九年《沙河縣志》卷十一《志餘上·方言》："日頭，俗呼日也。亦謂日頭爺，或曰老陽。"《大詞典》未收。

月黑天

卷一《月》：

有月之時不見月，謂之月黑天，便戒家人防夜。（2頁）

按：月黑天，本指農曆月末月初無月光的夜晚，後亦指其他有月而天陰不見月的夜晚。唐李群玉《烏夜啼》詩："是時月黑天，四野煙雨深。"明蔣一葵《堯山堂外紀》卷九十九《國朝》："有客問作詩之法於謝茂秦，請出一字爲韻，以試心思，乃得天字，遂成三十六句云：林開鳥雀天，鴟號月黑天……"民國二十年《青縣志》卷十一《風俗·方言》："無月之夜曰月黑天。"四川方言亦謂"月黑天"①或"月黑頭"②。《大詞典》（3862頁）"月黑天"謂"舊曆月末月初無月光的夜晚。也稱月黑夜"，首引清魏源《湘江舟行》詩，書證過晚。

打　閃

卷一《電》：

鄉人有閃電娘娘之稱。且不謂之閃電，直曰打閃。（7頁）

按：打閃，即天空出現閃電。《明珠緣》第四回："打閃時，見一條赤蛇盤在地下。"《三俠劍》第四回："坐起來一看窗戶，就是三道立閃。勝爺心中暗道：'大概陰天啦，打閃呢。'"民國二十二年《高邑縣志》卷六《風土·方言》："電謂之閃，亦曰打閃。"亦作"打頰"。清桂馥《札樸》卷九《名稱》："電光曰打頰。"民國五年《鹽山新志》卷二十四《謠俗篇上·方言》："打閃，電也。《札樸》作打頰。"《大詞典》

---

① 唐樞：《蜀籟》，第217頁。
② 王文虎等：《四川方言詞典》，第446頁。

（3518頁）"打閃"❶"天空發出閃電光"，首引和谷岩《楓》；"打颏"則未收。兩詞形間關係闕如。

凌錐
卷一《雪》：

劉叉賦冰柱，鄉人則謂之凌錐。（8頁）

按：凌錐，即滴水冷凝成的錐形冰柱。民國二十五年《壽光縣志》卷八《民社志·方言》："屋簷冰穗曰淩錐。""淩""凌"通。《大詞典》（916頁）"凌錐"謂"冰錐。指滴水凝成的錐形的冰"，引楊朔《三千里江山》，書證晚。

韋陀
卷二《寺觀》：

三層殿塑十八羅漢，座後塑韋陀，北向。（25頁）

按：韋陀，即韋馱，梵文Skanda（塞建陀）音譯的譌略。佛教天神，傳說爲南方增長天王的八神將之一，居四天王三十二神將之首。唐王勃《廣州寶莊嚴寺舍利塔碑》："家懷方廣之恩，人慕韋陀之學。"善無畏共一行譯《大毘盧遮那成佛神變加持經》卷五《祕密漫茶羅品第十一》："應畫韋陀手，而居火壇內。"不空譯《菩提場所說一字頂輪王經》卷四："梵志無韋陀，如火祭無蘇。"清李斗《揚州畫舫錄》卷十六："左折上二山門，門內塑金剛、彌勒、韋陀像。"《大詞典》（7402頁）"韋陀"❷"同'韋馱'"，引艾蕪《榮歸》，書證過晚。

買賣人

卷三《人》：

> 謂專致學業者曰像箇念書的人，勤苦力田者曰像箇種莊稼的人，經商作匠者曰像箇買賣人、手藝人。（27頁）

按：買賣人，即做生意的人。《全唐文》卷一百四後唐莊宗《禁短陌敕》："買賣人所使見錢，舊有條流，每陌八十文。"宋妙源編《虛堂和尚語錄》卷五《頌古》："南泉住庵，時一僧到。泉云：'我上山作務，齋時做飯吃了，送一分來。'其僧飯了，將家事一時打碎，就床上臥。泉伺久不來，遂歸，見僧臥，泉亦就臥。僧便起去：'短袴長衫白苧巾，吚吚月下急推輪。洛陽路上相逢着，盡是經商買賣人。'"吳自牧《夢粱錄》卷十八："街市買賣人，各有服色頭巾，各可辨認是何名目人。"《金瓶梅詞話》第三十四回："那韓二先告道：'小的哥是買賣人，常不在家住的，小男幼女，被街坊這幾個光棍，要便彈打胡博詞兒，坐在門首，胡歌野調，夜晚打磚，百般欺負。'"《大詞典》（5987頁）"買賣人"引老舍《龍鬚溝》，書證過晚。

莊稼人

卷三《農》：

> 田舍子即鄉言莊稼人，田舍翁即鄉言莊稼老兒也。（38頁）

按：莊稼人，即種莊稼的人，農民。《歧路燈》第八十七回："已經三十多歲的人，在莊稼人家，正是身強力壯，地裏力耕時候。"《紅樓真夢》第十三回："烏進忠道：'姚大爺，你說的容易，我們莊稼人，兩隻肩膀扛着一張嘴，全靠着賣力氣吃飯。那裏抓得出這一筆現錢呢？'"民

國二十四年《新城縣志》卷二十一《地俗篇二·方言》:"務農謂之莊稼人。"《大詞典》(5483頁)引沈從文《蕭蕭》,書證晚。

五　與今方言互爲印證

虹

卷一《虹蜺霓同》:

(虹)又入絳韻,義同,音降。鄉諺云:東虹日頭西虹雨,南虹出來賣兒女。(10—11頁)

按:"虹"入絳韻,音降(jiàng),古今各地多有讀如"降",或讀如"岡(去聲)"及"杠"者。《三國志·魏志·明帝紀》景初二年"壬寅,分沛國蕭、相、竹邑、符離、蘄、銍、龍亢、山桑、洨、虹"裴松之注:"虹音絳。"《詩·鄘風·蝃蝀》毛傳"蝃蝀,虹也"陸德明釋文:"虹音洪,一音絳。"《廣韻·東韻》:"虹,蝃蝀。又古巷切。"又《絳韻》"虹"與"絳"同一小韻,音古巷切,亦即本音"絳","又音紅"。《龍龕手鏡·虫部》:"虹,音紅。虹蜺也。又音降,青虹也。"《佩文韻府》卷六十二《絳韻》:"晚虹:梁簡文帝《望同泰寺浮圖》詩'飛幡雜晚虹,畫鳥狎晨鳧'注:'虹音絳。'"宋陸佃《埤雅》卷二十《釋天·虹》:"虹,絳也。一名蝃蝀。"明陸容《菽園雜記》卷五:"虹蜺蝃蝀,字皆從虫,古人製字,必有所見。又虹字,北方人讀作岡去聲,今吳中名鞭撻痕,亦用此音,其即此字耶?"焦竑《俗書刊誤》卷十一《俗用雜字》:"南人呼虹爲絳,北人呼虹爲杲。"①謝肇淛《五雜組》卷一《天部一》:"(虹)燕、齊人呼爲醬,又可笑矣。吾郡方言呼爲空(去聲)。按韻書,虹一音貢,又作虹,則閩音亦有自來也。"李實《蜀語》:"霓

---

① "杲"爲"皋"字形譌,"皋"音近"岡"。

曰虹○虹音法去聲,音絳。"①清桂馥《札樸》卷九《絳》:"虹,俗謂之絳。裴注《三國志》'虹音絳',吾鄉聲訛如醬,他處又訛如杠。高注《呂氏春秋》:'虹,兗州謂之訌。'馥疑訌字寫誤,當爲訂。"同治重修《畿輔通志》卷七十二《輿地略》二十七《方言》:"今北人呼虹爲絳(沈濤《銅熨斗齋隨筆》八)。謹案沈濤云:世皆知霓字有入聲,而不知虹字有去聲。元稹《送客遊嶺南》詩:'水面波疑縠,山頭虹似巾。'自注云:虹音近絳。郝經《使宋過濟南宴北渚亭》詩:'虹橋衍(桁)柳平分破,巨壑雲莊入煙暝。'於虹自注云:去聲。案:《廣韻·四絳》:虹,古巷切。今北人皆呼虹爲絳。"②又,明李實《蜀語》:"虹,音岡去聲。"張慎儀《蜀方言》卷上:"螮蝀曰虹。"原注:"《說文》:虹,螮蝀也。本讀如杭,轉爲絳。《廣韻》:虹,古巷切,音絳。今讀剛去聲。"民國二十六年《灤縣志》卷四《人民志·謠諺》:"東虹日頭西虹雨。"原注:"虹俗讀若絳。虹東出則晴,西出則雨。"陳邦賢《自勉齋隨筆》:"還有天上有虹,燒透了便是晴天,燒不透要下雨。有幾句歌謠,叫做'東虹(普通人都讀缸,大概是虹字轉音)日頭西虹雨,南虹北虹賣兒女',這也是驗陰晴的。"唐樞《蜀籟》(216頁)卷三:"東杠日頭西杠雨。"以"杠"記音。姜亮夫《昭通方言疏證》(818條):"昭人謂虹霓曰虹,音如贛,即《詩·螮蝀》之急言也。端與見爲同位之變。"四川、昭通兩地音義相同。王文虎等《四川方言詞典》(116頁)作"蜂",音gaŋ⁴。《中華字海》亦收錄,謂"彩虹。見清光緒年間修《常昭合志稿·方言》"③。梁德曼、黃尚軍《成都方言詞典》(347頁)記作"虹",音kaŋ去聲。曾曉渝主編《重慶方言詞解》(112頁)亦作"虹",音gaŋ⁴,記音同《四川方言詞典》。《漢語大字典》(2834頁)、《大詞典》(5088頁)"虹"均未及"絳"與"岡去聲"等音讀。

---

① "法"當爲"江"形譌。清唐訓方《里語徵實》卷上:"霓出曰虹。虹,江去聲,音絳。"本條未注明所出,但就內容而言,當抄撮《蜀語》,江去聲正音絳,可比勘。

② 《畿輔通志》第九冊,河北人民出版社1989年版,第365頁。標點斷句及錯字頗多,此正。

③ 另參見蔣宗福《四川方言詞語考釋》,巴蜀書社2002年版,第209—210頁。

抓

卷三《言語》：

中州之音爲正，而謂作何曰抓。（30頁）

按：抓，做什麽。爲"做啥"的合音。或作"咋"。清翟灝《通俗編》卷三十三《語辭·咋》："《廣韻》咋音如詐，訓曰語聲。按杭州人凡有所急問，輒曰咋，蓋以甚讀如舍，而又以做舍二字反切爲咋也。"今四川方言音[tsua²¹³]，即"做啥[tsu²¹³sa²¹³]的合音"，幹什麽謂"[tsua²¹³]子"。清傅崇矩《成都通覽·成都之土語方言》（265頁）："抓子，怎樣也。"民國二十三年《樂山縣志》卷三《方輿志·方言》："問人作何事曰做哞子。"《四川方言詞典》（471頁）記作"囗子"。《成都方言詞典》（113頁）亦記作"囗子"，音tsua²¹³tsʅ⁵³，謂"'做啥子'的合音，幹什麽"。《重慶方言詞解》（427頁）作"咋子"，音zua⁴zi³。就記音準確而言，用字不及本書作"抓"和《成都通覽》之"抓子"。

參考文獻

［1］唐樞：《蜀籟》，四川人民出版社1962年版。
［2］王文虎等：《四川方言詞典》，四川人民出版社1987年版。
［3］梁德曼、黃尚軍編纂：《成都方言詞典》，江蘇教育出版社1998年版。
［4］曾曉渝主編：《重慶方言詞解》，西南師範大學出版社1996年版。

（原載《漢語史研究集刊》第10輯，巴蜀書社2007年版）

《金瓶梅》第一人稱代詞探微

《金瓶梅》（據秦修容會評會校本，中華書局1998年版）中第一人稱代詞主要有"我""俺""咱""奴""妾""兒"等，我們將重點考察較有特色的使用情況。

1. 我

《說文·戈部》："我，施身自謂也。……一曰古殺字。"李孝定《甲骨文字集釋》："契文'我'象兵器之形……卜辭均假爲施身自謂之詞。"即假借爲第一人稱代詞。在傳世的先秦文獻裏，"我"作第一人稱代詞已很普遍。如《易·中孚·九二》："我有好爵，吾與爾靡之。"並一直沿用至今。

"我"在《金瓶梅》中，是使用頻率最高的第一人稱代詞，有6257見，可以作主語、賓語、定語、兼語、同位語等。其語法功能與現代漢語第一人稱"我"相同，此不贅述。

《金瓶梅》第一人稱代詞複數，通常是用"我"加表複數的詞尾"們"或"每"表示。《正字通·人部》："們，今填詞家我們、俺們，讀平聲。"據清翟灝《通俗編》卷三十三《辭語·們》云："《朱子語錄》：'他們都不去攷那贖刑。'《式古堂書考》載文丞相遺墨云：'省劄印紙，他們收得何用？'按們本音悶。《集韻》：'們渾，肥滿貌。'今俗讀若門，云他們、你們、我們，於義無所取。……知此本無正音正字。北宋時，先借懣字用之，南宋別借爲們，而元時則又借爲每。"呂叔湘先生《近代漢語指代詞》，專門討論了"'們'的形式和來源"，他說"們字始見于宋

代。唐代的文獻裏有弭和偉這兩個字，都當們字用"，"在宋代的文獻裏，們字有懣（滿）、䏌、門（們）等寫法"①。祖生利先生也說："眾所周知，漢語指人的名詞和人稱代詞的複數詞尾'們'大約產生於唐代，初或寫作'弭'、'偉'，宋代寫作'懣'、'瞞'、'滿'、'門'、'們'等形，元代及明初多寫作'每'。"②呂叔湘先生在《釋您，俺，咱，嗻，附論們字》補記中說（標點從《近代漢語指代詞》，參見《呂叔湘文集》第3卷，第102頁注⑤轉載）："偶于《史通》卷十七'北齊書'條見有'渠們底箇，江左彼此之辭；乃若君卿，中朝汝我之義。斯並因地而異，隨時而革，布在方冊，無假推尋'之語。若此言信然，則們字起于南朝，較本文所假定者爲尤古。然於此不能無疑。宋代以前著錄們字之例，作者尚未見及。而劉氏明謂爲'布在方冊，無假推尋'一也。'渠們'與'底箇'（='他們'與'這個'）非恰當之對語，更撰以'乃、若、君、卿'之例，則'渠、們、底、箇'亦應爲四字離立，而'們'字獨用無可爲義，此又一也。頗疑《史通》'們'字爲'伊'字傳寫之訛，'伊'字誠江左所盛用（如《世說》中），而'渠、伊'與'底、箇'亦恰與'彼'及'此'分別相當。然諸家校本，均無異文，姑識以存疑。"③"因地而異"當作"因地而變"。在《近代漢語指代詞》的"們和家"注⑤轉載上條補記之後說："經過四十多年，不但始終沒看見過'渠們'連文，也沒看見過'底箇'連文，我現在更加相信《史通》的'渠們'是'渠伊'之誤。"④呂先生的分析頗有道理，如果將來輔以出土文獻，或可成爲定論。不過，清浦起龍作《史通通釋》曰："渠們底箇，並可兩字連說：渠們，猶言他們；底箇，猶言那箇。"浦氏爲雍正進士，也就是說，他所見《史通》，即作"渠們"；《四部叢刊》景明萬曆刊本亦如此作⑤。如果不是宋元時期鈔刻

---

① 《呂叔湘文集》第3卷，商務印書館1992年版，第54—55頁。
② 祖生利：《元代白話碑文中詞尾"每"的特殊用法》，《語言研究》2002年第4期。另參見祖生利《近代漢語"們"綴研究綜述》，《古漢語研究》2005年第4期。
③ 《漢語語法論文集》，《呂叔湘文集》第2卷，商務印書館1990年版，第32頁；又，《漢語語法論文續集》，《呂叔湘文集》第3卷，商務印書館1992年版，第102頁。
④ 見《呂叔湘文集》第3卷，商務印書館1992年版，第102頁。
⑤ 明郭孔延《史通評釋》："們音悶。北人稱我們、咱們。"

者所改，則初唐後期"們"已作詞綴表複數了，並非宋代才寫作"們"。"我們"，代稱包括自己在內的若干人。宋蘇軾《傅大士贊》："善慧執板，南泉作舞，借我門槌，爲君打鼓。""我門"即"我們"，這是現在知道的最早的用例。岳珂《金佗續編》卷二十五《鼎澧逸民敍述楊么事蹟一》："既是程吏部來赴任，已遭水寨人殺擄，必定與我們結冤，難以教來本州住坐。"

《金瓶梅》中，"我們"共出現26次，"我每"14次，兩種複數表示法出現的次數幾乎相差一倍。

"我們"可以作主語、賓語、定語、兼語、同位語等。例如：

（1）你將就少落我們些兒，我教你五娘不告你爹說罷。（第21回，第302頁。以下徑出回數頁碼）

（2）哥甚麼話！不爭你不去，顯的我們請不得哥去，沒些面情了。（21/306）

（3）你等先妝扮了來，唱個我們聽。（36/505）

（4）我們主人雖是朝廷大臣，卻也極好奉承。（55/735）

（5）我們佛祖留下一卷《陀羅經》，專一勸人生西方淨土。（57/763）

第1例作定主語，"少落我們些兒"，謂少落我們一些銀錢，"我們"可以不出現，作"少落些兒"亦無不可；第2例作兼語，即"我們"作"顯的（得）"的補語，又作動詞謂語"請"的主語；第3例也作兼語，即"我們"作省略介詞"與""給""讓"一類詞的賓語，同時又作"聽"的主語；第4例作定語，"我們主人"即我的主人，因翟謙與西門慶兩人談話，但不包括西門慶，"我們"表單數；第5例因薛姑子說話時，王姑子也在場，"我們"表複數，作定語，但不包括當時在場的其他聽話者。

"我們"全書26見，說話者及分佈情況是：第1回3見，p.22應伯爵、p.25西門慶、p.34潘金蓮，第3回p.63武大，第5回p.85兩見均爲西門慶，第10回p.147吳月娘，第13回p.188西門慶、p.190花子虛，第14回p.210吳月娘，第18

回p.254孟玉樓、第19回p.264西門慶、第21回p.302潘金蓮和孟玉樓各1次、p.303孟玉樓、p.306應伯爵謝希大同說、第23回p.322潘金蓮、第26回p.367公差、第36回p.505安進士、第37回p.514王六兒、第45回p.604吳月娘、第47回p.627王六兒、第53回p.718王姑子、第55回p.735翟謙、第57回p.760永福寺長老、p.763薛姑子。各回出現次數如下表：

回	1	3	5	10	13	14	18	19	21	23	26	36	37	45	47	53	55	57
數	3	1	2	1	2	1	1	1	4	1	1	1	1	1	1	1	1	2

以使用次數多少排列，西門慶5次，潘金蓮、吳月娘、孟玉樓各3次，應伯爵、王六兒各2次，其餘武大、花子虛、公差、安進士、王姑子、翟謙、長老、薛姑子各1次。

令人迷惑不解的是，一般認爲53回至57回爲陋儒補以入刻，53回和55回"我們"各1見，57回2見，這5回共4見，57回以後未見一例，從篇幅來說幾乎占了將近一半，這一現象值得關注。呂叔湘先生《近代漢語指代詞》認爲："我們或許可以假定在宋、元時代這兩系已經有相當分別，北系方言用每而南系方言用們。……但是我們相信南方系官話始終是說們。"①如果明代後期也大致差不多，那麼，57回及以前有南系官話的影子，而57回以後或許全爲北系官話了。

"每"作後綴，用在人稱代詞後表複數，其語法作用同"們"，"我每"即"我們"。宋歐陽修《言西邊事宜第一狀》："凡出攻之兵，勿爲大舉，我每一出，彼必呼集而來。""我每"當即"我們"，這也是現在能夠見到的最早用例。清翟灝《通俗編》卷三十三《語辭·們》認爲："元時則又借爲每。《元典章》詔令中云他每甚多，餘如省官每、官人每、令史每、秀才每、伴當每、軍人每、百姓每，凡其每字，悉們音之轉也，元雜劇亦皆用每。"呂叔湘先生認爲元代少用"們"，元代及明初多寫作"每"，"到明朝中葉以後們字才又多起來，但《金瓶梅詞話》還是用每"②

---

① 《呂叔湘文集》第3卷，商務印書館1992年版，第58—59頁。
② 同上書，第57—58頁。

實際上，如前舉歐文用"我每"，《宣和遺事》前集名詞後已用"每"："二人覷時，認得是平章高俅，急忙跪在地上，諕得兩股不搖而自動，上告平章：'相國擔驚，不干小人每事。'"據呂先生說，元代"北方系官話成了標準話，每字就通行起來"，並提出一個問題："何以到了元代以後北方系官話也不說每而說們，以致在現代的北方方言裏找不着每痕跡？"①但他指出"《金瓶梅詞話》還是用每"，顯然前後有些不相吻合。這也是考察《金瓶梅》所用方言及作者應當注意的問題。

《金瓶梅》裏"我每"共14見，可以作主語、賓語、兼語，其語法功能不及"我們"寬泛，大概與出現頻率低於"我們"有關。其說話者及分佈情況是：第8回p.128西門慶（包括潘金蓮），第20回p.292應伯爵，第31回p.427應伯爵，第33回p.458潘金蓮，第37回p.514馮婆子，第38回p.525王六兒，第46回p.610吳月娘，第50回p.668玳安，第51回p.684吳大妗子，第58回p.770李桂姐、p.771董嬌兒，第62回p.839如意兒，第73回p.1040孟玉樓、吳月娘。除應伯爵、吳月娘用2次，其餘者均使用1次。73回以後無一用例。

"我們"和"我每"使用情況對照如下表：

人物	我們/回	我每/回
西門慶	5 / 1、5二、13、19	1 / 8
吳月娘	3 / 10、14、45	2 / 46、73
潘金蓮	3 / 1、21、23	1 / 33
孟玉樓	3 / 18、21二	1 / 73
應伯爵	2 / 1、21	2 / 20、31
王六兒	2 / 37、47	1 / 38

從上表知道，這幾個人兩種複數形式均用，很可能"們""每"已經同音混用，而不必刻意區分。正如呂叔湘先生所說，"宋、元、明之間，同一個詞曾經有過們＞每＞們的反覆變化"，"最省事的說法是說元人讀每若

---

① 《呂叔湘文集》第3卷，商務印書館1992年版，第59頁。

《金瓶梅》第一人稱代詞探微 | 199

們"[1]。此說如果成立,則《金瓶梅》時代仍然"讀每若們"。

"我"加詞尾"家",構成"我家",用來稱自己,《漢語大詞典》(以下簡稱"《大詞典》")舉宋錢愐《錢氏私志·小人》:"宣和間,有遼國右金吾衛上將軍韓正歸朝,授檢校少保節度使,對中人以上說話,即稱小人,中人以下,即稱我家。"呂叔湘先生引《景德傳燈錄》卷十一"我家道處無可道","我家"確鑿無疑是第一人稱代詞[2]。馮春田先生舉敦煌變文《難陁出家緣起》:"欲識我家夫主時,他家還着福田衣。"認爲"這只是造成一種複音形式,與近代漢語前期的'你家'、'他家'、'誰家'等形成一套由稱代詞組合的'～家'系列。但是,'我家'的形式並不多見"[3]。比照變文例,則《金瓶梅》中"我家"用作第一人稱代詞,有以下幾例:

（1）一母所生的兄弟,怎生我家那身不滿尺的丁樹,三分似人,七分似鬼,奴那世裏遭瘟,撞着他來!（1/32）

（2）我家侄兒媳婦不用大官人相,保山,你就說我說,不嫁這樣人家,再嫁甚樣人家!（7/109）

（3）我隨你怎麽打,難得只打得有這口氣兒在着,若沒了,愁我家那病媽媽子不問你要人!（43/580）

（4）老媽說道:"怎麽的?姐夫就笑話我家,大節下拿不出酒菜兒管待列位老爹?（15/218）

（5）老身不瞞大官人說,我家賣茶,叫做鬼打更。（2/53）

（6）我家並没半個字兒迸出,外邊人怎得曉的?（91/1333）

第1至3例"我家"雖處於領格位置,但猶謂"我",意思更直接明瞭。第4例亦可理解爲"我"或複數形式"我們"（指主人一方,不包括對方聽話者）。第5例"我家"與"老身"交替出現,"我家"猶"老身",指自己。

---

[1] 《呂叔湘文集》第3卷,商務印書館1992年版,第58頁。
[2] 同上書,第88頁。
[3] 馮春田:《近代漢語語法研究》,山東教育出版社2000年版,第7頁。

第6例"我家"與"外邊人"對舉,"家"的意義仍然較虛,因此也可指"我們"。

"我輩",由"我"加"輩"構成,猶我等、我們。《大詞典》首引南朝宋劉義慶《世說新語·文學》:"孫興公作《天臺賦》成,以示范榮期云:'卿試擲地,要作金石聲。'范曰:'恐子之金石,非宮商中聲。'然每至佳句,輒云:'應是我輩語。'"《金瓶梅》裏也有這樣的用例,不過很少。例如:

(1)眾官悉言:"……我輩還望四泉于上司處美言提拔,足見厚愛。"(65/893)

(2)孟玉樓早已知道,轉來告潘金蓮說,他爹……把媳婦子吊到那裏去,與他三間房住……:"就和你我輩一般,甚麼張致?大姐姐也就不管管兒!"(26/365)

第2例應是"你我"加"輩",不算典型用例。

"我等",由"我"加表同類的"等"構成,表示複數。《廣雅·釋詁一》:"等,輩也。"《廣韻·等韻》:"等,比也,輩也。"因此"等"可用在人稱代詞或指人的名詞後,構成複數形式。如《史記·平原君虞卿列傳》:"公等錄錄,所謂因人成事者也。"① 《大詞典》收錄"你等",謂"你們。用以稱同等或同輩的人",首引《水滸傳》,未收與其同構的"我等",當補。

《金瓶梅》中,用作第一人稱複數的"我等",共4見:

(1)內中遇着他兩個相熟的人……張好問便道:"韓老兄連日少見,聞得恭喜在西門大官府上,開寶鋪做買賣,我等缺禮失賀,休怪休怪!"(33/463)

---

① 司馬貞索隱:"(錄)音禄。按:王劭云'錄,借字耳'。又《說文》云'錄錄,隨從之貌'。"按本字或作"婗"。《說文·女部》:"婗,隨從也。从女,录聲。"段玉裁注:"《史記·平原君列傳》曰:'公等錄錄,因人成事。'王邵云:'錄錄,借字。《說文》婗婗,隨從之兒也。'"

（2）這苗青於是與兩個稍子密密商量，說道："……汝二人若能謀之，願將此物均分。"陳三、翁八笑道："汝若不言，我等亦有此意久矣。"（47/624）

（3）吳大舅問："老師，我等頂上燒香，被強人所趕，奔下山來……此處是何地名？從那條路回得清河縣去？"（84/1249）

（4）（韓道國）因說起："……我等三口兒各自逃生，投到清河縣尋我兄弟第二的。"（98/1429）

以上各例，"我等"均猶"我們"。第1例張好問說"我等"，包括白汝晃在內。第3例"我等"包括吳月娘及僕人玳安等。

2. 俺

《字彙·人部》："俺，我也。"《正字通·人部》："凡稱我，通曰俺。俗音也。"清俞正燮《癸巳類稿》卷七《複語解》："《詩·匏有苦葉》云：'卬須我友。'似卬我複。今按卬，我也。今俗通書爲俺。"章炳麟《新方言·釋言》："《爾雅》：'卬，我也。'今徽州及江浙間言'吾'如'牙'，亦'卬'字也，俗用'俺'字爲之。"以今音讀之，"卬""俺"音近，細微差別僅在前鼻和後鼻韻。《書·大誥》："越予沖人，不卬自恤。"僞孔傳："卬，我也。"可見"俺"作第一人稱代詞，其源即先秦之"卬"矣。呂叔湘先生認爲"俺"初見于宋詞，以及金《董西廂》和《劉知遠諸宮調》，"宋金白話文獻裏的俺只是取奄之聲來諧我們的合音"，"俺既是我們的合音，自然是用於複數"[①]。不過，在《金瓶梅》裏，"俺"多表單數，表複數則多用"俺們"或"俺每"。

《金瓶梅》中"俺"作第一人代詞，計411見，按使用頻率排第二位，其語法功能與"我"相當，可以作主語、賓語、定語、兼語、同位語等，有時可用以表示複數。

呂先生認爲"俺"用於領格比非領格更多[②]，《金瓶梅》裏大致也是如此，

[①] 馮春田：《近代漢語語法研究》，山東教育出版社 2000 年版，第 78—79 頁。

[②] 同上書，第 79 頁。

亦有一句話或一人所說的話，非領格用"我"而領格用"俺"的情況，如：

（1）俺爹怕不也只在這兩日，他生日待來也。你寫幾個字兒，等我替你稍去，與俺爹看了，必然就來。（8/123）。

當然，由於《金瓶梅》中"我"使用頻率高出"俺"約15倍，同一段話中，"我"作領格，而"俺"作非領格的情形也很常見，例如：

（2）婆子開口說道："老身當言不言謂之懦。我侄兒在時，掙了一分錢財，不幸先死了，如今都落在他手裏，說少也有上千兩銀子東西。官人做小做大，我不管。你只要與我侄兒念上個好經。……娶過門時，遇生辰時節，官人放他來走走，就認俺這門窮親戚，也不過上你窮。"（7/108）

在具體語境中，也有以單數形式表複數的。如：

（3）大爹對俺們說，叫俺今日來伏侍奶奶。（43/582）

前說"俺們"，後說"俺"，說話者雖爲董嬌兒，實際上包括韓玉釧兒在內，以單數形式表複數義。

"俺們"由"俺"加表複數的詞綴"們"構成，呂叔湘先生《近代漢語指代詞》認爲"俺們＝我們"或"俺們＝我"[①]，前一情形首舉《紅樓夢》例，晚於《金瓶梅》。馮春田先生說"'俺'到元明以後，又加用複數詞尾'們（每）'，來表示第一人稱的複數"，"俺們"舉《金瓶梅》和《水滸傳》的例子[②]，《大詞典》亦首引《水滸傳》例，這大概是見于文獻較早的用例了。

《金瓶梅》中"俺們"155見，使用頻率較高，其語法功能與"我們"

---

① 馮春田：《近代漢語語法研究》，山東教育出版社2000年版，第86—87頁。
② 同上書，第12—13頁。

相同，可以作主語、賓語、定語、兼語、同位語等。"俺們"指說話者或說話者一方，可用來表單數或複數。如果包括聽話者在內，則表示複數。例如：

（1）俺們是舊人，到不理論；他來了多少時，便這等慣了他。（9/134）

（2）俺們倒不是粉頭，你家正有粉頭在後邊哩！（11/154）

（3）六姐他諸般曲兒到都知道，俺們卻不曉的。（21/311）

（4）李瓶兒是心上的，奶子是心下的，俺們是心外的人，入不上數。（67/931）

（5）俺每自恁好罷了，背地還嚼說俺們。（58/780）

第1例指說話者一方，表複數。第2例不包括聽話的另一人。第3例爲呂先生所舉"俺們＝我"的唯一用例，也就是說表單數。第4例指說話者本人，自然是表單數了。第5例引述他人的話，指說話者自己，表單數；值得注意的是前說"俺每"，後說"俺們"，似乎也說明"們""每"實際已經同音，故前後混用。

"俺們"在全書中的分佈相對比較均衡，從第1回至94回都有用例。

"俺每"由"俺"加表複數的詞綴"每"構成，呂叔湘、馮春田先生舉元碑和元曲例①。《大詞典》謂"俺每"爲"方言。俺們，我們"，首引元曲。另如元魏初《青崖集》卷四載至元二十三年十二月十一日奏議："具呈者一奏俺每臺裏遷轉底官人每，待奏博囉岱每一處去底伴當每。"這大概是目前所知較早的文獻用例了。

《金瓶梅》中"俺每"共220見，使用頻率高出"俺們"49.1%，其語法功能與"我們""俺們"相同，可以作主語、賓語、定語、兼語、同位語等。"俺每"指說話者或說話者一方，可用來表單數或複數。如果包括聽話者在內，則表示複數。例如：

---

① 《呂叔湘文集》第3卷，商務印書館1992年版，第79頁；馮春田：《近代漢語語法研究》，山東教育出版社2000年版，第12頁。

（1）俺每今日得見嫂子一面，明日死也得好處！（20/289）

（2）剛才短了一句話，不該教他拿俺每的，他五娘沒皮襖，只取姐姐的來罷。（46/611）

（3）也休怪人，是俺每的晦氣，偏撞在這網裏。（69/969）

（4）人人有面，樹樹有皮，俺每臉上就沒些血兒？（76/1102）

第1例指說話者一方，表複數。第2例由"俺每"與"的"構成的字結構作賓語，指說話者一方，亦表複數。第3、4例作定語。

"俺們"除作"定語"的情況不多之外，作其他語法功能均較常見。91回以後無一用例。

呂叔湘先生《近代漢語指代詞》沒有討論"俺家"，他說"作領格用，家字有實義可循；作非領格用，家字有點像是贅疣"，"這個沒有語法作用的家字，在明代以後的文獻裏和現代的北京話以及一般的北方話裏都不見應用"，"但是在吳語區的一部分方言裏，家字卻發展成爲一個表複數的語尾……這個家字的用法跟官話區的們字相同：我家＝我們，你家＝你們"[①]。以此類推，則"俺家"自然也可等於"俺們"。《金瓶梅》中，也有一些例子可以這樣理解。如：

（1）好應二哥，俺家沒惱着你，如何不在姐夫面前美言一句兒？（15/218）

（2）俺家本司三院唱的老婆，不知見過多少，稀罕你。（75/1074）

（3）吳巡檢又勒掯刁難，不容俺家領臟，又要打將伙計來要錢，白尋不出個頭腦來。（95/1392）

（4）你家老子便躲上東京去了。那時恐怕小人不足，教俺家晝夜耽心。（86/1269）

以上各例，"俺家"均猶"俺們"，也即"我們"，第1、2例作主語，3、

---

① 《呂叔湘文集》第3卷，商務印書館1992年版，第89頁。

4兩例作兼語。

即使處於領格位置，有時"家"字的意思也比較虛，"俺家"猶謂"我"或"我們"，表第一人稱單數或複數。例如：

（5）鄭愛香兒道："常和應二走的那祝麻子，他前日和張小二官兒到俺那裏，拿着十兩銀子，要請俺家妹子愛月兒。"（32/444）

（6）我養不的，俺家兒子媳婦兒金大姐，到新添了個娃兒，才兩個月來。（85/1258）

（7）俺家若見了他一個錢兒，就把眼睛珠子吊了。（51/680）

（8）俺家那大猱獅狗，好不利害，倒没的把應二爹下半截撕下來！（20/288）

（9）俺家這位娘子嫁人，又没曾傳出去，你家衙內怎得知道？（91/1334）

（10）俺家衙內說來，清明那日，在郊外親見這位娘子，生的長條身材，瓜子面皮，臉上有稀稀幾個白麻子，便是這位奶奶。（91/1334）

第5、6例"俺家"猶謂"我"，"俺家妹子"即"我妹子""俺家兒子媳婦兒"即"我兒子媳婦兒"。第7例作主語，指說話者自己，表單數；當然，亦可認爲是委婉說法，猶謂"我們"，不過跟現代漢語一樣，用複數形式委婉表單數。8至10例"俺家"猶"我們"。

另外，根據語境，有時"俺家"可作多種理解，意思不很確定，僅憑意念判斷其言語義。例如：

（11）不打緊，間壁韓家就是提刑西門老爹的外室，又是他家伙計，和俺家交往的甚好，凡事百依百隨。若要保得你無事，破多少東西，教俺家過去和他家說說？（47/626）

此爲樂三對苗青所說的話，前一"俺家"，既可理解爲"我們"，指樂三與其老婆樂三嫂，也可理解爲與西門慶的"外室"王六兒交厚的樂三嫂，

即樂三指自己的妻子；而下"俺家"則爲樂三指其妻樂三嫂，末句所說即下文"樂三教他老婆拿過去，如此這般對王六兒說"。

3. 咱

"咱"作第一人稱，已見於北宋柳永《玉樓春·蘇子瞻》詞："你若無意向咱行，爲甚夢中頻相見。"《漢語大字典》（以下簡稱"《大字典》"）書證爲《改併四聲篇海·口部》引《俗字背篇》："俗稱自己爲咱。"《字彙·口部》："咱，我也。"呂叔湘先生認爲"咱"字不見於宋以前的字書，是一個俗字，是"自家"的切音，由"自家"轉變而成①。

"咱"既表單數，又可表複數。呂叔湘先生說，"在宋、金、元的文獻裏咱字有單數（＝我）跟複數（＝咱們）兩種用法"，"咱字的單數意義是跟複數意義同時出現的，甚至還可以說是略早"②。在《金瓶梅》中，"咱"表複數似乎用得更多一些，往往包括聽話者在內。《大字典》謂作"代詞。我們（包括聽話人在內）"，引現當代例，書證過晚。

"咱"作第一人稱代詞，《金瓶梅》中共有229見，按使用頻率排第3位，其語法功能與"我"相當，可以作主語、賓語、定語、兼語等，並且常用以表示複數，這是與"我"有顯著不同的特點。例如：

（1）咱今日結拜了，明日就去拿他，也得些銀子使。（1/22）

（2）娘，你說與咱，咱也好分憂的。（57/755）

（3）這樁事，咱對他爹說好，不說好？大姐姐又不管，儻忽那廝真個安心，咱每不言語，他爹又不知道，一時遭了他手怎了？（25/354）

（4）哥，咱這時候就家去，家裏也不收。我每許久不曾進裏邊看看桂姐，今日趁着落雪，只當孟浩然踏雪尋梅，望他望去。（20/292）

（5）你兩人都依我，大官人也不消家去。桂姐也不必惱。今日說過，那個再怎，每人罰二兩銀子買酒，咱大家吃。（12/168）

（6）你平白又來理我怎的？咱兩個永世千年，休要見面！（21/297）

---

① 《呂叔湘文集》第3卷，商務印書館1992年版，第97頁。
② 同上書，第98頁。

（7）咱三個打夥兒走走去。（21/308）

第1例包括說話者和聽話者在內，表複數。第2例前作介詞賓語，後作主語，均表單數。第3、4例前說"咱"，包括聽話者在內，後說"咱每""我每"，可見"咱"即"咱每""我每"，表複數。第5例"咱"包括聽話者在內，後以表示三人以上的"大家"複指。第6例爲吳月娘對西門慶說的話，故可說"咱兩個"，"兩個"可省去。第7例"咱三個"指除聽話者之外的李瓶兒、孟玉樓及潘金蓮自己，由於表達準確的需要，"三個"不能省，也不能用"大家"複指。

《金瓶梅》中"咱"還有一種特殊用法，有時爲了使語言表達委婉親切，說話者出於某種考慮，如爲了討好或避免觸犯、刺激對方等，常把本該使用的第二人稱代詞臨時改易成第一人稱代詞，使自己位移於對方一邊，這就無形中縮短了彼此間的感情距離，所說的話，也變得親切、動聽，易爲對方所接受，有學者認爲這是一種"易代"修辭[①]。例如：

（1）王姑子道："這個就是薛家老淫婦的鬼。他對着我說，咱家挪了日子，到初六念經。難道經錢他都拿的去了，一些兒不留下？"（68/941）

（2）（伯爵道）雖然你這席酒替他陪幾兩銀子，到明日，休說朝廷一位欽差殿前大太尉來咱家坐一坐，只這山東一省官員，並巡撫、巡按、人馬散級，也與咱門戶添許多光輝。（65/899）

（3）我是本縣官媒人，名喚陶媽媽。奉衙內小老爹鈞語，分付說咱宅內有位奶奶要嫁人，敬來說親。（91/1332）

（4）（薛嫂對春梅道）這裏人家又要頭面嚷亂。那吳巡檢舊日是咱那裏伙計，有爹在日，照顧他的官。（95/1394）

（5）（敬濟道）多虧了俺爹朋友王杏庵賙濟，把我才送到臨清晏公廟那裏出家。不料又被光棍打了，拴到咱府中。自從咱府中出去，投親不理，投友不顧，因此在寺內傭工。（97/1414）

[①] 鮑延毅：《人稱代詞的"錯位"用法——〈金瓶梅〉易代辭格說略》，《徐州師範學院學報》1996年第3期。

（6）（王六兒）如此這般告訴說："那裏走來一個殺才搗子，諢名喚坐地虎劉二，在酒家店住，說是咱府裏管事張虞候小舅子。因尋酒店，無事把我踢打，罵了恁一頓去了。又把家活、酒器都打得粉碎。"（99/1440）

以上各例中的說話者和聽者，或爲幫閑，或爲三姑六婆；陳敬濟也不過是在西門家與潘金蓮、春梅有一腿，但此時已流於乞討，只因春梅舊情不斷，才尋得他來，其實與守備府八桿子也打不着；而王六兒因女兒愛姐姘上了敬濟，與守備府更是不沾邊；薛嫂兒幾次與春梅閑話，說起西門家，仍說"咱家"。這些人之間，"既非同姓，也無親戚關係，彼此說話時，理應用'你'或'您'相稱，但因爲聽者都是極有權勢人物或富貴人物，所以，說者在表述時，都把第三人稱改易成了包括式的第一人稱代詞'咱們'。這樣，就把自己置於聽者的至親好友的位置，使對方聽起來，感到'順耳'、'受用'；同時，說者自己，也'沾光'擡高了自己的身份。這些地方，如果不用'咱'，而用'你'，就顯得彼此十分'生分'，自然也難以收到應有的修辭效果了"①。

另外，《金瓶梅》中，有時"咱"的第一人稱意義比較虛泛，例如：

（1）月娘便向西門慶道："咱這花家娘子兒，倒且是好，常時使小廝丫頭送東西與我們。"（10/147）

花子虛與西門慶雖是鄰居，但時間並不長，以前也無甚交往，"西門慶熱結十弟兄"邀請花子虛，也是爲填補死去的卜志道的缺位，據吳月娘說與李瓶兒僅會面一次，顯然與花家還未熟絡親熱到彼此不分，可以我們相稱的程度，"咱"是什麽意思，難以確詁，或作句首語氣詞，可省去。"咱"作句尾語氣詞習見，但作句首語氣詞，未見有人言及。又如：

（2）薛嫂道："便是咱清河縣數一數二的財主西門大官人！"

---

① 鮑延毅：《人稱代詞的"錯位"用法——〈金瓶梅〉易代辭格說略》，《徐州師範學院學報》1996年第3期。

（7/108）

（3）又一個走過來說道："……這兩個婦人，也不是小可人家的，他是閻羅大王的妻，五道將軍的妾，是咱縣門前開生藥鋪、放官吏債西門大官人的婦女。"（15/215）

（4）那婆子掩口冷冷笑道："……爹，你還不知這婦人，他是咱後街宰牲口王屠的妹子，排行叫六姐，屬蛇的，二十九歲了，雖是打扮的喬樣，到沒見他輸身。"（37/513）

（5）喬大戶道："咱縣門前住的何老人，大小方脈俱精。他兒子何岐軒，見今上了個冠帶醫士。"（61/829）

第2例或許理解爲"我們"，亦文從字順，但3至5例卻非常勉強。以上幾例，如果省去"咱"，亦並無不可。倘以爲這些人都生活在清河縣，固可言必稱"咱清河縣""咱縣"之類。推而廣之，清河縣是東平府的屬縣（見第一回），東平府又屬山東省，但"北京真定府棗強縣"就與清河無關，前面仍冠以"咱"，就難講通了。例如：

（6）伯爵道："若是第二家擺這席酒也成不的。也沒咱家恁大地方，也沒府上這些人手。今日少說也有上千人進來，都要管待出去。哥就陪了幾兩銀子，咱山東一省也響出名去了。"（65/904）

（7）李三道："今東京行下文書，天下十三省，每省要幾萬兩銀子的古器。咱這東平府，坐派着二萬兩，批文在巡按處，還未下來。"（78/1165）

（8）（陶媽媽道）原籍是咱北京真定府棗強縣人氏，過了黃河不上六、七百里。（91/1335）

第6例如果與同回應伯爵另一段話比較，或許有助於確定"咱"的含義。如："伯爵道：'雖然你這席酒替他陪幾兩銀子，到明日，休說朝廷一位欽差殿前大太尉來咱家坐一坐，只這山東一省官員，並巡撫、巡按、人馬散級，也與咱門戶添許多光輝。'""咱山東一省"，"只這山東一省"，句式相同，故"咱山東一省"猶"只這山東一省"。如果這樣揣測不錯，

那麼，第7例"咱這東平府"，則謂"只這東平府"，用於特指，第1例"咱這花家娘子兒"也與此類似，謂"只這花家娘子兒"，"咱"猶"只"。3至6及第8例，"咱縣門前""咱後街""咱北京真定府"，"咱"或均猶"這"，表近指。當然，這些例子中的"咱"究竟該怎樣解釋，還有待進一步研究。

"咱"本可表複數，可能受"們"綴表複數的影響，也在"咱"後加表複數的詞尾"們"和"每"，構成"咱們"和"咱每"，用來表示複數。不過，呂叔湘先生指出："咱們的來源很遠：並不等到有了咱字才加上們字。"①"咱們"指說話的一方，《大詞典》首引宋周密《癸辛雜識續集·文山書爲北人所重》："（主人笑曰）咱們祖上亦是宋氏，流落在此。"②"統稱己方與對方"，引周恩來文，書證過晚。

《金瓶梅》中"咱們"共24見，常用作包括式，指說話者和聽話者，即"統稱己方與對方"。例如：

（1）這裏無人，咱們好講：你既要鞋，拿一件物事兒，我換與你，不然天雷也打不出去。（28/394）

（2）莫不他七個頭八個膽，敢往太師府中尋咱們去？（81/1214）

（3）到明日，沒的把咱們也扯下水去了。（86/1271）

（4）我但開口就說咱們擠撮他。（65/905）

第1例"咱們"作主語，第2例作動詞賓語，第3例作介詞賓語，第4例作兼語。以上各例包括聽話者在內。再看下面的例子：

（5）哥，你怪的是。連咱自也不知道成日忙些甚麼。自咱們這兩隻腳，還趕不上一張嘴哩！（1/16）

（6）花園內有人，咱們不好去的，瞧了瞧兒就來了。（58/771）

---

① 《呂叔湘文集》第3卷，商務印書館1992年版，第101頁。
② 同上呂引"咱們祖上亦是宋氏（民？）"，吳企明點校本《癸辛雜識》（中華書局1988年版，第186頁）作"民"，謂"'民'原作'氏'，今據《稗海本》、《四庫本》校改"。按"民""氏"形近易譌，吳校是。兩"本"字則不當闌入書名號。

（7）縱是咱們武職，比不的那吏部公，須索也不敢怠慢。（54/730）

以上3例，均指說話者一方。第5例對話3人在場，"咱們"指說話者一方的兩人，不包括聽話者的另一人；第6例，"咱們"指說話一方若干人，不包括另外聽話的眾人；第7例作同位語，爲兩人對話，"咱們"指說話者一方，不包括聽話者。

"咱每"，《大詞典》謂即"咱們。指我"，引《秦併六國平話》一例，未涉及表複數問題。但表複數例，如元王惲《秋澗集》卷八十《中堂事記上》："其餘軍人與民户每，亦多投拜了也，即目無咱每迎敵底人也。"又卷九十一《定奪儒户差發》："又照得中統二年欽奉聖旨節該已前聖旨裏，如今咱每的聖旨裏……河西秀才每不揀甚麼差發，休着秀才的功業習者。"

《金瓶梅》中"咱每"共48見，使用頻度正好高出"咱們"一倍，多用作包括式。例如：

（1）今日是你好日子，咱每且吃酒。（16/224）

（2）既是東家費心，難爲兩個姐兒在此，拿大鍾來，咱每再週四五十輪散了罷。（13/190）

（3）你我如今出來在外做土官，那朝事也不干咱每。（64/885）

（4）那怕那吳典恩拷打玳安小廝，供出姦情來，隨他那淫婦一條繩子拴去，出醜見官，管咱每大腿事？（97/1417）

（5）既是下雪，叫個小廝家裏取皮襖來咱每穿。（46/611）

（6）老先兒，誤了咱每行令，只顧和他說甚麼，他快屎口傷人！（67/925）

第1、2例"咱每"作主語，但第1例包括聽者在内，第2例指說話者的一方；第3、4例作賓語，包括聽話者在内，但第4例"咱每"又作定語；第5、6例作兼語，其中第5例指說話者一方，第6例包括所有聽話者在内。

"咱家"亦可作第一人稱代詞。呂叔湘先生說，"亦有於咱字之後復

綴以家字者,此乃變式,正如你們合爲您而又有您每也";又說"咱字本身原來已有家字在內,但這個合音字一旦固定之後,一般人忘了它的來源,又由我們、你家、他家類推出一個咱家的形式",並認爲"複數意義的咱家比較少,遠不及單數的多",複數用法僅舉《董西廂》一例①。《金瓶梅》中"咱家"29見,多用作表複數,與呂先生的說法相反。例如:

(1) 我只不信,說他後來戴珠冠,有夫人之分,端的咱家又沒官,那討珠冠來? (29/409)
(2) 翟親家也虧咱家替他保親,莫不看些分上兒。(81/1216)
(3) 說他家小姐今才五個月兒,也和咱家孩子同歲。(41/559)

以上各例,"咱家"均猶我們,包括說話者和聽話者在內,表複數。其中,第1例作主語,第2例作兼語,第3例作定語。

當然也用作單數。例如:

(4) 咱家也曾沒見這銀子來? 收他的也汙個名,不如掠還他罷。(1/19)
(5) 不瞞你說,咱家做着些薄生意,料也過了日子,那裏希罕他這樣錢! (34/469)

上兩例,"咱家"猶我,指說話者自己,表單數,作主語。

既然"咱"是"自家"的切音,又循"我家"一類構詞模式類推出"咱家",那麼"咱家"也可以用作反身代詞"自家",也就是自己,這是語用中的一種"返祖現象"。《金瓶梅》中剛好有這樣的例子:

(1) 一個婚後老婆,漢子不知見過了多少,也一兩個月才坐胎,就認做是咱家孩子? 我說差了? 若是八月裏孩兒,還有咱家些影兒。

---

① 《漢語語法論文集》,《呂叔湘文集》第2卷,商務印書館1990年版,第25頁;《近代漢語指代詞》,《呂叔湘文集》第3卷,商務印書館1992年版,第99—100頁。

（30/422）

（2）常言"先親後不改"，莫非咱家孩兒沒了，就斷禮不送了？（67/930）

"咱家"即自家，也就是自己。第1例爲潘金蓮因李瓶兒生子心懷妒嫉，出語相譏，謂其來歷本自可疑，西門慶還認作自己的孩子。第2例是吳月娘與西門慶商量爲喬家長姐送生日禮事。

"咱家"還可表示一種委婉親近或者替對方着想以拉近雙方的距離的效果，《金瓶梅》中有20個用例，或者可以看成一種"易代"辭格[①]。例如：

（1）薛嫂道："……聞得咱家門外大娘子要嫁，特來見姑奶奶講說親事。"（7/108）

（2）韓道國道："今日六黃老公公見咱家酒席齊整，無個不歡喜的。巡撫、巡按兩位甚是知感不盡，謝了又謝。"（65/904）

（3）伯爵道："若是第二家擺這席酒也成不的。也沒咱家恁大地方，也沒府上這些人手。今日少說也有上千人進來，都要管待出去。哥就陪了幾兩銀子，咱山東一省也響出名去了。"（65/904）

（4）（文嫂兒道）聞知咱家乃世代簪纓人家，根基非淺，又見三爹在武學肄業，也要來相交，只是不曾會過，不好來的。（69/961）

（5）郁大姐道："可不怎的。昨日晚夕，大娘教我唱小曲兒，他就連忙把琵琶奪過去，他要唱。大姑娘，你也休怪，他怎知道咱家深淺？他還不知把你當誰人看成。"（75/1075）

（6）薛嫂道："好奶奶，放着路兒不會尋。咱家小奶奶，你這裏寫個帖兒，等我對他說聲，教老爺差人分付巡檢司，莫說一副頭面，就十副頭面也討去了。"（95/1392）

以上各例的說話者，亦不外幫閑、媒婆、盲女藝人，其中，韓道國縱婦與

[①] 鮑延毅：《人稱代詞的"錯位"用法——〈金瓶梅〉易代辭格說略》，《徐州師範學院學報》1996年第3期。

西門慶通姦而甘願吃軟飯，文嫂兒爲西門慶與林太太拉皮條，均與聽話者非親非故，不過爲各種利益驅使而盡力討好、巴結或套近乎，以拉近與聽話者之間的距離，或設身處地爲其出謀劃策，如薛嫂爲吳月娘訟事走春梅門路等，眾生世相，卻也鮮活淋漓。

以上我們討論了第一人稱代詞及其複數形式，"我們""我每"，"俺們""俺每"，"咱們""咱每"出現頻率如下表所示：

我們	我每	俺們	俺每	咱們	咱每
26	14	155	220	24	48

從上表可以看出：1）除"我每"出現頻率低於"我們"外，"俺每"和"咱每"使用頻率高出"俺們"和"咱們"一倍或接近一倍；2）"我們"和"我每"一組與"咱們"和"咱每"使用頻率相差不大；3）"俺們"和"俺每"出現頻率高出另兩組若干倍；4）"們"綴複數共205次，"每"綴複數共282次。這表明，《金瓶梅》中第一人稱複數以"俺們"和"俺每"爲主，其餘兩組僅有少量使用，而"每"綴複數使用頻率高於"們"綴複數，這或許也可爲考察是書所用方言及其作者提供一點綫索。

4. 奴

清錢大昕謂"婦人稱奴，蓋始于宋時"，據宋朱翌《猗覺寮雜記》所云："男曰奴，女曰婢；故耕當問奴，織當問婢。今則奴爲婦人之美稱。貴近之家，其女其婦，則又自稱爲奴。"錢氏亦認爲"是宋時婦女以奴爲美稱。……奴即儂之轉聲。《唐詩紀事》載昭宗《菩薩蠻》詞：'何處是英雄，迎奴歸故宮。'則天子亦以此自稱矣。"[①] 呂叔湘先生認爲，"奴"在唐五代時期是一個特殊的第一人稱代詞，或作"阿奴"，字又或作"孥"，並且男女尊卑均可使用，後來才逐漸縮小範圍爲女子專用[②]。蔣禮

---

① （清）錢大昕：《十駕齋養新録》卷十九《婦人稱奴》，江蘇古籍出版社2000年版，第402頁。
② 《近代漢語指代詞》，《呂叔湘文集》第3卷，商務印書館1992年版，第13—14頁。

鴻先生也說:"奴,第一人稱代詞,和'我'相同,男女尊卑都可通用。"①這當然是指唐代的情況。敦煌變文的例子,如《王昭君變文》:"異方歌樂,不解奴愁。"《韓擒虎話本》:"皇帝宣問:'阿奴無德,濫處爲君。'"宋代及以後則爲婦女自稱,如張先《菩薩蠻》詞:"花若勝如奴,花還解語無?"《水滸傳》第三回:"此間有個財主叫做鎮關西鄭大官人,因見奴家,便使強媒硬保,要奴作妾……未及三箇月,他家大娘子好生利害,將奴趕打出來。"

《金瓶梅》中,"奴"用作婦人自稱,共355見。一般是稍有一定地位的女子才自稱"奴"或"奴家",如吳月娘、孟玉樓、潘金蓮、李瓶兒等,後來春梅做了守備夫人,亦自稱"奴"。其餘下人,則不自稱"奴",只有賁四老婆、如意兒、王六兒與西門慶苟合時,才自稱"奴"。例如:

(1) 奴端的那世裏悔氣,卻嫁了他!是好苦也!(1/30)
(2) 婦人道:"既然如此,奴明日就使人對姑娘說去。"(7/112)
(3) 我到他家,把得家定,裏言不出,外言不入,他敢怎的奴?(7/114)
(4) 這金蓮連忙下來,滿斟杯酒,笑嘻嘻遞與敬濟,說道:"姐夫,你爹分咐,好歹飲奴這杯酒兒。"(24/336)
(5) 婦人隔門說道:"今日他請大官人往那邊吃酒去,好歹看奴之面,勸他早些回家。兩個小廝又都跟去了,止是這兩個丫鬟和奴,家中無人。"(13/186)
(6) 婦人拜道:"叔叔,不知怎的錯見了,好幾日並不上門,叫奴心裏沒理會處。"(2/45)
(7) 李瓶兒道:"適間多謝你重禮。他娘們又不肯坐,只說家裏沒人,教奴到沒意思的。"(16/223)
(8) 老婆道:"奴男子漢已是沒了,娘家又沒人,奴情願一心伏侍爹,就死也不出爹這門。若爹可憐見,可知好哩!"(75/1069)

---

① 蔣禮鴻:《敦煌變文字義通釋·釋稱謂》,《蔣禮鴻集》第一卷,浙江教育出版社2001年版,第7頁。

（9）那西門慶問他："你小名叫甚麼？說與我。"老婆道："奴娘家姓葉，排行五姐。"西門慶口中喃喃吶吶，就叫葉五兒不絕。（78/1148）

（10）婦人道："我怎麼不想達達。只要你松柏兒冬夏長青更好。休要日遠日疏，頑要厭了，把奴來不理。奴就想死罷了，敢和誰說？有誰知道？"（79/1177）

第1、2例作主語，1爲潘金蓮"報怨"，2爲孟玉樓當媒人面對西門慶說的話。第3、4例作賓語，3例爲孟玉樓對勸阻她再嫁的張四舅所說的話。第5例前作定語，後作賓語，爲李瓶兒紅杏出牆前對西門慶說的話。第6、7例作兼語，6例爲潘金蓮與小叔武松語，第7例爲李瓶兒對西門慶說的話。第8至10例分別爲如意兒、賁四嫂、王六兒對西門慶語，且均在苟合之時。

從上面的例子來看，潘金蓮、孟玉樓再嫁西門慶前，雖也是小本生意人或商人妻，生活在社會底層，但畢竟與給人家做下人有區別。如意兒爲西門家奶子，賁四嫂和王六兒爲西門家伙計老婆，在與西門苟合前，則不自稱奴。

"奴家"，由"奴"加詞綴"家"構成，表第一人稱單數。清錢大昕說："予按六朝人多自稱儂。蘇東坡詩：'它年一舸鴟夷去，應記儂家舊姓西。'儂家猶奴家也。"蘇詩所寫已是女子自稱了。唐寒山詩："儂家暫下山，入到城隍裏。"項楚師說："儂家：就是'儂'，第一人稱代詞，猶云'我'，'家'是用在人稱代詞後的助詞，不爲義。"[1]引證甚夥，可參看。"奴家"用作女子自稱，已見於敦煌變文，如《破魔變》："第一女道：'……奴家美貌，實是無雙。'"又："奴家愛着綺羅裳，不動沉麝自然香。""奴家"在變文中只作婦女自稱，男性則只稱"奴"或"阿奴"，沒有自稱"奴家"的用例[2]。

《金瓶梅》中"奴家"共29見，全部爲女子自稱，表單數。這是與"我家""俺家""咱家"可表複數有顯著不同的特點。例如：

---

[1] 項楚：《寒山詩注》，中華書局2000年版，第444頁。
[2] 都興宙：《敦煌變文詞語札記》，《蘭州大學學報》1987年第1期。

（1）婦人道："奴家是三十歲。"（7/111）
（2）愛姐道："奴家姓韓，我父親名韓道國。"（100/1458）
（3）婦人扶住武松道："叔叔請起，折殺奴家。"（1/31）
（4）早知薄幸輕拋棄，辜負奴家一片心。（38/528）
（5）（婦人道）就是奴家親自安排與叔叔吃，也乾淨。（1/32）

第1、2例"奴家"作主語，3例作賓語，第4例作定語，5例作兼語。全書只有潘金蓮、孟玉樓、李瓶兒、韓愛姐4人自稱"奴家"，其餘婦女則未見稱"奴家"。

5. 妾

"妾"本爲婦女自謙之稱，自然也就成了女子自謂的第一人稱代詞，表單數。而且，這種用法出現時代頗早。戰國楚宋玉《高唐賦》："妾，巫山之女也。"《左傳·宣公三年》："既而文公見之，與之蘭而御之。辭曰：'妾不才，幸而有子，將不信，敢徵蘭乎？'"《孔雀東南飛》："君當作磐石，妾當作蒲葦。"

《金瓶梅》中，"妾"共12見。例如：

（1）這祝實念見上面寫詞一首，名《落梅風》……下書"愛妾潘六兒拜"。（12/167）
（2）（月娘）祝道："妾身吳氏，作配西門，奈因夫主留戀煙花，中年無子。妾等妻妾六人，俱無所出，缺少墳前拜掃之人。妾夙夜憂心，恐無所托，是以發心，每夜於星月之下，祝贊三光，要祈祐兒夫早早回心，棄卻繁華，齊心家事。不拘妾等六人之中，早見嗣息，以爲終身之計，乃妾之素願也。"（21/297）
（3）賤妾韓愛姐斂衽拜，謹啟 情郎陳大官人台下：自別尊顏，思慕之心未嘗少怠，向蒙期約，妾倚門凝望，不見降臨。昨遣八老探問起居，不遇而回。聞知貴恙欠安，令妾空懷悵望，坐臥悶懨，不能頓生兩翼而傍君之左右也。君在家自有嬌妻美愛，又豈肯動念於妾？猶吐去之果核也。……仲夏念日賤妾愛姐再拜。（98/1434）

（4）愛姐篩酒一杯，雙手遞與敬濟，深深道了萬福，說："官人一向不來，妾心無時不念。"（99/1438）

第1例爲潘金蓮致西門慶柬帖落款。第2例爲吳月娘月下祝告，5見。第3例爲韓愛姐致陳敬濟柬帖自稱，亦5見。第4例爲韓愛姐當敬濟面自稱。

"妾身"，由"妾"與"身"同義複合，亦爲女子自稱，表單數。本來"身"在漢魏時期就作第一人稱代詞。《爾雅·釋詁下》："身，我也。"又："朕、余、躬，身也。"郭璞注："今人亦自呼爲身。"《資治通鑑》卷八十五晉惠帝太安二年："劉弘謂侃曰：'吾昔爲羊公參軍，謂吾後當居身處。'"胡三省注："晉人多自謂爲身。"呂叔湘先生說："魏晉南北朝時期，身字曾經用做第一身代詞。《爾雅·釋詁》：'卬、吾、台、予、朕、身、甫、余、言，我也。朕、余、躬，身也。'郭璞注云：'今人亦自呼爲身。'是知身用作我，不自魏晉始，漢代或更早已有此用法。"① "妾身"作女子自謂的第一人稱，已見於漢魏。如《史記·呂不韋列傳》："妾幸得充後宮，不幸無子，原得子楚立以爲適嗣，以託妾身。"漢蔡琰《胡笳十八拍》："忽遇漢使兮稱近詔，遺千金兮贖妾身。"三國魏曹植《雜詩》之三："妾身守空閨，良人行從軍。"

《金瓶梅》中，"妾身"用作婦女自謂的第一人稱代詞，共4見。例如：

（1）（月娘）祝道："妾身吳氏，作配西門……不拘妾等六人之中，早見嗣息，以爲終身之計，乃妾之素願也。"（21/297）

（2）（林氏道）望乞大人千萬留情，把這干人怎生處斷開了，使小兒改過自新，專習功名，以承先業。實出大人再造之恩，妾身感激不淺，自當重謝。（69/965）

（3）這婦人聽了，連忙起身向西門慶道了萬福，說道："容日妾身致謝大人。"（69/965）

（4）已而又有一婦人……自言："妾身李氏，乃花子虛之妻，西門慶之妾，因害血山崩而死。"（100/1462）

---

① 《近代漢語指代詞》，《呂叔湘文集》第3卷，商務印書館1992年版，第10頁。

"妾身"作第一人稱代詞,明代其他白話作品亦習見,大概不是擬古。如《喻世明言》卷二十二:"那婦人道:'丈夫也曾幾番要賣妾身,是妾不肯。'"《拍案驚奇》卷十六:"(蕙娘道)妾身豈是他表妹?便是他渾家。……多有那慕色的,情願聘娶妾身,他卻不受重禮,只要哄得成交,就便送你做親。"

6. 兒

"兒"本爲子女對父母的自稱,如《孔雀東南飛》:"府吏得聞之,堂上啟阿母:'兒已薄祿相,幸復得此婦。'"又:"蘭芝慙阿母:'兒實無罪過。'"後例爲女兒對母親自稱。很可能在此基礎上,逐漸用於婦女自稱,如北朝佚名《木蘭詩》:"可汗問所欲,木蘭不用尚書郎,願馳千里足,送兒還故鄉。"吳福祥先生認爲,"兒"作人稱代詞,較早的例子即《樂府詩集》所載的《木蘭詩》,到唐代用例漸多。據其統計,成書於初唐的《遊仙窟》,作人稱代詞的"兒"有22見,敦煌變文亦22見,均用於年輕女子自稱。兩宋時期用例漸少,《張協狀元》中的"兒夫"多見,認爲"已變成稱呼丈夫的凝固形式,與變文中的'兒婿'相同,意義已非'兒之夫'"[①]。

《金瓶梅》中,"兒夫"兩見,是否凝固成詞,提出來供大家進一步討論。如:

(1)(月娘)祝道:"妾身吳氏……是以發心,每夜於星月之下,祝贊三光,要祈祐兒夫,早早回心。"(21/297)

(2)到晚夕,天井內焚香,對天發願,許下兒夫好了,要往泰安州頂上與娘娘進香掛袍三年。(79/1189)

另外,"兒子"用作男子對父母或長輩的自稱,由"兒"加詞尾"子"構成。如《漢書·匈奴傳上》:"單于乃自謂:'我兒子,安敢望漢天子!漢天子,我丈人行。'"

[①] 吳福祥:《敦煌變文語法研究》,岳麓書社1996年版,第5—7頁。

《金瓶梅》中,"兒子"用作男子對父母(包括岳父母)或長輩的自稱,共19例。如:

（1）那李衙內心中怎生捨得離異,只顧在父母跟前啼哭哀告:"寧把兒子打死爹爹跟前,並捨不的婦人。"（92/1354）

（2）那敬濟說道:"兒子不幸,家遭官事,父母遠離,投在爹娘這裏。蒙爹娘擡舉,莫大之恩,生死難報。只是兒子年幼,不知好歹,望爹娘耽待便了。豈敢非望。"（20/291）

（3）敬濟笑道:"五娘,你拿你袖的那方汗巾兒賞與兒子,兒子與了你的鞋罷。"（28/394）

（4）王三官只顧隱避,不敢回答,半日才說:"是兒子的賤號。"（72/1018）

（5）（王杏庵）一面背地又囑付敬濟……那敬濟應諾道:"兒子理會了。"（93/1368）

第1例爲李衙內對父母的自稱。第2、3例,爲陳敬濟對岳父母西門慶、吳月娘、潘金蓮的自稱。第4例爲王三官兒拜西門慶爲義父後對西門的自稱。第5例爲陳敬濟對搭救他的父親生前好友王杏庵的自稱。

（原載《漢語史研究集刊》第11輯,巴蜀書社2008年版）

辭書未收詞語例釋

　　由於漢語詞彙研究還比較薄弱，許多見於文獻典籍並且還保留在一些方言中的詞語，現有大型語文辭書如《漢語大詞典》（以下簡稱"《大詞典》"）、《辭海》等卻未收錄。尤其是一些名物詞，工具書失收，一般人弄不懂，研究古代文化，或者說研究中華民族的文明史，就會受到影響。譬如，我國是農耕文明起源很早的國家，犁是用於耕作的重要工具。"犁轅"指犁上的曲尺形部件，現在我們知道南北朝以來就這樣用了，如南朝宋喬道元《與天公箋》："有露車一乘，轅復摧折，以犁轅續之。"唐張鷟《朝野僉載》卷一："其人曰：'僕不解醫，但解作犁耳，爲主人作之。'持斧繞舍求犁轅，見桑曲枝臨井上，遂斫下。"陸龜蒙《耒耜經》："耒耜，農書之言也，民之習通謂之犁。……斬木而爲之者，曰犁底……曰犁轅，曰犁梢。"或作"犁鏡"。唐樞《蜀籟》卷三："犁鏡未斷，彎木又生。""犁轅"爲何物，辭書失載，許多學者可能憒然不曉，但在今四川農村則婦孺皆知。這說明，有些詞語不見於大型辭書，很可能是歷來不被人注意，或本屬行業用詞，而一般的學者並不知道，加之研究不夠，因而辭書也就未收錄。類似這樣的問題還比較多，一個有效的辦法，就是應加強這方面的研究，大家可以先就自己知道而又不見於大型語文辭書的詞語作一些清理，爲將來的辭書修訂提供參考。

　　下面我們就見於文獻典籍，而《大詞典》《辭海》等大型辭書未收的部分詞語或義項作簡要考釋，當否請讀者批評指正。

一 名物詞

所謂名物詞，是指事物及其名稱的詞。《周禮·天官·庖人》有所謂"掌共六畜六獸六禽，辨其名物"，賈公彥疏："此禽獸等皆有名號物色，故云辨其名物。"在指稱某一事物或給某一事物命名時，總要涉及這一事物區別於其他事物的內涵、特徵等種種特性。換言之，某一事物被稱作某，其得名之由是有理據的，不管我們今天是否知道。如果我們對事物命名之由了如指掌，便可考知先民的創造性思維過程，對名物詞所蘊含的歷史文化特質有更加深入的認識。

犁 頭

犁。元魏瞿曇般若流支譯《正法念處經》卷十四《地獄品之十》："閻魔羅人，即取敷置焰燃鐵地，以惡業故，作一千犁，在彼地處，犁頭焰燃，胡大力牛，百到千到，若來若去，縱橫耕之。"《大寶積經》卷五十六《佛說入胎藏會第十四之一》（唐義淨譯）："或中如多根樹，或如犁頭，或如車轅。"宋張君房《雲笈七籤》卷七十一《素真用鐵法》："其鐵取犁頭鐵，白色佳，餘並不堪用。"明徐宏祖《徐霞客遊記》卷一下《後遊雁宕日記》五月初七日："溯溪五里，過犁頭庵，南即石佛洞，以路蕪不能入。"此以"犁頭"名庵。又卷十上《滇遊日記十二》八月十四日："順寧郡之境，北寬而南狹。由郡城而南，則灣甸、大候兩州，東西夾之，尖若犁頭。"清屈大均《廣東新語》卷一《半虹》："半虹飲水，水氣腥，又吐爲犁頭雲，是曰颶雲。先爲虹而後爲雲，虹斷而雲作犁頭狀。"犁的各個部件都有名稱，如上舉《耒耜經》中的一些名目，《大詞典》均應補收。

公母榫　公母筍

本石等作器穿逗之榫頭與卯孔。明周祈《名義考》卷四《榫卯》："伊川語錄云：'枘鑿者，榫卯也。'……今俗猶云公母榫。"張存紳《雅俗稽言》卷十《榫卯》："榫卯音筍茂，木工以兩木相合，而銍揲其中曰榫卯，一曰公母榫。"唐樞《蜀籟》卷一："公母人，公母榫。"或音譌作

"公牡筍"。明陳沂《詢蒭錄・筍牡》："結屋枋湊合處，必有牝牡筍穴，俗呼爲公牡筍是也。"按《廣雅・釋獸》："牡，雄也。""牡"或爲"母"音誤，故頗疑"公牡筍"應爲"公母筍"。如明湯顯祖《紫簫記》第二十三出："公母筍嵌着没凹凸，牝牡銅鑄得没歪邪。"宋應升《方玉堂續詩草》卷一《續子夜四時歌》："床施公母筍，屋蓋鴛鴦瓦。"此詞今川北綿陽、三臺、梓潼、江油等地仍習用。

彎　刀

砍柴劈篾的刀。因刀前端常做成彎形，故名。宋陳起《江湖後集》卷十五程垣《樵家》詩："深溪藏毒蛟，樵家冰竈口。結侶腰彎刀，破衲補更厚。"元王禎《農書》卷十一《農器圖譜五》："鎙（古節切）似刀而上彎，如鐮而下直，其背如指厚，刃長尺許，柄盈二握，江淮之間恒用之。……又謂之彎刀，以刈草禾，或斫柴篠，可代鐮斧，一物兼用，農家便之。"清李漁《十二樓・生我夢》第二回："彎刀撞着瓢切菜，夜壺合着油瓶蓋。"劉省三《躋春臺》卷四《蜂伸冤》："命徒去看，徒只十二歲，見頭駭呆，師問不答，提燈出看，喊又不動，將就手中彎刀用背向肩上一打，隨時倒地，血流而死。"亦作"灣刀"。《喻世明言》卷二十六："卻去那桶裏取出一把削桶的刀來，把沈秀按住一勒，那灣刀又快，力又使得猛，那頭早滾在一邊。"

背脊骨

脊梁骨。北魏賈思勰《齊民要術》卷六《養牛馬驢騾》"髀骨欲得出儁骨上"注："出背脊骨上也。"隋智顗《天臺智者大師禪門口訣》："此心懈怠，魔得其便，入身成病，使人身體背脊骨欲疼痛。"宋普濟《五燈會元》卷十九《白雲守端禪師》："踏一步，踏斷釋迦老子背脊骨。"清袁枚《子不語》卷十五《諸廷槐》："今我已躲入汝背脊骨竅中，雖用掌心雷打我，亦不怕也。"劉省三《躋春台》卷三《雙冤報》："四肢疼痛入肺腑，定是打斷背脊骨。"民國十五年《象山縣志》卷十七《方言考・釋人》："背脊骨，《說文》：'背，脊也。''脊，背呂。'《字林》：

'呂，脊骨也。'"唐樞《蜀籟》卷三："抵倒背脊骨。"此詞今四川方言習用[①]。

瞖子

白瞖，即白內障。《玉篇·目部》："瞖，眼疾也。"明李時珍《本草綱目》卷二十六《菜之一·羅勒》："改羅勒爲香菜，今俗人呼爲瞖子草，以其子治瞖也。"可見"瞖子"一詞由來久矣。字或作"翳"。唐玄應《一切經音義》卷十八引《三蒼》云："翳，目病也。"清蒲松齡《聊齋志異》卷一《瞳人語》："驚疑而返，覺目終不快，倩人啟瞼撥視，則睛上生小翳，經宿益劇，淚簌簌不得止；翳漸大，數日厚如錢。"楊樹達《長沙方言續考》四《翳》："《說文》無瞖字，以字義言之，瞖當爲本字，翳則同音假借字也。長沙今言目病曰瞖子。"今四川方言亦同。

雞䀹眼

夜盲眼。宋陸佃《埤雅》卷七《釋鳥·鴟鵂》："舊說雀目夕昏，人有至夕昏不見物者，謂之雀䀹。"清錢大昕《恒言錄》卷六《成語類》："《爾雅翼》云雀性多欲，至曛黑輒盲。人至其時用目力不止者，亦得雀盲之疾。案今人得此疾者，日暮舉燭時，目輒昏暗，謂之雞宿昏，以其時雞方宿也。"孫錦標《通俗常言疏證·頭面》："《埤雅》：'䀹音木。雀目夕昏，人有至夕昏不見物者，謂之雀䀹。'今俗所謂'雞䀹眼'是也。"民國二十四年《雲陽縣志》卷十四《禮俗下·方言上》："《埤雅》䀹音木，雀目夕昏，人有夕昏不見物者曰雀䀹。今俗謂雞䀹眼。"今川北綿陽、梓潼、江油等地謂人黃昏時視力不清爲"雞䀹眼"，"䀹"正音木上聲。《四川方言詞典》作"雞摸眼"，"又說雞目眼、雞母眼、雞夢眼"[②]，似均不及"雞䀹眼"有理據。

[①] 羅韻希等：《成都話方言詞典》，四川省社會科學院出版社 1987 年版，第 12 頁。爲行文簡潔，以下凡涉及今四川方言用例，請參見該書及王文虎等《四川方言詞典》，四川人民出版社 1987 年版；曾曉渝主編《重慶方言詞解》，西南師範大學出版社 1996 年版。除特殊情況外，不再詳注各書頁碼。

[②] 王文虎等：《四川方言詞典》，四川人民出版社 1987 年版，第 166 頁。

湯　碗

小碗。明沈榜《宛署雜記》卷十五《經費下·會試》："湯碗二百個，茶鍾二百個。"《緑野仙蹤》第三十六回："衆人借來一個大錫洗臉盆，十個湯碗，放在桌上。"又："你將十個湯碗、一個大錫盆俱飛去，我們都是向餅鋪中借來的，拿甚麼還他？"

條　子

細長的樹枝條等。元佚名《元朝秘史》卷十一："若不依我言語，將所管的人用條子打的，依舊教條子打他；用拳打的，依舊用拳打他。"又卷十二："又恐軍人畏懼不行，令人各背條子十根，若不行的，用此懲戒。"《醒世姻緣傳》第五十七回："晁鳳跑到那裏，正見晁思才手拿着一根條子，喝神斷鬼的看着小璉哥拔那天井裏的草。"又："晁思才將小璉哥拉奪回去，把手裏拿的條子劈頭劈臉的亂打。"《大詞典》"條子"列"長方形的紙張""便條""舊時特指召喚妓女的字條""單據""指細長形的花紋""方言。指金條"等6個義項，無一與此相關。也可以說細長的樹枝條、荊條、竹枝等俗稱"條子"是另一個詞。

牆院子

院牆，圍牆。隋闍那崛多等譯《起世經》卷一："諸比丘，須彌山下，別有三級。諸神住處，其最下級，縱廣正等，六十由旬，七重牆院，七重欄楯。""七重牆院"或謂七重有圍牆圍繞的院落。《北史·齊本紀上》："文襄美姿容，善言笑⋯⋯嘗于宫西造宅，牆院高廣，聽事宏壯，亞太極殿。""牆院"或謂院牆。《太平御覽》卷六百十七引《異苑》："陸雲獨於空草中，忽見一空牆院整頓，雲時饑乏，因而詣前。"佚名《宅經》卷上："宅有五虛，令人貧耗；五實，令人富貴。宅大人少，一虛；宅門大內小，二虛；牆院不完，三虛⋯⋯宅小人多，一實；宅大門小，二實；牆院完全，三實。"《水滸傳》第三十二回："轉過側首牆邊一所大莊院，兩下都是高牆粉壁，垂柳喬松，圍繞着牆院。"此謂圍繞着院牆。亦作"牆院子"。元王曄《桃花女》第三折："我如

今請他入這牆院子來，卻是鬼金羊，昴日雞當直。"此詞今川北綿陽、梓潼、江油等地習用。

素　麵

指不加肉類配料的麵食。《水滸傳》第五十三回："當日晌午時分，兩個走得肚饑，路旁邊見一個素麵店，兩個直入來，買些點心吃。"《三遂平妖傳》第九回："兩個卻待要回，只見市稍頭一個素麵店門前，一個人拿着一條棒打一個漢子。"《西遊記》第六十八回："既然如此，你在這壁根下站定，等我過去買了回來，與你買素麵燒餅吃罷。"《禪真後史》第十回："忽一日，聶媽媽令家僮送一擔盒禮來，講是女兒母難之日，打一箸素麵，請親家和安人一坐。"清沈復《浮生六記》卷四《浪遊記快》："已備素麵矣，再令道人攜酒盒相從也。"《兒女英雄傳》第二十一回："那也不值甚麼，等我裏頭趕着給你老炸點兒鍋渣麵筋，下點兒素麵單吃。"《官場現形記》第十一回："和尚點的是麻菇湯、炒冬菇、素十景、素麵。"今四川方言習慣把"素麵"看作語詞。

響　皮

煮熟曬乾的豬肉皮用溫油逐漸加熱炸泡而成的一種食品。《醉醒石》第九回："王四叫拿酒來，先擺下一碗炒骨兒，一碗肉灌腸，還有煠雞、燒肚子、響皮，酒是內酒。"《醒世姻緣傳》第三十八回："連春元叫人送了吃用之物：臘肉、響皮肉、羊羔酒、米麵、炒的碁子、焦餅。"[1]又第八十七回："許過捎羊羔酒、響皮肉與寄姐嘗。"又："響皮肉五荒六月裏還放好幾日靡撓不了，這八九月天氣拿不的了？"清末抄本《新甯縣鄉土志》第十四類《物產》："（豕）皮亦間有乾作響皮，儲以製膾。"此詞今四川方言亦習用。

---

[1] "碁子"，指棋子形狀類食品或物品。《醒世姻緣傳》第五十四回："待不得幾日，又改了行賣涼粉碁子，那老婆又偷那涼粉的材料與那切就的碁子。"北魏賈思勰《齊民要術》卷九《餅法》："切麵粥，一名碁子麵。"《大詞典》"碁子麵"謂"即今之刀削麵"。

冷　飯

　　上頓剩下的飯。後秦弗若多羅譯《十誦律》卷十三《九十波逸提之五》："是諸比丘入城乞食，得宿冷飯或不得，或得臭麨或不得，如是麁食或飽不飽。"宋道原《景德傳燈録》卷二十《延州伏龍山延慶院奉璘禪師》："問：'如何是和尚家風？'師曰：'長蘁冷飯。'"元楊顯之《酷寒亭》第三折："道偷了米麪把甕封合，掬的些冷飯兒，又被堯婆擘手把碗來奪。"《西遊記》第五十七回："貧僧是東土來往西天取經的，我師父在路饑渴了，家中有鍋巴冷飯，千萬化些兒救口。""冷飯"即指上頓的剩飯。《喻世明言》卷三十六："當日是日中前後，員外自入去裏面，白湯泡冷飯吃點心。"明徐宏祖《徐霞客遊記》卷四上《粵西遊日記三》十月二十三日："俟顧僕至，令與輿夫同餐所攜冷飯，余出菜齎師所貽腐乾啖之，腹遂果然。"此則爲事先準備留待路途中吃的飯。清梁溪坐觀老人《清代野記》卷中《孔翰林出洋話柄》："閱數日，見公使無動作，遂竊同伴之鴉片膏半茶甌全吞之，復至廚下覓冷飯半盂，咽而下之。"

牢　飯

　　犯人吃的飯。明葉盛《水東日記》卷一："王公有憂色，曰：'諸公勿累小子喫牢飯也。'"言下之意即謂勿使累及坐牢。清唐英輯《燈月閑情十七種・梁上眼》第五出："我新到這裏，人頭不熟，牢飯又沒我的分例。"劉省三《躋春臺》卷四《活無常》："我媽原講送個丫頭來，你家又捨不得那碗牢飯，我又未學，叫我如何做法？""牢飯"猶謂犯人吃的飯，此指連一碗像牢飯那樣粗劣不堪的飯都捨不得。今川北綿陽、梓潼、三臺、江油等地仍習用。

雞　母

　　母雞。《太平御覽》卷九百十八引漢應劭《風俗通義》："雞伏鴨卵，雛成入水。雞母隨岸呼之，雛出而隨母。鴨雞異類，能相隨也。"北魏張邱建《算經・百雞題》："雞翁一，值錢五；雞母一，值錢三。"《太平廣記》卷二百四十三《夏侯彪之》（出《朝野僉載》）："唐益州新昌縣

令夏侯彪之初下車，問里正曰：'雞卵一錢幾顆？'曰：'三顆。'彪之乃遣取十千錢，令買三萬顆，謂里正曰：'未便要，且寄雞母抱之，遂成三萬頭雞，經數月長成，令縣吏與我賣。一雞三十錢，半年之間成三十萬。'"宋李覯《惜雞》詩："吾家有雞母，乘春數子生。"明郎瑛《七修類稿》卷四十九《奇謔類‧覓利太守》亦載夏侯彪之事曰："唐夏侯彪（之）以萬錢貨雞子幾何，候雞母抱兒成雞，然後收之。"清劉省三《躋春臺》卷一《失新郎》："這都是黑天冤平空起浪，似雞母抱鴨兒空苦一場。"此謂母雞孵小鴨白辛苦。

屋 梁

房梁。戰國宋玉《神女賦》："其始來也，耀乎若白日初出照屋梁。"漢黃憲《天禄閣外史》卷二《論〈易〉》："汝獨不見蛛之結網於屋梁之隅，中坐而待食，自以爲安，及棟梁朽而榱題傾，蛛乎雖欲寄一絲以聊適，不可獲矣，當今之世何異斯夫？"南朝梁張率《日出東南隅》詩："朝日照屋梁，夕月懸洞房。"元魏吉迦夜共曇曜譯《付法藏因緣傳》卷一："阿闍世王於睡臥中，夢屋梁折，尋便驚覺，心生惶怖。"唐元稹《元氏長慶集》卷八《落月》詩："蚊聲靄窗户，螢火繞屋梁。"《西遊記》第二十一回："行者在屋梁上，只聽得他這一句言語，不勝歡喜，即抽身飛出。"《喻世明言》卷三十五："皇甫松去衣架上取下一條絛來，把妮子縛了兩隻手，掉過屋梁去，直下打一抽，吊將妮子起去。"清蒲松齡《聊齋志異》卷二《地震》："俄而几案擺簸，酒杯傾覆，屋梁椽柱，錯折有聲。"《二十年目睹之怪現狀》第一百一回："人家因爲他又高又臭，便上他一個徽號，叫他做梁頂糞，取最高不過屋梁之頂，最臭不過是糞之義。"

武藝子

本領。《紅樓復夢》第六十六回："探春同寶釵道：'珍丫頭有武藝子，使個小性兒，纔算是好些兒的。'"《何典》卷八："那後生自道武藝子高強，欺這活死人細皮白肉文縐縐的，把他吃得下肚，不防他捉冷刺

一記,便立腳弗住,一個鷂子翻身,仰缸跌轉來。"今川北綿陽、江油、梓潼等地有"莫得那點武藝子,就不要在城門口擺攤子"的俗語。

南　麥

學名"圓錐小麥"(Triticum turgidum),較普通小麥穗粒大,皮色白,熟稍遲。以南麥麵粉製成之麵食,較普通小麥麵食白。《辭海》(1999縮/2201頁)"圓錐小麥(*Triticum turgidum*)"云"俗稱'藍麥'、'大藍麥'。禾本科。四倍體小麥中的一個栽培種。植株較高大,抽穗前全株呈藍綠色,稈、葉、穗常被蠟粉。穗大,長芒,近正方形,少數類型側面較正面寬,有分枝形和不分枝形兩種。種子大,圓形或卵圓形,粉質。春性、晚熟,抗寒力強。中國新疆、雲南、四川、湖北、河南、山東、安徽等地曾有少量栽培"。明李實《蜀語》:"麥之最大者曰大小麥,一曰南麥〇比小麥穗粒二倍,皮色白,熟稍遲,麫宜起酵,惟蜀產,別土不宜。南字未詳。"①清咸豐十年《資陽縣志》卷七《食貨考‧物產》:"縣多種南麥,以麫食所宜也。"光緒十二年《增修灌縣志》卷十二《物產志‧穀屬》:"又有南麥,粒大而皮薄,多麫無麩。"民國二十一年《綿陽縣志》卷三《食貨志‧物產》:"小麥(來麳)、大麥(䴴,牟麥,穀麥)、藍麥(南麥)。""南麥",川北綿陽、三臺、梓潼等地"文革"時期筆者親見有種植,一如李實所言,而麵粉所做麵食,較一般小麥粉所做麵食白。

二　稱謂詞

稱謂詞,是指人們由於親屬、身份、職業和其他方面的相互關係等而得來的名稱。這類詞語也是隨着遠古文明社會的出現而出現並逐漸豐富的。

---

① 民國二十九年《重修廣元縣志稿》第三編卷十一《食貨志三上》:"來麥,亦小麥之類,俗呼藍麥,謂其葉帶藍也,故稱藍麥,實則來麥也,《詩》云'貽我來麳'是也。南來雙聲,猶之南無讀拿摩也。性狀與普通小麥無異,惟葉呈藍綠色,而稍寬,芒亦略長,麥粒微肥,所磨之麵鮮筋力,味亦較遜,故產量不多,惟山坡瘠地種之,較普通小麥易生耳。""南""拿"鼻音聲母,"來""囉"邊音聲母,明代蜀語即已混用不別,如张位《問奇集》卷下《各地方言》:"西蜀怒爲路,鶩爲魯。"袁子讓《字學元元‧方語呼音之謬》:"蜀音以南爲蘭,以囊爲郎,以能爲倫,蓋泥來互相混也。"故有"南來雙聲"之說,以及《綿陽縣志》以"南麥"注"藍麥",混用作"南麥",於是就有"南字未詳"的困惑了。

正如唐劉知幾《史通・稱謂》說："古往今來，名目各異，區分壤隔稱謂不同。"因此，大型辭書應盡可能收載這類詞語。例如：

老 的

父母或長輩，老年人。《京本通俗小說・碾玉觀音》："兩個老的吃了些苦，當日捉我入府時，兩個去尋死覓活。"元武漢臣《老生兒》第一折："都則爲這老的他有那潑天也似家私，寸男尺女皆無，所以上與他家做女婿，滿意的則是圖他家私。"佚名《獨角牛》第一折："劉千哥哥又廝打哩，我叫老的來。父親，父親！哥哥又廝打哩！"佚名《盆兒鬼》第二折："你也說的是，待張憋古老的來時，我把這盆兒送他。"《醒世恆言》卷二十七："那叫化女兒哭道：'奶奶，你那裏曉得我的苦楚！我家老的，限定每日要討五十文錢，若少了一文，便打個臭死，夜飯也不與我吃，又要在明日補足。'"姜亮夫《昭通方言疏證》（43條）謂"的"音變"讀娘泥二紐"，今四川方言音與之相同。《大詞典》收錄與此同構並相對的"小的"，其第❸義謂"小孩子；少年"，一引沙汀《盧家秀》"三個小的，我早就把他們安頓睡了"，"小的"可用於父母稱自己的孩子，也可用於父輩稱晚輩。

老丈母

岳母。《敦煌變文集・醜女緣起》："丈人丈母不知，今日渾成差事，少（小）娘子如今變也，不是舊時精魅。"宋朱翌《猗覺寮雜記》："《爾雅》：'妻之父爲外舅，母爲外姑。'今無此稱，皆曰丈人、丈母。"或尊稱之加一"老"字。如元佚名《雲窗夢》第四折："〔孤云〕夫人小姐回後堂中去，人間天上，方便第一，就着這筵席，與狀元兩口兒，今日完成夫妻團圓，你意下如何？〔末旦謝科〕〔卜云〕我便是老丈母哩。"民國十六年《簡陽縣志》卷二十二《禮俗篇・方言》："妻之母曰老丈母，又曰岳母。"今四川方言習用。《大詞典》"老丈人"謂"岳父"，可見與之同構並相對的"老丈母"亦應收錄。

姨 爹

姨父。清康熙二十二年《巴東縣志》卷二《風土志·方言》："姑夫姨夫謂之姑爹姨爹。"《紅樓夢》第三十四回："那一回爲他不好，姨爹打了他兩下子，過後老太太不知怎麼知道了，說是珍大哥哥治的，好好的叫了去罵了一頓。"又第六十三回："我父親每日爲兩位姨娘操心，要尋兩個又有根基又富貴又年青又俏皮的兩位姨爹，好娉嫁這二位姨娘的。"《說岳全傳》第六十二回："牛夫人先拜過了姐夫姐姐，然後命牛通來拜姨爹姨母的壽。"《大詞典》收錄與此同構的"姨父""姨母""姨娘"，則亦應收錄與"姨娘"相對的"姨爹"。

崽 崽

小孩子，兒子。明李實《蜀語》："謂子曰崽。……凡勸人飲，或推物與人，恐不受，則誓曰崽崽，或曰萬崽，言若相辭，則我當爲子也。"清張慎儀《蜀方言》卷上："小兒曰崽崽。"民國十七年《涪陵縣續修涪州志·方言》："稚子曰崽崽。"今"崽崽"亦可指幼小的動物。

兄弟姊妹

兄弟或姐妹三人及三人以上只要有一位異性均可稱兄弟姊妹。西晉竺法護譯《佛說阿惟越致遮經》卷中《無著品第八》："化發聲聞慕反跡者，制倚父母妻子舍宅兄弟姊妹令除恩愛。"北齊顏之推《顏氏家訓·風操》："從父兄弟姊妹已孤，而對其前，呼其母爲伯叔母，此不可避者也。"《敦煌變文集·佛說觀彌勒菩薩上生兜率天經講經文》："以此今日，並得生天。承前所修，於欲不染。相見猶如兄弟姊妹無異也。"宋樂史《楊太真外傳》卷上："又命楊銛以下，約禄山爲兄弟姊妹，往來必相宴饋，初雖結義頗深，後亦權敵不叶。"安祿山與楊國忠自然是約爲兄弟，而與楊玉環等是約爲姊妹了。《西遊記》第一回："再無兄弟姊妹，只我一人，没奈何，早晚侍奉。"《紅樓夢》第四十四回："又思平兒並無父母兄弟姊妹，獨自一人，供應賈璉夫婦二人。"

皇帝老官兒　皇帝老官

皇帝（謔稱）。《平妖傳》第四回："你便有奇症，料今晚也不會死，就是皇帝老官兒敕旨宣召，好歹也等明日動身。"《明珠緣》第二十三回："皇帝老官兒將快活了，只苦了咱們熬站。"明馮夢龍《精忠旗》第二十三折："呆毬娘養的，二帝是皇帝老官兒，買得的？"或作"皇帝老官"。明趙士喆《建文年譜》卷上："建文君出亡道池，有鄉人佘得華者，夢神人語云：'明日有貴人過，當具酒饌以待。'質明，華候于門。君果至，華肅以入。君不一御酒肉，華作諺語曰：'皇帝老官喫些，也帶挈我。'君驚起而去。"清楊士聰《玉堂薈記》卷二："（張）鳳翥力爭欲入，奮袖喧呼，至左闕門，守門中貴復加留阻，鳳翥怒拳毆之，復操俚語呼曰：'皇帝老官召我，何人敢阻？'"《醒世姻緣傳》第六十二回："漢高祖是個皇帝老官，那樣的英雄豪傑，在芒碭山中，連一個白帝子都攔腰斬斷。"孫錦標《通俗常言疏證·親戚》引花鼓梆子腔："大相公，你不知道，皇帝老官也有草鞋親。"民國十六年《簡陽縣志》卷二十二《禮俗篇·方言》："帝王曰皇帝老官。"《大詞典》收"皇帝老子""皇帝老爺"，未收"皇帝老官兒""皇帝老官"。

花兒匠

❶以種花爲職業的人。明萬曆《順天府志》卷四《政事志·職掌》："光祿寺花兒匠各工食，及國子監春秋祭祀銀兩，俱出自大宛通州。"清朱彝尊《曝書亭集》卷二十三《栽》詩："嗟哉本末微，壞戶易潛匿。花兒匠太慵，埽除失記憶。"查慎行《敬業堂集》卷十六《偶閱楊次也賣花詩戲次原韻五首》之四："白白朱朱漫作堆，舊家亭館記曾栽。閱人最有花兒匠，及見園空長綠苔。"《紅樓夢》第二十四回："這裏賈芸又拿了五十兩，出西門找到花兒匠方椿家裏去買樹。"《品花寶鑒》第五十三回："我明日就把櫥櫃製辦起來，叫花兒匠來收拾花草。"

❷製做烟花的人。《金瓶梅詞話》第四十回："教賁四叫將花兒匠來做幾架烟火。"又第四十一回："西門慶在家，看着賁四叫了花兒匠來紮縛烟火。"

箍桶匠

指以箍桶爲業的人。宋文瑩《湘山野録》卷下："（潘）閬服僧服髠鬚，五更持磬，出宜秋門至秦亭，挈擔爲箍桶匠，投故人。"明郎瑛《七修類稿》卷四十五《事物類·沈烏兒》："天順間，杭有沈姓者，畜一畫眉，善叫能鬥。徽客許以十金購之，不與，人莫不知也。一早，攜至西湖，偶爾腹痛，坐臥於堤，不可歸，有識人箍桶匠過焉，沈陽浼其歸以報之。"此或爲《喻世明言》卷二十六《沈小官一鳥害七命》故事所本。

三　其他類詞語

除上兩類詞的各類實詞和虛詞，大型辭書失收的亦復不少。例如：

培　補

修補。明孔貞時《在魯齋文集》卷五《候烏程吳璇卿》："近有一堪輿周雲峰，爲人修改陽宅，或培補或修葺，于易理甚徹，于地方有驗。"清劉省三《躋春臺》卷三《陰陽帽》："凡篇中所言，不要錢的好事，如立口德、存善心、排難解紛、救蟻放生、培補古墓、修砌路途，無不勇力爲之。"又卷四《孝還魂》："常言：培補古墓，暗中加福；剗平路道，吉星臨照。"《清史稿·河渠志三》載侍郎朱士彥言："高堰石工在事諸臣，惟務節省，辦理草率，又因搶築大堤，就近二堤取土，事後亦不培補。""培補"均謂修補。又，《儒林外史》第三十四回："是這等樣，天下無妻子的人，或者也少幾個，也是培補元氣之一端。""培補"或謂培養、涵養。

箍　桶

唆使人訴訟或包攬詞訟。清劉省三《躋春臺》卷一《雙金釧》："有一等忤逆子全無分曉，貪酒色逞財氣滿假矜驕。或箍桶或唆訟包把狀告，或打條或想方白晝持刀。"此及以下各例，蔡敦勇校點本均作"篩桶"[①]，誤。

[①]（清）劉省三：《躋春臺》，江蘇古籍出版社 1993 年版，第 3 頁。

按光緒刻本"箍"字下部雖似從"木"從"師",但卷三《審煙槍》:"他便結交衙門,與人箍桶唆訟,其中弄錢。"又卷四《蜂伸冤》:"想不箍桶又無生計,於是改換心腸,不害人而救人,見有冤枉,無辜受累之案,他方才箍。""箍"字則較清晰。工於唆使人訴訟或包打官司的人又叫"箍桶匠",訟師未打贏官司或事未辦成叫"桶箍爆了"[1],如《躋春臺》卷二《吃得虧》:"開個條去想方就把箍爆,是強盜進門去就犯蹊蹺。"今川北綿陽、三臺、梓潼等地仍有此說法。"箍桶"指唆使人訴訟或包攬詞訟,當是其本義(詳下)的引申。

又,《大詞典》"箍桶"謂"用竹篾或金屬做成圈形,套在圓桶上,桶片之間緊固而不滲水",引章炳麟《新方言》,然此詞已見於唐宋文獻。如《太平廣記》卷一百九十五《京西店老人》(出《酉陽雜俎》):"見老人方箍桶,韋(行規)意其異人也,拜而且謝。"《四部叢刊》影明本《酉陽雜俎》作"箍箵"。宋孟元老《東京夢華錄》卷三《諸色雜賣》:"其鋦路、釘鉸、箍桶、修整動使、掌鞋地、刷腰帶、修襆頭帽子、補角冠。"

輕容易

輕易;容易。《封神演義》第四十七回:"(公明)把黃龍真人泥丸宮上用符印壓住元神,輕容易不得脫逃。"謂不能輕易脫逃,不容易脫逃。清林佶《樸學齋詩稿》卷十《書安藏碑成紀事》:"七載鐵衣調萬騎,莫輕容易說安西。"《品花寶鑒》第十九回:"既而又想道,這等紅相公自然是不輕容易到手的。"謂不容易到手。《兒女英雄傳》第三十回:"何況這幾件,件件都是天不輕容易給人!"此謂不輕易給人。《官場現形記》第二十六回:"大人先生這些事情豈肯輕容易落筆。"猶謂不輕易下筆。又第十三回:"回來再在四鄉八鎮,各處搜尋一回,然後稟報肅清,也好叫上頭曉得這一趟辛苦不是輕容易的。"此謂不是容易的。

---

[1] 張一舟:《從〈躋春臺〉的校點看方言古籍整理》,《方言》1995年第2期。

其 外

其餘；另外。《史記·天官書》："參爲白虎。三星直者，是爲衡石。下有三星，兌，曰罰，爲斬艾事。其外四星，左右肩股也。""其外四星"，謂其餘四星，另外四星。南朝梁鍾嶸《詩品·古詩》："其體源出於《國風》。陸機所擬十二首，文溫以麗，意悲而遠，驚心動魂，可謂幾乎一字千金！其外《去者日以疏》四十五首，雖多哀怨，頗爲總雜。"唐道宣《大唐內典錄·隋朝傳譯佛經錄第十七》："沙門明穆、沙門彥琮重對梵本，再更覆勘，整理文義。其外尚有九十餘部見在。"《拍案驚奇》卷十五："若有銀子，必先恢復了這莊居，羞辱那徽狗一番，出一口氣。其外或開個鋪子，或置些田地，隨緣度日，以待成名，我之願也。"又卷十三："每年束修五十金，其外節儀與夫供給之盛，自不必說。"以上各例，"其外"或均謂另外。

人小鬼大

人雖小但心眼多。《龍圖耳錄》第八十二回："包公見如此，斷喝一聲道：'好狗才，人小鬼大，竟敢嘴強！'"《義俠傳》第六十一回："卞虎那裏肯信，將眼一瞪道：'好囚攘的，人小鬼大，你竟敢弄這樣的戲法，咱們且向前面說來。'"清劉省三《躋春臺》卷一《雙金釧》："懷德人小鬼大，如此年紀，犯規作賊，若不處治，連累家族。"今川、渝等地有"人小鬼大，私娃子（私生子）回煞"的俗語。

生 發

指生發出錢財或帶來好運。《二刻拍案驚奇》卷三十九："我衣囊裏盡有些本錢，哥哥要營運時，足可生發度日的。"謂以本生利。《禪真後史》第四十二回："你想，酸鬼的銀子，不是性命？怎肯囊裏取出來與人，單好生發別人的錢鈔，做那官路人情，乃讀書人本色。"謂想方設法讓別人拿出錢來。《紅樓夢》第五十六回："若此時也出脫生發銀子，自然小氣，不是咱們這樣人家的事。"《官場現形記》第三十四回："但願吾兄從此一帆風順，升官發財，各式事情都在此中生發，真正是名利雙收，再

好没有。"

使 口

使喚（他人做事）。《醒世姻緣傳》第五十八回："巧姐自己也會動手，調羹又極是體貼，老狄婆子不過是使口而已，倒也不甚操心。"清劉省三《躋春臺》卷一《啞女配》："妹妹溫和人能幹，拿來使口當丫鬟。"《增廣賢文》亦有"使口不如自走，求人不如求己"的俗諺。

說白話

說假話；說空話。明李贄《焚書·經史相爲表裏》："經、史一物也。史而不經，則爲穢史矣，何以垂戒鑒乎？經而不史，則爲說白話矣，何以彰事實乎？故《春秋》一經，春秋一時之史也。""說白話"猶謂說假話。《明珠緣》第十四回："崔少華不是個說白話的，聞得對門邱先生與他有親，何不央他去說說看？"《紅樓夢》第五十七回："寶玉笑道：'你又說白話。蘇州雖是原籍，因沒了姑父姑母，無人照看，才就了來的。明年回去找誰？可見是扯謊。'"前謂"說白話"，後言"扯謊"，可見"說白話"即說假話。又，《醒世恒言》卷三十五："我只道本利已在手上了，原來還是空口說白話，眼飽肚中饑。""空口說白話"，猶空口說空話。《二刻拍案驚奇》卷二十九："今日空口說白話，未好就明說出來。"《兒女英雄傳》第三回："那和尚可是個貪利的，大約合他空口說白話也不得行。"亦其例。

響 快

爽快。《朱子語類》卷一百十八《朱子十五》："只務說得響快，前聖後賢都是恁地解說將來，如何一旦要改換他底。"謂只圖說得爽快。又卷一百三十二《本朝六》："先生聞黃文叔之死，頗傷之，云：'觀其文字議論，是一箇白直響快底人，想是懊悶死了。'"明萬明英《三命通會》卷八《六丁日己酉時斷》："丁日時臨己酉，食神旺相生財。清閒福祿自然來，一世爲人響快。"《紅樓夢》第六回："他們家的二小姐着實響快，

會待人,倒不拿大。"《詩詞曲小說語辭大典》"響快"謂"猶'爽快'、'直率'",引此例,並謂"此據'庚辰本',程乙本'響快'正作'爽快'"①,則爲同義而異寫。又第四十六回:"你這麽個響快人,怎麽又這樣積粘起來?有什麽不稱心之處,只管說與我,我管你遂心如意就是了。""響快"謂爽快。

幸喜得

幸好。唐張讀《宣室志·李征》:"我自與足下別,音問曠阻且久矣。幸喜得無恙乎,今又去何適?"此似讀作"幸喜/得",但意思猶謂幸好無恙吧。元佚名《留鞋記》第四折:"押月英到寺內認他屍首,幸喜得神明護早已生全。"《水滸傳》第六十六回:"今日幸喜得兄長無事,又得安太醫在寨中看視貴疾。"《醒世恒言》卷八:"今日暫走到後邊,便被劉大娘撞破,幸喜得急奔回來,還不曾吃虧。"《拍案驚奇》卷三十一:"去了一年多,道是死於虎狼了,幸喜得還在。"《平山冷燕》第十七回:"到了廳上,幸喜得山相公進去,還不曾出來。"《兒女英雄傳》第二十一回:"幸喜得他家莊上有個大馬圈,另開車門,出入方便。"清劉省三《躋春台》卷三《雙冤報》:"幸喜得生意利厚,雖然耗費,猶如氈上拔毛,不傷大體。"又《南山井》:"幸喜得夫有靈皇天有眼,你自己說出了殺人機關。"《大詞典》"幸喜"謂"幸好,幸虧",首引《二刻拍案驚奇》卷十六:"因你分付了,不敢入殮。況且心頭溫溫的,只得坐守。幸喜得果然還魂轉來。"恐切分詞語失當,應以"幸喜得"爲詞。

煙霧塵天

比喻喧嘩或爭吵激烈。《兒女英雄傳》第九回:"就算我是個冒失鬼,鬧了個煙霧塵天,一概不管,甩手走了,你們想想,難道炕上那個黃布包袱我就這等含含糊糊的丟下不成?"《九尾龜》第七十二回:"自此一連幾天,李子霄夜夜碰和,朝朝擺酒,鬧得煙霧塵天。"《官場現形記》第

---

① 王貴元等主編:《詩詞曲小說語辭大典》,群言出版社1993年版,第411頁。

二十四回："叫來的相公擡拳打通關，五魁、八馬，早已鬧的煙霧塵天。"《負曝閑談》第十二回："他父親是箇實缺道臺，因見他在任上鬧得烟霧塵天，恐怕於自己聲名有礙，故此打發他到上海學堂裏念念西文，趁此可以攔住他的身子。"此詞今川北綿陽、江油、梓潼、三臺等地亦習用。

依 教

依從，遵照行事。晉干寶《搜神記》卷四："（胡毋）班進拜流涕，問：'大人何因及此？'父云：'……知汝今爲明府所識，可爲吾陳之，乞免此役，便欲得社公耳。'班乃依教，叩頭陳乞。"南朝梁慧皎《高僧傳》卷十一論曰："先是世高、法護譯出禪經，僧光、曇猷等，並依教修心，終成勝業。"《敦煌變文集‧目連緣起》："目連聞金口所說，甚是喜歡，依教奉行，辦諸供養。"《敦煌變文集補編‧盂蘭盆經講經文》："目連依教便修行，供養世尊及大衆。"宋普濟《五燈會元》卷一《初祖菩提達摩大師》："至第四戒行宗所，問曰：'何者名戒？云何名行？當此戒行，爲一爲二？'彼衆中有一賢者答曰：'一二二一，皆彼所生。依教無染，此名戒行。'祖曰：'汝言依教，即是有染。一二俱破，何言依教？此二違背，不及於行。內外非明，何名爲戒？'""依教"當爲語詞。

一個錢

一分錢。可用於名詞前作定語，極言其少，相當於"一丁點兒"。元鄭廷玉《看錢奴》第三折："怎知我多使了一個錢，便心疼殺我也。"猶謂多用了一分錢。武漢臣《生金閣》第一折："今日買賣十分苦，可可撞見大官府。一個錢兒賺不的，不知關門學擂鼓。"《醒世恒言》卷三十八："只得尋個客店安歇，爭奈身邊一個錢也沒有，不免解件衣服下來，換了一貫錢。"《拍案驚奇》卷二十五："太學雖在盼奴家往來情厚，不曾破費一個錢，反得他資助讀書，感激他情意，極力發憤。"《兒女英雄傳》第十五回："姑爺，真個的，你住在這裏就是你的一畝三分地？我一個錢的主意都作不得不成？"《官場現形記》第二十回："如今聽你的話，看你的這個樣子，才曉得你貴撫臺也是一個錢沒有。"《大詞典》收錄與此

同構的"一個子兒""一個大"。

攢言子

講諺語、歇後語等。清劉省三《躋春台》卷二《審豺狼》："二天鄧大爺做閒事了，拿幾串錢，我保舉你當個光棍。莫說無人想方子，而且還要肘架子，出門飛片子，說話攘袖子，口裏攢言子，沾着幾凳子，罵人充老子。"①亦作"斬言子"。又卷三《巧報應》："國昌見錢來得便易，於是肘起大架子，縫些好衫子，走路搊袖子，說話斬言子，銀錢當草子，不然是個富家子，不管父母過日子，要錢還要挨頭子。"又作"譖言子"。姜亮夫《昭通方言疏證》（1145條）："昭人言隱語猜謎曰譖言子。"

做得出

做超出常理的事情。《朱子語類》卷五十二《孟子二》："然人所稟氣亦自不同：有稟得盛者，則爲人強壯，隨分亦有立作，使之做事，亦隨分做得出。"元石君寶《曲江池》第三折："這鄭舍也是我總承你家的，不知亞仙姨姨吃了我幾席酒，今日便分一杯兒與我吃，也是個捨錢的。妳妳，怎麼這等做得出？"《好逑傳》第十二回："水運聽了，歡喜的打跌道：'此計痛快之極，只要公子做得出。'"《官場現形記》第五回："虧得舅太爺老臉，說又說得出，做又做得出。"《二十年目睹之怪現狀》第九十九回："至於骨子裏頭，第一個秘訣是要巴結。只要人家巴結不到的，你巴結得到；人家做不出的，你做得出。"此詞今成都、重慶及周邊地區市井口語習用。

將　將

剛好，剛剛。《兒女英雄傳》第六回："那女子眼明手快，連忙丟下杠子，拿出那把刀來，往上一架，棍沉刀軟，將將的抵一個住。"又第二十三回："老爺正在爲難，將將艄頂碼頭，不想恰好這位湊趣兒的舅太太

---

① "攘"疑應作"搊"，爲從"衰"得聲的方言造字，義同"甩"，下例即作"搊袖子"。

接出來了。"《老殘遊記》第十八回:"做二十斤,就將將的不多不少嗎?"唐樞《蜀籟》卷一:"不大不小,將將管倒。"此詞今四川方言習用。

講聖諭

舊時在茶館或街頭等搭一高臺並供"聖諭"二字,講者在臺旁宣講因果報應或勸人行善修德。明萬曆三十四年《新寧縣志》卷八《人事考·汪侯善政碑》:"侯懿德徽猷,豈惟是哉!曰節省,曰造士,曰救荒,曰勸農,曰講聖諭。"清盤嶠野人《居官寡過錄》一《教化(補)》:"各鄉堡擇有品望士人立爲中正,十日爲講聖諭廣訓,亦間召百姓于邑隍廟,或親到鄉爲泛說切身道路。"劉省三《躋春臺》卷一《過人瘋》:"順慶一帶,乃是謝壽門在教化宣講……到李家設壇誦經,門外宣講善惡果報。……講聖諭無非是勸把善向,陰與陽是一理爲善則昌。"又卷二《平分銀》:"二人到處看望,見一人在公廟行禮,衣冠儼然,進去一看,知是講聖諭的,便坐下去聽。"唐樞《蜀籟》卷四:"閻王殿前講聖諭在勸鬼。"據《明史·傅朝佑傳》:"屢遷工科左給事中,陳當務十二事:一納諫……十一敕有司修城積粟,十二講聖諭六條。"《清史稿·德宗本紀一》:"戊戌,諭各省宣講聖諭廣訓。"又《陳鵬年傳》:"鵬年嘗就南市樓故址建鄉約講堂,月朔宣講聖諭,並爲之榜曰'天語丁寧'。"明清兩代均由朝廷詔令講聖諭,以推行教化。今四川方言比喻講冠冕堂皇的大道理或說教。

就

扭傷。《西遊記》第七十七回:"被佛爺把手往上一指,那妖翅膊上就了筋,飛不去。""就"謂扭傷。此詞曾上炎《西遊記辭典》未收錄,《大字典》《大詞典》"就"字未及此義。

(原載《中國訓詁學研究會論文集(2002)》,中國文史出版社2002年版)

近代漢語俚俗詞語考辨

宋元明清文獻記錄了部分俗語詞及其語源，有需加考辨方能正本清源者，茲結合現代方言酌加辨析，並就教於方家。

包穀 苞穀 包裹 包䴹

即玉米。因其穗有衣包裹，故名。清段汝霖《楚南苗志》卷一《雜糧》："包穀，三月種，六月收，即內地所稱玉米者，苗疆山土宜之，在在多有。"錢泳《履園叢話》卷十四《異事》："西藏及苗匪邪教未起事先，川中所種包穀，根下宛如人首，眉目畢具。"搏沙拙老《閑處光陰》卷下："吾鄉及湖湘人賈於是者多家於是，土人除農外別無所營，性極儉嗇，家累千金者，仍飯包穀，即玉蜀黍。"盧秉鈞《紅杏山房聞見隨筆》卷二十三《草木花果》："而黍之外另有一種名玉蜀黍，此黍初出西蜀，故又名玉黍。今南北多種之，其黍不擇地而生，崗隴平原俱可種獲，可以炒食，蒸食，作酒，作餳，飼畜等用。余考據諸書，即今俗名包穀是也。"乾隆《湖南巡撫姜晟奏報早稻收成九分有餘詩以誌慰》"日起農功熟萬寶，頻來捷信報三軍"原注："又稱現在中晚二稻亦正揚花吐穗，農功日起，倍極茂盛，並豆粟包穀等項雜糧，均可一律有收，農民無不歡悅。"亦作"苞穀"。清乾隆二十六年《巴縣志》卷十《風土志‧物產》："玉秫黍，俗名苞穀。"吳振棫《黔語》卷上："至若窄鄉窮壤，十九以苞穀為糧（苞穀，黔蜀諸處俗稱，亦曰王高粱）。"音譌為"包裹""包果"。清文祥《蜀輶紀程》："（鳳縣）山中居民甚苦，惟食御米，謂之包裹（南人稱玉米為包裹）。"民國二十年《三臺縣志》卷十三《物產》："包穀即御麥。《圖經》云：

'穀中之奇者，曾經進御，故曰御麥。'黔曰玉蜀黍，西域曰番麥，南人曰包果。"亦名"包蔓"。黃濬《花隨人聖庵摭憶》："乾隆三十三年以後，湖廣江西流民，始潛入山內伐木支柵，種包穀度日，包穀似粱，一名包蔓，川湖人謂之玉米，又曰珍珠米。"

《漢語大詞典》（以下簡稱"《大詞典》"）"包穀"首引清吳熾昌《客窗閒話續集》例，"苞穀"無書證，"包裹"未及此義，"包蔓"未見。

《漢語方言大詞典》（1340頁。以下簡稱"《方言大詞典》"）"包穀"謂"玉米；玉蜀黍"，冀魯官話、中原官話、晉語、蘭銀官話、西南官話、吳語、湘語、贛語、客話；又"包果"謂"玉米"，西南官話；又（3154頁）"苞穀"謂"玉米"，中原官話、蘭銀官話、西南官話、湘語。其實，"包穀""苞穀"同詞異形，使用區域應當一致。

打

擊。此本義及常義，其音義所由則頗有異議。宋歐陽修《歸田錄》卷二："今世俗言語之訛，而舉世君子小人皆同其繆者，惟打字爾（打，丁雅反）。其義本謂考擊，故人相毆，以物相擊，皆謂之打。而工造金銀器，亦謂之打，可矣，蓋有槌搗作擊之義也。至於造舟車者曰打船、打車，網魚曰打魚，汲水曰打水，役夫餉飯曰打飯，兵士給衣糧曰打衣糧，從者執傘曰打傘，以糊粘紙曰打糊，以丈尺量地曰打量，舉手試眼之昏明曰打試。至於名儒碩學，語皆如此，觸事皆謂之打。而徧檢字書，了無此字（丁雅反者），其義主考擊之打自音謫（疑當作滴）耿，以字學言之，打字從手從丁，丁又擊物之聲，故音謫耿爲是，不知因何轉爲丁雅也。"《說文新附·手部》："打，擊也。从手，丁聲。"丁一音dìng。清朱駿聲《說文通訓定聲·鼎部》："以丁入物亦曰丁。"即今動詞釘。又，宋吳曾《能改齋漫錄》卷五《辨誤·打字從手從丁》："予嘗考《釋文》云：'丁者，當也。'打字從手從丁，以手當其事者也。觸事謂之打，於義亦無嫌矣。夫豈歐公偶忘《釋文》云耶？予嘗見宋景文公云：'凡義有未通者，當以

偏旁考之。'予於打字得之矣。""丁"有"當"義，故訓習見。《爾雅·釋詁》："丁，當也。"《詩·大雅·雲漢》："寧丁我躬。"毛傳："丁，當也。"《楚辭·劉向〈九嘆·惜賢〉》："丁時逢殃，孰可奈何兮。"王逸注："丁，當也。言己之生，唯當逢遇殃咎，安可奈何，自悶而已。"《後漢書·崔駰傳》："丁漢氏之中微。"李賢注："丁，當也。"《資治通鑑》卷一百二十八宋武帝孝建三年："（顏）竣丁父憂。"胡三省注："丁，當也。郭璞曰：'值也。'""打"從丁，如宋祁、吳曾所言，則"打"正取義於"丁"，猶朱駿聲"以丁入物亦曰丁"，引申之，以物考擊之亦可曰"丁"，即俗所謂打也。清黃生《字詁·打》條云："古無打字，《說文》打（都挺切）乃徐鉉新增者。按古止借提字爲上聲（典禮切），如《史記·絳侯世家》'以冒絮提文帝'[1]，《刺客傳》'以藥囊提荊軻'，《吳王濞傳》'以博局提殺吳太子'，其義皆即打字，爲古今音轉。故後人續制打字爲用爾。晉時呼打與等無別，故逸少艸書借打爲等，而打字入用亦始六朝。《韻會》引《北史·張彝傳》'擊打公門'，《小補》引《穀梁·宣十八》注'挩，摇打也'。余又考宗懍《歲時記》'搥床打戶'，顏之推《家訓》'打拂之，簸揚之'，六朝已前固無用打字者。歐陽修《歸田錄》以打音滴耿（此《門法》所謂麻韻，不定之切。音當爲鼎。或疑滴字之誤，非也。《字彙》謂打一音滴，引歐公《歸田錄》，則又去其耿字，斯謬之甚矣），以丁雅反爲世俗言語之訛。葉夢得《避暑錄》又謂'吳越俚人正以相毆擊爲謫耿音'，然則謫耿之與丁雅，正未易辨其孰爲雅俗也。余按此字見於六朝，當是本音鼎（都挺切，本孫愐《唐韻》），而北俗語音不正，呼丁雅反，流轉南方，亦變其音。……今若讀《北史》、《歲時記》、《家訓》諸打字爲丁雅反，則音氣反順，若讀爲都挺切，反覺生硬不安。可見孫愐雖列於梗韻，而時俗所呼，文字所用，皆未必從其音也。"隋曹憲《博雅音》"打"音鼎，唐孫愐《唐韻》音都挺切，又明顧起元《客座贅語》卷一《辨訛》："打，作都冷切，今作丁把切，本取擊爲義也。"《康熙字典·手部》："打，《唐韻》、《集韻》、《韻會》並都挺切，

---

[1] 司馬貞索隱："（提）蕭該音底。提者，擲也。蕭音爲得。"

音頂。《說文》：'擊也。从手，丁聲。'《穀梁傳·宣公十八年》：'邾人戕繒子于繒，梲殺也。'注云：'謂捶打。'音頂。"《魏書·張彝傳》："神龜二年二月，羽林虎賁幾將千人，相率至尙書省詬罵，求其長子尙書郎，始均不獲，以瓦石擊打公門，上下畏懼，莫敢討抑。""擊打"同義複詞。清范寅《越諺》卷下《字音各別》："打，訂，持瓦石擊人之謂，與《穀梁傳·宣公十八年》'梲殺也'注中音小異，義同。"亦作"杕"。民國二十二年《灌縣志》卷十六《禮俗記·方言》："杕，以瓦礫擊遠也，讀若定。《說文》：'丁，撞也。'俗作杕。"此音義今仍存留於蜀語中，如《四川方言詞典》"掟（叮）"音dìn²¹³，謂"扔；擲"①，與黃生所舉《史記》三例之"提"義若合符節。

《漢語大字典》（以下簡稱"《大字典》"）"打"（一），《大詞典》"打₁"均音dǎ，下列《廣韻》德冷切、都挺切，《六書故》都假切，則未標注拼音dīng，均未及"投擲擊遠"義。又《大字典》"杕"（一）chéng，❶"以此物撞出彼物；撞擊"，其中引《集韻·梗韻》："杕，擊也。"《太子成道變文》："便杕喜鼓，便與成親。"②《大詞典》"杕¹"chéng，❶"撞擊"，亦引及變文例。實際上，"杕"就是"打"，載籍"木"旁"扌"旁往往混用不別，如宋郭忠恕《佩觿》卷上："五經字書，不分校挍。"③兩工具書注音、釋義均有可商。《敦煌變文集·李陵變文》："陵欲攢軍，方令擊皷。一時杕（打）其皷（鼓）不鳴。"實則"杕""皷"均不煩校。又如《大詞典》"打殺"❶"打死"，首引《清平山堂話本·快嘴李翠蓮記》。更早的用例則見於《樂府詩集·清商曲辭三·讀曲歌》："打殺長鳴雞，彈去烏柏鳥。"敦煌本P.3211王梵志詩："逢賊被打煞，五品无人諍。"又："如此倒見賊，杕煞無人護。""打煞""杕煞"同"打殺"。後例趙和平、鄧文寬《敦煌寫本王梵志

---

① 王文虎等：《四川方言詞典》，四川人民出版社1987年版，第84頁。
② 今按《漢語大字典》第二版第3卷1235頁"杕"（一）❶音義未作修訂。
③ 清錢大昕《十駕齋養新錄》卷三《陸氏釋文多俗字》認爲："《周禮·校人》注：'校之爲言校也，主馬者必仍校視之。'釋文：'校，戶教反，字從木，若從手旁作是比挍之字耳，今人多亂之。'按《說文·手部》無挍字，漢碑木旁字多作手旁，此隸體之變，非別有挍字。六朝俗師妄生分別，而元朗亦從而和之，愼到甚矣。"

詩校注》云："扚：《掇瑣》同，當是'打'字形近致誤。"①"扚"爲"打"字異體，非形誤字。

《方言大詞典》（1012頁）"打"❾"扔；拋"，湘語〔ta³¹〕、贛語〔ta⁵³〕，未涉蜀語及〔tin²¹³〕音。又（5386頁）"掟"❷"〈動〉扔；擲；砸。㊀西南官話"，本字即"打"，亦即《史記》之"提"。

街

集市。本義爲四通道。《說文·行部》："街，四通道也。从行，圭聲。"城鎮經行往來之路也稱街或街道，引申之則稱市集或集市爲街。其得名之由，宋吳處厚《青箱雜記》卷三云："嶺南謂村市爲虛……蓋市之所在，有人則滿，無人則虛，而嶺南村市滿時少，虛時多，謂之爲虛，不亦宜乎？又蜀有痎市，而間日一集，如痎瘧之一發，則其俗又以冷熱發歇爲市喻。"明謝肇淛《五雜組》卷三《地部一》或承其說："嶺南之市謂之虛，言滿時少，虛時多也。西蜀謂之亥。亥者，痎也。痎者，瘧也，言間日一作也。山東人謂之集，每集則百貨俱陳，四遠競湊，大至騾、馬、牛、羊、奴婢、妻子，小至斗粟、尺布，必於其日聚焉，謂之'趕集'。嶺南謂之'趁虛'。""間日一集，如痎瘧之一發"，或"痎者，瘧也，言間日一作也"，恐均爲臆說。況且蜀地並非"間日一集"或"間日一作"。明李實《蜀語》云："村市曰場〇入市交易曰趕場，三六九爲期，辰集午散，猶河北之謂集，嶺南之謂墟，中原之謂務。"②清劉獻廷《廣陽雜記》卷二："蜀謂之場，滇謂之街，嶺南謂之務，河北謂之集。"今四川方言稱市集爲場，亦謂之街。入市交易必在人來人往的通衢大道等固定場所，這樣的四達之道就是街。《青箱雜記》之"痎市"，即同宋吳曾《能改齋漫錄》卷一《事始一》"崇寧大觀以來，內外街市鼓笛拍板，名曰'打斷'"之"街市"。

《大字典》"痎"（二）音jiē，謂"市集名，指隔日交易一次的市

---

① 趙和平、鄧文寬：《敦煌寫本王梵志詩校注》，《北京大學學報》1980年第5期。
② 黃仁壽等校注："場期不統一而是地別期異：有三、六、九爲期者，也有一、四、七或二、五、八爲期者。"

集"，引《五雜組》。《大詞典》"痎市"謂"隔日一次的集市"，引《青箱雜記》；又"亥市"（亥音jiē）謂"隔日交易一次的集市"，引唐白居易詩、《青箱雜記》及明方以智《通雅·天文》："亥音皆，言如痎瘧，間日一發也。諱痎，故曰亥市。"附項謂"一說，以寅、申、巳、亥日集市，俗稱'亥市'"，引清西崖《談征·名部》："荆吳俗取寅、申、巳、亥日爲市，故爲亥市，猶今之市有逢雙日、單日也。"何以不名"寅市""申市""巳市"而獨謂"亥市"？顯係均據臆說而立，失之明察矣。

骨路 骨露 錮露 錮路 錮鏴 錮鑪 錮漏

補治銅鐵器等；亦指補治銅鐵器等的工匠。宋陸游《老學庵筆記》卷一："市井中有補治故銅鐵器者謂之'骨路'，莫曉何義。《春秋正義》曰：'《說文》云：錮，塞也。鐵器穿穴者，鑄鐵以塞之，使不漏。禁人使不得仕宦，其事亦似之，謂之禁錮。'余案：'骨路'正是'錮'字反語。"也作"骨露"。宋洪邁《容齋三筆》卷十六《切腳語》："世人語音有以切腳而稱者，亦間見之於書史中。如……錮爲骨露。"元陶宗儀《說郛》卷二十三下《俗語切腳字》："骨露，錮字。"而以熔化的金屬堵塞金屬物品的漏洞，亦謂"錮露"。《朱子語類》卷七十三《易九》："如爐鞴相似，補底只是錮露，聖人卻是渾淪鑄過。"或作"錮路"。宋孟元老《東京夢華錄》卷三《諸色雜賣》："其錮路、釘鉸、箍桶、修整動使、掌鞋、刷腰帶、修幞頭帽子、補角冠。"吳自牧《夢粱錄》卷十三《夜市》："若欲喚錮路釘鉸、修補鍋銚、箍桶、修鞋、修幞頭帽子、補修魷冠、接梳兒、染紅綠牙梳、穿結珠子、修洗鹿胎冠子、修磨刀剪、磨鏡，時時有盤街者，便可喚之。"亦作"錮鏴"，偏旁類化。S.705a《開蒙要訓》："錮鏴銷鎔，爐冶鑄鑵。"郝春文主編《英藏敦煌社會歷史文獻釋錄》第三卷（522頁）校記［60］謂S.5431等八本同，P.2487作"錮鑪"。《五音集韻·暮韻》："鏴，錮鏴也。"《韻略易通·十四呼模》："錮，錮鏴，鑄塞之也。"宋普濟《五燈會元》卷二十《國清行機禪師》："若也根性陋劣，要去有滋味處咬嚼，遇著義學阿師，遞相錮鏴，直饒說得雲興雨現，也是蝦蟇化龍，下梢依舊，喫泥喫土，堪作甚麼？"明曹學佺《蜀中廣記》卷

八十七《高僧記第七》："一日召弟子曰：'吾當西歸。'令取水沐浴更衣，結跏敷座，隨作偈曰：'禪不會參，道不曾悟，打破虛空，從新錮鏴。咦，佛子頭邊，佛魔驚怖。'端坐而化。"或作"錮漏"。宋張邦基《墨莊漫錄》卷一："世傳宗室中昔有昏謬（俗呼爲厥撒太尉），一日坐宮門，見釘鉸者亟呼之，命僕取弊履，令工以革護其首。工笑曰：'非我技也。'公乃悞（悟）曰：'我謬也。誤呼汝矣。適欲喚一錮漏（俗呼骨路）者耳。'聞者大笑之。"清文昭《紫幢軒詩集·艾集上·箍桶》："束縛工成一剎那，朝來運水得功多。青蚨百箇酬將去，更喚街頭骨路鍋（錮漏鍋，訛作骨路，見《癸辛雜識》）。"桂馥《札樸》卷九《鄉里舊聞·名稱》："補鮮匠曰錮漏鮮。"亦作"錮爐"。林轅神風述《谷神篇叙》："是以上世仙真，明明指論生身二氣爲藥根本，教人推類以加增益比氣，以鉛延生，此無他也，即錮鑪補罅之義矣。"

《大詞典》"骨路"謂"舊稱修補銅鐵器的工匠"，引《老學庵筆記》；"錮路"一形無書證，當補；"錮露"謂"亦作'錮路'。用熔化的金屬堵塞金屬物品的漏洞"，引《朱子語類》；"錮漏"謂"錮露"，引郭澄清《大刀記》，書證過晚；"骨露""錮鏴""錮鐕""錮鑪"詞形則未收，均當補。

《方言大詞典》（6586頁）"錮爐子"謂"鍋鋦碗的匠人"，冀魯、膠遼官話；"錮漏子"謂"鋦碗補鍋的小爐匠"，中原官話；"錮漏鍋"謂"焊補鐵鍋的匠人"，北京官話、中原官話；"錮鐕子"謂"補鍋的小爐匠"，冀魯官話；"錮露子"謂"小爐匠"，膠遼官話。

胡豆 湖豆 佛豆

蠶豆。《廣雅·釋草》："胡豆，䝁䜴也。"明方以智《通雅》卷四十四《植物》："䝁䜴，豇豆也。《廣雅》指爲胡豆，誤矣。"張揖釋誤，方說是也。王念孫《廣雅疏證》："依徐邈《穀梁傳注》，則胡豆之來，在齊桓之世；依《本草》則在漢武之時。說之當否皆未可定。要自舍人《爾雅注》，始見胡豆之名也。"又，《爾雅·釋草》"戎叔謂之荏菽"郭璞注："即胡豆也。"《爾雅翼·釋草》："凡草木從戎者，本皆自遠國來，

古人謹而志之。今戎葵一名蜀葵，則自蜀來也。如胡豆謂之戎菽，亦自胡中來。"北魏賈思勰《齊民要術》卷九《醴酪・煮杏酪粥法》："用宿穬麥，其春種者則不中。預前一月事麥：折令精，細簸，揀作五六等；必使別均調，勿令麤細相雜。其大如胡豆者，麤細正得所。"《隋書・東夷傳・流求國》："厥田良沃，先以火燒而引水灌之，持一插以石爲刃，長尺餘，闊數寸而墾之，土宜稻粱床黍麻豆赤豆胡豆黑豆等。"明李時珍《本草綱目》卷二十四《穀之三・蠶豆》："此豆種亦自西胡來，雖與豌豆同名，同時種，而形性迥別。《太平御覽》云：張騫使外國，得胡豆種歸。指此也。今蜀人呼此爲胡豆，而豌豆不復名胡豆矣。"曹學佺《蜀中廣記》卷六十四《方物記第六・食饌》："戎菽，蜀人所謂胡豆也。志云蜀人得種於羌戎，故名。又云即蠶豆，多食傷腎而面黑。"亦作"湖豆""佛豆"。"湖"爲"胡"音借。宋宋祁《益部方物畧記》"豐粒茂苗，豆別一類。秋種春斂，農不常蒔"原注："右佛豆。豆粒甚大而堅，農夫不甚種，唯圃中蒔以爲利，以鹽漬食之，小兒所嗜。"明方以智《通雅》卷四十四《植物》："䍯豆豌豆也佛豆蠶豆也：今人訛呼爲安豆。唐史有畢豆，崔實（寔）《月令》作䟆豆。《管子》'山戎荏菽'注云即湖豆，謂豌與蠶豆。升菴引《唐六典》有䝁豆，音彎，即豌豆也。《益部方物畧記》有佛豆，秋種春斂，即蠶豆也。"何以名"佛豆"？清吳其濬《植物名實圖考・穀類・蠶豆》："明時以種自雲南來者，絕大而佳，滇爲佛國，名曰佛豆，其以此歟？"吳說得名由來恐爲臆測，不足憑信。據《四庫全書總目》謂《益部方物略記》"嘉祐二年（宋）祁由端明殿學士吏部侍郎知益州時所作，因東陽沈立所撰劍南方物二十八種補其缺遺"，則北宋時蜀中已遍種之。清俞正爕《癸巳存稿》卷十《豆》亦云："宋祁《益部方物略記》：'佛豆別一類，秋種春斂。'此即胡豆，張騫使西域所得，與麥同種同收，亦名蠶豆。"不得謂"明時以種自雲南來者"矣。至於"滇爲佛國，名曰佛豆"，唐宋以至明代，蜀中佛事更甚，高僧大德輩出，非滇可比矣。其實，上已謂"湖豆"即"胡豆"，而"佛豆"亦"胡豆"，同詞異形。如"仿佛"之"佛"今仍音fú，今四川方言"胡""湖""佛"同音fu[21]，宋明之時亦當有同音關係。若宋祁以當時蜀中方音記作"佛豆"，似不足爲奇也。

《大詞典》"胡豆"❶"蠶豆的別名",引艾蕪《人生哲學的一課》,書證過晚;"佛豆"謂"即蠶豆",首引《益部方物略記》;"湖豆"一形未收。

平　坝　平　壩

平地。《龍龕手鏡·土部》:"坝,必嫁反,蜀人謂平川爲平坝。"清道光二十一年《遵義府志》卷一《圖說》:"山則無處非連峰峻嶺四山之麓,即合爲數里平坝,而其實仍非平也。"亦作"平壩"。明徐宏祖《徐霞客遊記》卷四下《黔遊日記一》四月十九日:"求苗子送出平壩,不及三十里,索價甚貴,已而竟遁去,不肯出,蓋苗習素不送客。"《平定兩金川方署》卷一百十八:"上諭內閣曰:明亮等奏茹寨以前一帶平壩寨落全行攻克,麥田十餘里皆爲我兵佔據。"又:"至初二日,復由山腿中間,接挐木栅九座,至沿河平壩,將賊圍截在內,痛加殲戮。"清雍正間修《雲南通志》卷三:"南湖,在城南門外,廣數里,水涸則爲平壩。"阮元《西臺》詩:"登臺萬丈列蒼巖,遠見層坡近平壩。"阮福注:"滇人呼嶺路皆曰坡,凡平土皆呼曰壩子。"

"平坝/平壩"爲語詞。《大詞典》未收。《方言大詞典》(1187頁)"平坝"謂"〈名〉平地;平原",西南官話及客話。

樸　梻

樹叢,灌木叢。《正字通·艸部》:"蘢,楚、越謂竹樹深者爲蘢。今蜀語云樸梻。"明楊慎《轉注古音略》卷四《一送》:"蘢,音弄。李華《寄懷》詩'玄猿啼深蘢'。楚、越謂竹樹深者爲蘢。今蜀語云'樸梻'是也。"據《全唐詩》卷一百五十三李華詩作"蘢",故"樸梻"亦可作"樸蘢"矣。如民國二十四年《臨朐續志》卷十八《方言略》:"樸蘢,樸,枹木也;蘢,覆蔽貌。"此分釋聯綿詞矣。今四川方言樹叢謂樹梻,草叢謂草梻,均可以ABB式重疊,謂"樹梻梻""草梻梻"。

《方言大詞典》(1628頁)"樸梻",謂"〈名〉顏色濃的竹、樹",西南官話,引楊慎《轉注古音略》,釋義未是;又(1103頁)作"撲蘢",

謂"〈量〉叢。用於叢生的草木、竹子"，西南官話。其實，"樸栝""撲蘢"同詞異形，釋義當一致。

玉麥 御米 御麥 芋麥

玉米。明嘉靖三十四年《鞏縣志》卷三《土產》："稷、稻、粱、粟、蔴、菽、麥、蕎麥、秋、穄、稗、豆六種、玉麥。"徐光啟《農政全書》卷二十五《樹藝·穀部上》："別有一種玉米，或稱玉麥，或稱玉蜀秫，蓋亦從他方得種，其曰米、麥、蜀秫，皆借名之也。""玉米"，明清文獻習見。《金瓶梅詞話》第三十一回："迎春從上邊拿下一盤子燒鵝肉、一碟玉米麵玫瑰果餡蒸餅兒與奶子吃。"清富察敦崇《燕京歲時記》："五月玉米初結子時，沿街吆賣，曰五月先兒。其至嫩者曰珍珠筍。"或作"御米""御麥"。宋韓維《城西二首》之一："千重翠木開珍圃，百尺朱樓壓寶津。御麥初長遮雉雉，官花未識駭遊人。""御麥"見此，或為進御宮廷之麥。明田藝衡《留青日札》卷二十六《御麥》："御麥出於西番，舊名香麥，以其曾經進御，故名御麥。幹葉類稷，花類稻，穗其苞如拳而長，其鬚如紅絨，其粒如芡實，大而瑩白，花開於頂，實結於節。"清朱士雲《草間日記》："晚坐御米林下，伏矮兒作書寄江北。"汪灝等《廣群芳譜》卷九《玉蜀黍》題注："原作御麥，附麥後。按御麥乃別名，實蜀黍類也。"又："玉蜀黍，一名玉高粱，一名戎菽，一名御麥。"原注："以其曾經進御，故名。御麥出西番，舊名番麥。按《農政全書》又作玉米。玄扈先生曰：玉米或稱玉麥，或稱玉蜀秫，從他方得種，其曰米、麥、秫，皆借名之。"清乾隆《熱河志》卷九十二《物產一》："玉蜀黍，一名御米。亦作番麥，故或附麥。《農政全書》又作玉米，今俗稱為包兒米，有黃白赤黑斑數色。《羣芳譜》但稱粒如芡實大而瑩白，未足盡之。其粉可作糕，土人亦以爲糜。"又作"芋麥"。清乾隆十一年《襄城縣志》卷一《方輿志·土產》："芋麥，煮仁作飯最佳，亦多釀酒。"乾隆十七年《大邑縣志》卷三《物產》："粟、龍爪稗、芋麥、芝蔴。"嘉慶十年《汶志紀略》卷三《風土物產》："芋麥，川中皆呼包穀，北方曰玉茭。"光緒四年《彭縣志》卷三《民事門·田功志》："粱，芋麥也，亦曰苞穀。"

民國三十三年《汶川縣志》卷四《物產》："玉麥，一名芋麥，一名包穀，即玉蜀黍也。"亦作"芋粟"，當"玉黍"音借，"玉黍"爲"玉蜀黍"之省稱。清吳熾昌《客窗閒話續集·秦良玉遺事》："遍歷荒山，得無主之地數十頃……使生置芋粟，一名包穀。此賤而易成之物。"此亦見於《女聊齋志異》卷二。

《四川方言詞典》"玉麥"謂"玉米"。《大詞典》"玉米"謂"玉蜀黍的俗名"，首引孫錦標《通俗常言疏證》，書證過晚；"玉麥"謂"玉蜀黍的別名"，引沙汀《煩惱》，書證亦過晚；"御米"❶"供宮廷食用的米"，❷"即罌粟"，未及"玉蜀黍的俗名"義；"御麥"一形則未收。

《方言大詞典》（1149頁）"玉麥"謂"玉米"，中原官話、西南官話、晉語、粵語；又（6213頁）"御麥"謂"玉米"，亦說"御麥粟"，吳語。所載流行方言區有漏略。

（原載《漢語史研究集刊》第12輯，巴蜀書社2009年版）

"傝𠎸""没傝𠎸"考辨

"傝𠎸"爲聯綿詞，書面形式不一，或作"搭煞""搭撒""撻煞""答颯""搭𩅧""踏跋"等。其否定形式"没傝𠎸"與"傝𠎸"的意思相同。

《漢語大詞典》（1/1601頁）"傝"音tà，"傝𠎸"❶"出息，能耐。多與否定詞連用"，引清袁于令《西樓記·倦遊》："慣扛紮，少傝𠎸。"①清洪昇《長生殿·驛備》："我做驛丞没傝𠎸，缺供應付常吃打。"❷"謹慎"，引清錢大昕《恒言錄·傝𠎸》："今吳人以不謹爲没傝𠎸。"又（5/978頁）"没²"音méi，並注"或讀mò"，又（988頁）"没₂搭煞"❶"不謹慎，糊塗"，首引《金瓶梅詞話》。"没₂搭撒"謂"同'没₂搭煞'"，引《西遊記》兩例。又（989頁）"没₂傝𠎸"❶"同'没₂搭煞'❶"，引《豆棚閒話》、錢大昕《恒言錄》；❷"同'没₂搭煞'❷"，引洪昇《長生殿》。又（990頁）"没₂撻煞"❶"同'没₂搭煞'❶"，首引清李漁《風箏誤》；❷"同'没₂搭煞'❷"，引《平妖傳》。其餘詞形均未及。但"答颯"謂"懶散不振作的樣子"，首引《南史·鄭鮮之傳》；"撻煞"謂"猶結局"，首引明顧起元《客座贅語·方言》"南都方言……其有歸着曰撻煞"。

《漢語方言大詞典》（2917頁）"没答颯"❶"精神萎靡的"，北京官話；❸"不懂得避開嫌疑和禁忌"，江淮官話，也作"没答煞"，吳語。按

---

① 《西樓記》已見於明毛晉編《六十種曲》，本例見第五出。

不避嫌忌即不謹。又"没儑僰"❶"没出息；没能耐"，官話；❷"不謹慎"，西南官話、吴語。又（2917頁）"没搭撒"❶"没出息"，中原官話；❷"無聊；没意思"，江淮官話。又（2914頁）"没撻煞"謂"無着落；無歸結"，官話。後兩詞形或别自爲義。

有學者認爲：陸澹安《小說詞語匯釋》謂"没撻煞"爲"無聊，没意思"；王鍈《詩詞曲語辭例釋》（增訂本）附録二《詩詞曲語辭存疑録》謂"没撻煞"爲"没來由""没道理"，陸氏所舉《古今小說》卷三十九《汪信之一死救全家》例爲說書人在講故事之前的一段引子，文中"没撻煞"意爲"没來由""有悖情理"，如解作"無聊的笑話"，則以下說書已無必要。因而肯定王鍈對陸說的批評，但又認爲王解"没撻煞"爲"没來由""有悖情理"與文意不合。而周德清《中原音韻》十三家麻韻，儑與撻、僰與煞分别"同屬一小韻，三舉'没撻煞'，釋爲'不謹'義，于文意皆覺通暢無礙"①。也有學者認爲"'没撻煞'是吴方言俗語，至今慣用；在流傳中又寫'没搭煞'、'没搭撒'，義爲'没出息，無用，没意思'"②。

以上各家說法不盡一致，結合古代文獻記録說解及地方志著録，竊以爲"儑僰""没儑僰"意思大致有三，現分疏如次。

一　不謹或不守分際

《玉篇·人部》："儑，儑僰，惡也。一曰不謹皃。"《廣韻·盍韻》："僰，儑僰，不謹皃。"又吐盍切："儑，儑僰，不謹皃。"又私盍切："僰，儑僰，不謹皃。"元陶宗儀《說郛》卷八十五下釋適之《金壺字考》："儑僰，音塔颯，不謹貌。"明岳元聲《方言據》卷上《没儑僰》："行事不謹切曰没儑僰。儑（音塔）僰（音䵽），魯直云：'物不蠲也。蜀人語。'"李實《蜀語》（149頁）："不謹曰儑僰○儑僰音塔撒。""儑僰"意同"没儑僰"。清錢大昕《恒言録》卷二《疊字類》："今吴人以不謹

---

① 段觀宋：《釋"没撻煞"》，《古漢語研究》1992年第2期。
② 王宗祥：《"没撻煞"索解》，《古漢語研究》1995年第4期。

爲没偺僾。"道光二十一年《遵義府志》卷二十《風俗》、光緒二十一年《敘州府志》卷二十一《風俗》、民國十年《新修合川縣志》卷三十《風俗·方言》、民國二十三年《華陽縣志》卷五《禮俗·方言》："不謹曰偺僾。"以上實際均採《蜀語》。《華陽縣志》直音"撒塔"爲"塔撒"誤倒。光緒七年《崑新兩縣續修合志》卷一《風俗·方言》："不謹曰没偺僾，見《廣雅》、《廣韻》。"光緒八年《寶山縣志》卷十四《志餘·風俗附方音》："没偺僾，俗言不謹。"民國十八年《威縣志》卷十四《風俗志下·方言》："偺僾，《廣韻》'不謹貌'。吳人以不謹爲没偺僾。"張慎儀《蜀方言》卷上（292頁）："不謹曰没偺僾。……今蜀亦有此語。"紀國泰《〈蜀方言〉疏證補》（159頁）："今蜀人仍稱不謹守禮節爲'没偺僾（[mo^{33}tæ^{33}sæ^{33}]）'。"

亦作"没搭煞""没撻煞""没答颯""没答煞""没搭霎"。《拍案驚奇》卷十六："又過了兩日，那老兒没搭煞，黑暗裏已自和那婆娘摸上了。"明顧起元《雪堂隨筆》卷四《二偈自警·序》："人有規余某爲不的確，某爲没搭煞者，或謂其過，予則聞之大喜。自念行年六十有三矣，向來交游中，多謬爲許可，祇增予病。今何幸，聞此藥石之言。因爲二偈，時時誦之，用鞭其後。"其二："誰有搭煞，誰没搭煞，全没遮攔，都無撿押，潦倒心腸，從橫鱗甲，非是是非，一齊抹摋，請問彌勒，是法非法，笑解布袋，隨汝抛撒。"梁辰魚《浣紗記》第十三出："我家本官没撻煞，一生只愛把錢抓，上司知道也不怕，嗏，連累皂隸不是耍。"又第十七出："你且聽我說，東施妹子没撻煞，鼻子上也生着疙撻，你道像些甚麼來，倒像常熟縣裡個大麻麻菩薩。"清嘉慶十三年《如皋縣志》卷八《方俗志·方言》："没答煞，不知嫌忌也。"嘉慶二十二年《東臺縣志》卷十五《風俗·方言》："不知嫌忌謂之没答颯。"民國十三年《南陵縣志》卷四《輿地志·風俗附方言》："不知嫌忌曰没答煞。"又，清光緒二十五年《德慶州志》卷四《地理志·方言》："不解事曰没搭霎。""不解事"猶不曉事。

二　不振作

宋黃庭堅《山谷別集》卷六："傝儑，物不蠲也。蜀人語。"①原注"傝"音塔，"儑"音靸。此謂不潔爲"傝儑"，或引申謂不振作。亦作"荅颯"。清陳鱣《恒言廣證》卷二《疊字類》："鱣按：《女論語》：'灑埽灰塵，撮除搨搐。'《黃山谷集》：'傝儑，物不蠲也。蜀人語。'音如塔靸。《南史·鄭鮮之傳》：'卿居僚首，今荅颯去人遼遠，何不肖之甚？'荅颯即傝儑之正字。"光緒二十四年《嘉應州志》卷七《方言》："不謹謂之邋遢，不潔謂之拉颬。……人不謹即不潔净，因而物之拉雜不潔净者亦同此稱。……《黃山谷集》：'傝儑，物不蠲也。蜀人語。'音如塔靸。"雷漢卿先生認爲"傝儑"意謂"精神萎靡不振"，舉蒲松齡《日用雜字·身體章》"忺闖起身子做樁事，傝儑閑遊負此身"，並舉《大字典》"傝儑"❷"不謹慎"引蒲文，謂"此處'傝儑'與'閑遊'並言，若釋爲'謹慎'或'不謹慎'，文意皆不可通。從結構看，'傝儑'修飾'閑遊'，當是邋裏邋遢、精神萎靡不振的意思"②，可備一説。

或作"踏跋""荅颯""没荅颯"。宋吳曾《能改齋漫録》卷一《事始一·俗語踏跋》："俗語以事之不振者爲踏跋，唐人已有此語。"清翟灝《通俗編》卷十一《品目·靸》："《能改齋漫録》：唐人謂事之不振者曰踏跋。靸，即踏跋之省，字當作跋，蓋以物之不佳，比照于事之不振耳。"又卷十四《境遇·荅颯》："踏跋、荅颯，字異義同。或又作塌颯。范成大詩：'生涯都塌颯，心曲漫崢嶸。'又《集韻》有'傝儑'字，訓云'惡也'，似亦塌颯之通。"民國五年《鹽山新志》卷二十四《謠俗篇上·方言》："荅颯，不振貌也。……文與可集有'嬾對俗人常荅颯'，范成大詩'生涯都塌颯'，今俗音荅正讀如塌。"民國二十四年《雲陽縣志》卷十四《禮俗下·方言上》："荅颯，不振也。《南史·鄭鮮之傳》：'卿居僚首，今荅颯去人遼遠，何不肖之甚？'文與可詩：'懶對俗人常荅颯。'范成大詩：'生涯都塌颯。'荅、塌音近。或曰傝儑。"民國二十四年《蕭山縣志稿》卷二十九《瑣聞·方言謠諺》："怠不理事曰荅颯，

---

① 《國語·周語上》："明神不蠲而民有遠志。"韋昭注："蠲，潔也。"
② 雷漢卿：《近代方俗詞叢考》，巴蜀書社2006年版，第222—223頁。

亦作蹋跋。……《能改齋漫録》：俗謂事之不振者曰踏跋。按踏跋、荅颯字異義同。"郝懿行《證俗文》卷十七："人不振拔曰踏跋。又云，俗謂事之不振者曰踏跋，唐人有此語。""不謹"或"不振"謂"偒㑊"或"荅（答）颯"，亦曰"没偒㑊"或"没荅颯"。清翟灝《通俗編》卷十一《品目・没雕當》："殆猶不振曰荅颯，俗反曰没荅颯。"民國二十五年《壽光縣志》卷八《民社志・方言》："頹靡不振曰偒㑊。塌卅。"謂音"塌卅"。民國二十九年《沙河縣志》卷十一《志餘上・方言》："荅颯，不振也。荅讀如塌。《南史・鄭鮮之傳》：'卿居僚首，今荅颯去人遼遠，何不肖之甚？'一作塌颯。范成大詩：'生涯都塌颯。'今亦謂無志氣者曰没塌颯。"又，清道光四年《上元縣志》卷末《摭佚》、同治十三年《上江兩縣志》卷二十八《摭佚》："其有歸著曰撻煞。"此或别一義。

三　没要緊；無聊

《西遊記》第三十九回："老官兒，這等没搭撒。防備我怎的？"有學者認爲"没搭撒"意爲"無聊，没意思"①。《喻世明言》卷三十九："同時又有文武全才，出名豪俠，不得際會風雲，被小人誣陷，激成大禍，後來做了一場没撻煞的笑話。"《二刻拍案驚奇》卷三："元來是人家婚姻照驗之物，是個要緊的，如何卻將來遺下，又被人賣了？也是個没搭煞的人了。"又卷二十六："高娘子道：'雖然老人家没搭煞，討得人輕賤，卻也是高門裏的體面，原該收拾了回家來，免被别家耻笑。'"《金瓶梅詞話》第五十七回："你日後那没來回，没正經，養婆娘，没搭煞，貪財好色的事體，少幹幾椿兒，卻不儹下些陰功，與那小孩子也好！"清洪昇《長生殿傳奇》卷下《驛備》："我做驛丞没偒㑊，缺供應付常吃打。今朝駕到不是耍，嗏！若有差遲便拿去殺。"嘉慶十一年《涇縣志》卷一《沿革・風俗附方言》："没要緊曰麽搭煞。"蜀方言"麽"音同"没"。光緒二十四年《嘉應州志》卷七《方言》："謂事無味曰没荅颯。謂人作事不當曰尷尬。案《南史・鄭鮮之傳》：范泰誚鮮之仕宦不及傅亮謝晦曰：

---

① 廖大谷、石汝傑：《〈西遊記〉中蘇北方言詞語彙釋》，《蘇州大學學報》1987年第2期。

今日答颯,去人遼遠。《說文》尵注尵尥,行不正也。從尢兼聲。江沅曰:尵尥二字,段氏訂補:今吳俗謂事乖剌曰尵尥。《通俗篇》翟灝曰:'不振曰答颯,俗反曰没答颯。不當曰尵尥,俗反曰不尵尥。'今州俗於世情看破無味往往曰摩答颯。摩即無也,土音讀無爲摩。""摩答颯"即"没答颯"。民國二十五年《當塗縣志·民政志·方言》:"譏人無聊曰没得說,音變如没答殺。"《四川方言詞語彙編》(205頁)"没皮搭煞"音mo pi da sa,謂"没精神,無聊賴。例:没皮搭煞地走了"。

又,清倪濤《六藝之一録》卷二百六十三《古今書體九十五·譌誤字》:"答颯,俗語紛雜之稱,今反云没答颯,謬。"此別一義,録以備考。

(原載《漢語史研究集刊》第十六輯,巴蜀書社2013年版)

電子語料庫與語文辭書的編纂修訂

語文辭書編纂的歷史源遠流長，從我國第一部以訓釋詞義爲主的《爾雅》，到當代"古今兼收，源流並重"，收詞達37.5萬餘條共4817萬餘字的皇皇巨帙《漢語大詞典》，兩千多年來，各種類型的語文辭書層出不窮，在保存和傳播中華民族的優秀文化的同時，語文辭書編纂史和辭書學史亦蔚爲大觀。認真總結語文辭書編纂的經驗教訓，積極探討和推進辭書編纂修訂手段的現代化，以提高其學術水平，更好地爲中華民族的偉大復興和文化建設服務，亟待引起重視。有鑑於此，本文擬就電子語料庫與語文辭書的編纂修訂，談談我們的認識。

一 電子語料庫與語文辭書編纂修訂的現狀

1. 語文辭書編纂修訂的歷史回顧

眾所周知，從古至今語文辭書儘管不下數千種，在跨入21世紀之前，這些辭書的編纂都是以手工完成的。如果把歷代語文辭書大致分爲形音義三類，並以《說文》、《廣韻》和《爾雅》爲代表，形義兩類辭書爲數眾多，但在20世紀之前，似乎從問世之後就少有修訂：《說文》大徐本只是整理本而非修訂本，《玉篇》有修訂或增廣[①]。音一類的韻書要反映語音的變化，作爲"懸科取士，考核程准"的依據，修訂就勢所必要，如《廣韻》就是增廣《切韻》的；與《廣韻》修訂同時，其簡本《韻略》，宋仁宗景

---

① 從《原本玉篇殘卷》看，後來所謂"增廣""重修"，實際上是增字減注，即增加少量字頭而刪去顧野王的按語和引證，其學術價值反而有所下降。

祐四年（1037）詔丁度等人修訂而成《禮部韻略》，後有《附釋文互注禮部韻略》《增修互注禮部韻略》。由於這些韻書部頭不大，修訂容易着手。《集韻》篇幅較大，成書後並不爲人所重，更不要說修訂了。至於形音義合解的綜合性語文辭書，如《康熙字典》《中華大字典》等，成書以後就沒有全面修訂過。

現代意義上的綜合性語文辭書，如《辭源》《辭海》等，其發展歷程不足百年，修訂的歷史更短。《辭源》1915年出版，1931年續編問世，1939年正續編增修合訂本出版，1958年開始修訂，1979年修訂第一版至1983年出齊。《辭海》1936—1937年分上下冊出版，1947年合訂本面世，1959年開始修訂，1965年出版未定稿，後於1979年、1989年、1999年三度修訂。這是兩部規模較大的語文辭書。另外，《現代漢語詞典》（以下簡稱"《現漢》"）1960年"試印本"徵求意見，1965年"試用本"送審，1973年出版"試用本"供內部發行，並開始修訂，1978年第一版問世，1980年初稍作修改，於1983年出第二版，1996年修訂第三版，2002年出第三版增補本。以上3種語文辭書，因《辭海》爲綜合性百科詞典，須及時反映科學技術及社會生活的新變化和新內容，故修訂間隔時間較短；《現漢》是非詞源性的中型詞典，易於修訂。《新華字典》從1953年至今已出10版[①]，說明語文辭書部頭越小，修訂越容易着手。

20世紀70年代中期開始編纂的兩部大型語文辭書——《漢語大字典》和《漢語大詞典》（以下簡稱"《大字典》""《大詞典》"），均於1986年出版第一卷，1990年和1993年全部出齊，代表了當今漢語文辭書的最高學術水平。當然，這並非說兩書就沒有瑕疵，如討論其失誤的專著就有周志鋒《大字典論稿》[②]、王宣武《〈漢語大詞典〉拾補》[③]、王粵漢《〈漢

[①] 見《新華字典》2004年第10版修訂說明。程榮《語文辭書修訂工作的基本特點——從〈新華字典〉的多次修訂想到的》，則統計爲11版（參見《語言文字應用》2002年第3期）。

[②] 周志鋒：《大字典論稿》，浙江教育出版社1998年版。共分爲14個專題，約27萬字，是一部較全面深入地訂補《漢語大字典》的專著。

[③] 王宣武：《〈漢語大詞典〉拾補》，貴州人民出版社1999年版。全書共收詞3600餘條，58萬字，從釋義、書證、收詞等方面對《漢語大詞典》進行了補正。

語大字典〉考正》[①]等，糾謬勘誤及拾遺補缺的文章更多達1000餘篇。按國際慣例，大型工具書一般每10年修訂一次，兩書出版已十餘年，應該修訂了。正如早在1990年6月漢語大字典編委會在《大字典·後記》中所云："《漢語大字典》出版了，並不意味着全部工作已經結束。爲了精益求精，使之更加完善，修訂工作已提上議事日程，衷心希望繼續得到社會各方面的關注和支援。"話雖如此，但真要對兩部大型語文辭書進行全面修訂，也並非易事。如果像當初編纂完全靠手工一樣來完成修訂，不但質量難有大的提高，還會曠日持久，糜費時日而事倍功半。因此，我們必須另闢蹊徑，求助於電子計算機及電子語料庫這一現代化手段，來完成浩繁的修訂工作。

2. 電子語料庫的現狀

雖然實用的電子文獻，20世紀80年代後就已陸續出現，但規模很小，當時的漢字庫也不敷使用，檢索手段比較原始，難以適應語文辭書編纂和修訂的需要，尤其是大型辭書的修訂就更爲艱難而無從措手。因此，在進入21世紀之前，未見有利用電子語料庫編纂的中型以上的語文辭書面世，利用電子語料庫對已有辭書進行修訂亦乏善可陳。

電子語料庫的重大突破，是以《四庫全書》全文檢索版於1999年11月推出爲標志。該書是一部規模宏大的百科叢書，彙集了從先秦到清前期的重要典籍3460餘種，約8億字，是中華民族的珍貴文化遺產。研製者利用先進的數碼技術，將文淵閣本電子化，爲學術界提供了體積小、易保存、檢索快捷的電子版——原文及全文檢索版（以下簡稱"《四庫全書》全文版"），可進行全文、分類、書名、著者及限定條件等檢索。除幫助用戶在正文或注釋中迅速查到所需的字、詞、書名、篇目或著者資料外，還可實現不同關鍵詞的布爾邏輯組配檢索或繁簡、古今、通假、正俗、異體、新舊字形任意匹配的模糊查詢，複製打印檢索結果，並可隨意跳轉查閱輔助工具以及各種資料的超級鏈接（hyperlink）。

[①] 王粵漢：《〈漢語大字典〉考正》，四川辭書出版社2001年版。全書搜討訛誤1900餘條（包括"附錄"300餘條），內容涉及《漢語大字典》收字、立目、解形、注音、釋義、書證、義例及編纂體例等。

利用《四庫全書》全文版查找書證編纂或修訂語文辭書非常方便，可以真正從依賴手工的原始勞動中解脫出來，而集中主要精力於詞條的確立和詞義的分合歸納考察方面。

素以所選版本精善著稱於世的《四部叢刊》，初、續、三編收典籍504種，9000多萬字，原文及全文檢索版於2001年面世，使用與《四庫全書》全文版相同。

《大正新脩大藏經》是最常用的佛典文獻，網上提供了電子文本免費下載，利用emediter可方便快捷地實現全文通檢。

《國學寶典》最新版收錄典籍約3800種，8億字，不但可以全文通檢，還可輸入1—4組字詞，按句段定義提取語法材料和成語典故的出處。《中國歷代基本典籍庫》共收入中國古代重要典籍3000餘部，6億多字。如"隋唐五代卷"，收入581—960年間現存的重要文獻136部，近億字，是研究隋唐五代政治、經濟、文化、語言等必備的電子文獻。

另一極具學術研究價值的《歷代石刻史料彙編》全文檢索版（以下簡稱"《石刻彙編》全文版"）於2003年問世，計收石刻文獻15000餘篇，約1150萬字，是一部上起先秦下迄清末的大型石刻史料總匯，是研究中國古代社會非常珍貴的第一手資料。

即將告竣的"中國基本古籍庫"，是目前規模最大、技術最先進、功能最齊全的中國傳統文化的基本文獻數字化的宏偉工程，從傳世的先秦至民國間13萬多種古籍中，精選出涵蓋中國5000年歷史文化並具有廣闊使用前景的典籍1萬種，相當於3部《四庫全書》，約20億字，用戶可在5秒內進行海量檢索。該古籍資料庫還適用於中、英、日、韓多語種操作平臺，爲中國文化真正走向世界開闢了嶄新的途徑。

當前最具特色，對於語文辭書涉及方言詞彙與民俗文化最爲有用的大型電子語料庫——《中國分省地方志》，從國內外現存的宋元至民國8000多種地方誌中精選出5000餘種，覆蓋了全國（包括港澳臺）34個省市區近2000個縣市，每志均提供全文資料和原版圖像，總計30多億字，堪稱中國地方志數字化的空前巨制，可從區域、條目、全文3條路徑進行全方位檢索，其速率爲≤5秒。

"八十萬卷樓"是中文古籍數字圖書館，設歷代傳世典籍和現代學術經典兩個資料庫，共收錄承載中國傳統文化的歷代典籍3萬餘種、版本5萬多個，以及20世紀以來研究中國傳統文化的代表性學術論著1000餘冊，爲讀者提供功能完備的工作平臺及全文檢索，現已上架圖書1萬餘種。

"全四庫系列"收錄從先秦至清乾隆間歷代典籍8900種，包括四庫著錄書（即《四庫全書》）3460種，四庫存目書4746種，四庫奏毀書527種，四庫未收書167種，已全部製作完成，可進行分類檢索和條目檢索，其速率爲≤3秒。

"中國譜牒庫"，共精選民國以前具有代表性的歷代年譜和族譜各1000種、家譜6000種，每種均提供全文資料和原版圖像，現已推出年譜輯，並計畫5年內全部完成[①]。

此外，還有許多機構或個人，根據各自的不同需要，也研製有規模不等的電子文獻語料庫。

3. 現有幾種以電子語料庫爲主要檢索手段編纂的語文辭書

利用電子語料庫編纂或修訂辭書現已起步，如《中國大百科全書》、《綜合英漢大詞典》及《辭海》1999年修訂版、《新華詞典》2001年修訂版等，均不同程度地運用了語料庫和資料庫技術[1](11頁)，雖然在整個辭書編纂修訂工作中還非常有限，但畢竟開始了積極有益的探索。

語文辭書尤其是詞源性辭書，義項的分合排列，與詞義出現的時代先後密切相關，處理得當與否，體現了辭書學術水平的高低。因此，搜羅獲取最早的書證，成爲詞源性詞典編纂者追求的最大目標。據筆者所知，利用電子語料庫提取書證而編纂的語文辭書，較有代表性的是由江藍生、白維國先生主編，全國近10位知名專家參編的《近代漢語詞典》，以及由江藍生、白維國先生及全國十餘位老中青知名專家與美國賓夕法尼亞大學著名漢學家Victor H. Mair合作研編的《現代漢語詞源詞典》（以下簡稱"《詞源詞典》"）。前者是一部從漢語史的視角編纂而成的斷代詞典，所收詞語盡可能列出最早的書證，並注意酌選不同時代的用例，同時兼顧書面語

---

① 以上有關電子文獻資料庫資料來自 http：//www.sikuquanshu.com、http：//www.unihan.com.cn、http：//www.guoxue.com、http：//www.cn-classcis.com 等網站及宣傳資料。

和口語及使用地域的分佈等,力求反映出唐至清中葉漢語詞彙發展變化的歷史面貌。全書收詞5萬餘條,約500萬字,新詞條約占三分之一,90%的書證是通過電子語料庫新提取的,避免了許多辭書所用傳世典籍的書證相互移借的老面孔,義項分合及新補亦多有創獲,預計2005年出版[①]。

《詞源詞典》是以《現漢》爲藍本,將所收單字及以字領詞的能夠考源的義項及詞條逐一考源,通過電子語料庫提取最早的書證材料,除少數字詞的義項書證確爲先秦文獻,並爲其他語文辭書共同追溯爲其詞源外,90%以上的書證均不與《辭源》及《大詞典》雷同,令人耳目一新。並且,這些書證較其他辭典提前數百年至一兩千年者比比皆是。如"止",《現漢》❸"(到、至…)截止"。宋李攸《宋朝事實》卷十五"財用":"每歲十月……自次月一日給米一升,幼者半升,每三日一給,至明年二月止。"[②]《大字典》自編例證,《大詞典》無此義項。"質₁",《現漢》❷"質量"。《呂氏春秋·六月紀》:"是月也,命婦官染采,黼黻文章必以法,故無或差忒,黑黃蒼赤,莫不質良。"《大詞典》首引艾青《光的讚歌》,《大字典》引毛澤東《必須學會做經濟工作》。

有些詞條《大詞典》未收,或無書證,但早在兩千多年前即有用例。如"直根",《現漢》謂"較發達的粗而長的主根。一般雙子葉植物如棉花、白菜都有直根"。《韓非子·解老》:"樹木有曼根,有直根。直根者,書之所謂柢也。"《大詞典》未收錄。又如"左手",《現漢》❶"左邊的手"。《詩·邶風·簡兮》:"左手執籥,右手秉翟。"❷"同'左首'"。《水滸傳》第七十六回:"左手那一個怎生打扮?"《大詞典》兩義均無書證。

由此可見,《詞源詞典》就《現漢》字詞義項的源頭作了非常有益的探求,取得了重要創獲。可以說,這些成績的取得,完全得益於電子語料庫。以此反觀既有的任何一部語文辭書,儘管"前修未密,後出轉精",靠手工操作,取得的成績究竟有限。

《詞源詞典》計約800萬字,現正在定稿。其研編的意義在於首次對《現

[①] 參見《中國語文》2002年第5期封底上海教育出版社"慶賀《中國語文》創刊50周年'新書預告'"。

[②] 本文舉例、書證均採自筆者所編的"Z"字母初稿部分。

漢》的全部字詞的義項進行考源，全面而又真實地展示了現代漢語常用字詞及其義項出現的時代，對於促進新時期的文化建設和中小學語文教學，以及文化普及和對大眾傳媒的規範，均具有不可估量的重要作用。

二 從當前的電子語料庫看現有大型語文辭書編纂的局限性

前面說過，《大字典》《大詞典》代表了當今漢語文辭書的最高學術水平，這是就其與已往的辭書相比較而言的。因為無論規模，還是收字收詞和釋義的完備、書證的豐富等，這兩部辭書均堪稱後來居上，但因成於眾手，在完全靠手工編纂的情況下，不管是收字、收詞、注音、釋義、溯源、列舉書證，還是相互配合都存在一些問題[2]（56-63頁）。在憑藉計算機科學技術和電子語料庫的便利條件下，回頭來審視這兩部大型辭書，因愛之深而責之切，希望更臻完善，也更希望為其修訂提供一點參考。下面我們以《大詞典》為例，討論相關問題。

1. 收詞問題

《大詞典》收詞37.5萬餘條，約為《現漢》的7倍①。但有些《現漢》收錄，且古已有之的詞語，《大詞典》卻未收，顯然屬於漏收。例如（詞目後為《現漢》釋義，書證為筆者所加，下同）：【至此】❶到這裏。《戰國策·秦策三》："夫秦國僻遠，寡人愚不肖，先生乃幸至此，此天以寡人恩先生，而存先王之廟也。"❷到這個時候。漢劉歆《三統曆》："自文公閏月不告朔，至此百有餘年，莫能正歷數。"❸到這種地步。《莊子·養生主》："文惠君曰：'嘻，善哉！技蓋至此乎？'"《史記·夏本紀》："桀謂人曰：'吾悔不遂殺湯于夏台，使至此。'"尤其是第三義，不是"至"與"此"的簡單相加，也就是說"至此"只能是詞，而不是詞組。

又如：【助戰】❶協助作戰。東漢王充《論衡·死偽》："夫嬖妾之父知魏顆之德，故見體為鬼，結草助戰，神曉有知之效驗也。"❷助威。《元曲選外編·三奪槊》二折："則聽的韻悠悠的耳畔吹寒角，一回價不冬冬

---

① 《現代漢語詞典·前言》："詞典中所收條目，包括字、詞、詞組、熟語、成語等，共約五萬六千餘條。"

的催軍鼓擂,響噹噹的助戰鑼敲。"後一義不能從字面索解。

還有一些詞語,人們很容易認爲是現代才出現的,其實也是古已有之。如:【著作人】編書或寫文章的人;著者。《新唐書·藝文志二》:"常寶鼎《文選著作人名目》三卷。"宋晁公武《郡齋讀書志後志》卷一亦著錄,謂作者"纂《文選》所集文章著作人姓氏、爵里、行事,及其述作之意"。

有些確爲近現代才出現的詞語,《大詞典》亦不見收錄。如:【織品】指紡織品。《東方雜誌》1905年5期"實業·河南布按兩司詳文並批":"惟絲質不佳織品難與南省爭勝,洋紗輸入,土布之銷路漸微。"

一些無論如何都該收錄的常用詞,卻不見於《大詞典》。如:【止步】停止腳步。梁沈約《爲齊竟陵王解講疏》:"今魄首丹迳,日弘上朔;止步凝想,空明屬念。"【擇偶】選擇配偶。《魏書·咸陽王傳》:"夫婚姻之義,曩葉攸崇;求賢擇偶,綿代斯慎。"非常奇怪的是,《大詞典》收"擇配""擇婦""擇壻""擇對"等幾個與選擇配偶有關的詞語,就是不收更爲常用的"擇偶"。

另如"直接經驗""致使""致死""中檔""忠于(於)""重用""住地""祝頌""再次""再婚""再嫁""紫紅""紫砂""紫銅""自傲""自費""佐餐"等大量《現漢》所收的常用詞,亦不見於《大詞典》,但這些詞最早者見於《左傳》①,最晚者亦見於清代文獻。

2. 釋義問題

釋義是語文辭書的重要內容,包括義項的分合概括,各義項的外延不應交叉,亦不應外延不周,不應漏略義項,尤其是現代漢語中的常用義。例如:【中間】❷中心。宋曾敏行《獨醒雜志》卷二:"蕭氏子頗驕縱,不復下箸,惟啖胡餅中間少許,留其四傍。"《大詞典》列"兩者(人或地、時、物)之間;當中""介紹""裏面""房屋內居中的房間""猶言之間或'在……過程中'。表時態""指中間派"等6個義項,惟"當中"義

――――――――――――

① 《左傳·成公三年》:"其竭力致死,無有二心,以盡臣禮,所以報也。"《資治通鑑》卷二百二十三唐代永泰元年:"我之將士,必致死與汝戰矣。"又,《左傳·襄公五年》:"君子是以知季文子之忠於公室也,相三君矣,而無私積,可不謂忠乎?"

近"中心"，但"當中"可指時段早中晚或位置左中右及上中下三者居中者，而《現漢》之"中心"則爲上下左右四方所包圍的中心部分，相當於今天有餡食品的餡兒。

辭書釋義或所列義項，應具有典範性和高度的概括性，釋義的外延應儘量包括言語表達中可能涵蓋的範圍。例如：【摘除】摘去；除去（有機體的某些部分）。南朝梁朱超《採蓮曲》："看妝礙荷影，洗手畏菱滋。摘除蓮上葉，挖出藕中絲。"《太平廣記》卷四百七十三"蚱蜢"引《續異記》："唯見鑊中聚菖蒲根下，有大青蚱蜢，雖疑此爲魅，而古來未聞，但摘除其兩翼。"《大詞典》則僅謂"切除體內某一腺體、腫瘤等"，引《人民日報》1983年例，釋義過窄。

還有相當多的現代漢語常用義《大詞典》漏略。如：【重責】❶重大的責任。《漢書·公孫賀傳》："主上賢明，臣不足以稱，恐負重責，從是殆矣。"【恣情】❷任意。隋江總《入攝山棲霞寺詩序》："甲辰年十月二十五日，奉送金像還山，限以時務，不得恣情淹留。"

有的詞語釋義與書證齟齬。如：【擇菜】把蔬菜中不宜吃的部分剔除，留下可以吃的部分。《莊子·讓王》："孔子窮于陳蔡之間，七日不火食，藜羹不糝，顏色甚憊，而弦歌於室。顏回擇菜，子路子貢相與言曰：'夫子再逐于魯……弦歌鼓琴，未嘗絕音，君子之無恥也若此乎！'顏回無以應，入告孔子。"《大詞典》"擇菜"❶"採摘野菜"，引此及《呂氏春秋》；❷"剔除蔬菜中不能吃的部分，揀取可吃的部分"，無書證。然就《莊子》及《呂氏春秋》例前後語境看，"擇菜"恐非"採摘野菜"，而正是《現漢》及《大詞典》"擇菜"❷所釋義[3]（66-67頁）。

3. 溯源問題

詞源性詞典，溯源非常重要。當然，所謂源頭是指在現存傳世文獻或出土文獻中追溯其最早出處，這是如實揭示詞語產生或使用時代的真實面貌的有效方法。作爲國家"七五"重大項目的《大詞典》，理應做得更好。但限於當時條件，亦僅差強人意。例如：【祝酒】向人敬酒，表示祝願、祝福等。東漢趙曄《吳越春秋·句踐伐吳外傳》："越王還于吳，置酒文台，群臣爲樂……大夫種進祝酒，其辭曰：'皇天祐助，我王受

福。……鬺酒二升，萬福無極。'"《大詞典》謂"敬酒表示祝福"，首引巴金《中國人》。

有些詞語沒有溯到真正源頭。如：【自作自受】自己做錯了事，自己承受不好的後果。《大詞典》謂"自己做了錯事，自己承受不良的後果"，首引宋蔡絛《鐵圍山叢談》卷四："後魯公召自錢塘而再相也，與何傅適有皆召之美，而何傅每欸近時錫賚薄少者。魯公頓報之曰：'公所謂自作自受故也。'"其實，"自作自受"原本爲佛家語，謂自己作惡自己承受報應。三國吳支謙譯《菩薩本緣經》卷中《一切持王子品第三之餘》："如是衆生先行惡法，今受苦報，自作自受，實非我苦。"只有真正溯到了源頭，才能更深刻地領會這個詞語的含意。

還有的詞溯源與釋義書證並不榫合。如：【鑿枘】❷圓鑿方枘的略語，比喻格格不入。語本《楚辭·九辨》："圜鑿而方枘兮，吾固知其鉏鋙而難入。"唐劉知幾《史通·自敘》："而當時同作諸士及兼修貴臣，每與其鑿枘相違，齟齬難入。"《大詞典》"鑿枘"❷"'方鑿圓枘'之省語。比喻兩者不相投合。語本《楚辭·九辨》"云云，引例爲茅盾《第一階段的故事》。但《楚辭·九辨》明明作"圜鑿而方枘"，故"'方鑿圓枘'之省語"與之並不契合。

有些詞因沒有找到書證，不知源頭何在，或者就乾脆不收。如：【作痛】產生疼痛的感覺。東漢安世高譯《佛說大安般守意經》卷上："痛癢觀止者，若人臂痛意不作痛，反念他一切身痛如是，以意不在痛爲止痛。"此例中的"作痛""止痛"，《大詞典》未收。

4. 書證問題

假如說義項是語文辭書的靈魂，書證則是辭書的血肉，評判一個詞在某一時代的有無，最直接的證明就是書證。例如：【注音】用符號表明文字的讀音。《隋書·經籍志》："《周易並注音》七卷，秘書學士陸德明撰。"《大詞典》謂"用同音字或符號等表明文字的讀音"，舉王力《中國語言學史》例，滯後1400年，沒有如實地反映"注音"一詞在歷史上的存現使用。

有些最常用的詞，如【織女星】天琴座中最亮的一顆星，是零等星，

隔銀河與牽牛星相對。《晉書·天文志上》："王者至孝，神祇咸喜，則織女星俱明，天下和平。"《大詞典》無書證，如果讀者查考該書，則不免失望而茫然不知早已見於《晉書》矣。

無書證或自編例證，並非編者認爲這些詞語毋需出示書證，而是暫時未找到書證，只好付之闕如，或自編例證以濟其窮。但我們發現，大量詞條或義項的書證，其實多出自正經正史或常見的筆記小說。例如：【子書】古代圖書四部分類法的一類書，如《老子》《墨子》《荀子》《韓非子》等書。《南史·庾悅傳》："仲容抄子書三十卷，諸集三十卷，眾家地理書二十卷……並行於代。"《大詞典》無書證。

另一現象，是選取書證的範圍多局限於傳世文獻，而對出土文獻重視不夠。如：【指頭】手前端的五個分支，可以屈伸拿東西。也指腳趾。《敦煌變文集·不知名變文》："蓋得肚皮脊背露，腳根有襪指頭串（穿）。"《大詞典》"指頭"謂"手指；指端。亦指腳趾"，引《游仙窟》等4例均指手指，"亦指腳趾"無書證，算是蒙混了之。

部分產生於近現代的詞語，其實也是有書證的。因爲從理論上說，一個詞只要有人使用，並流傳後世，就會雁過留影，完全可以順藤摸瓜，找到書證。例如：【中性】❶化學上指既不呈酸性又不呈鹼性的性質。《新青年》3卷3號"讀者論壇·偏激與中庸"："含鹽基性之水欲使之成中性，必稍加酸性之液。"❷某些語言裏名詞（以及代詞、形容詞等）分別陰性、陽性、中性。《新青年》6卷2號"通信"："忽然想起中國的'他'字，包括陰、陽、中三性，現在把陰性分出了，則'他'字所函之義，已較從前爲狹，而陽性與中性同用一個字也不太好。"❸指詞語意義不含褒貶色彩。俞平伯《讀〈毀滅〉》："所以我說佩弦的刹那主義是中性的，是肯定人生的。"《大詞典》前兩義無書證，第❸義則未收錄。

5. 相互配合問題

一些成雙成對的常用詞，作爲大型語文辭書，無疑應該全收，一收一不收，顯然是疏於配合而漏收。如"曼根"，《大詞典》謂"蔓延的根，細根"，引《韓非子·解老》"曼根者，木之所以持生也"，但前云"樹木有曼根有直根"，"曼根""直根"對舉，《大詞典》未收"直根"（見

上文）。又如"重罰"，《大詞典》謂"嚴厲懲罰"，但唐李商隱《爲滎陽公上集賢韋相公狀》："某早承重獎，今守遐藩，雖榮廉問之權，實羨校讎之吏。""重獎"一詞則不見收錄。

有的詞條，《大詞典》收詞釋義疏於配合。如：【中期】❷時期的長短在長期和短期之間。唐佛陀多羅譯《圓覺經》："若立長期百二十日，中期百日，下期八十日。"《大詞典》"中期"謂"一個時期或一個過程的中間階段"，即《現漢》❶"某一時期的中間階段"，顯然不包括《現漢》的第❷義。但《大詞典》"長期"謂"長時期"，正好說明《現漢》"中期"❷義，《大詞典》因疏於配合而漏收，而"短期"一詞則乾脆不收。

同類性質的詞，釋義方式應當一致。如：【子時】舊式計時法指夜裏十一點鐘到一點鐘的時間。《史記·曆書》："正北，冬至加子時；正西，加酉時。"【酉時】舊式計時法指下午五點鐘到七點鐘的時間。這兩個詞《現漢》釋義方式相同。《大詞典》"子時"釋義同《現漢》（僅"舊式"作"舊時"），"酉時"謂"舊式記時法指十七時到十九時"，其釋義方式與"子時"不同，釋義的結果，一指某到某時的時間，一指某到某時，顯然疏於配合，亦均無書證。

有些成雙對舉的詞，收詞釋義相互配合，但列舉書證則顧此失彼。如"右手"，《大詞典》❶❷義所舉書證，即《詩·邶風·簡兮》和《水滸傳》，而"左手"則無書證（見上文）。

有的詞出現時代較早，一段話中可能有好幾個詞均需立目，都以這段話爲書證，當然應該完全一樣，但有時出錯。如《周禮·考工記·鍾氏》："三入爲纁，五入爲緅，七入爲緇。"鄭玄注："染纁者，三入而成，又再染以黑則爲緅。""纁""緅""緇"《大詞典》均作爲字（詞）頭，均以此爲書證，其中"緅"條將篇名"鍾氏"誤作"畫繢"。如果通過語料庫提取書證，則可避免這樣的錯誤。

又如：【朱批】用朱筆寫的批語。宋朱熹《晦庵集》卷一百《約束榜》："案官鑿定日限，案吏朱批某月某日限滿。"《醒世恒言》卷一："李牙婆取出朱批的官票來看：養娘十六歲，只判得三十兩。"《大詞典》"朱批"謂"用朱筆寫的批語。（1）清代，皇帝用朱筆在奏章上所作的批示。

（2）評校書籍時用朱筆寫在書頁上的批語"，無書證。正因爲沒有舉出書證，（1）（2）之申說放在這裏並無什麽不妥。但對照《晦庵集》《醒世恒言》例，則析之越細，逃之越巧，反成蛇足矣。由此可見，詞語的解釋與書證的配合是非常重要的，不能掉以輕心。辭書釋義是否概括準確，只能通過書證檢驗。

另外，附帶說一下《大字典》和《大詞典》版式排列的繁簡問題。由於這兩部辭書編纂之時，在繁簡字的問題上囿於歷史原因，採用了字頭、詞目用繁體字，義項解說及引辛亥革命以後出現並以簡化字印刷的文獻材料用簡化字，引用古籍及現當代人研究古籍的論著用繁體字，造成了版式上的繁簡混亂，也嚴重影響了漢語文的形象。如《大字典》"止"第❺副詞引"杨树达《詞詮》"，人名用簡體，書名用繁體；又"正"❶義引《說文》，後引"饶炯部首訂"，同爲敘述語，"饶"用簡體，"訂"用繁體，這是因爲饒著有《說文解字部首訂》，用省稱。而《大詞典》則人名書名用簡化字，引用古籍正文用繁體，如"借樞"謂"把全局的关键交给别人去掌握。《三国志·蜀志·先主传》'遷觀爲別駕從事'裴松之注引《獻帝春秋》：'今同盟無故自相攻伐，借樞於操，使敵乘其隙，非長計也。'"諸如此類，繁簡夾雜，實難講出非得如此不可的道理。筆者認爲，對於並非用於文化普及而根本不需要也不使用這兩部工具書的人，即使全部改成簡化字印刷，也仍然不需要，因此版式上還是統一使用繁體字爲好。這並非主張廢除簡化字，不過就事論事罷了。

三　利用電子語料庫進行語文辭書編纂修訂的思考

通過瀏覽有關討論《大字典》和《大詞典》所存在的諸多問題的論著，不難發現都與當時編纂完全靠手工操作有關，或者說正是當時比較原始的工作條件制約了這兩部代表國家重大文化建設成就的語文辭書的學術水平。鑒於"新概念五筆 2004（企業版）"已成功地解決了"宋體—方正超大字符集"65531個字符的輸入問題，充分利用計算機和電子語料庫編纂各斷代語文辭書，在收詞釋義和列舉書證，甚至在詞義的演變考察等方面都可以做得更爲細緻；已有的各中小型語文辭書，也應逐步利用現有條件

進行全面修訂；而利用電子語料庫來修訂《大字典》和《大詞典》的條件也已經成熟，有關部門應着手組織採用先進手段進行修訂。下面着重就這個問題陳述幾點想法。

1. 完善電子語料庫建設，擴大引用書證範圍，傳世典籍與出土文獻並重

《四庫全書》全文電子版的研製成功，爲大型電子語料庫建設奠定了良好基礎，完全可以在此基礎上，在短時間內完成電子語料庫的建設或重組。如《國學寶典》收書約3800種，《大正藏》剔除日本人的撰述約有2373種，"八十萬卷樓"已上架典籍1萬餘種，"中國基本古籍庫"收書1萬種，現成可用的幾種電子文獻語料庫汰除重複後，保守估計應在15000種以上，涵蓋了經史子集等各個方面。加上有重要價值的出土文獻，如秦漢簡帛、漢魏六朝及唐宋碑刻、敦煌文獻，近現代部分的《民報》《湘報》《浙江潮》《東方雜志》《新青年》《申報》及建國前的文學史料筆記，以及港臺研製的部分電子文獻，如臺灣"中央研究院""漢籍電子文獻"中的《臺灣方志》《臺灣檔案》《臺灣文獻》等，再利用已有或製作部分出土文獻的電子語料庫，如華東師範大學中國文字研究與應用中心研製的"甲骨文資料庫""金文資料庫""石刻古文字資料庫""古璽文資料庫""古陶文資料庫""古幣文資料庫""戰國楚文字數字化處理系統"等，數量就更爲可觀。資料庫重組在技術上也無問題，如"中國基本古籍庫"程式預留了許多使用者擴展界面，可將需要的庫外典籍添加到資料池中，實現資料庫的無限擴張，建立更爲方便適用並具特色的語料庫。這樣，可以進行通檢的電子語料庫所收典籍很容易達到2萬種左右。

目前要做的工作，是充分利用已有的電子文獻剔除重複，並根據語文辭書編纂修訂的需要進行重組，完善語料庫建設。如果利用計算機對2萬種典籍進行通檢，來修訂《大字典》和《大詞典》，可能達到的最高學術水平，是不難預期的。

2. 作爲查考引用書證的電子文獻，應經專家學者精校精勘，存真求是

據有關專家估計，我國現存的古代文獻典籍約15萬種，如果電子語料庫收書達1.5萬種以上，則提取書證的範圍比例爲1/10，應該能反映漢語詞彙的真實面貌。前面所舉問題，限於當時的條件，多數還是沒有就常見典

籍充分挖潛。擴大提取書證範圍，利用電子語料庫的窮盡性檢索功能，許多問題就可迎刃而解。

如果確定收錄萬種以上典籍的電子語料庫，入選典籍的版本應是善本，最理想的質量應經過專家學者精校精勘，確保存真求是。當然，這個工作量太大，實施起來可能有困難。不過也可以根據不同情況區別對待：已有較好的校本，在吸收新近研究成果稍作修訂後直接納入；那些尚無校本，而又必須整理的典籍，可責專人完成；另有部分典籍，如無暇顧及，亦可直接利用。爲確保辭書的修訂質量，可將工作重點集中於所選用的書證材料上，即對入典的書證材料進行嚴格審查。因選擇書證的範圍較手工操作已有很大擴展，並且利用電子語料庫提取書證瞬息可就，凡是覺得不很妥當或不理想的書證，另選同時代的其他文獻予以更換。實在繞不過去的書證，可責專人進行考訂，最後決定是否入典。這樣，大型語文辭書的修訂完全可以做到多快好省。

3. 電子文獻應按時代先後排列，實現萬種以上文獻通檢，建立斷代和分類語料庫，以備書證的多樣性選例

電子語料庫按時代先後排列的最大好處是省時高效，如某詞語源頭本在先秦，很容易獲取書證，就無必要再往後檢索，而以後各時代的書證，根據需要，可直接在不同時代的分庫中提取。實現萬種以上文獻通檢也是必要的，這是因爲一些詞語可能在文獻中出現頻率不高，以前亦不爲人所注意，在許多辭書該條書證均付闕如的情況下，通過萬種以上文獻通檢，就可以解決類似問題。分類設立按時代先後排列的語料庫，如《歷代石刻史料彙編》、"漢籍電子文獻"中的《清代經世文編》《閩南語俗曲唱本（歌仔冊）》、"斷代研究資料庫系列"等亦在必需，可確保書證的多樣性選例，避免現有語文辭書多以儒家經典爲主，而較少關注佛、道及九流百家典籍和出土文獻的不足。

4. 充分吸收新的研究成果，集思廣益

《大字典》《大詞典》出版以來，討論兩書諸多問題的專著、論文不少，有許多見仁見智的中肯意見或建議，只要充分利用集體的智慧和研究成果對兩書進行修訂，將會起到積極的作用。有關研究成果，目前可以利

用各大圖書館以及超星圖書館提供的學術專著的網上查詢，報刊文章可充分利用期刊網檢索或國內外著名的搜尋引擎，或另責專人查檢，並建立專門的資料庫，等等。

  5. 建立語文辭書編纂修訂資料庫，提供資源共享

  《大字典》和《大詞典》在編纂伊始，就確定了出書、出人、出經驗的原則，實踐證明是一條非常寶貴的經驗。《四庫全書》全文版在研製過程中，不但爲中國古籍電子化及檢索手段現代化開闢了新途徑，也爲後來讓更多的承載中華民族優秀文化的古代典籍的電子化積累了豐富的經驗，並建立起約7億漢字的高質量的"中文字符—字跡資料庫"，爲《歷代石刻史料彙編》及"中國基本古籍庫"和其他古籍數字化提供了資源共享的便利。

  《大字典》和《大詞典》的修訂，也應本着這樣的優良傳統，在做好修訂工作，努力提高辭書學術水平的同時，既要培養人才，又要注意利用這一機會，建立語文辭書編纂修訂資料庫，打破壟斷，爲學界提供資源共享。

  我們相信，利用先進的計算機和信息革命帶來的諸多便利，語文辭書的編纂和修訂，必將進入一個全新的時代，爲讀者奉獻更多的高質量、高水平的精品辭書。

參考文獻

［1］雙人：《辭書現代化的新進展——中國辭書學會辭書編纂現代化技術專業委員會成立大會暨第二屆全國中青年辭書工作者學術研討會綜述》，《辭書研究》2001年第4期。
［2］伍宗文：《大型語文辭書修訂漫談》，《四川大學學報》1997年第1期。
［3］蔣宗福：《四川方言詞語考釋》，巴蜀書社2002年版。

（原載《四川大學學報》2005年第5期）

《蜀語》札記

　　明末清初四川遂寧李實所著《蜀語》，是我國現存第一部"斷域爲書"的方言辭彙著作，開同類著述風氣之先，共著録詞語563條（但有少量非蜀語），並廣徵博引，對語詞溯源及音韻流變和本字等多有考辨。因此，《蜀語》具有很高的學術價值，即便今天，其著録及考辨方法仍有許多啓示作用。現擇數條札記於次，探賾索隱，考鏡源流，俾其由晦而顯，以供參考。

　　1. 謂無曰耗○耗，莫褒切，音毛；亦有呼毛清音者。昔人請東坡喫畾飯，謂白米、白湯、白蘆蔔也。東坡回請毳飯，謂米、湯、蘆蔔三者俱無也。鄉語謂無爲毛，然毛非義，以耗字爲是。東坡非失于考，蓋借字戲耳。本从禾从毛，俗从耒，譌。（第30條）

　　耗，無，没有。《類篇·耒部》："耗，謨袍切，獨皃。《漢書》：'靡有孑遺，耗矣。'"《增韻·豪韻》："耗，無也，盡也。"《康熙字典·耒部》："耗，《集韻》、《正韻》謨交切，《韻會》謨袍切，並音毛。"《漢書·高惠高后文功臣表》："訖於孝武後元之年，靡有孑遺，耗矣。"顔師古注："孟康曰：'耗音毛。無有毛米在者也。'師古曰：'孟音是也，而解非也。孑然，獨立貌，言無有獨存者，至於耗盡也。今俗語猶謂無爲耗，音毛。"宋婁機《班馬字類》卷二："俗謂無爲耗，音毛。"明田藝蘅《留青日札》卷三十八《通俗古音》："耗音毛，亦無也。《漢書》'靡有孑耗'。今四川有此音。"楊慎《轉注古音略》卷二《四

豪》："耗，冒平聲，無也。《漢書》'靡有孑耗'。今蜀人語猶然。"按引《漢書》均不確。

皛飯，戲稱白飯、白蘿蔔和白湯。三"白"爲"皛"。毳飯，戲稱三無之飯，即無飯。三"毛"爲"毳"，"毛"謂"無"。關於"皛飯""毳飯"相戲事有多種版本。宋曾慥《高齋漫錄》以爲東坡與錢穆父事，原注："毛音模，京師俗語謂無爲模。"或謂東坡與劉貢父相戲者，宋朱弁《曲洧舊聞》卷六云"世俗呼無爲模，又語訛模爲毛，常同音，故坡以此報之，宜乎貢父思慮不到也"。有謂郭震與任介相戲者，宋祝穆《古今事文類聚別集》卷二十《招飯相謔》，謂"蜀人至今爲口談，俗呼無曰毛"。

毛，無，没有①。《後漢書·馮衍傳》："饑者毛食，寒者裸跣。"李賢注："衍集毛字作無。今俗語猶然者，或古亦通乎？"宋郭忠恕《佩觿》卷上："河朔謂無曰毛。《漢書》毛音無，與無義同。"②明顧起元《客座贅語》卷一《詮俗》："一無所得者曰毛。"陳士元《俚言解》卷二《白飯毛飯》："楚蜀呼無曰毛。又轉呼音耄。凡飯無肉食曰白飯，又曰光飯。茶無果實曰白茶，又曰光茶、清茶。"清吳玉搢《別雅》卷一："毛食，無食也；謨信，無信也：……《通雅》云：'江楚廣東呼無曰毛。'《南唐書·黨與傳》'越人謨信，未可遽攻'注：'謨信，無信也。閩人語音。'"③趙翼《陔餘叢考》卷四十三《毛作無字》："天津、河間等處土音，凡無字皆作毛字。"錢大昕《十駕齋養新錄》卷五《毛》亦云："今江西湖南方音讀無如冒，即毛之去聲。"章炳麟《新方言·釋詞》："今湖南閩廣

---

① 項楚師《敦煌變文詞語札記》"毛"條有詳考，並謂"此字或有寫作'冇'者，乃會意字，以'有'字中無兩小橫，會'無有'之義"（原載《四川大學學報》1981年第2期、《詞典研究叢刊》第四輯，收入《敦煌文學叢考》，上海古籍出版社1991年版，第163—164頁）。又王鍈《唐宋筆記語辭匯釋·語辭備考錄》有"無　模　毛"條，引宋朱弁《曲洧舊聞》及清李光庭《鄉言解頤》兩例（參見中華書局2001年版，第268頁）。

② 明田藝蘅《留青日札》卷三十八《通俗古音》："毛音無。《後漢書》：'飢者毛食，寒者裸跣。'馮衍集毛作無，或古字通用也。"或承郭說。清俞正燮《癸巳類稿》卷七《釋毛》："郭忠恕《佩觿集序》云：'河朔謂無曰毛。'自注云：'《漢書》毛音無，與無同義。'徧檢《漢書》，絕無毛音無者，必是誤記《後漢書》注。如《鄧騭傳》云'元二之災'，注引石鼓重字積二畫，郭亦謂是顏師古語，皆誤以《後漢書》爲《漢書》，然《後漢書》注亦不云毛音無。《佩觿辨證》云：'今河朔謂無曰謨，毛亦音謨，俱不作毛音。'其శ尤非。執筆者方音不同耳，豈有明著毛字，反不作毛音者？"此說是也。

③ 按所引《南唐書》，宋馬令作。"遽攻"今本作"速進"。

皆謂無爲毛。"而"蜀人至今爲口談,俗呼無曰毛",可爲坡公鄉語佐證矣;楊愼亦謂"今蜀人語猶然"。清張愼儀《蜀方言》卷下(353頁):"謂無曰毛。"徐德庵《蜀語札記》:"此由無字音轉如毛,因以毛爲之。"[①]據上引文獻可知,俗呼"無"爲"毛"的地域頗廣。至於"毛音模,京師俗語謂無爲模","世俗呼無爲模,又語訛模爲毛",以及《南唐書》之"謨",均以"莫"得聲,實即莫也,故"謨信"即"莫信"。《漢語大字典》(二/6/3430頁)"莫"(二)mò,❿"方言。沒有。如:莫辦法",今蜀方言"模""謨"均讀同"莫",音[mo²¹];又(3/1607頁)"冒"(一)mào,⓮"方言。沒,沒有。也作'冇'",又(1/111頁)"冇"音mǎo,"方言。沒有",均引當代例。但"冒""冇"明清文獻習見。如明嘉靖《興寧縣志》卷四《人事部》:"無曰冒。"清屈大均《廣東新語》卷十一《土言》:"(海豐)謂無曰冒。"乾隆四十八年《歸善縣志》卷十五《風俗·方言》:"無曰冒,亦曰模。"錢大昕《十駕齋養新錄》卷五《古無輕脣音》:"無又轉如毛……今江西湖南方音讀無如冒,即毛之去聲。"李光庭《鄉言解頤》卷三《人部·言語》:"江漢善操土風,而謂無有曰毛。蘇東坡以毳飯答人,皛飯終歸無有是也。又謂之曰冒。"道光二年《廣東通志》卷九十二《輿地畧十·風俗一》、光緒十八年《桃源縣志》卷一《疆域志·風俗考附方言》:"謂無曰冒。"光緒八年《孝感縣志》卷五《風土志·節序》:"又云拜年莫拜初五六,有酒也冒肉。澴人謂無曰冒。"民國十三年《江津縣志》卷十一《風土志·方言》:"邑語謂物無有曰昧,而以平聲出之,如曰沒得了,昧看見,昧在這點,昧食飯等,變之則爲冒,邑語亦通用,昧冒雙聲。平聲讀之則爲毛,毛,無也。《後漢書·馮衍傳》:'飢者毛食。'注:'衍集毛作無。'通以邑語,則爲餓者昧得食也。"民國十五年《簡陽縣志》卷二十二《禮俗篇·方言》:"問喫飯未曰齫(恰平聲)飯(讀音患)冒。"民國十八年《合江縣志》卷四《禮俗·方言》:"冒,無也,如言冒得了,由毛轉變。毛,無也,再變爲昧,平聲出之,如曰昧有了、昧看見。"

[①] 徐德庵:《古代漢語論文集》,巴蜀書社1991年版,第372頁。

而"冇"已見於明田藝蘅《留青日札》卷三十八《古奇文》："廣人書無曰冇，音耄，謂與有相反也。"①又《通俗古音》："無曰毛，音如耄。晉人有氉飯之戲言，言三物俱無，故以三毛爲氉。"可見"冇"即同"毛"。又"莫""毛""冒"音近，方俗口語稍有差別②。清雍正《陝西通志》卷四十五《風俗·方言》、道光二十一年《榆林府志》卷二十四《風俗志·方言》："冇，無同。"光緒《臺灣通志》卷二《物產二·草木類》："土音以物不堅綻者爲冇，猶云没有也。"徐珂《清稗類鈔·經術類·俗字之訓詁》："冇音磨，無也。"亦即音同"莫"也。

又，《玉篇·耒部》："耗，虎告切，正作秏。"秏，無。《廣韻·號韻》："秏，減也。……俗作耗。"元李文仲《字鑑》卷四："秏，虚到切，減也，虚也。《説文》：'稻屬。从禾，毛聲。'俗作耗。"《史記·天官書》："市中星衆者實，其虛則秏。"張守節正義："秏，貧無也。"清俞正燮《癸巳類稿》卷七《釋毛》："《漢書·功臣表序》'秏矣'注，孟康云：'秏音毛，言無有毛米在者也。'師古云：'今俗語猶謂無爲秏，音毛。'則是古人言無、毛相近，故通寫，非寫此字而讀彼音也。"③甄尚靈、張一舟先生《〈蜀語〉詞語的記録方式與〈蜀語〉音注所反映的音類》注釋⑪："秏，李實云：'本从禾，从毛。'《廣韻·去·號》：'秏，減也。俗作耗'。'呼到切。'《集韻·去·號》：'秏，莫報切。秏亂不明。'又'虚到切……減也'。於義似應取'呼到（虚到）切'。"④按應從《韻會》作"莫袍切"。

亦或作"卯"。《説文·卯部》："卯，冒也。二月萬物冒地而出，象開門之形。"此聲訓，"卯""冒"音同。清乾隆二十七年《永興縣志》

---

① 據筆者披覽所及，此當爲"冇"字較早出處。楊小平《南充方言詞語考釋》（142頁）引"《集韻·術韻》引《詩》'冇驕有驩'"，此據《四庫全書》電子本，實不足據。上海古籍出版社據虞山錢遵王述古堂影я宋鈔本影印本（670頁）則作"有驕有驩"，今本《詩經》亦未聞有"冇驕有驩"的説法。

② 李維琦《考釋佛經中疑難詞語例説》："現代漢語方言廣東話說'無'爲'冇'，上聲；長沙話說'無'爲'冒'，去聲，唯福州話表示'無'這個意思的詞仍念毛，讀陽平，研究者以爲是'無'字的俗寫。這些都是古謂'無'爲'秏'而音毛的遺留。"參見朱慶之編《佛教漢語研究》，商務印書館2009年版，第323頁。

③ 俞氏考之甚詳，可參看。

④ 參見遂寧市文化局編《李實學術研討會文集》，語文出版社1996年版，第71頁。

卷五《風土志·方言》："無曰卯，又曰毛。昔人毳飯亦取三毛。"光緒十四年《茂名縣志》卷一《輿地志·方言》："謂無曰卯。"光緒十七年《信宜縣志》卷一《輿地志·方言》："無曰卯。"民國二十六年《清遠縣志》卷四《輿地·方言》："謂無曰無（音卯），讀如毛去聲（讀如土音卯）。劉熙《釋名》云：'毛，冒也；眸（音無），冒也。'是毛無音近通轉，漢代已然矣。……吾邑雖同仄聲，然讀去聲如卯音。"

以上"耗""秏""毛""莫""謨""冒""冇""卯"並同詞異形。

2. 乍晴乍雨曰㵲淞雨○㵲淞音弄送。（第72條）

㵲淞雨，謂時晴時雨。清道光十七年《永寧州志》卷十《風土志·方言》、咸豐元年《安順府志》卷十五《風俗·方言》："乍晴乍雨曰㵲淞雨。"道光二十一年《遵義府志》卷二十《風俗》、光緒二十一年《敘州府志》卷二十一《風俗》、民國十年《新修合川縣志》卷三十《風俗·方言》："乍晴乍雨曰㵲淞（音弄送）雨。"民國二十四年《麻城縣志續編》卷一《疆域·方言》："乍晴乍雨曰㵲淞。音弄送。"此本《蜀語》，"淞"下當奪"雨"字。咸豐四年《興義府志》卷四十二《風土志·方言》、民國三十七年《貴州通志·風土志·方言》同，又："乍晴乍雨曰籠鬆雨。""㵲淞雨""籠鬆雨"聲調有別。蔣禮鴻先生說："《蜀語》又云：'乍晴乍雨曰㵲淞雨，音弄送。'按：嘉興謂作弄人曰弄送，音正如之，蓋亦如雨之乍晴乍作，令人應付為難也。"① 據光緒八年《黎平府志》卷二下《風俗·方言》："戲侮人曰㵲淞。音弄送。"蔣說或是。

又，宋高觀國《竹屋癡語·夜合花》："斑駁雲開，濛鬆雨過，海棠花外，寒輕湖山，翠暖東風，正要新晴。"元劉君錫《來生債》第一折：

---

① 蔣禮鴻：《〈義府續貂〉補》，《杭州大學學報》1989年第4期。甄尚靈、張一舟《〈蜀語〉詞語的記錄方式與〈蜀語〉音注所反映的音類》："按㵲（《廣韻·去·送》盧貢切，'水名'）淞（《廣韻·平·鍾》祥容切，又先恭切，'凍落貌。'）與'乍晴乍雨'義無關，殆借同音而又含水旁（與雨有關）的字以書寫之。"參見遂寧市文化局編《李實學術研討會文集》，第33頁。

"東南上雲布起來了，我說麽下濛鬆雨兒了呀。"清高靜亭《正音撮要》卷二："濛鬆雨，密雨絲。"光緒九年《文水縣志》卷三《民俗志·方言》："小雨曰濛鬆雨。"光緒二十年《重修五河縣志》卷三："霧重如雨，俗謂之濛淞。諺曰：雨前濛淞雨不大，雨後濛淞不得罷（謂仍有雨也）。"民國《普安縣志》卷十《風土志·方言》："乍晴乍雨曰濛淞雨。"民國三十七年稿本《興義縣志》第十一章《社會》第一節《語言·漢語方言》："乍晴乍雨曰濛鬆雨。""濛鬆雨"音近"渹淞雨"。又，宋張邦基《墨莊漫録》卷四《霿淞》："曾子固之齊州，有《冬夜》詩云：'香清一榻氍毹暖，月淡千門霿淞寒。'又有《霿淞》詩云：'園林初日靜無風，霿淞開花處處同。記得集英深殿裏，舞人齊插玉籠鬆。'蓋謂是也。東坡在定武《送曾仲錫》詩亦云：'斷蓬飛葉落黃沙，祇有千林鬖淞花。應謂王孫朝上國，珠幢玉節與排衙。'亦謂此也。'霿淞（音夢送）'、'鬖鬆'，皆同音。"明焦竑《俗書刊誤》卷六："霿淞音夢送，見曾南豐《冬日》詩。"是"淞"音"送"。方以智《通雅》卷十一《天文》："智按今《唐韻》淞在平聲，別有淞在送韻。"

3. 八月爲汃月，九月爲朽月○汃，普八切，攀入聲。蜀西南多雨，八九月爲甚，名曰漏天。杜子美詩曰："鼓角漏天東。"黃仁傑詩曰："九月不虛爲朽月。"楊升菴詩曰："易見黃河清，難逢烏撒晴。"秋雨多，故云。（第95條）

汃月、朽月，夏曆八月、九月。明楊慎《丹鉛總録》卷二十一《汃月朽月》："蜀西南多雨，名曰漏天。杜子美詩'鼓角漏天東'，又'徑欲誅雲師，疇能補天漏'是也。自秋分後，遇壬謂之入霶，吳下曰入液。宋黃仁傑《夔州苦雨》詩：'九月不虛爲朽月，今年賴得是豐年。'汃音爲帕平聲。《東方朔傳》諧語云：'令壺齟老拍塗。'塗與汃同，注云'丈加切'，其下解云：'塗者，漸洳徑也。'亦雨濕泥濘之義。《爾雅》十

二月爲畢塗月，汃月之諺雖俗，其音義字形，亦遐而尚矣。"①按《爾雅·釋天》謂"十二月爲涂"，一至十二月均爲單名，疑"畢"字衍，"塗月"當作"涂月"。又，明方以智《通雅》卷十二《天文》："霜月、朽月，九月也。博南引宋詩'九月不虛爲朽月'，謂多霶也。"清王士禛《古夫于亭雜録》卷三《汃讀音》："杜牧詩：'小溪光汃汃。'宋黄仁傑詩：'汃月不虛爲朽月，今年賴得是豐年。'楊用修云：'汃，怕平聲。又丈加切。'按《正字通》：'普八切，攀入聲。'《爾雅》：'西極于汃國。'汃，西極水名，又水相激聲。韓愈詩：'潦江息澎汃。'與湃同。張衡《南都賦》：'流湍投濊，砏汃輣軋。'注：'音八。'汃有平、去、入三聲。"清張澍《蜀典》卷六《風俗類·汃月巧月》："蜀西南多雨，名曰漏天。杜工部詩'鼓角漏天東'是也。楊升菴云：'自秋分後遇壬謂之汃霶，吳下曰入液。'宋黄仁傑《夔州苦雨》詩：'九月不虛爲巧月，今年賴得是豐年。'汃音讀爲怕平聲。巧月，《通雅》引作朽月。"據上引《丹鉛總録》卷二十一《汃月朽月》"汃霶"當爲"入霶"之譌。"巧月"謂農曆七月，而"九月"恐難與"巧月"關聯，《通雅》及其他典籍均引作"朽月"，當是。

漏天，天多雨而少晴。宋樂史《太平寰宇記》卷八十《劍南西道九》："漏天，秋夏常雨，故曰漏天。"晁說之《晁氏客語》："雅州蒙山常陰雨，謂之漏天。產茶極佳，味如建品。純夫有詩云：'漏天常洩雨，蒙頂半藏雲。'爲此也。"《朱子語類》卷八十六《禮三》："古語云：'蜀之日，越之雪。'言見日少也，所以蜀有漏天。古語云：'巫峽多漏天。'老杜云：'鼓角漏天東。'言其地常雨，如天漏然。"明嘉靖《洪雅縣志》卷五《藝文志》載毛起《贈束明府奬勸序》："山濃雲淋，雨不時至，古謂之漏天者也。"彭大翼《山堂肆考》卷四《蜀西天漏》："雅州在蜀之西，其地陰盛常雨，如天之漏，名曰漏天。古詩'地近漏天終日雨'，杜詩'鼓角漏天東'。"陳士元《俚言解》卷一《漏天》："俗憾久雨不晴

---

① "徑欲誅雲師"，據《杜工部集》卷一及他本作"安得誅雲師"。"拍"，《升菴集》卷七十五同，但當爲"柏"字形譌。《漢書·東方朔傳》："令壺齟老柏塗……柏者，鬼之廷也。"顏師古注："言鬼神尚幽闇，故以松柏之樹爲廷府。"

謂之天漏。杜詩'鼓角漏天東',又'猛欲誅雲師,疇能補天漏'。又'地近漏天終歲雨',注云:'梁益四時多雨,俗稱漏天。'"清徐元禧《名山竹枝詞》:"漏天難望蔚藍明,十日曾無一日晴。剛得曦陽來借照,陰雲又已漫空生。"楊甲秀《徙陽竹枝詞》:"碉門存草問樵詩,半是離愁半是癡。莫怪旅人難遣悶,漏天天漏古來知。"原注:"岷陽姜熙周,原名秉文,號問樵。己丑(1820)進士,道光十一、二年(1831—1832)主講和川書院,著詩一卷曰《碉門偶存草》。集內多聽雨不寐、雨窗排悶等詩。州自古多雨,諺云:大小漏天在雅州。槩州言之也。"傅崇矩《成都通覽·成都之氣候》(1頁):"古人云'蜀天常夜雨',今則異是。又稱'漏天',言雨水多也,亦不能以爲常例。"徐珂《清稗類鈔·氣候類·成都氣候》:"古人謂成都常夜雨,又稱漏天,皆言雨水之多也。"民國十八年《新修南充縣志》卷七《掌故志·風俗·方言》:"霪雨曰漏天。"周芷穎《新成都》第一章第四節《氣候》(5頁):"古稱蜀天常夜雨,又稱漏天,言雨水多也。"又,清光緒二十六年《墊江縣志》卷一《輿地志·風俗》:"多雨曰天漏。杜子美詩:'徑欲誅雲師,疇能補天漏。'"謝奉揚《玉堂場竹枝詞》:"天漏時多柳發椏,山間市上總喧嘩。"今俗仍謂久雨不晴爲"天漏了"。

按"鼓角漏天東",題《陪章留後侍御宴南樓》,見《集千家注杜工部詩集》卷九、《杜詩詳注》卷十二,《全唐詩》卷二百二十七"漏"作"滿",非是。《朱子語類》卷一百四十《論文下》:"杜詩最多誤字……如蜀有漏天,以其西北陰盛常雨,如天之漏也,故杜詩云'鼓角漏天東',後人不曉其義,遂改漏字爲滿。"則朱子所見本已誤,《全唐詩》失校。

4. 秋分後逢壬謂之入霑,十日滿謂之出霑○霑謂雨多也。逢壬十日內謂之霑天。諺云:"入霑有雨出霑晴。"(第102條)

入霑、出霑,秋分後遇壬叫入霑,十日滿叫出霑。清杜文瀾《古謠諺》卷三十"李實引諺釋入霑出霑"輯此條諺語。《說文·雨部》:"霑,雨霫也。從雨,沾聲。"《增韻·鹽韻》:"霑,雨淋也。"《詩·小

雅·信南山》："既霑既足，生我百穀。"鄭玄箋："陰陽和，風雨時，冬有積雪，春而益之以小雨，潤澤則饒洽。"明楊慎《丹鉛總錄》卷二十一《汎月朽月》："蜀西南多雨，名曰漏天。杜子美詩'鼓角漏天東'，又'逕欲誅雲師，疇能補天漏'是也。自秋分後，遇壬謂之入霖，吳下曰入液。"①方以智《通雅》卷十二《天文》："陳士元《韻注》：古《月令》：'秝雨早降。'即淫雨。霖，雨霽也。今人曰入霖，亦曰入液。"

霖天，謂入霖十日內的天氣日期。明陳士元《俚言解》卷一《霖天雨》："霖天雨，一曰黴天雨。或以梅雨爲黴天，非也。自秋分後遇壬謂之進霖，其時多濛密細雨，俗又呼狗毛雨。……《田家五行》：霖天雨忌栽種。"張存紳《雅俗稽言》卷二《霖天》條所述同。王士禎《帶經堂詩話》卷十六《考證門四·音訓類》："秋分後遇壬謂之入霖。"民國十八年《合江縣志》卷四《禮俗·方言》："進詹有雨出詹晴，出詹無雨一冬淋。俗以八月十三日爲進詹，二十三日爲出詹。"民國十八年《桐梓縣志》卷二十一《實業志·農業》："（八月）十三日爲進詹，宜雨，無雨則十日以外難晴，冬亦多雨。諺曰：進詹有雨出詹晴，進詹無雨出詹淋。"民國三十六年《鎮寧縣志》卷一《地理志·氣候》："進詹有雨出詹晴，進詹無雨出詹下。""詹"當作"霖"。又，清嘉慶二十一年《華陽縣志》卷十八《風俗·歲時》："是月內霪雨，謂之霖天雨。""是月"謂八月，"霖天"謂入霖十日內的天氣日期。今蜀語仍有此說法，如《四川方言詞語匯釋》（33頁）"出沾"謂"秋分後逢壬日叫'入沾'，十日滿叫'出沾'；逢壬十日之內叫'沾天'。諺語說：'入沾有雨出沾晴，出沾無雨一冬霖。'（意思是說出沾之日不下雨，則冬季雨多）"②

---

① 宋陳元靚《歲時廣記》卷四《入液雨》引《瑣事錄》："閩俗立冬後過壬日，謂之入液，至小雪出液，得雨謂之液雨，無雨則主來年旱。諺云：'液雨不流籜，高田不要作。'又謂之藥雨，百蟲飲此水而蟄。林公弁詩云：'液雨初生小院寒。'"明徐應秋《玉芝堂談薈》卷十九《潑火雨》："《歲時紀事》：'立冬後十日入液，至小雪出液。此時得雨，謂之液雨，亦曰藥雨，百蟲飲此水則蟄也。'楊用修以秋分後進霖曰進液，非是。"陳士元《俚言解》卷一《液雨》："楊氏《丹鉛續錄》謂秋分後進霖，吳下曰進液。余謂楊說非也。液雨乃冬雨，非秋雨。"

② 是書《說明》云："選錄以口語爲準，現代口語中不用的不選，個別地方使用而流傳不廣的不選。"

5. 夏日暴雨曰偏涷雨○涷音東，从水。《爾雅》曰："暴雨謂之涷。"《楚詞》曰："使涷雨兮灑塵。"其曰偏者，或不踰牆，或不過畦也。江東謂之陣頭雨。若从冫，音洞。冫音冰，水凝也。（第289條）

偏涷雨，夏天的暴雨。《爾雅·釋天》："暴雨謂之涷。"郭璞注："今江東呼夏月暴雨爲涷雨。"《楚辭·屈原〈九歌·大司命〉》："令飄風兮先驅，使涷雨兮灑塵。"王逸注："暴雨爲涷雨。"《文選·張衡〈思玄賦〉》："雲師𤴯以交集兮，涷雨沛其灑塗。"李善注："涷雨，暴雨也。巴郡謂暴雨爲涷雨。""涷"當作"涷"。清道光二十一年《遵義府志》卷二十《風俗》、光緒二十一年《敘州府志》卷二十一《風俗》、民國十年《新修合川縣志》卷三十《風俗·方言》："夏日暴雨曰偏涷雨。"章炳麟《新方言·釋天》："《爾雅》：'暴雨謂之涷。'郭璞曰：'今江東呼夏月暴雨爲涷雨。'《離騷》云：'使涷雨兮灑塵。'是也。涷音東西之東。今陝西、四川皆謂夏月暴雨爲偏涷雨，涷正音東。偏者，夏月暴雨，一二里內雨暘各異，故謂之偏。亦曰分龍雨，亦曰白雨，廣東謂之白撞雨。撞從東聲，涷音轉撞，若呼一重爲一撞，變東禍爲撞禍矣。"又《駁中國用萬國新語說》："暴雨爲涷，徵之《楚辭》，淮南佗方無舉此者，川陝閒猶謂夏月暴雨爲偏涷雨。"民國十八年《合江縣志》卷四《禮俗·方言》："偏涷雨，涷音東，謂夏月暴雨也。是雨一二里內雨暘各異，故謂之偏，亦曰分龍雨。"民國二十四年《雲陽縣志》卷十四《禮俗下·方言上》："暴雨謂之偏涷雨。"民國二十六年《南溪縣志》卷四《禮俗下·方言》："偏涷雨，謂夏月暴雨也。涷音東。《爾雅·釋天》：'暴雨謂之涷。'十里以外雨暘各異，故謂之偏。"

又作"偏涷雨"。民國二十三年《華陽縣志》卷五《禮俗·方言》："暴雨曰偏涷雨。"民國二十四年《蓬溪縣近志》卷七《風土篇·方言》："夏日暴雨曰偏涷雨。"民國三十七年《貴州通志·風土志·方言》："夏日暴雨曰偏涷雨。"

亦作"偏東雨"。民國十五年《簡陽縣志》卷二十二《禮俗篇·方言》：

"暴雨曰骤子雨，又曰偏東雨。"民國十五年《南川縣志》卷六《風土·土語》："夏時暴雨曰偏東雨。"民國三十三年《長壽縣志》卷四《風土·方言》："夏時暴雨曰徧東雨。""徧"爲"偏"異體。姜亮夫《昭通方言疏證》（828條）："今昭人呼暴雨爲偏東雨即涷。"

又，民國二十一年《萬源縣志》卷五《教育門·方言》："暴雨曰偏通雨。"民國十八年《資中縣續修資州志》卷八《風土·方言》："暴雨爲天東雨。"唐樞《蜀籟》卷二（88頁）："天東雨隔朵墙，那邊落雨這邊出太陽。"民國二十七年《達縣志》卷九《禮俗門·風俗·方言》："暴雨曰偏陡雨。""偏涷雨""偏涷雨""偏東雨""偏通語""天東雨""偏陡雨"並音近而小異，是以陝西、四川、貴州、雲南昭通等均言暴雨爲偏涷雨矣①。

《漢語大詞典》（1/1571頁）"偏練雨"謂"川陝一帶稱夏月暴雨爲偏練雨。偏，指降雨範圍小，數里之內，晴雨各異。見章炳麟《新方言·釋天》。參見'練雨'"。此殊誤。《新方言》實作"偏涷雨"，未聞"偏練雨"及"練雨"，又（9/931頁）"練"下未收"練雨"，參而不見矣。細繹其謬，恐編者誤"涷"爲"練"，非排版所致，因"涷"11畫，"練"15畫，前後順序不同。又，"練雨"實爲"涷雨"形譌。檢（5/1347頁）"涷₁"音dōng，❶"暴雨"；"涷雨"亦謂"暴雨"，首引《楚辭》，並云"參見'涷₂雨'"。又（2/421頁）"涷₂雨"謂"涷雨，暴雨。凍、涷，《說文》本爲兩字，暴雨義應作'涷'，因兩字形義相近，古籍刊本往往作'凍'"。

6. 月半明曰朣朣亮○朣音嗊。（第331條）

朣朣，月亮模糊不明的樣子。《集韻·董韻》"朣，朣朣，月不明。"《字彙·月部》："朣，朣朣，月欲明。""月欲明"實際亦指月由不明而漸欲明。《康熙字典·月部》："朣，《集韻》虎孔切，音嗊。朣朣，

---

① 參見蔣宗福《四川方言詞語考釋》，巴蜀書社2002年版，第521頁。

月不明也。"清道光十七年《永寧州志》卷十《風土志·方言》、道光二十一年《遵義府志》卷二十《風俗》、光緒二十一年《敘州府志》卷二十一《風俗》、民國十年《新修合川縣志》卷三十《風俗·方言》、民國二十三年《華陽縣志》卷五《禮俗·方言》："月半明曰朊朊亮。"咸豐元年《安順府志》卷十五《風俗·方言》："月半明曰朊朊亮。朊音嗊。"咸豐四年《興義府志》卷四十二《風土志·方言》："其有似俗而實典雅者，如謂月半明曰朊朊明。"又："月半明曰朊朊明。朊音嗊。"民國十八年《新修南充縣志》卷七《掌故志·風俗·方言》："天將曉曰朊朊（荒去聲）亮。"此爲蜀中個別地方［xoŋ⁵⁵］讀同［xuaŋ⁵⁵］的記音。或音轉作"暈暈""昏昏"。民國二十三年《樂山縣志》卷三《方輿志·方言》："月半明曰暈暈亮。""暈"當讀同"昏"。民國三十七年稿本《興義縣志》第十一章《社會》第一節《語言·漢語方言》："月半明曰昏昏月亮。"《四川方言詞語匯釋》（250頁）"月亮朊朊兒"謂"微明的月光"。《重慶方言詞解》（398頁）"月亮朊朊兒"謂"很微弱的月光"。

又，民國《普安縣志》卷十《風土志·方言》："黎明曰朊朊亮。"此謂天色尚不明亮矣。民國三十二年《沿河縣志》卷十三《風土志·方言》："半明曰朊朊亮。"此可指天色，也可指太陽、月亮不明的樣子。

今蜀方言亦指太陽模糊不明亮，故字亦作"哄"，疊言"哄哄"，如說"太陽哄哄"，即指天空太陽光似有若無的樣子[1]，音同"烘"，讀［xoŋ⁵⁵］。《集韻·董韻》："哄，哄哄，日欲明。"與"朊"同一小韻。《康熙字典·日部》："哄，《集韻》虎孔切，音嗊。哄哄，日欲明也。"《成都晚報》2011年5月21日09版《今天降9℃　透心涼》："昨天成都以陰天爲主，'哄哄'太陽出來露了個臉，將氣溫推高到30℃，人們感覺悶熱無比。""哄哄"爲記音，本字當作"哄"。

以上謂日月"不明""欲明""半明"，所指程度近似：與明相比故"不明"，由"不明"而明是謂"欲明"，"不明""欲明"之貌近乎"半明"。要之，指太陽不明本字作"哄"，謂月亮不明本字作"朊"，天色、

---

[1] 參見蔣宗福《四川方言詞語考釋》，巴蜀書社2002年版，第279頁。

光線不明則兩字均可，正如俗亦音轉如"昏"。同理，目不明則作"䀑"。《集韻·董韻》虎孔切："䀑，矇䀑，目不明。"《字彙·目部》："䀑，虎孔切，音哄。矇䀑，目不明。"《康熙字典·目部》："䀑，《集韻》虎孔切，音嗊。矇䀑，目不明也。""䀑""胐""䀑"《集韻》同一小韻，今同音hǒng，蜀語則音［xoŋ^{55}］。

（原載《四川省語言學會成立三十周年紀念論文選集》，四川辭書出版社2013年版）

《蜀語》校讀札記

明末清初四川遂寧學者李實（1598—1676）所著《蜀語》，是我國現存第一部"斷域爲書"的方言辭彙著作，共著錄563條（有少量條目非蜀語）。有些一條涉及多個詞語，其中絕大部分至今還保留在四川方言中。亦有相當部分詞語或義項爲首次著錄，在漢語方言辭彙史和語音史、辭書研究、中國方志史、移民史與民俗文化研究等方面，均具有非常重要的學術價值，堪比揚雄《方言》，非毛奇齡《越語肯綮錄》、胡文英《吳下方言考》及收入《四庫全書》的杭世駿《續方言》等同類或後起仿效之作能望其項背。但有些條目的意思不爲一般人所知，或有誤讀。現擇數條札記於次，探賾索隱，考鏡源流，俾其由晦而顯，以供參考。

  1. 禾麥之空殼曰秙○秙音痡。（第60條）

  秙，脫粒後的麥殼。此義首見著錄。《玉篇·禾部》："秙，口故切。秙穗，禾不實。"《集韻·莫韻》苦故切："秙，秙穗，禾不實。"與"庫"同一小韻[1]。引申指脫去麥粒後的空殼。民國三十四年石有紀序本《莆田縣志》卷八《風俗志下·方言》："麥之空殼曰秙。《蜀語》音庯。"《漢語大字典》（以下簡稱"《大字典》"）"秙" ❶ "秙穗"謂"禾麥不結實"，引《玉篇》及《蜀語》，但引《蜀語》則不契合。李實所謂"禾麥之空殼"，當指麥子收割後脫去麥粒的空殼，非謂禾麥"不結實"。今川北仍謂麥殼爲

---

  [1] 按《集韻·末韻》苦活切："秸，禾皮曰秸。"與"闊"同一小韻。"秙""秸"形近，但音切不同，存參。

"麥秬子"，亦謂"麥糠"①，但稻穀脫去之皮粗者謂穀殼子，細者叫糠或米糠。《莆田縣志》引《蜀語》去一"禾"字，或亦爲此也。其音捕者，《廣韻·暮韻》普故切："捕，捕癒，痞病。又音步。"又薄故切："捕，捕癒，痞病。又音怖。"《正字通·疒部》："捕，俗痛字。《集韻》本作'疳，病腫'也，或作痛。又普故切。""捕"字較生僻，與《玉篇》《集韻》"秬"字音切不合。按《楚辭·屈原〈九章·悲回風〉》"重任石之何益"王逸注"一云'任重石'，石一作秬"，洪興祖補注："秬當作秴，音石，百二十斤也。……秬音庫，禾不實也，義與此異。"《字彙·禾部》："秬，苦故切，音庫，禾不實也。"《康熙字典·禾部》："秬，《集韻》苦故切，音庫。秬穖，禾不實也。"李實"秬音捕"，不及洪興祖等直音"庫"簡明。今川北"秬"仍音同"庫"，讀[k'u²¹³]。

2. 牛馬腰左右虛肉曰軟膁○膁音歉。（第69條）

軟膁，家畜或獸類腰兩旁虛軟處。《玉篇·肉部》："膁，腰左右虛肉處。"《類篇·肉部》："膁，牛馬肋後胯前。"《正字通·肉部》："凡畜腰後窊處曰膁窩。"腰身左右兩邊肋後胯前部分，因無肋骨支撐，故稱"軟膁"。清道光二十一年《遵義府志》卷二十《風俗》："牛馬腰左右虛肉曰軟膁。音歉。"民國十五年《簡陽縣志》卷二十二《禮俗篇·方言》："牛馬腰左右虛肉曰軟膁。"又作"軟臁""輭膁"。唐佚名《司牧安驥集》卷一《伯樂鍼經》："膁癖穴，在軟膁上。"民國十八年《合江縣志》卷四《禮俗·方言》："輭膁，豕腰虛處肉也。"民國二十三年《華陽縣志》卷五《禮俗·方言》："牛馬腰左右虛肉曰軟膁。"又，宋嚴粲《詩緝》卷十八："膁音歉，腰左右虛肉處。"元梁益《詩傳旁通》卷七："膁音歉，苦簟切，腰左右虛肉處也。"明焦竑《俗書刊誤》卷十一："腰左右虛骨處曰膁。又腹下曰胦。俱音歉。"按《廣韻·忝韻》苦

---

① 宋陳師道《後山談叢》卷四："油絹紙、石灰、麥糠、馬矢、糞草，皆能出火。"《漢語大詞典》（以下簡稱"《大詞典》"）"麥糠"謂"緊貼在麥粒外面的皮兒，脫下後叫麥糠"，首引宋邵博《聞見後錄》，與此同。邵博卒年晚於師道50餘年。

算切："膁，腰左右虛肉處。"與"歉"同一小韻。

3. 遂讀同歲○古以遂爲歲字。歲从步从戌，言年至戌而終，秦時所作也。漢陸賈《楚漢春秋》："三老董公八十二遂封爲成侯。"仍用古遂字矣。（第128條）

遂讀同歲，謂遂與歲音義相同。此或承明楊慎《丹鉛總錄》卷十四《古歲字作遂》之說："古遂字即歲時之歲，今文歲字從步從戌，年至戌而終，乃秦人以十月爲歲首，故制字從步戌，前此未也。宋姚孝寧已辨之。予觀《史記注》引陸賈《楚漢春秋》云：'三老董公八十二遂封爲成侯。'遂即歲也。陸賈著書，不用秦篆而用古文，亦卓士哉。崔希裕《略古篇》古歲字作㞷，未詳其義。然亦可證步戌之爲秦制，而非古矣。"[1]張存紳《雅俗稽言》三十二《古歲字》："古歲字作遂，《史記注》引陸賈《楚漢春秋》云：'三老董公八十二遂封爲成侯。'遂即歲也。"清吳玉搢《別雅》卷四："㒸，歲也。陸賈《春秋後語》：'董公八十二㒸以遮道說功封爲侯。'""㒸"即"遂"[2]。可見李實、張存紳及吳玉搢均從楊說而誤讀陸書矣。按《說文·辵部》："遂，亡也。从辵，㒸聲。"段玉裁注："《廣韵》：達也，進也，成也，安也，止也，往也，從志也。按皆引伸之義也。"又《步部》："歲，木星也。越歷二十八宿，宣徧陰陽，十二月一次。从步，戌聲。律曆書名五星爲五步。"《廣雅·釋詁一》："遂，行也。"王念孫疏證："遂者，《晉語》：'夫二國士之所圖，無不遂也。'韋昭注云：'遂，行也。'"又《釋詁三》："遂，竟也。"王氏疏證："遂讀'遂事不諫'之遂。"又《釋言》："遂，育也。"疏證："《樂記》：'氣衰則生物不遂。'《史記·樂書》'歲'作'育'。"又："歲，遂也。"疏證："《太平御覽》引《春秋元命包》云：'歲之爲言遂也。'

---

[1] 本條亦見於《丹鉛摘錄》卷六，"前此未也"之"未"下，據焦竑引有"有"字。
[2] 《玉篇·八部》："㒸，似醉切，從意也。今作遂。"《大字典》"㒸"❷"同'歲'"，引《字彙補·八部》："㒸，又古文歲字。陸賈《春秋後語》：'董公八十二㒸，以遮道說功封爲侯。'"此亦據謬說而誤立義項矣。

《白虎通義》云：'歲者，遂也。三百六十六日一周天，萬物畢成，故爲一歲也。'"不言"遂"有"歲"義，反而謂"歲，遂也"。明焦竑《焦氏筆乘》卷六《用修誤解歲字》："用修云：'歲，即古遂字。今文從步從戌，年至戌而終。乃秦以十月爲歲首，故制字從步戌，前此未有也。'按《爾雅》'夏曰歲'，取歲星行一次也。歲星行一次而四時之功畢，故年謂之歲。從步者，其躔度可推步也。從戌者，木星之精生於亥，自亥行至戌而周天也。謂其始於秦，蓋誤。"①按焦竑只言楊慎"誤解歲字"，未言誤解《楚漢春秋》"董公八十二遂封爲成侯"之"遂"。明陳耀文《正楊》卷二："《史記注》雖有此句，詳其文義，遂字屬下句，詎可指此遂爲歲耶？"按《史記·高祖本紀》"三老董公遮說漢王"張守節正義引《楚漢春秋》云"董公八十二遂封爲成侯"，中華書局標點本"遂"屬下，則爲副詞，不從楊說，是矣②。又，清康熙《御批資治通鑑綱目》卷二下引《楚漢春秋》云："董公八十二歲，其名未詳，秦世隱士，遮道而說，遂封爲成侯。"乾隆《御批歷代通鑑輯覽》卷十二引《楚漢春秋》："董公八十二歲，秦世隱士，名未詳，漢封成侯。"亦可證"遂"非"歲"字矣。

4. 物臭曰膪䤂○膪音滂；䤂，抽去聲，在紂字韻。（第132條）

膪䤂，形容很臭。《釋名·釋言語》："䤂，臭也，如臭穢也。"《廣韻·有韻》："䤂，類也，竅也。《釋名》云：'䤂，臭也。'"《龍龕手鏡·酉部》："䤂，䤂惡也；臭也，如物臭穢也。又類也，竅也。"《禮記·內則》："魚去乙，鱉去䤂。"鄭玄注："䤂謂鱉竅也。"鱉竅爲臭穢之處。《素問·陰陽應象大論》："故清陽出上竅，濁陰出下竅。"王冰注："下竅，謂前陰後陰。"又，《集韻·江韻》："膥，膥肛，腫也。或作膪。"《字彙·肉部》："膪，脹也。"此借音表程度。清道光二十

---

① 此亦見於《俗書刊誤》卷五。
② 《四庫全書總目》卷一百十九《子部·雜家類三·通雅五十二卷》："明之中葉，以博洽著者稱楊慎，而陳耀文起而與爭。然慎好僞說以售欺，耀文好蔓引以求勝。"《蜀語》時有暗承楊慎誤說者，《總目》謂"慎好僞說以售欺"，非妄言也。

一年《遵義府志》卷二十《風俗》："物臭曰膡（音滂）醜（抽去聲）。"唐訓方《里語徵實》卷中上："物臭曰膡醜。膡音滂；醜，抽去聲，在紂字韻。"民國二十四年《蓬溪縣近志》卷七《風土篇·方言》："物臭曰膡（音旁）醜（抽去聲）。"黃仁壽等認爲："李氏謂'物臭曰膡醜'，似以用'臭'爲宜。在口語中，'膡臭'一詞，至今猶存。"①又《蜀語》第416條："甕物味變曰齆醜〇齆音甕。醜，抽去聲。"黃氏等校注："'臭'字便爲'抽去聲'，從詞條講，不必作'齆醜'，而作'齆臭'或者'甕臭'即可。"②按"醜"本有臭義，鄉先輩用之不誤。只是就表音準確及通俗明白而言，用"臭"字亦是。又"抽去聲"即音同"臭"。《廣韻·宥韻》："臭，尺救切，凡氣之總名。俗作殠。"亦作"膡臭"。民國十五年《南川縣志》卷六《風土·土語》："物極臭曰膡臭。"民國二十一年《萬源縣志》卷五《教育門·方言》："臭之甚曰膡臭。"民國二十三年《華陽縣志》卷五《禮俗·方言》："物臭曰膡（音滂）臭。"或作"膀臭"。民國十七年《大竹縣志》卷十《風俗志·方言》："謂極臭曰膀臭。"

5. 鵝卵石曰礓石〇（第141條）

鵝卵石，似鵝卵的石頭。由岩石碎塊經水流長期衝激磨洗而成。元汪大淵《島夷志畧·放拜》："穿斜紋木綿長衫，煮海爲鹽，煆鵞卵石爲炭以代炊。"明顧起元《說略》卷三十《蟲注下》："狗寶乃生於狗胞中，其形質如鵞卵石，而色至白。"又"礓石"謂形狀不規則的小塊石灰石。北魏賈思勰《齊民要術》卷四《安石榴》："置枯骨礓石於枝間。"石聲漢注："'礓石'：《廣韻》十陽'礓'注解是'礓石'，《玉篇》石部'礓，礫石也'；現在河淮流域還有'礓石''沙礓'的名稱，不過一般都寫作'薑'字。"隋闍那崛多等譯《起世經》卷一："諸比丘，郁單越洲，其地平正，無諸荊棘，深邃稠林，坑坎屏廁，糞穢不淨，礓石瓦礫，

---

① 黃仁壽等：《蜀語校注》，巴蜀書社1990年版，第43頁。
② 同上書，第121—122頁。

純是金銀。"唐慧琳《一切經音義》卷九十四《音續高僧傳第十九卷》："礓石：上音畺，《考聲》云：'礓石色白而似畺，因以為名也。'"《太平御覽》卷九百四十七引《西京記》曰："長安化度廢寺內有礓石，徑二尺餘，孔穴通連，若欄椅樓臺之狀，號曰蟻宮。"鄉先輩謂"鵝卵石曰礓石"或不盡確。今川北等地"鵝卵石"指河灘上似鵝卵的石頭，"礓石"指山間或混雜於泥土中的小塊石灰石，土法鑄鏵、鑄鐵鍋熔生鐵時則用礓石作輔料，所指非同一物。或記作"漿石（姜石）"，謂"石灰石"[①]。然據載籍，當作"礓石"。《大詞典》"礓石"❶"小石"，首引《齊要民術》（見上），恐非一般小石。

6. 厰曰行房○俗訛作迎房。（第164條）

行房，一兩面或至四面無牆壁的厰房。《中華大字典‧厂部》："厰，廠俗字。"《玉篇‧广部》："廠，馬屋也。"馬屋則四面多無牆壁。《周禮‧夏官‧校人》"辨四時之居治，以聽馭夫"鄭玄注："居謂牧庌所處。"賈公彥疏："云牧庌者，放牧之處皆有庌廠以蔭馬也。"使用範圍擴大，即指無壁之房屋。《集韻‧養韻》："廠，屋無壁也。"又《漾韻》："廠，露舍也。"本字或當作"厂"。《說文‧厂部》："厂，山石之厓巖，人可居，象形。凡厂之屬皆从厂。"馬屋或無壁之舍多似之。黃仁壽等《蜀語校注》曰："'行房'之'行'，寒岡切，音杭。"不知何據。按"迎房"或即古之"庌房"。《說文‧广部》："庌，廡也。从广，牙聲。《周禮》曰：'夏庌馬。'"王筠句讀："庌，廡也。此本義也。《廣韻》曰'庌，廳也'者，則以庌無前牆，與聽事同也。"《周禮‧夏官‧圉師》："夏庌馬。"鄭玄注："庌，廡也。廡所以庇馬涼也。"古代途中迎候賓客的館舍曰庌舍，或因亦無前牆矣。《周禮‧地官‧遺人》"凡國野之道，十里有廬，廬有飲食"鄭玄注："廬若今野候徒有庌也。"賈公彥疏："此舉漢法以況義，漢時野路候迎賓客之處，皆有庌舍，與廬相

---

① 王文虎等：《四川方言詞典》，四川人民出版社1987年版，第179頁。

似。"《古今韻會舉要·馬韻》:"《漢書》'庌舍',庌者,迓也。"明王志堅《表異錄》卷四:"漢時野路候迎賓客之所,皆有庌舍。"

7. 置釘曰釘○上釘平聲,音丁;下釘去聲,音定。(第233條)

釘,把釘子等錘打進別的物體裏。《釋名·釋喪制》:"棺束曰緘。緘,函也。古者棺不釘也。"遼希麟《續一切經音義》卷八《根本說一切有部毘奈耶藥事卷第一》:"釘槊,上丁定反。《考聲》:'以丁釘木也。'"《增韻·徑韻》:"釘,以釘釘物也。"《三國志·魏志·武帝紀》"引用荊州名士韓嵩、鄧義等"裴松之注引晉衛恒《四體書勢序》:"(梁鵠)以勤(勒)書自效。公嘗懸著帳中,及以釘壁玩之。"《晉書·文苑傳·顧愷之》:"(顧愷之)嘗悅一鄰女,挑之弗從,乃圖其形於壁,以棘鍼釘其心,女遂患心痛。"按本事亦見南朝宋劉義慶《幽明錄》:"顧長康在江陵,愛一女子,還家,長康思之不已,乃畫作女形,簪着壁上。簪處正刺心,女行十里,忽心痛如刺,不能進。"江藍生先生《魏晉南北朝小說詞語彙釋》(258頁)云:"'簪着壁上',即釘在牆壁上。"證以《晉書》本傳,所言極是。並謂"簪"爲"鐕"字音借。《說文·金部》:"鐕,可以綴着物者。从金,朁聲。"段玉裁注:"《喪大記》:'君裏棺用朱綠,用雜金鐕;大夫裏棺用玄綠,用牛骨鐕。'注:'鐕所以琢着裏。'按今謂釘者皆是,非獨棺釘也。"今蜀方言以釘釘物曰"釘",亦曰"簪",本字或作"鐕"[①]。又,《朴通事諺解》中:"那中柱上釘一箇釘子,掛十八學士大畫。"

8. 樹枝歧者曰椏○椏音鴉,本作丫。(第366條)

椏,樹木分叉的部分。《玉篇·木部》:"椏,木椏杈。"《廣韻·麻韻》:"椏,《方言》云:'江東言樹枝爲椏杈也。'"《集韻·麻韻》:

[①] 蔣宗福:《四川方言詞語考釋》,巴蜀書社2002年版,第792頁。

"椏，《方言》云：'江東謂樹岐爲杈椏。'"兩韻書所引，不見於今本《方言》。虞萬里《〈倭名類聚抄〉引〈方言〉參證》，謂《倭名類聚抄》："杈椏：音砂音鴉。《方言》云：江東謂樹枝曰——。"①唐皮日休、陸龜蒙《寂上人院聯句》："經笥安巖匼，餅囊挂樹椏。"皮日休《謝人惠人參》詩："神草延年出道家，是誰披露記三椏。"宋蘇軾《次韻正輔同游白水山》詩："悠傾白蜜收五稜，細劚黃土栽三椏。"自注："正輔分人參一苗，歸種韶陽，來詩本用桠字，惠州無書，不見此字所出，故且從木奉和。"坡公先輩用鄉語"椏"字矣。《洪武正韻·麻韻》："椏，江南呼樹爲椏枝。"清顧張思《土風錄》卷三《椏杈》："揚子《方言》云：'江東呼樹枝爲椏杈。'今俗有此稱。或書作丫，亦通。《廣韻》'丫'注：'象物開之形。'"清張慎儀《蜀方言》卷下："歧枝曰椏杈。"②亦作"枒"。《廣韻·麻韻》："枒，杈枒。"《文選·王延壽〈魯靈光殿賦〉》："枝掌杈枒而斜據。"李善注："杈枒，參差之貌。杈，楚加切；枒，音牙。"元王惲《趙邈齪虎圖行》詩："巔崖老樹纏冰雪，石觜枒杈橫積鐵。"清黃叔璥《臺海使槎錄》卷三："木瓜樹幹亭亭，色青如桐，每一枝一葉，葉似蓖麻，大者尺餘，花白色，生杈椏間。"范寅《越諺》卷中《花草》："椏杈。鴉叉。幹歧曰椏，枝歧曰杈。"民國二十七年《安縣志》卷五十五《禮俗門·燃料》："四鄉皆有山，各有樹椏枝及各樣雜木，故以木柴爲燒料之大宗。"又，《廣韻·麻韻》："丫，象物開之形。"《集韻·麻韻》："丫，物之岐頭者。"《增韻·麻韻》："杈，丫枝。"《六書故·植物一》："丫，於加切，木之岐也。或作椏。"《正字通·丨部》："凡物叉分者皆曰丫。"宋汪元量《湖州歌》之四十六："宮人夜泊近人家，瞥見紅榴三四丫。"清傅崇矩《成都通覽·成都之小兒女歌謠》

---

① 原載《東亞文化交流與經典注譯》（2008年12月）："《倭名類聚抄》是日本現存最早的分類國語辭書，也是分類體辭書最爲完備的代表作。纂輯者源順係嵯峨源氏……承平年間（931—937），源順奉醍醐天皇第四公主之命，纂輯此書。"又謂"胡吉宣於《廣韻》《集韻》之後並引《倭名》而曰：'所引爲《方言》郭注佚文，本書原本引之。'"認爲《玉篇》所引，傳至日本爲人承襲，傳至宋亦有可能爲陳彭年、丘雍等人承襲，而胡氏指爲"郭注佚文"，似有可商。

② 《蜀方言》（與《續方言新校補》《方言別錄》合一冊），四川人民出版社 1987 年版，第340 頁。

（255頁）："門口一根黃桷樹，丫枝都有黃桷粗。"今蜀語仍謂幾枝爲幾椏（丫），三枝爲三椏（丫），柏樹枝爲柏椏（丫）。

9. 自卑曰紗孫〇紗音沙，小也。（第382條）

紗孫，爲自輕自賤之稱。詳"紗"之音義，"紗"或爲"紗"字形譌，亦作"紗"。鄉先輩謂"自卑曰紗孫"者，或取義於"紗"之輕。《玉篇·糸部》："紗，紗縠也。"《集韻·麻韻》："紗，絹屬，一曰紡纑。通作沙。"《字彙·糸部》："紗，師加切，音沙，絹屬。亦作紗。"《正字通·糸部》："紗，同紗。俗加氵。"《康熙字典·糸部》："紗，《篇海》師加切，音沙，小也。亦作紗。"《漢書·江充傳》："充衣紗縠襌衣。"顏師古注："紗縠，紡絲而織之也。輕者爲紗，縐者爲縠。"人之自輕自賤，猶今市井自謂"孫子"，若尚不足盡其卑賤者，則自謂"龜孫子"也。

又，據王念孫說，"紗"或爲"眇"字形譌。《廣雅·釋詁二》："眇，小也。"王氏疏證："眇，各本訛作紗，自宋時本已然，故《集韻》、《類篇》紗字並音師加切，引《廣雅》'紗，小也'。案《說文》、《玉篇》、《廣韻》俱無紗字，《集韻》師加切之音，未詳所據。《說文》：'幺，小也。'《漢書·食貨志》云：'次七分三銖曰幺錢。'《爾雅》：'豕子，豬。''幺，幼。'郭璞注云：'最後生者，俗呼爲幺豚。'《眾經音義》卷七引《三倉》云：'麽，微也。'《列子·湯問篇》：'江浦之間有麽蟲。'張湛注云：'麽，細也。'麽之言靡也。張注《上林賦》云：'靡，細也。'靡、麽古同聲。《尉繚子·守權篇》云：'幺麽毀瘠者并於後。'《鶡冠子·道瑞篇》云：'任用幺麽。'《漢書·敘傳》：'又況幺麼尚不及數子。'鄭氏注云：'麼，小也。'《文選》作麽，李善注引《通俗文》云：'不長曰幺，細小曰麽。'《玉篇》：'眇尐，小兒也。'音乙肖切，《集韻》又音幺，云：'小意也。'是眇與幺同，眇、麽俱訓爲小。《廣雅》紗字在麽字上，明是眇字之訛。《集韻》音師加切，非是，今訂正。"按鄉先輩明謂"紗音沙，小也"，與"小兒女曰幺〇幺音腰"，

分立兩條，則王說或未爲至論，不可據以廢此說也。

10. 罵人曰獨，言孤獨也；一曰犢○桓範罵曹爽曰："曹子丹佳人，生汝兄弟，犢耳！"（第430條）

獨，老而無子孫者，猶謂人斷子絕孫也。《尚書·洪範》："無虐煢獨而畏高明。"僞孔傳："無子曰獨。"《周禮·秋官·大司寇》："凡遠近惸獨老幼之欲有復於上。"鄭玄注："無子孫曰獨。"賈公彥疏："無子有孫不爲獨，故兼云無孫也。"《釋名·釋親屬》："老而無子曰獨。獨，隻獨也，言無所依也。"又"犢"謂小牛。《說文·牛部》："犢，牛子也。"《龍龕手鏡·牛部》："犢，音獨，牛子也。"《禮記·月令》："犧牲駒犢，舉書其數。"《三國志·魏志·曹真傳附子爽》："（桓）範說爽，使車駕幸許昌，招外兵，爽兄弟猶豫未決。"裴松之注引《魏氏春秋》："爽既罷兵，曰：'我不失作富家翁。'（桓）範哭曰：'曹子丹佳人，生汝兄弟，犢耳！何圖今日坐汝等族滅矣！'"是"罵人曰獨"，咒人斷子絕孫也；罵人曰"犢"，則謂蠢笨如牛，猶今罵人蠢爲豬矣。

11. 禾不實曰穮○穮音厭。或糞多而淫，或蟲生如蝨，皆穮。有乾穮，有水穮。（第464條）

穮，稻、麥之類作物因蟲害等不結實。《集韻·琰韻》於琰切："穮，禾稻不實也。"又《艷韻》於艷切："穮，禾不實也。"均與"厭"同一小韻。《類篇·禾部》："穮，禾稻不實也。"《字彙·禾部》："穮，於葉切，厭入聲，稻穀不實。"《康熙字典·禾部》："穮，《集韻》於琰切，音厭，禾稻不實也。"清道光二十一年《遵義府志》卷二十《風俗》："禾不實曰穮。音厭。"同治八年《安仁縣志》卷四《風土·方言》："穀不實曰穮。本音厭入聲。"民國二十四年《雲陽縣志》卷十四《禮俗下·方言下》："禾病曰上穮。"今蜀中稻、麥等作物因穮不實，確如鄉先輩所言，或因糞多而瘋長，或因蟲害而異類，乾穮則苗稼枯黃，水穮而苗稼

青禄，均不結實；因蟲害而穤者，如蝨之小蟲謂"穤蟲"，某些蔬菜亦有之。或記作"蔫瘑瘑"，謂"'穤'本指稻禾不結實，或結實而内是空殼。今音變讀爲陰平，故寫作'蔫'，實'穤'爲本字"[1]。但川中、川北等地"蔫""穤"兩詞音義截然不混。

12. 酒器曰酒醢○醢音海。（第477條）

酒醢，酒器，酒杯。亦作"酒榼""酒盍（盒）"。《玉篇·木部》："榼，呼改切，酒榼也。"又《皿部》："盍，呼改切，器，盛酒。"《龍龕手鏡·酉部》："醢，苦盍反，酒器也。與榼同。又俗音海。""俗音海"謂"醢"可用同"醢"。《集韻·海韻》："榼，酒器。或作醢、盍。"《康熙字典·酉部》："醢，《集韻》許亥切，音海，酒器。"又《木部》："榼，《類篇》許亥切，音海。《玉篇》：'酒榼也。'"又《皿部》："盍，《集韻》許亥切，音海，器，盛酒。《集韻》與榼、醢同。"清Adam Grainger《西蜀方言》（358頁）："酒盍。"謂"a large wine jar"。此以爲大酒杯，恐亦誤會其義矣。或作"酒海"，同音借用。唐白居易《就花枝》詩："就花枝，移酒海，今朝不醉明朝悔。"元陶宗儀《說郛》卷九十四上《酒令十二》："唐柳子厚有《序飲》一篇，始見其以洄洑遲駛爲罰爵之差，皆酒令之變也。又有藏鈎之戲，或云起於鈎弋夫人，有國色而手拳，武帝自披之，乃伸，後人慕之而爲此戲。白公詩云'徐動碧芽籌'，又云'轉花移酒海'。"《水滸傳》第七十五回："再將九瓶都打開，傾在酒海內，卻是一般的淡薄村醪。"明高濂《遵生八牋》卷十四《論諸品窯器》："有大乳鉢，有葫蘆瓶，有酒海，有大小藥瓶。"清張慎儀《蜀方言》卷下（328頁）："飲酒器曰盍。《集韻》：盍，音海。盛酒器。一作海。"有學者認爲"後世則以其音與'海'同，'海'之言大也，故稱大酒杯爲'酒海（盍）'"[2]，恐爲臆說矣。《大詞典》"酒海"謂"指一種大型的盛酒容器。因其盛酒量多，故稱'海'"，若此則《玉篇》之"酒榼"

---

[1] 曾曉渝主編：《重慶方言詞解》，西南師範大學出版社1996年版，第370頁。
[2] 紀國泰：《〈蜀方言〉疏證補》，巴蜀書社2007年版，第297頁。

又當何解？其實，"醢""櫑""盇"同字異構，又音同"海"，故得假"海"爲"醢""櫑""盇"，"酒海"即"酒櫑"，也就是酒器，可大可小，並可受形容詞等修飾。如唐溫庭筠《乾䁱子》："裴均鎮襄州，設宴，有銀海，受一升。"《紅樓夢》第二十八回："我先喝一大海，發一新令，有不遵者，連罰十大海，逐出席外與人斟酒。"又第二十六回："馮紫英笑道：'這又奇了。你我這些年，那回兒有這個道理的？果然不能遵命。若必定叫我領，拿大杯來，我領兩杯就是了。'眾人聽說，只得罷了，薛蟠執壺，寶玉把盞，斟了兩大海。那馮紫英站着，一氣而盡。""大杯""大海"前後對舉，可見"大海"即"大杯"。若"海"指大酒杯，則"大海"是否謂大大酒杯？又，清高静亭《正音撮要》卷二《飲食》："喝一大海。"亦謂喝一大杯矣。

（原載《漢語史研究集刊》第十三輯，巴蜀書社2010年版）

《蜀語》名物續考

明末清初四川遂寧李實《蜀語》，著録了部分反映民情風俗與生産勞動和日常生活的名物詞，是中國歷史文化的重要内容，值得認真關注。由於事隔久遠，一些名物詞的意思已不爲一般人了解，需要做進一步的詮釋考辨，俾其由晦而顯，以供參考。

1. 護種○凡芒種種黄豆時，霜降種胡豆時，家藏豆皆索然無味，如食木渣，以生氣發動，故名曰護種。（第18條）

護種，指蜀地各類糧食作物種子到播種時節供食用的同類糧食口感變差的物候變化現象。《川方匯釋》（102頁）："凡播種時期各種種子煮食時其味變者，叫做護種。"喻遂生《〈蜀語〉今蹤——南江方言中所見之〈蜀語〉詞語》"護種"條云："今南江仍有此説法。不獨豆類，其他糧食作物亦然。又洋芋、紅苕第二年生苗時食之無味，稱爲'護苗'。"[①]今眉山"南路話"説"布種"，如同樣的大米，穀雨節後就没有之前口感好，常説"布種了"，意即稻穀播種時節到了，大米口感自然與以前相比有所變化。"護"蜀語音 [fu²¹³]，與"布 [pu²¹³]"正爲輕重脣關係。另外，也指蠶種孵化時小心呵護的情景。明史鑑《繼母朱孺人行狀》："繼母業善蠶，其初收也，以衣衾覆之，晝夜程其寒煖之節不使有過，過則傷，是

---

① "洋芋"即馬鈴薯。"紅苕"即紅薯，包括白薯、紫薯在内，蜀語統稱爲"紅苕"。參見遼寧市文化局編《李實學術研討會文集》，第116頁。

爲護種。"《四庫全書總目》卷一百八十五《別集類存目十二》："《蠶桑樂府》一卷：國朝沈炳震撰……此乃其《增默齋詩集》之一種，自護種至賽神凡二十首，皆七言長句，蓋欲以當蠶異報賽之曲也。"清張行孚《蠶事要略》卷一："然中原地氣皆寒暖適中，不必慮此，即有地氣稍寒者，其護種生蠶，較他處稍遲數日或十數日可爾。"以上三例指蠶種孵化時小心呵護的情形，謂之護種。《漢語大詞典》（以下簡稱"《大詞典》"）"護種"謂"把蠶種放在貼身處，使其得到體溫而孵化出蠶來"，引清顧祿《清嘉錄》一例。

黃豆，淡黃色的大豆。唐義淨譯《根本說一切有部毘奈耶雜事》卷二十四："昔有長者，時屆秋天，擔黃豆子詣田欲種，置於樹下，向迴轉處。樹上獼猴下來偷種，把得一掬還上樹顛，緣樹上時遂遺一粒，便放滿掬，尋樹而下覓一黃豆。長者見之，即以杖打，因此命終。"劉恂《嶺表錄異》卷上："（海鏡）腹中有小蟹子，其小如黃豆，而螯足具備。"段成式《酉陽雜俎》卷十三《尸窮》："南陽縣民蘇調女死三年，自開棺還家，言冥將吏畏赤小豆、黃豆，死有持此二豆一石者，無復作苦。"宋葉夢得《避暑錄話》卷上："中歲，常置黃黑二豆于几案間，自旦數之，每興一善念，爲一善事，則投一黃豆于別器，暮發視之，初黑豆多于黃豆，漸久反之。"清道光二十一年《遵義府志》卷十七《物產·五穀》："大豆，俗呼黃豆，清明後種，八月收。"《大詞典》"黃豆"謂"帶淡黃色的大豆。可製豆腐、豆油等"，首引宋楊萬里詩。

最近有關安陽曹操墓真僞之辯難解難分，就出土石碑上所刻"黃豆二升"，北京師範大學歷史學魏晉史博士張安國《顛覆曹操墓》說，"在反復檢索《四庫全書》、《四部叢刊》及各種金石墓誌和簡帛牘策資料，並查看中國農業史的相關著作後認爲，'黃豆'一詞最先在唐代《開元占經》、《酉陽雜俎》等書出現"。黃征先生博文《觀天下書未遍，不得妄下雌黃——查找"黃豆"一詞的早期例證》說："有網友找出了《張叔敬瓦缶丹書》：'熹平二年十二月乙巳朔十六日庚申，天帝使者告張氏之家、三丘五墓、墓左墓右、中央墓主、塚丞塚令、主塚司令、魂門亭長、塚中游徼等：敢告移丘丞墓柏、地下二千石、東塚侯、西塚伯、地下擊植卿、

耗里伍長等：今日吉良，非用他故，但以死人張叔敬薄命蚤死，當來下歸丘墓。黃神生五嶽，主死人録，召魂召魄，主死人籍。生人築高臺，死人歸，深自埋。眉須以落，下爲土灰。今故上復除之藥，欲令後世無有死者。上黨人參九枚，欲持代生人，鉛人持代死人。黃豆瓜子，死人持給地下賦。立制牡厲，辟除土咎，欲令禍殃不行。傳到，約束地吏，勿復煩擾張氏之家。急急如律令。'這是一件'買地券'，是與墓誌性質相似的東西，1935年同蒲路開工時在山西出土，熹平爲漢靈帝年號，熹平二年即公元173年，早於曹操墓的建造時間。該買地券釋文見於郭沫若《由王謝墓誌的出土論到蘭亭序的真僞》一文，載於《文物》1965年第6期；又見於郭沫若《申述一下關於殷代人殉的問題》一文，見於《奴隸制時代》，人民出版社1954年版，第94頁。買地券中'黃豆瓜子'一句，應該可以拆分出'黃豆'和'瓜子'二詞，'黃豆'作爲一個獨立的詞語是毫無疑問的了。"①按《奴隸制時代》引"游徼"作"游擊"，"墓柄"作"樲柏"，"擊植"作"擊犆"，"埋"作"貍"。但黃先生沒有注意到張文所舉《開元占經》卷六十一《牽牛占二》："牽牛主大豆，始出色黃，豆賤也；赤，豆蟲也；色青，豆貴。"張氏理解有誤而弄錯句讀，故網友驚鶴聞風《曹操墓與"黃豆二升"》指出："《開元占經》上雖然'黃''豆'二字相連，卻不組成'黃豆'一詞。張專家只是'反復檢索'，沒有分析文義，於是斷句錯誤。做學問如此粗疏，令人哭笑不得。"②又有網友作《西北大學某文人發表的"張叔敬陶瓶丹書"考》，認同張說，而不贊成黃說，並謂"當年西北大學某文人發表的'漢張叔敬朱書陶瓶與張角黃巾教的關係'一文，看看這個只有219個字的只見文字不見陶瓶的說法，能不能作爲文獻來使用"，"關係"短文提到"原物現藏西大文物陳列室"③，並說"馬鏡清著有'漢張叔敬墓避央瓦盆文'附考釋一卷，此書外間流傳不多，照録原文原行于後，并節抄馬氏考釋以資參考"④。兩"張氏之家"作"張氏之

---

① http://blog.sina.com.cn/s/blog_499f7cee0100ljue.html.
② http://blog.sina.com.cn/s/blog_580887610100laea.html.
③ 《漢張叔敬朱書陶瓶與張角黃巾教的關係》，《西北大學學報》（哲學社會科學版）1957 年第 1 期，未署作者。
④ http://blog.sina.com.cn/s/blog_62a2774d0100lcv8.html.

眾","墓柄"作"槧柏","擊植"作"擊犆","今故"作"念故進","辟除土咎"作"辟塗各","殃"作"央","傳"作"㪾","約敕"作"約令"。上述各家引文恐實際均出自馬鏡清文而各有出入，倘原物仍藏西北大學，冀有學者就器物與丹書文字再詳加考究，如準確無誤，則"黃豆"一詞的出現，可追溯到東漢後期。

胡豆，即蠶豆。筆者曾有詳考①，可參看。

木渣，又謂"木渣滓"，木屑。"渣"或本作"札"。《説文·木部》："札，牒也。"段玉裁注："長大者曰槧，薄小者曰札。"廢棄之木屑亦可謂"札"。如唐玄應《一切經音義》卷十八《立世阿毗曇論第一卷》："木柿，敷廢反，《蒼頡篇》：'柿，札也。'《説文》：'削木朴也。'江南名柿，中國曰札，山東名朴。"又卷十《般若燈論第一卷》："檀札，莊黠反，《三蒼》：'柿，札也。'今江南謂斫削木片爲柿，關中謂之札，或曰柿札。"《龍龕手鏡·木部》："柿，芳癈反，斫木斥零丨也。"明于慎行《穀山筆麈》卷十四："柿，斫木札也。"故木屑謂"木札"。唐慧琳《一切經音義》卷五十八《僧祇律第十七卷》："木札，側黠反，木皮也。律文有作柿，敷廢反，《説文》'削朴也'，'朴，札也'，謂削木柿也，二形通用。又作櫛，非也。"②宋周紫芝《書徐師川詩後》："今人飯客飲食中，最美者無如饅頭夾子，連日食之，如嚼木札耳。"《朱子語類》卷八十四《禮一》："橫渠教人學禮，吕與叔言如嚼木札。"賾藏主《古尊宿語録》卷二十四《潭州神鼎山第一代（洪）諲禪師語録·舉古》：

---

① 蔣宗福：《近代漢語俚俗詞語考辨》，《漢語史研究集刊》第十二輯，巴蜀書社 2009 年版，第 218—220 頁。

② 木柿，亦作"木櫛"，砍削之碎木片。《晉書·王濬傳》："武帝謀伐吳，詔濬修舟艦……濬造船於蜀，其木柿蔽江而下。"《篇海類編·花木類·木部》："櫛，木櫛，碎木皮也。"成都中華老字號名小吃"夫妻肺片"，根本没"肺"，一般多以爲原料大都是不食動物内臟的回民所丢棄的，當時稱"廢片"，恐爲臆説。張紹誠《巴蜀方言淺説》（73 頁）："其實小吃肺片以牛的肚片、心片、頭皮片和牛肉片爲材料，唯獨没有牛肺的片。根據《康熙字典》引《前漢書》注：肺謂削木之肺札也。《晉書》：伐吳造船木柿（右非五劃之'市'）蔽江而下。肺片就是切得很薄、類似肺札（刨花）的牛雜和牛肉片。"此説是。據朱駿聲《説文通訓定聲·泰部》："肺，叚借爲柿。"《漢書·田蚡傳》："上初即位，富於春秋，蚡以肺附爲相，非痛折節以禮屈之，天下不肅。"顔師古注："一説，肺，斫木札也，喻其輕薄附著大材也。""肺片"即薄片（薄爲其特點之一），有人不知其得名之由而望文生訓，或以同音之"廢"字爲解，實則竹頭木屑、牛溲馬勃，均爲可用之物也。

"若是前來兩轉語,有可咬嚼,東看西看。若是神鼎者語,如喫木札瓦片相似,實無滋味。"清Adam Grainger《西蜀方言》(308頁):"木渣兒。"謂"chips of wood";又(262頁):"木渣滓。"即"chips"。徐時儀先生說"今北京有的木工叫鋸木屑爲木札子,蓋承唐時關中音"①,蜀語之"木渣"或亦如之。《大詞典》未收"木渣""木渣滓";"木札"❶"木片",非"木屑"義。《漢語大字典》(以下簡稱"《大字典》")、《大詞典》"札"均未收"木屑"義。

又,明陸容《菽園雜記》卷二:"吳中民家,計一歲食米若干石,至冬月,舂曰以蓄之,名冬舂米。嘗疑開春農務將興,不暇爲此,及冬預爲之。聞之老農云:'不特爲此。春氣動則米芽浮起,米粒亦不堅,此時舂者多碎而爲粞,折耗頗多。冬月米堅,折耗少,故及冬舂之。'"想此亦爲生氣發動以致物候變化,與蜀中所謂"護種"同理也。

2. 土高起曰堉○堉,倫上聲。(第19條)

堉,土壠。《玉篇·土部》:"堉,壠土也。"《集韻·準韻》:"堉,壠土。或从田。"《康熙字典·土部》:"堉,《集韻》縷尹切,淪上聲,壠土也。"清沈練《廣蠶桑說·培養桑樹法》:"(桑秧)移栽之法,鋤地分堉,使無積水,於堉背分行栽之。"原注:"堉,土之加高處也。"②道光二十一年《遵義府志》卷二十《風俗》、民國三十七年《貴州通志·風土志·方言》:"土高起曰堉。堉上聲。"民國十五年《南川縣志》卷六《風土·土語》:"土高起曰堉。方體器物之邊曰稜,船邊曰舷,土語通謂器物之邊曰舷。"或作"稜"。唐杜甫《秋日夔府詠懷》詩:"塹抵公畦稜,村依野廟壖。"原注:"京師農人指田遠近,多云幾稜。稜音去聲。"此以土壠計數。《古今通韻·證韻》:"宋韻無稜字,至毛晃始增入,要是方語。今越人亦有稱一稜兩稜者。"按《集韻·諄韻》"倫"音龍春切,

---

① 徐時儀:《佛經音義與漢語詞彙研究》,商務印書館2005年版,第300頁。
② 徐德庵《蜀語札記》云:"案嶺旁轉爲堉,堉亦嶺也。此二類音,江南多混,四川亦然。"見《古代漢語論文集》,巴蜀書社1991年版,第378頁。錄以備考。

與"塮""淪"僅聲調之別,今蜀方言並音[lən²¹]。《現代漢語詞典》(以下簡稱《現漢》)"塮"謂"〈方〉田地中的土壟"。今蜀中栽紅苕(薯)等即先壘土作塮子,一如《廣蠶桑說》之栽桑①。《大詞典》"塮"謂"田中土壟",引《集韻》,無其他書證。

3. 菜、肉、豆脯、米粉作羹,多加薑屑,曰䴺辣湯○䴺,呼麥切,音劃。(第21條)

豆脯,即"豆腐"②。參見下條。

䴺辣湯,猶辛辣湯。《廣韻·麥韻》:"䴺,辛䴺䴺。"《集韻·麥韻》:"䴺,味辛也。"《字彙·辛部》:"䴺,呼麥切,音劃,辣䴺也。"《正字通·辛部》:"䴺,俗字,舊註音劃,辢䴺也。"《康熙字典·辛部》:"䴺,《廣韻》呼麥切,《集韻》忽麥切,並音劃,辣䴺也。"清胡文英《吳下方言考》卷十《䴺(音霍)》:"《廣韻》:'䴺,辛䴺䴺。'案:䴺,辣甚也。吳中謂甚辣曰辣䴺䴺。""辣䴺䴺"猶通語辣乎乎。據鄉先輩所述,"䴺辣湯"仿佛金元即有之酸辣湯、今河南等地之胡辣湯③。《大詞典》"酸辣湯"謂"用豆腐、雞血、團粉、辣椒、醋等調製的羹湯",首引《水滸傳》。但已見金張從正《儒門事親》卷四:"夫冒風時氣溫病傷寒,三日以裏,頭痛身熱惡寒,可用通聖散、益元散……更用葱醋酸辣湯投之,衣被蓋覆,汗出則愈矣。"

4. 豆脯○漢淮南王造。俗作腐,非;腐,爛也。當作脯,象其似肉脯也。(第57條)

---

① 紀國泰《〈蜀語〉簡論》謂"土高起曰'塮'(倫上聲)","在今天的語言中完全消失了"(《成都師專學報》1992年第1期),恐見聞未廣。

② 黃金貴《飲食園圃中的國色天香——豆腐》有詳細介紹,可參看。原載《文史知識》1991年第2期,《中國烹飪》1991年第6期轉載,後收入作者《古代文化詞語考論》,浙江大學出版社2001年版,第67—72頁。

③ 胡辣湯,又名糊辣湯,源於河南中部,由多種天然中草藥按比例配製的湯料及骨頭湯做底料,加入羊肉或豬肉、麵筋、粉條、豆腐、海帶、胡椒、辣椒、蔥、薑、鹽、味精、醬油、香油等煮製而成。

豆脯，通作"豆腐"。清唐訓方《里語徵實》卷中上："豆脯，漢淮南王造。稗史：劉安作豆脯。俗作腐，非。腐，爛也。當作脯，象其似肉脯也。"《大詞典》"豆脯"謂"豆腐"，引《里語徵實》一例，但唐氏多有注明抄撮《蜀語》者，此或其一。宋陶穀《清異錄》卷上《小宰羊》："時戢爲青陽丞，潔己勤民，肉味不給，日市豆腐數箇。邑人呼豆腐爲小宰羊。"李心傳《建炎以來繫年要錄》卷一百九紹興七年二月："甲辰，輔臣奏事，上曰：'朕常日不甚御肉，多食蔬菜，近日頗雜以豆腐爲羹，亦可食也。水陸之珍並陳於前，不過一飽，何所復求？過殺生命，誠爲不仁，朕實不忍。'"元劉壎《隱居通議》卷十《豆腐詩》："宋咸淳間，吉州龍泉縣有賣豆腐王老者，年八十有六，平生樸素，不識字，忽呼其子告以欲歸，令代書豆腐詩曰：'朝朝只與磨爲親，推轉無邊大法輪。碾出一團真白玉，將歸回向未來人。'言訖坐化，詩意亦有味也。"陶宗儀《說郛》卷七十四上《東坡豆腐》："豆腐葱油炒，用酒研小榧子一二十枚，和醬料同煮。"明王世貞《弇州四部稿》卷一百六十二《宛委餘編》七："今人於豕肉、豆腐及它巾服之類，皆加以東坡名，謂爲眉山所製也。"不僅有"東坡肉""東坡肘子"，還有"東坡豆腐"，鄉先賢東坡公，可謂美食家也。今成都名小吃"麻婆豆腐"，其來有自也。亦作"荳腐"。宋張杲《醫說》卷六《中荳腐毒》："人有好食荳腐，因中其毒，醫治不效。偶更醫，醫至中途，適見做豆腐人家夫婦相爭，因問之，云：'今早做豆腐，妻誤將蘿蔔湯置腐鍋中，今豆腐更就不成，蓋腐畏蘿蔔也。'醫得其說，至病家，凡用湯液，率以蘿蔔煎湯，或調或嚥，病者遂愈。"明陸容《菽園雜記》卷十四："陳某者，常熟塗松人。……乃僦屋以居，手藝蔬，妻辟纑自給。鄰翁憐其勞苦，持白酒一壺，荳腐一盂饋之，一嚼而病泄累日。"俞汝楫《禮部志稿》卷三十九《殿試酒飯》："禮部晚宴并早粥用鹿一隻，猪二口，羊三隻，鵞十三隻，爁猪肉八十觔，粳米三斗，火燻三腿，雞蛋一百個，荳腐五十連賣粥。"《大詞典》"豆腐"謂"食品。豆漿煮開後加入石膏或鹽滷使凝結成塊，壓去一部分水分而成"，首引宋陸游《老學庵筆記》。"荳腐"一形則未收。

又，宋朱熹《豆腐》詩："種豆豆苗稀，力竭心已腐。早知淮王術，安坐獲泉布。"題注："世傳豆腐本乃淮南王術。""豆腐"是不是淮南王劉安所發明，難以指實，或僅爲傳說耳。明李時珍《本草綱目》卷二十五《穀之四‧豆腐》："豆腐之法，始於漢淮南王劉安，凡黑豆、黃豆及白豆、泥豆、豌豆、綠豆之類，皆可爲之。"葉子奇《草木子》卷三《雜制篇》："豆腐始於漢淮南王劉安之術也。"李詡《戒庵老人漫筆》卷七《豆腐詩》："豆腐起於漢淮南王劉安之術。……蘇雪溪平詩曰：'傳得淮南術最佳，皮膚褪盡見精華。一輪磨上流瓊液，百沸湯中滾雪花。瓦缶浸來蟾有影，金刀剖破玉無瑕。箇中滋味誰知得，多在僧家與道家。'余邑先達孫司業大雅先生嫌豆腐之名不雅，改名菽乳，賦詩云：'淮南信佳士，思僝築高臺。入老變童顏，鴻寶枕中開。異方營齊（去聲）味，數度真琦瑰。作羹傳世人，令我憶蓬萊。'"清梁章鉅《歸田瑣記》卷七《豆腐》："豆腐，古謂之菽乳，相傳爲淮南王劉安所造，亦莫得其詳。又相傳朱子不食豆腐，以謂初造豆腐時，用豆若干，水若干，雜料若干，合秤之，共重若干，及造成，往往溢於原秤之數，格其理而不得，故不食。今四海九州，至邊外絕域，無不有此。凡遠客之不服水土者，服此即安。家常日用，至與菽粟等，故虞道園有豆腐三德讚之製。惟其烹調之法，則精拙懸殊，有不可以層次計者。"姜宸英《湛園札記》卷二："孫作字大雅，以字行，一字次知。《豆腐詩序》：'菽乳本漢淮南王所作，其名不雅，余爲改今名，因賦是詩。'陸放翁詩：'拭盤堆連展，洗釜煮黎祁。'自註：'連展，淮人以名麥餅。黎祁，蜀名豆腐。'"

肉脯，肉乾。《南史‧張融傳》："（融）浮海至交州，於海中遇風，終無懼色。方詠曰：'乾魚自可還其本鄉，肉脯復何爲者哉。'""豆脯"不僅"象其似肉脯"，還兼素食上味。今青城山道家菜品有"五香牛肉"，即豆腐乾所做。

5. 疥瘡曰乾瘑瘰〇瘑瘰音杲老，土音作格澇。（第137條）

乾瘑瘰，疥瘡，一種皮膚病。因不化膿，故名。《集韻‧晧韻》："瘑，

痦疨，疥病。"《康熙字典·疒部》："痦，《集韻》古老切，音杲，痦疨，疥病。"又："疨，《集韻》魯皓切，音老。痦疨，疥瘡。"清翟灝《通俗編》卷十六《身體·痦疨》："《集韻》：'痦疨，疥瘡也。'音若杲老。"道光二十一年《遵義府志》卷二十《風俗》、民國三十七年《貴州通志·風土志·方言》："疥瘡曰乾痦疨。土音格澇。"[1]均採《蜀語》。Adam Grainger《西蜀方言》（350頁）："乾痦疨。"即"itch"。張慎儀《蜀方言》卷上（294頁）："疥瘡曰乾疙疨。《集韻》：痦疨，疥瘡也。讀若杲老。今轉爲疙老。疙即痦之入聲。"范寅《越諺》卷中《疾病》："痦（割）疨瘡。疥也。出《集韻》。"或作"疥癆"。《六書故·疑·疒之諧聲》："疥癆：疥，古拜切；癆，郎到切。《周禮》曰：夏時有癢疥疾瘍之細者，徧肌膚搔癢，今謂之疥癆也。"亦作"乾隔澇"。《水滸傳》第二回："高俅無計奈何，只得來淮西臨淮州投奔一個開賭坊的閒漢柳大郎，名喚柳世全。他平生專好惜客養閒人，招納四方乾隔澇漢子。"李靈年等校注："乾隔澇漢子：不尷不尬的人。隔澇：疥瘡的別稱。"[2]胡竹安《水滸詞典》"乾隔澇"謂"醃臢"，"河北邯鄲等地區稱疥瘡爲'乾癆兒'；杭州稱生疥瘡和類似皮膚病爲'格癆兒'"。釋"乾隔澇"爲"醃臢"，則嫌隔礙。龍潛庵《宋元語言詞典》"乾隔澇漢子"，謂"不乾不淨，不三不四的人。……按：隔澇，亦作痦疨、疥癆、疥癩，即疥瘡。因爲這種瘡不化膿，故稱乾疥癆"。以上數說，"乾隔澇"謂疥瘡則是，唯釋"乾隔澇漢子"似覺未達一間。許政揚等《〈水滸傳〉簡註》引《蜀語》，並云："人或據此以爲'干隔澇'正即'乾格澇'。按：今驗之蜀地方言，此不誣，唯濕疥即謂之'疥'或'膿泡瘡'，無他稱。'乾格澇'亦名'乾瘡'（即乾疥只結痂不流膿水者）。然'乾瘡漢'則實無此語。曾說與當地人聽，認爲沒聽說過，只覺好笑。此種譬喻殆亦不可想像：蓋招閒漢者正取其遊手好閒，工脩飾，能技藝，相從宴樂粉飾場面爲事，安有專取生瘡漢骯髒人之理？且原文'惜客'、'閒人'、'干格澇漢子'，三名連舉，前二者即明係一種，足證第三者亦即閒漢之一名，三者即一，亦不應

---

[1] 後者又云："疥瘡曰痦疨。"
[2]《水滸傳》，江蘇古籍出版社1994年版，第14頁。

'惜客'、'閒人'之外忽又別入一新類型曰'乾瘡漢子'也。其說殆不可通。"①《漢語方言大詞典》（192頁）"乾隔澇漢子"謂"本指患疥瘡的人。喻指不乾不淨的人"。實際應是調侃指那些不爲主流社會認可的身上有污點的人，猶謂癬疥在身，無傷大雅，故柳世全"招納四方乾隔澇漢子"，好比孟嘗君門客三千，雞鳴狗盜之徒廁身其中矣。又作"乾疙瘩""乾疙鬧""乾疙瘩""乾疥澇"等。民國十六年《簡陽縣志》卷二十二《禮俗篇·方言》："疥瘡曰乾疙瘩。音鬧。"民國二十一年《萬源縣志》卷五《禮俗·方言》："疥瘡曰乾疙鬧。"民國三十七年稿本《興義縣志》第十一章《社會》第一節《語言·漢語方言》："疥瘡曰乾疙瘩。"姜亮夫《昭通方言疏證》（1482條）："疥，瘡也，昭人曰乾疥澇。今杭州、開封皆有此言。"各地方音略有不同。今川北綿陽、梓潼等地有兒歌謎語："大哥大肚皮，二哥兩頭齊，三哥戴鐵帽，四哥筋筋弔，五哥愛生乾疙瘩。"謎底爲五種蔬菜，即南瓜、冬瓜、茄子、豇豆、苦瓜。以爲得了乾疙瘩的人皮膚就像苦瓜一樣②。

今蜀語"疥瘡"仍謂"乾疙瘩"，音同"格澇"。紀國泰《〈蜀方言〉疏證補》（169頁）謂"近現代蜀語，謂疥瘡曰'乾瘡子'，不曰'乾疙瘩'"，則囿於見聞而妄下斷語。如《四川方言詞典》（112頁）"乾疙瘩"謂同"乾瘡"，"又叫乾瘡子"；《四川方言詞語匯編》（129頁）"乾疙瘩"謂"疥瘡"；《四川方言詞語彙釋》（78頁）"乾瘡"謂"又名'乾疙瘩'"；趙振鐸先生《讀李實〈蜀語〉》："通常以爲李實所記錄的蜀語爲當時四川遂寧及其附近的方言。今天遂寧人來讀他的書，倍覺親切。筆者生在成都，細繹此書，發現有相當一部分詞在今天的成都話裏面也有。"凡舉11條，此即其一③；喻遂生《〈蜀語〉今蹤——南江方言中所見之〈蜀語〉詞語》："南江話稱疥疱（瘡）作[kan⁵⁵kɛ³¹nɑu²¹⁴]，或寫作'乾疙瘩'。當地俗諺：'論（寧可）跟癩子同房，不跟乾疙瘩同床'。'癩子'即麻風病人，據說麻風病不到晚期不易傳染，而疥瘡易傳染，故有此

---

① 《許政揚文存》，中華書局1984年版，第111頁。
② 參見蔣宗福《四川方言詞語考釋》，第203頁"乾隔澇"條。
③ 參見遂寧市文化局編《李實學術研討會文集》，第3頁。

說。"①百度百科"南壩鎮"（屬四川省宣漢縣）之"方言志"："乾疙瘮（疥瘡）"。《大詞典》"乾隔澇漢子"謂"患乾疥瘡的人。比喻不乾不淨的人"，其他詞形則未見收錄。

6. 豕項間肉曰臑頭○臑音曹。豕項肉不美，有草氣。（第239條）

臑頭，豬項肉。《說文·肉部》："臑，臂羊矢也。"此謂牲畜的前肢（羊矢穴），似與豬項肉無涉。清道光二十一年《遵義府志》卷二十《風俗》、民國三十七年《貴州通志·風土志·方言》："豕項間肉曰臑（音曹）頭。"張慎儀《蜀方言》卷上（311頁）："豬項肉曰臑頭。《集韻》：臑，奴刀切。今讀如曹。"民國十五年《南川縣志》卷六《風土·土語》："豬項肉曰臑（音曹）頭。"民國二十一年《萬源縣志》卷五《禮俗·方言》："豬項肉曰臑頭。音曹。"黃仁壽等《蜀語校注》（73頁）："項間肉位于臂及羊矢穴之首端，故云'臑頭'也。"《四川方言詞典》（32頁）"臑頭（臑，音曹）"。甄尚靈、張一舟先生《〈蜀語〉詞語的記錄方式與〈蜀語〉音注所反映的音類》："《說文·肉部》：'臑，臂。羊豕曰臑。从肉需聲，讀若儒。'《集韻·去·号》：'臑，乃到切。''臑'字另有的音切，如《廣韻·平·虞》'人朱切'，《集韻·平·之》'人之切'，《集韻·去·慁》'奴困切'，均與'豕間項肉'義無關，即是以'臑'字的形義並無'曹'的音讀。李氏乃注以他習聞的方音'臑音曹'。"又云今遂寧方言"謂豕項間肉爲'曹頭肉'，如'曹頭肉難得煮妃。'"②亦作"槽頭"。明李時珍《本草綱目》卷五十上《獸之一·豕》："項肉，俗名槽頭，肉肥脆，能動風。"清汪紱《參讀禮志疑》卷上"脰不升吉祭之俎"注："脰者，正脊之前頸間也，亦謂之胆。此肉今人亦賤

---

① 參見遂寧市文化局編《李實學術研討會文集》，第118頁。綿陽等地則謂"寧跟癲子同床，不跟乾疙瘮同房"。喻氏又謂"疥瘡重慶話叫'乾瘡兒'，此'乾'或即'疥'之訛讀。誠如是，則'乾瘡瘩'即'疥瘡瘩'"，此說恐不可信。"瘡""疙""格""隔"當爲"疥"音變，如《六書故》作"疥癬"、《宋元語言詞典》記作"乾疙瘮"，《昭通方言疏證》謂"昭人曰乾疥澇"。"乾疙瘮"又叫"乾瘡""乾瘡兒""乾瘡子"，是因其不化膿而得名。

② 參見遂寧市文化局編《李實學術研討會文集》，第42、43頁。

之，謂之槽頭。"《四川方言詞語匯釋》（22頁）"槽頭"，謂"豬因吃飼料時其頸項的下面常挨着豬槽，故此處的肉稱爲'槽頭'或'槽頭肉'"。《成都話方言詞典》（22頁）作"膹頭"，謂"豬頸部的肉，即血脖"。《重慶方言詞解》（33頁）作"槽頭"，謂"今也有寫作'膹頭'者。溯詞名之源，當作'槽頭'。豬吃食時頸項下部常靠近豬槽，故名其頸項肉爲'槽頭'"。均可備一說①。

據上引清汪紱《參讀禮志疑》謂時人亦賤"槽頭"，然風水輪流傳，豬項肉質松而肥，同樣重量而顯多，20世紀六七十年代物資匱乏時，過春節生產隊人均可分半斤或一斤豬肉，多以分得豬項肉爲幸。此後漸次失寵，人亦賤之矣。《大詞典》"槽頭" ❷ "指豬頸部的肉"，引《本草綱目》一例。未收"膹頭"。

7. 牽船篾曰火掌○用大竹劈爲寸闊篾，以麻縈續之，用以牽船。緣江岸皆石，稜厲如錯，非繩索所能勝也。（第314條）

火掌，以闊篾做成的牽船繩。以其結實耐久，亦作他用。明曹學佺《蜀中廣記》卷六十六《方物記第八‧井法》："（鹽井口）傍樹兩木，橫一木，於上有小木滾子，以火掌繩釺，末附於橫木滾子上，離井六七步爲一木樁，糾火掌篾而耦舂之，滾竹運釺，自上下相乘矣。"又："釺帶火掌篾而墮者，以攬鎌鉤出。"亦作"火仗"。明王士性《廣志繹》卷五："蜀舟甚輕薄，不輕又難爲旋轉，諺云：'紙船鐵艄工。'蜀江篙師，其點篙之妙，真百步穿楊不足以喻，舟船順流，其速如飛，將近崖石處，若篙點去稍失尺寸，則遲速之頃轉手爲難，舟遂立碎，故百人之命懸於一人。上者猶可牽船，篾纜名曰火仗，長者至百丈，人立船頭，望山上牽纜人不見，止以鑼聲相呼應而已。猶幸寡崖無樹木句冒，上者但畏行遲，不懼觸石，所謂'三朝三暮，黃牛如故'也，若火仗一斷，則倒流碎石，與下無異。"

又，宋孫奕《示兒編》卷十二《百丈》："杜子美《祠南夕望》曰：

---

① 參見蔣宗福《四川方言詞語考釋》，第65頁。

'百丈牽江色。'注云：'《海賦》揭百丈，所以牽船也，連竹爲之。'又《秋風》云：'吳檣楚柁牽百丈。'注云：'檣柁、百丈，皆船上器用也。'薛云：'今湖湘間行舟，以竹相續爲索，以引上水舟，謂之百丈。'以謂其長可百丈，今川峽猶多用之。又《十二月一日》詩云：'百丈誰家上瀨船。'東坡云：'古離別曲：百丈牽船上水遲，郎去瞿塘幾日歸。鍾會呼挽船索爲百丈，今舟子皆呼之。'趙云：'百丈者，牽船篾。'內地謂之笪（音彈）。余親見海商以竹劈爲大瓣，相續可長百丈，每相續處必用漆固其絲綹，使耐水。即非以篾爲三股四股索之類，如索則今之所謂纜是也。鍾會呼挽船索爲百丈，與薛氏相續爲索之說，則亦牽船之纜，非此百丈也。"程大昌《演繁露》卷十五《百丈》："杜詩舟行多用百丈，問之蜀人，云水峻岸石又多廉稜，若用索牽，即遇石輒斷不耐，故劈竹爲大瓣，以麻索連貫其際，以爲牽具，是名百丈。百丈，以長言也。《南史·朱超石傳》：'宋武北伐，超石董舟師入河陽，人緣河南岸牽百丈。'則知有百丈矣。"按超石事見《宋書·朱齡石傳附弟超石》，則至晚南朝梁時已言"百丈"矣。《大詞典》未收"火掌"及"火仗"。

8. 織具曰筬○筬音寇，以竹作，如篦，貫經逼緯使密者。（第350條）

筬，織布機上的主要織具。《廣韻·候韻》："筬，織具。"《六書故·植物三》："筬，織所以貫經而前郤之者也。"《康熙字典·竹部》："筬，《廣韻》苦候切，《集韻》丘候切，並音寇，織具。"宋吳仁傑《兩漢刊誤補遺》卷九《升》："今織具曰筬者，每筬用六成七成，多至十五成以上。以成之多少，爲布之精麄，大率四十齒爲一成，而兩縷共一齒，正合康成之說。"明宋應星《天工開物·乃服·穿經》："凡絲穿綜度經，必至四人列坐，過筬之人手執筬耙，先插以待絲至，絲過筬則兩指執定，足五七十筬，則縴結之。"佚名《教兒經》："打油紡線三更睡，楠機梭筬要辦清。"清道光二十一年《遵義府志》卷二十《風俗》、民國三十七年《貴州通志·風土志·方言》："織具曰筬。音寇。"Adam Grainger《西

蜀方言》（393頁）"筬"音"K'EO⁴"，"絲絲入筬"意即"every thread goes through the reed（met., regular order）"。亦作"筘"。《康熙字典·竹部》："筘，《字彙補》邱遘切，音叩，布筘也。"明陳士元《論語類考》卷十七《麻冕》："程子謂周尺當今尺五寸五分弱，則今尺之一寸，計縷幾二百，是一寸當爲百筘，此所以細密難成，不如用絲之省約。"唐樞《蜀籟》卷二："如絲過筘。"又卷四："絲絲入筘。"《大詞典》"絲絲入扣"，謂"織布時每條經線都有條不紊地從筘中通過。比喻一一合度，絲毫沒有差錯。扣，同'筘'，織布機上的機件"，首引清趙翼《甌北詩話·韓昌黎詩》："近時朱竹垞、查初白有《水碓》及《觀造竹紙》聯句，層次清澈，而體物之工，抒詞之雅，絲絲入扣，幾無一字虛設。""扣"爲"筘"音借，"筘"見《字彙補》，較"筬"晚出，同字異形，故"絲絲入扣"當作"絲絲入筬"。清黃宗羲《明儒學案》卷十六："人倫庶物日與吾相接，無一刻離得，故庸德之行，庸言之謹，兢業不肯放過，如織絲者絲絲入筬，無一絲可斷，乃是經綸大經。"王子接《絳雪園古方選註》卷七"凉膈散"："下膈屬大腸，以大黃芒硝從胃與大腸下而凉之，上則散之，中則苦之，下則行之，絲絲入筬，周遍諸經，庶幾燎原之場，頃刻爲清虛之府。"又，《大字典》《大詞典》"筬"，均未涉及與"筘"的關係，倒是《現漢》作"筘（筬）"，是矣。今通語"絲絲入扣"，《現漢》謂"織綢、布等時，經線都要從扣（筘）齒間穿過，比喻做得十分細膩準確（多指文章、藝術表演等）"。又，清沈彤《儀禮小疏》卷四："必去朝服之半者，筬門有定數。"梁同書《直語補證·筬》："織具曰筬。今俗云筬門闊狹，即此。"今蜀方言亦謂布帛幅寬窄爲"筬門"。《大詞典》未收"筬門"。

又，舊時筬以竹作，似箆，其功用爲貫經並扣緯使密。《現漢》謂其爲"織布機上的主要機件之一，形狀像梳子，用來確定經紗的密度，保持經紗的位置，並把緯紗打緊。也叫'杼'"。《大詞典》"筘""筬"釋義相同，謂"織布機上的主要機件之一。由薄長的鋼片（筬齒）按一定的密度排列後予以固定，形狀像梳子。經線從筬縫中依次穿過。緯線通過經線後，筬即將緯線並緊（也稱'打緯'）而成織品。筬的長度即是織品橫幅的寬度"。其實，不管是舊時以竹作之"筬"或晚近"薄長的鋼片（筬

齒）"，形狀更像箄子。

9. 軍中赤金小釜曰鑼鍋〇鑼音羅，俗作鑼。（第421條）

鑼鍋，軍中煮飯的一種鍋。《說文·金部》："鑼，銼鑼也。從金，羸聲。"唐玄應《一切經音義》卷十六《摩德勒伽律第二卷》："銼鑼，《聲類》：'小釜也。亦土釜也。'"《篇海類編·珍寶類·金部》："鑼，銼鑼，小釜。一曰溫器。"《康熙字典·金部》："鑼，《唐韻》魯戈切，《集韻》、《韻會》盧戈切，並音羸。……《集韻》或作㔩、鏍。《字彙》譌作鑼。"又："㔩，《字彙》力戈切，音羅。銼鑼，小釜。"又："鑼，《字彙》魯戈切，音羅，小釜。一曰溫器。按即鑼字之譌。"清桂馥《札樸》卷九《鄉里舊聞·器具》："小釜曰鑼鍋。"又卷十《滇游續筆·鑼鍋》："行者腰繫銅器，就水采薪煮飯，謂之鑼鍋。案《通典》：'獠俗，鑄銅爲器，大口寬腹，名曰銅爨，既薄且輕，易於熟食'是也。"張慎儀《蜀方言》卷下（325頁）："軍中小釜曰㔩鍋。《字彙》：'㔩，力戈切，音羅'。銼㔩，小釜。鑼同。今作鑼，非。""㔩"同"鑼"。據以上文獻，"鑼鍋"爲小釜。亦作"鑼鍋"。元楊允孚《灤京雜詠》詩："皮囊乳酒鑼鍋肉，奴視山陰對角羊。"明代朝鮮會話書《原本老乞大》："再買些椀子什物：鍋兒、鑼鍋、荷葉鍋、六耳鍋。"又《老乞大》："那的之後，鑼鍋安了着，疾忙茶飯做着。"《三國演義》第五十回："馬上有帶得鑼鍋的，也有村中掠得糧米的，便就山邊揀乾處埋鍋造飯。"軍中所用，諒非小釜。今川北等地仍謂一種平底深沿的大鍋爲"鑼鍋"[①]。紀國泰《〈蜀方言〉疏證補》（289頁）："筆者幼時即聞有'鑼鍋'一語，但據說是指軍中的行軍鍋，即軍隊臨時支起鍋竈煮飯所用的大鍋。"謂聞"鑼鍋"指"軍中的行軍鍋""大鍋"，是矣；但謂"其形狀與'籠筐'相似。疑此軍中大鍋爲'籠鍋'，以其形似籠筐而得名"，則臆說耳。《正字通·金部》："鑼，築銅爲之，形如盂，大者聲揚，小者聲殺。"疑軍中當用

[①] 參見蔣宗福《四川方言詞語考釋》，第476頁"鑼鍋"條。

其大者。宋趙彥衛《雲麓漫鈔》卷九："軍中以鑼爲洗，正如秦漢用刁斗可以警夜，又可以炊飯，取其便耳。"明顧起元《客座贅語》卷一《辨訛》："刁斗，以銅爲之，軍中用，晝炊，擊以行夜。"《大詞典》"鑼鍋"謂"軍中用具。鍋、鑼兩用：白天燒飯，晚間報更"，引《三國演義》等兩例。後世"鑼鍋"之用，即秦漢之"刁斗"也。《大詞典》未收"鑛"字，自然不及"鑛鍋"。

10. 山頂霧曰山戴帽○諺曰：霧溝晴，霧山雨。凡霧在山巔必有雨。（第443條）

　　山戴帽，山頂有霧。宋龔鼎臣《東原錄》："海州朐山俗言：'朐山戴帽即雨。'蓋謂雲出覆冒其上爲雨候。"劉才邵《暮春苦雨》詩："鳴鳩逐婦蟻移窠，衆山戴帽垂雲幕。雨從中夜猛如傾，春晚東風真作惡。"李石《周公帽》詩序："周公山山頂雲合則必雨，土人云周公帽。"詩云："山頭戴帽周公雨，巖下生衣傅說霖。"元鄭玉《覆船山雲心菴記》："每天欲雨時，雲出其上如戴帽笠，居人率以此占陰晴之候，無不驗者。"清道光二十一年《遵義府志》卷二十《風俗》、民國三十七年《貴州通志·風土志·方言》："山帶霧曰山帶（戴）帽。"何承桂《〈蜀語〉散論》謂至今見用者，列舉8條，此爲其一[①]。

　　占候俗諺，古來各地有之，或大同小異。宋范成大《吳船錄》卷下："（廬山）雲繞山腹則雨，雲翳山頂則晴，俗云：'廬山戴帽，平地安竈；廬山繫腰，平地安橋。'"清乾隆間修《盤山志》卷十六："盤山四處居人，每望山頂起雲，便知有雨。諺云：'盤山戴帽。'"

　　"山戴帽"爲有雨之兆，是"凡霧在山巔必有雨"矣。明謝肇淛《五雜組》卷一《天部一》："《廬山記》：'天將雨則有白雲，或冠峰巖，或亘中嶺，謂之山帶，不出三日必雨。'然不獨廬山爲然，大凡山極高而有洞穴者，皆能吐雲作雨。孔子曰：'膚寸之雲，不崇朝而雨天下者，其

[①] 參見遂寧市文化局編《李實學術研討會文集》，第144頁。

惟泰山乎？'安定郡有岘陽峰，將雨則雲起其上，若張蓋然。里諺曰：'岘山張蓋雨滂沱。'閩中鼓山大頂峰，高臨海表，城中家家望見之，雲罩其頂，來日必雨，故亦有'鼓山戴帽'之謠。然它山不皆爾，以鼓山有洞穴故也。《海錄碎事》云：'大雨由天，小雨由山。'想不誣耳。"清光緒十二年《灌縣志》卷二《輿地志·山川》："大面山……隋嘉州太守趙昱與兄冕隱此，故名之曰趙公山。每當月夜，半頂上常有絲竹鐘鼓之聲；黎明望之，可卜晴雨。諺云：'天將晴，山頂露；天將雨，山頂霧。'"

百度搜索"山戴帽"，亦顯示許多地方均有此占候諺語，如"有雨山戴帽，無雨雲攔腰""山戴帽，大雨到"，河南林州東姚鎮"白雲山戴帽，小漢們睡覺"、駐馬店民諺"白雲山戴帽，下雨的徵兆"，山西寧武"蘆芽山戴帽，長工們睡覺"，遼寧丹東鳳城"鳳山戴帽，大雨就到"，等等。

11. 稻苗秀出曰放穮○穮音標。（第522條）

放穮，稻抽穗。《集韻·宵韻》："穮，稻苗秀出者。"《康熙字典·禾部》："穮，《集韻》卑遥切，音標。"宋范處義《詩補傳》卷二十六："視其苗則麇足而不瘠，視其麃則縣縣而相續，古字多相通。'麃'疑'穮'字，據字書：穮，稻秀出者。今田家言禾穗始出必曰放穮，蓋本諸此。"其說是矣。清道光二十一年《遵義府志》卷二十《風俗》、民國三十七年《貴州通志·風土志·方言》："稻苗秀出曰放穮。音標。"亦作"放麃"。明張次仲《待軒詩記》卷八："苗初華曰麃，吳中稱放華曰放麃。"姚舜牧《重訂詩經疑問》卷十一："苗初放華曰麃，今吳楚人皆稱放麃。"又作"放蔍"。明朱朝瑛《讀詩畧記》卷六："麃，通作蔍。《爾雅》云：'猋、蔍，芀。'疏云：'華秀名也。'姚承庵曰：'今吳楚之人，以苗初放華爲放蔍。'據上文之序推之，良是；若耘之事，則前已言之矣。"按《集韻·宵韻》悲嬌切，"麃""蔍""穮"同一小韻，例得通假。《詩·周頌·載芟》："厭厭其苗，縣縣其麃。"毛傳："麃，耘也。"鄭玄箋："厭厭，其苗衆齊等也。"陸德明釋文："麃，表嬌反，芸也。《說文》作穮，音同，云：'穮，耨鉏田也。'《字林》云：'穮，

耕禾間也。'"孔穎達疏："厭厭然而長大者，其齊等之苗也，於是農人則緜緜然用其力鹿芸之，以此至於大熟則穫刈之。"毛傳以下解釋恐均不確。"緜緜其麃"與"厭厭其苗"對舉，"麃"亦當謂禾苗之類，方與"苗"對，正如朱朝瑛所謂"若耘之事，則前已言之矣"，此不當歧出而致語意邏輯混亂。因此，"麃"確當如張次仲所說"苗初華曰麃"。"緜緜"謂連續不斷的樣子，"緜緜其麃"即連緜成片的稻苗均抽穗揚花了。今蜀語仍有類似說法。《四川方言詞語彙釋》（15頁）"穮"謂"禾苗長得很快"。《大詞典》未收"放穮""放麃""放藨"。

參考文獻

［1］（清）英國傳教士Adam Grainger：《西蜀方言》，Shanghai： American Presbyterian Mission Press，1900年。

［2］（清）張慎儀：《蜀方言》（與《續方言新校補》《方言別錄》合一冊），四川人民出版社1987年版。

［3］唐樞：《蜀籟》，四川人民出版社1982年版。

［4］王文虎等：《四川方言詞典》，四川人民出版社1987年版。

［5］羅韻希等：《成都話方言詞典》，四川省社會科學院出版社1987年版。

［6］繆樹晟：《四川方言詞語匯釋》，重慶出版社1989年版。

［7］張少成等：《四川方言詞語彙編》，成都市群眾藝術館1987年內部印本。

［8］黃仁壽等：《蜀語校注》，巴蜀書社1990年版。

［9］遂寧市文化局編：《李實學術研討會文集》，語文出版社1996年版。

［10］曾曉渝等：《重慶方言詞解》，西南師範大學出版社1996年版。

［11］蔣宗福：《四川方言詞語考釋》，巴蜀書社2002年版。

［12］紀國泰：《〈蜀方言〉疏證補》，巴蜀書社2007年版。

（原載《漢語史研究集刊》第十四輯，巴蜀書社2011年版）

《蜀語》"壇神"考

——兼及杜甫詩"家家養烏鬼"

明末清初四川遂寧學者李實《蜀語》第435條記載：

壇神○名主壇羅公，黑面，手持斧吹角。設像于室西北隅，去地尺許。歲莫則割牲延巫歌舞賽之。考《炎徼紀聞》曰：羅羅，本盧鹿而訛爲羅羅。有二種，居水西十二營、寧谷、馬塲、漕溪者，爲黑羅羅，曰烏蠻；居慕役者，爲白羅羅，曰白蠻。羅俗尚鬼，故曰羅鬼。今市井及田舍祀之，縉紳家否。杜子美詩曰："家家養烏鬼。"即此也。養讀去聲。注杜詩者，以烏鬼爲鸕鶿，或云豬，皆非。①

壇神，民俗信仰中的一種可以避邪、除禍、生財的家宅守護神。《中文大辭典》《漢語大詞典》《辭海》《辭源》均未收錄，值得注意。

就現存文獻來看，《蜀語》是較早詳細記載壇神的著作。同時代與其有類似記載的則稱"玄壇神"，如陸粲《庚巳編》卷四《玄壇黑虎》：

吳俗喜鬬蟋蟀，多以決賭財物。予里人張廷芳者好此戲，爲之輒敗，至鬻家具以償焉，歲歲復然，遂蕩其產。素敬事玄壇神，乃以誠禱，訴其困苦。夜夢神曰："爾勿憂，吾遣黑虎助爾。今化身在天妃宮東南角樹下，汝往取之。"張往，掘土獲一蟋蟀，深黑色而甚大。用以鬬，無弗勝者，旬日間獲利如所喪者加倍。至冬，促織死，張痛

---

① 黃仁壽等：《蜀語校注》，巴蜀書社1990年版，第128—129頁。

哭，以銀作棺葬之。

此亦見於謝肇淛《五雜組》卷九《物部一》：

促織與蜈蚣共穴者，必健而善鬥，吳中人多能辨之。小說載張廷芳者，以鬥促織破其家，哭禱於玄壇神，夢神遣黑虎助之，遂獲一黑促織，所向無前，旬日之間，所得倍其所失。此雖小事，亦可笑也。

清蒲松齡《聊齋志異》卷四《促織》，事亦相仿佛矣。張某素所敬事的"玄壇神"，爲何方神聖，所居何處，均未明言。但據清王有光《吳下諺聯》卷一《虎頭上捉虱》云：

比喻行險以僥倖也。吳門賣菜傭，求財於趙玄壇。神示夢以虎頭上捉虱諭之。寤，思神座下有黑虎，晨起詣廟，聞虎耳中蟋蟀鳴，驅出捧歸。入平櫂策局，一鬥而勝，再鬥而贏，驟得數金，號其蟲曰虎氏。

原來神爲"趙玄壇"，所遣黑虎爲神坐騎，亦即民俗信仰中大名鼎鼎的財神爺的坐騎。由於道教尊奉趙公明为"正一玄壇元帥"，其畫像身跨黑虎，故又名"黑虎玄壇"。清周召《雙橋隨筆》卷七對謝肇淛所論又頗有微辭：

然其論觀音、真武及人死爲閻羅王，玄壇神以黑虎變蟋蟀等事，若以爲實有者，又何淺鄙之甚也。

《庚巳編》所記"玄壇神"當即財神。《辭海》（1999年版）"財神"（4065頁）條云：

中國民間信奉的財寶利市之神。《集說詮真》："俗祀之財神，或稱北郊之回人，或稱漢人趙朗，或稱元人伍五路。聚訟紛紜，不究

伊誰。"《封神演義》以道教正一玄壇真君趙公明（即趙玄壇）統理招寶、納珍、招財、利市四位仙官，尊爲財神。民間財神中，又有文、武財神之說。文財神爲比干、范蠡；武財神爲趙公明、關羽。

《中國大百科全書·宗教》"財神"條說：

> 俗祀財神爲趙公明，亦稱趙公元帥，趙玄壇。相傳爲終南山人，秦時避亂，隱居終南山。精修得道，能驅雷役電，除瘟剪瘧，去病禳災，買賣求財，使之宜利。神像頭戴鐵冠，一手舉鐵鞭，一手持翹寶，黑面濃鬚，身跨黑虎，全副戎裝。……俗以三月十五日爲神誕，祀之能令人致富。民間奉祀，或於正月初去財神廟敬祀，或在家迎接財神貼子，或在店堂由人裝扮的財神登門。

以上兩權威工具書的解釋，當本《三教源流搜神大全》卷三"趙元帥"條：

> 姓趙諱公明，鐘（終）南山人也。自秦時避世山中，精修至道，功成，欽奉玉帝旨召爲神霄副帥。……其服色，頭戴鐵冠，手執鐵鞭者，金遘水氣也。面色黑而胡鬚者，北氣也。跨虎者，金象也。……昔漢祖天師修煉仙丹，龍神奏帝請威猛神吏爲之守護。由是元帥上奉玉旨，授正一玄壇元帥，正則萬邪不干，一則純一不二，之職至重。天師飛升之後，永鎮龍虎名山。厥今三元，開壇傳度，其趨善謝功謝過之人及頑冥不化者，皆元帥掌之，故有龍虎玄壇，實賞罰之一司。……驅雷役電，喚雨呼風，除瘟剪瘧，保病禳災，元帥之功莫大焉。至如訟冤伸抑，公能使之解釋公平；買賣求財，公能使之宜利和合。但有公平之事，可以對神禱，無不如意。

如此，則近於萬能的守護神了，民間視爲財神，其實僅着眼其最世俗化的一面。由於其像黑面濃鬚，頭戴鐵冠，手執鐵鞭，身跨黑虎，故又稱黑虎玄壇。清顧祿《清嘉錄》卷三《齋玄壇》：

> （三月）十五日，爲玄壇神誕辰，謂神司財，能致人富，故居人塑像供奉。

竟然連玄壇神的生日也有了，其主要職事司財，能致人富，當然就是財神爺了。

明清白話小說，有關於黑虎玄壇的靈異故事。如明施顯卿輯《奇聞類記》卷三《降龍紀　伏虎紀》引明戴冠《濯纓亭筆記》：

> 建昌人上官㬊，能以法捕蛇虎。謝士元守建昌時，虎近郭傷三人，士元自率獵徒往捕之，從以兵弩甚盛，㬊過見之曰："捕一虎何輙張乃爾？"眾知其有術，奔告於守。守召問之，㬊曰："但令眾人毋呼我姓名，聽我指使，虎易制耳。"乃令人束草燃火先行，戒毋伐金鼓。既至其所，虎方踞坐叢竹間，目眈眈可畏。㬊被髮策杖而進，虎不敢動，乃令人伐竹開道，以袖拂虎，虎垂首弭耳如畏然。遂撫其領而乘之以行。至郭外，民夾道觀之。將入城，一人呼曰："官先生騎虎來矣。"虎遂回齧㬊足，㬊呼獵徒曰："可急刺虎救我。"眾遂叢槊刺虎，殺之。人問㬊何術，㬊曰："此玄壇法也。"蓋道家謂玄壇神能伏虎耳。

引見今本《濯纓亭筆記》卷六。玄壇神之所以能伏虎，是因虎爲其坐騎，自然要聽其役使了。上官㬊以玄壇法伏虎騎行，亦理之當然。《粉妝樓全傳》第二回：

> 二人在內玩了一回，步上殿來，只見香煙沒有，鐘鼓全無，中間供了一尊玄壇神像，連袍也沒有。二人道："如此光景，令人可歎！"正在觀看之時，猛然當的一聲，落下一枝箭來，二人忙忙近前拾起來看時，正是他們方才射虎的那一枝箭。二人大驚道："難道這老虎躲在廟裏不成？"二人慌忙插起雕翎，在四下看時，原來玄壇神聖旁邊泥塑的一隻黑虎，正是方才射的那虎，虎腦前尚有箭射的一塊形跡。

二人大驚道："我們方才射的是玄壇爺的神虎！真正有罪了！"慌忙一起跪下來，祝告道："方才實是弟子二人之罪！望神聖保佑弟子之父羅增征討蠻邦，早早得勝回朝！那時重修廟宇，再塑金身，前來還願！"祝告已畢，拜將下去。

清袁枚《續子不語》卷三《羅刹國大荒》：

> 至大橋渡，夜已二更，果見前四人：蓬頭惡面，七竅流血，環而圍之。渠恃勇欲揮拳，一鬼以黑帕直套其頭，便覺冷氣攻心，口不能聲，倒於地矣。群鬼以泥塞其口鼻。忽前有人持棍來趕散四鬼，以手提趙擲之曰："我將來救汝，我即玄壇神也，此四鬼者，因昨年羅刹國大荒，餓鬼無處覓食，故逃入中國作祟。汝所遇者，羅刹之鐵鬼也。但子雖脫於禍，恐有後患，須到家後用香十三枝，自灶前點至門外，方可脫然。"

大概鬼是沒有國界的，可以隨意出國，趨利避害，也是"鬼"之常情。如果小說多虛構的成分，清人筆記所載，也許要真實一些。如褚人穫《堅瓠廣集》卷五《玄壇神》引《耳談》：

> 嘉靖末，宜興染坊孀婦陳氏，有容色。一木客見而悅之，故以染屨過其家，誘餌百端，凜不可犯。爲謀者密以數物夜擲其家，明日以盜聞於官。又賄胥隸繫累窘辱，以冀其從。婦益怒，惟日夜禱於玄壇神曰："我家敬事尊神最久，獨不能爲我佑乎？"是夜夢神語曰："已命黑虎矣。"木客聞之，猶罵癡婦。不旬日與六七客往山販木，叢柯間黑虎果出，隔越數人，銜之而去。

此與《庚巳編》敬事玄壇神，最終得神祐護事大同小異：一遣黑虎變爲蟋蟀，助其翻本，"旬日間獲利如所喪者加倍"；一命黑虎於叢柯間銜惡人而去，保護了敬事者不受凌辱。清俞樾《右台仙館筆記》卷四：

嘉定城西有玄壇廟，頗著靈異。庚申城陷，廟亦旋毀，鞠爲茂草矣。相傳其始有某生者，館于江西龍虎山張真人府。一日得家書，知其父病，急欲歸，謀于真人。真人以一符與之，戒曰："到家即焚化。"生登舟解纜，但聞波濤澎湃，舟行如飛。一日夜而至，父病已危，方寸瞀亂，竟忘焚符。符神屢見形求去，乃始憶真人言，具香燭焚化之。是夜，神復示夢曰："送我太遲，已逾限期，不能歸矣。"生乃醵金建廟以奉神。初不知神何名，因其像頗肖世間所塑之玄壇神，故謂之玄壇廟。

此又說明，玄壇廟之所立，或因偶然，神爲人造矣。清李調元《新搜神記·神考》說：

　　蜀中俱祀壇神，巫家所供也。名其神曰黑虎玄壇趙公明。

"蜀中俱祀壇神"，或謂家家奉祀而無例外。李實只說"主壇羅公，黑面"，未說黑虎之類物事，更未說壇神就是玄壇神，但李調元則指壇神爲"黑虎玄壇趙公明"，據其說則壇神應即財神。但有清一代文獻，包括大量地方志所載，壇神並非財神，而是不登大雅之堂的小神、邪神。如李宗昉《黔記》：

　　壇神者，邪鬼也……貴陽城中奉壇神者十二三。

吳振棫《黔語》卷下《壇神》：

　　黔信鬼尚巫。壇神者，邪鬼也。巫黔謂之端公，言能爲人禍福。奉之者，幽暗處置大圓石於地，謂爲神所據也，歲時朝夕奉惟謹。又言三年小慶，五年大慶，則盛具牲醴歌樂以悅神，不然且忤神意。

兩者何以能牽合爲一，清李調元《新搜神記·神考》引《蜀語》此條後云：

據此則言羅公而不言趙公明，大抵因面黑而附會黑虎，因黑虎而並取明嘉靖年間道士所作《封神傳》小說內之趙公明以附會其說，皆巫家之言，其實皆烏蠻之俗也。

《封神傳》即長篇神魔小說《封神演義》別名。有清以來，壇神的名目繁多，所處神位亦不固定，或倚壁而立，或懸掛於中堂神龕之側。但因民俗信仰中的神祇，本多附會，時有名目混雜，也在所難免。如道光二十一年《遵義府志》卷二十《風俗》：

> 奉壇神者，其神以徑尺之石，高七八寸，置於堂右，倚壁，曰"壇等"。上供壇牌，粘於壁，旁列壇鎗。其牌或書"羅公仙師"，或書"鎮一元壇趙侯元帥郭氏領兵三郎"，兩旁列稱號數十，名皆不可究詰。每歲一祭，殺豕一，招巫跳舞，歌唱徹夜，謂之"慶壇"。畢，張白紙十二，巫自劃其額，灑血點之，粘壇側，謂應十二月之數。或曰世奉此可致富，稍忽致家道不昌。

"元壇"之"元"當本作"玄"，爲避康熙玄燁諱改，因此神名"鎮一玄壇趙侯元帥"。

以下所引方志關於奉祀壇神的記載，與《遵義府志》大同小異，如同治十三年《德陽縣志》卷十八《風俗志》：

> 又至日……又有祀壇神者。神爲秦灌令李冰、隋漢嘉守趙昱，昔年治蜀水有功，普利蜀川，故農人世祭之，謂之慶壇。

李冰爲戰國秦昭王時蜀郡守，治水（今都江堰）有功，蜀中婦孺所知矣。至於趙昱，則較爲陌生。舊題唐柳宗元《龍城錄·趙昱斬蛟》云："趙昱字仲明，與兄冕俱隱青城山，後事道士李珏。隋末，煬帝知其賢，徵召不起，督讓益州太守臧膺強起。昱至京師，煬帝縻以上爵，不就，獨乞爲蜀太守。帝從之，拜嘉州太守。時犍爲澤中有老蛟，爲害日久，截没舟船，

蜀江人患之。……昱乃持刀沒水頃，江水盡赤，石崖半崩，吼聲如雷。昱左手執蛟首，右手持刀，奮波而出。州人頂戴，事爲神明。……太宗文皇帝賜封神勇大將軍，廟食灌江口。歲時民疾病，禱之無不應。上皇幸蜀，加封赤城王，又封顯應侯。"因趙昱、李冰有功於蜀，蜀人奉爲"壇神"，盡管非大神，卻爲正神，又與《黔記》《黔語》謂"壇神"爲"邪鬼"不同。

清光緒間修《水城廳採訪冊》卷四《食貨門·土俗》：

> 凡居宅原供有壇神者，在堂西北隅，以竹蔑編如小兜形懸壁，曰"兜兜壇"。……有以石爲爐，以紅紙寫神號不一貼於壁，曰"黑虎壇"。其作祟恒現美婦形媚人，爲所惑則病消瘦，至莫可救藥。居人懼爲害，或每歲或間歲，釀酒宰牲，延善歌舞者至家，酣醉跳躍如演戲狀，曰"慶壇"。

此謂"凡居宅原供有壇神"，可見爲家家奉祀。民國十一年《邛崍縣志》卷四《風俗志》：

> 然而境地陿隘，未免儉嗇褊急，又信鬼好巫，一染疾病，家家燒錢。及其死也，人人拜懺，求僧求道，荐度亡魂。更有不僧不道，以儒壇唪經者。別有書符咒水，假神以療病者，故川主土主，五顯五通。白馬駝經之寺，香火漸衰，而壇神轉盛。人家戶之有壇神者，叩其出處，皆不能道其確實。間嘗攷之《唐書》，夷獠自號所居曰壇，邛州西南近接夷獠，唐天寶以後節鎮之治邛州者，每徵壇丁子弟爲兵，以雄桀者爲統帥，優異錢糧，以禦南詔。五代時壇丁之死者，往往爲祟，能禍福人。壇神之名，由是興焉。故皆憑依於物，假巫通靈，此亦異也。

民國十六年《簡陽縣志》卷二十二《禮俗篇·習尚》又云：

《蜀語》"壇神"考 | 325

  俗多供壇神：曰□□壇，則以徑尺之石，高七八寸，置於中堂神龕之右；曰筦筦壇，則以徑尺之筐，高尺許，掛於中堂神龕之側，上供壇牌粘於壁，旁列壇槍，或書"羅公先師"，或書"鎮一玄壇趙侯元帥郭氏領兵三郎"，鄉人呼曰"小神子"，士大夫或以爲奧，或以爲開邊名將。李雨村則引杜詩"家家養烏鬼"，以爲即此。……俗人每慶賀則殺一豕，招十數村巫解穢，扮燈歌唱徹夜，謂之"大慶"。招三四村巫，吹角鳴鳴，放兵收兵，不事跳舞者，曰"搬縈"。慶畢，張白紙十二，巫以剃髮刀自劃其額，瀝血點之，粘壇側，謂應十二月之數。謂世奉此，則家可富，稍不謹則家道不昌。

李雨村，即清乾隆中葉四川綿州著名學者李調元別號，本李實之說以爲杜詩"家家養烏鬼"即供壇神。民國二十一年《萬源縣志》卷五《禮俗·壇神》所載基本相同：

  壇神有兩種：曰磴磴壇，石壇也；曰筦筦壇，則以徑尺之筐，高尺許，挂於中堂神龕之側，上供壇牌粘於壁，旁列壇鎗，或書"趙侯元帥"、"羅公仙師"、"五通盟主"等，旁書"領兵郭氏三郎"，鄉人呼爲小神子，士人或以爲奧，或以爲開邊名將。李雨村則引杜詩"家家養烏鬼"，以爲即壇神。……俗慶賀則殺一豕，招十數村巫解穢，扮燈，歌唱徹夜，謂之大慶。並用白紙十二張，巫以剃髮刀自劃其額，滴血點之，粘壇側，謂應十二月之數。

民國二十四年《雲陽縣志》卷十三《禮俗中》：

  蜀民祀壇神，縣人尤嚴奉之，三年兩祀，曰"慶壇"。有求而應則酬之，曰"還壇"。其神在堂西隅，巫書趙侯、羅公。《蜀故》云趙爲嘉定守趙旭，羅則方士羅公遠也。兩旁附祀者尤多，稱號殊異。……不祀，則家多不順。信奉尤虔者，吉凶常呵護之云。

對淫祀壇神的現象，李實說"今市井及田舍祀之，縉紳家否"。清道光二十一年《遵義府志》卷二十《風俗》引李鳳翺曰：

> 家堂非可設壇，壇亦非可祭於家，或謂古蠻祭也，或謂趙侯郭氏蓋古開邊名將，有功茲地者，如此是亦明神也，何自來並無傳聞耶？又何僅祀民家而處褻侮之地耶？余觀其牌所列，並謬妄不經，必古之巫者，譌造以惑村愚耳。余叔購一宅，其堂舊有此神，叔負之擲陵谷間，究無他事。信則有，否則無，何俗人之不悟也。

由此可見，壇神是民間俗神，也是家宅守護神，縉紳之家及有識之士並不熱衷，甚至棄之若敝履，然亦無害。

信奉壇神，在西南地區較爲盛行，今天尚能見到"壇神"，或流風習染，與儺戲、巫術結合，死灰復燃。如田野調查發現：

> "壇神"在四川農村仍可見到（如渠縣、開江、合江、都江堰、金堂等地鄉鎮路旁及士民家中），又可分爲羅公壇、矻矻壇、磴磴壇、磢礅兒壇、筅筅兒壇、梔子花壇等，迷信的人"晨昏三叩首，早晚一爐香"。[1]

佚名《元帥故里謁"軍神"》一文說：

> 走出劉伯承的臥室，在他窗前的階沿上，放着一塊不起眼的石頭，類似於小磨盤，謂之"壇神"。按當地習俗，學武拜師是必須要祭拜"壇神"的。故居的這件東西，據說是他跟太平天國石達開舊部任賢書練武拜師時留下的。[2]

---

[1] 黃尚軍：《四川方言與民俗》，四川人民出版社2002年版，第202頁。
[2] http://www.docin.com/p-1532265342.html。

佚名《劉伯承故居》①亦同。陳世松《四川客家》第八章《四川客家民俗文化事象》言及神祇崇拜的"壇神"說：

> 在成都東山調查時獲見，這類壇神的神位均被安置于祖堂的右角，與神龕並列。其所謂的壇神偶像，乃是一個石雕而成的一個圓柱，下有石座，其形狀與民居中的帶礎之石柱相類，唯柱頂鑿有凹槽用以插香和盛香灰。其直徑約爲40—60公分，通高一般都在50公分左右。至於壇神的用途，迄今所知大致有二：一是，當主人農業獲得豐收或致富後買地置房、喜添貴子時，都要請"端公"慶壇，由其演唱川劇折子戲，巨富之家還要請專門的戲班子來演出，並邀親朋好友前往設宴款待，以表慶賀和酬謝壇神之保佑，東山客家謂之"慶壇"；二是，當誰家有人得了瘋病（精神病）後，也要請端公跳壇請壇神驅鬼"除病"，東山客家乃稱此爲"花花壇"。可見，四川客家之所以崇拜壇神，乃是認爲其對家族或家庭的興旺發達具有重要之功能。②

《寧羌羌族後裔民俗——慶壇》云：

> 供奉壇神是山民的傳統，凡有神龕的人家都有壇神的位置。但壇神不坐正堂，多在神龕下的牆壁上掏個小窯洞，高約三尺，寬約二尺，深則尺許，這就是它的全部地盤。壇神有泥塑的，也有木雕的，身著五彩服裝，顯得小巧玲瓏，形象滑稽可笑。兩手撐地，雙足朝上，並不端坐，山民們慣稱"翻壇神"。體態雖小，卻好淫樂，善施邪法捉弄凡人，常使對方哭笑不得。這個名副其實的"小神"，自然不配坐正堂享用香火。所以，有些人家也就因陋就簡，編個小竹簍將它裝進置放於門後，被稱爲"兜兜神"。還有一種是將小動物裝在陶瓷罐子裏，加蓋後放在神龕上敬奉，稱之爲"壇神"。如蛇，就叫"龍壇"。壁虎，就叫"虎壇"。還有"蛙壇"、"龜壇"、"雀壇"等，每年

---

① http://www.lbx777.com/gjc/lbc/lbc06.htm.
② 陳世松主編：《四川客家》，廣西師範大學出版社2005年版，第202頁。

更換一次。這種"神"非常小氣，卻很靈驗，你若說了它的壞話或初一、十五不給它燒香，它就會在家裏鬧騰，給人找麻煩。如晚上屋裏傢俱響，灶裏火燒不燃以及發生吵架、生病等事。但這種壇神有個毛病，就說喜歡聽酸話，愛看兒女情趣，所以每年都要請"端公"來"安神"一次，以安撫"壇神"，慶賀家中"平安順利"和"興旺發達"。此舉稱爲"慶壇"。①

新修《陝西省志·民俗志》第六篇《信仰崇祀民俗》也說：

> 陝南巴山地區，很少有人敬奉佛祖、玉皇大帝、送子娘娘之類的神佛，但多數人家供奉"壇神"。此神被群眾稱爲"小神"、"毛毛神"，即把一隻小動物裝在陶瓷罈裏加蓋後放在神龕中敬仰。如果是蛇，就叫"龍壇"；壁虎，就叫"虎壇"；還有"蛙壇"、"龜壇"、"雀壇"等等，每年更換一次。②

川黔、川鄂部分地區仍有"慶壇"活動：

> 川黔曾普遍供奉"壇神"，清人《黔記》稱："壇神者，邪鬼也……貴陽城中奉壇神者十二三。"四川多有壇神廟，稱壇神爲張惡子。現在川南、黔北仍有"慶壇"活動，尤其在屯堡文化殘留地。如貴州織金的慶壇活動，漢族慶趙侯，以一石墩爲趙侯壇；穿青人慶五顯，以一竹篼爲五顯壇。我們在川鄂交界的利川農村，也發現有奉"墩墩壇"者，必須定期請巫師還願，否則就會做怪。③

鄂西土家族供奉"壇神"與祖先崇拜密切相關：

---

① http://www.ny.gz.cn/thread-9607-1-1.html.
② http://www.sanqinyou.com/html/2007-1-12/20071121045037558223.html.
③ 雷翔：《还壇神探源》，《湖北民族學院學報》1995年第4期。

供"壇神",亦稱供"壇鉢"。供戶在神龕的右邊另辟一龕,低於主龕,上供"壇鉢"。"壇鉢"有陶瓷的,有篾織的;有方形的,也有圓形的。由巫師在"還相公願時",將鉢內放入一個雞蛋,幾片豬肉、少量五穀、茶葉和九節稻草。這些表示給兵馬的糧草,還按東西南北中方位在鉢底安放五個有孔的銅錢,錢面文字要求一樣,以表示國家統一,不動刀兵。最後把這些東西用灶灰和皮紙密封起來,供在龕裏,就叫供"壇鉢"。①

另外,在四川的一些地方,關公也被奉祀爲民間壇神。如百度百科"儺神"條云:

由於關公一身正氣,神勇無敵。在民間驅儺習俗中,奉爲壇神或戲神。酉陽陽戲、梓潼陽戲、提陽戲都敬關公爲主神。開戲,必設關公聖像、先祈關公後開正戲。在梓潼縣還有"關公掃蕩"的習俗。每年春節或關公生日,均要從廟裏抬出關公像,在田野、村寨中游走(掃蕩),以借關公之威,驅邪納吉,保一方平安。②

至於李實《蜀語》所記"壇神",與"玄壇神"及"財神"如何溝通,《米易縣撒蓮鎮老街清朝"黑神廟"由來考》(亦見《趙公元帥》)有所論及:

四川古代少數民族供奉壇神的情況,前人多有關注。清李調元《新搜神記·神考篇》記:"蜀中俱禮祀壇神,巫家所供也,名其神曰黑虎玄壇趙公明";又引《蜀語》謂"壇神名主壇羅公,黑面,手持斧,吹角,設像於室西北隅"。羅公名義和持斧吹角的造型,顯然與中原及江南供奉的趙公元帥形象有很大區別。有人因此認爲玄壇信仰源起西南彝族虎圖騰文化的歷史信息即可由此獲得。蓋彝族的舊稱"羅

---

① 袁德洪:《"人祀"與"壇神"——鄂西土家族的祖先崇拜》,《湖北民族學院學報》1990年第2期。

② https://baike.baidu.com/item/儺神/6455367。

羅"，"羅"是"虎"的意思；男女祖先畫像稱"涅羅摩"，也有母虎祖先的意思。彞族自古崇虎尚黑，奉虎爲本民族的保護神，這均表明他們在古代曾以母虎爲其圖騰。近年來彞族民俗學家劉堯漢更以翔實的資料和縝密的論證，得出道家、道教的本體理論均以彞族的虎宇宙觀爲淵藪的結論（《中國文明源頭新探——道家與彞族虎宇宙觀》，雲南人民出版社1985年版）。故不妨把彞族的羅公黑面持斧主壇看作漢人玄壇崇祀的原型，所謂趙公元帥云云則是彞漢文化激荡交融的結果。①

李實所引明田汝成《炎徼紀聞》，原文見卷四《蠻夷》：

羅羅，本盧鹿而訛爲今稱。有二種：居水西十二營、寧谷、馬場、漕溪者，爲黑羅羅，亦曰烏蠻；居慕役者，爲白羅羅，亦曰白蠻。風俗略同，而黑者爲大姓。羅俗尚鬼，故又曰羅鬼。

李實明確指出"杜子美詩曰：'家家養烏鬼。'即此也"，所引杜詩見《戲作俳諧體遣悶二首》之一：

異俗吁可怪，斯人難並居。家家養烏鬼，頓頓食黃魚。舊識能爲態，新知已暗疎。治生且耕鑿，只有不關渠。

仇兆鰲注：

《蔡寬夫詩話》："元微之《江陵》詩：'病賽烏稱鬼，巫占瓦代龜。'自注云：'南人染病，競賽烏鬼，楚巫列肆，悉賣龜卜。'烏鬼之名見於此。巴楚間常有殺人祭鬼者，曰'烏野七神頭'，則烏鬼乃所事神名耳。或云'養'字乃'賽'字之誤，理或然也。'邵伯

---

① http://www.ndcnc.gov.cn/datalib/2003/FolkCustom/DL/DL-20031220155704.

温《聞見録》：'夔峽之人，歲正月十百爲曹，設牲酒於田間，已而衆操兵大噪，謂之養烏鬼。長老言地近烏蠻戰塲，多與人爲厲，用以禳之。'《藝苑雌黃》謂烏蠻鬼。按烏鬼別有三說：《漫叟詩話》以豬爲烏鬼，《夢溪筆談》以鸕鷀爲烏鬼，《山谷別集》以烏鴉獻神爲烏鬼。今以蔡、邵二說爲正。"

蔡、邵二說均與鬼神祭祀密切相關。按"烏鬼"衆說紛紜，宋馬永卿《嬾真子》卷四：

親見一峽中士人夏侯節立夫，言烏鬼豬也，峽中人家多事鬼，家養一豬，非祭鬼不用，故於豬群中，特呼烏鬼以別之，此言良是。

宋佚名《漫叟詩話》：

川人嗜豬肉，家家養豬，每呼豬作烏鬼聲，故謂之烏鬼。

清郝懿行《證俗文》卷十七："川人謂豬爲烏鬼。《漫叟詩話》：'川人家家養豬，每呼豬作烏鬼聲，故謂之烏鬼。'元微之江陵詩：'病賽烏稱鬼。'自注云：'南人染病，競賽烏鬼。'"郝氏徑謂"川人謂豬爲烏鬼"，或據《漫叟詩話》爲說。

宋王楙《野客叢書》卷二十六《烏鬼》曰：

老杜詩"家家養烏鬼"，說者不一：《嬾真子》以爲豬，蔡寬夫以爲烏野七神，《冷齋夜話》以爲烏蠻鬼，沈存中《筆談》、《緗素雜記》、《漁隱叢話》、陸農師《埤雅》以爲鸕鷀，四說不同，惟《冷齋》之說爲有據。觀《唐書·南蠻傳》俗尚巫鬼，大部落有大鬼主，百家則置小鬼主，一姓白蠻，五姓烏蠻。所謂烏蠻則婦人衣黑繒，白蠻則婦人衣白繒。又以驗《冷齋》之說，劉禹錫《南中》詩亦曰："淫祀多青鬼，居人少白頭。"又有所謂"青鬼"之說。蓋廣南川峽諸蠻

之流風，故當時有"青鬼"、"烏鬼"等名，杜詩以"黃魚"對"烏鬼"，知其爲烏蠻鬼也審矣。然觀元微之詩曰："鄉味尤珍蛤，家神悉事烏。"又曰："病賽烏稱鬼，巫占瓦代龜。"注："南人染病，競賽烏鬼。"此說又似不同。據《南蠻傳》，"烏"即"烏黑"之"烏"，而元詩以"蛤"對"烏"，則以爲"烏鵐"之"烏"。①

祝穆《方輿勝覽》卷五十七：

沈《筆談》曰峽中人謂鸕鷀爲烏鬼，漫叟《詩話》以爲猪，元稹詩："病賽烏蠻鬼，巫占瓦代龜。"嚴端常《藝苑雌黃》亦曰烏蠻鬼，吳虎臣《謾錄》曰老烏神。若是養鸕鷀與猪，則未爲異俗可怪，當是養鬼，但養字讀作去聲。

祝氏明確否定了"烏鬼"爲"鸕鷀與豬"的說法，因"未爲異俗可怪"。林之奇《拙齋文集》卷二：

"家家養烏鬼"，乃其俗多事烏蠻、白蠻鬼，此養字當去聲。

但明人仍有持"鸕鷀與豬"的說法，如張存紳《雅俗稽言》卷二十《烏鬼》：

杜詩"家家養烏鬼，頓頓食黃魚"，烏鬼之說有四：一曰鸕鷀，見沈存中《筆談》；一曰豬，見《漫叟詩話》；一曰烏野鬼，見元微之詩"病賽烏稱鬼"與"家神愛事巫"之句；一曰烏蠻鬼，見《冷齋夜話》。苕溪謂細詳其說，則沈以爲鸕鷀者是。又《野客叢談》引《唐書·南蠻傳》：俗尚巫鬼，大部落有大鬼主，百家置小鬼主，一姓白蠻，五姓烏蠻。以證《冷齋》之說。而《獺真子》又云烏鬼事，《筆談》以爲鸕鷀，能捕黃魚，非也。黃魚極大，至數百斤，故詩謂"脂膏兼飼犬，長大不容身"，鸕鷀豈能捕之？嘗見峽中士人夏侯节，言

---

① 王楙：《野客叢書》，中華書局《學術筆記叢刊》本1987年版，第298頁，"鵐"前脫"烏"字。

烏鬼豬也，峽中人家養一豬以事鬼，故于豬群中特呼烏鬼以別之，此說良是。與《漫叟》之說卻相合。

焦竑《焦氏筆乘》卷四《烏鬼》：

鸕鶿，水鳥，似鴉而黑，峽中人號曰烏鬼。子美詩："家家養烏鬼，頓頓食黃魚。"言此鳥捕魚而人得食之也。

"烏鬼"究竟何謂，迄今仍無確解。《漢語大詞典》"烏鬼"謂"川俗事奉的鬼神名。或稱烏蠻鬼"，引杜詩及仇注，並兼及"鸕鶿的別名""豬的別名。或特指祭鬼神用的豬"兩說。今蜀中雖有俗語"黑毛豬兒家家有"，自古以來，豬即爲大小三牲之一，凡祭必不可少，故蜀中至今祭品通常有熟豬肉一方，俗謂之"刀頭"，又俗謂"刀頭不在大小，總要熱烙"[①]，但未爲異俗，似不可怪。至於有學者認爲，"蔡寬夫氏釋烏鬼爲夔人'所事神名'和郭沫若同志解烏鬼爲捕魚的鳥名，皆失之。細審元微之《江陵》詩與'自注'，竊以爲'烏鬼'即'烏鼃'耳"[②]；"杜詩中的'烏鬼'指的是烏鴉"[③]。似此，如老杜謂"家家養烏鼃"或"家家養烏鴉"，豈非豢養寵物耶？一說"'烏鬼'實指黑人。'烏鬼'到底指什麼，就現有文獻來說，還不足以證實，但筆者傾向于'家祭神鬼'之說"[④]，既謂"'烏鬼'實指黑人"，又說"'烏鬼'到底指什麼"，"還不足以證實，但筆者傾向於'家祭神鬼'之說"，邏輯混亂如此，殊難令人信服。亦有人以爲"'養烏鬼'是唐代夔州地區蠻獠的一種以家爲單位的用人作爲祭品的'祭祖'儀式，而烏鬼則是指當地獠蠻的祖籍神"[⑤]，此說之前提必須是唐代夔州地區只有"蠻獠"而無其他種族，否則"家家養烏鬼"也就很難成立了。

---

① 王文虎等：《四川方言詞典》，四川人民出版社 1987 年版，第 71 頁；唐樞：《蜀籟》，四川人民出版社 1982 年版，第 50 頁。
② 蔣先偉：《說"烏鬼"》，《四川師範大學學報》1990 年第 6 期。
③ 左漢林：《"烏鬼"考論》，《杜甫研究學刊》2006 年第 3 期。
④ 李明曉：《"烏鬼"小解》，《杜甫研究學刊》2005 年第 1 期。
⑤ 張豔梅：《烏鬼考辨》，《重慶社會科學》2007 年第 7 期。

如果不糾結於"烏鬼"是否"烏蠻鬼",《炎徼紀聞》謂羅羅俗尚鬼,李實謂"市井及田舍祀之,縉紳家否",不以今(明)律古而懷疑杜詩"家家養烏鬼"爲夔峽家家祀鬼神,即壇神之濫觴,則問題或可迎刃而解。

蔣禮鴻《義府續貂·養烏鬼》云:

> 邵博《河南邵氏聞見後録》卷十九:"夔峽之人,歲正月,十百爲曹,設牲酒於田間。已而操兵大噪,謂之養(去聲)烏鬼。長老言:地近烏蠻戰場,多與人爲厲,用以禳之。沈存中疑'家家養烏鬼',其自也。疏詩者乃以鸕鷀別名爲鬼。予往來夔、峽間,問其人,如存中之言。鸕鷀亦無別名。"案:沈存中說見《夢溪筆談》卷十六,與邵氏不甚同。然邵氏得之見聞,其說當不誣。養去聲者,即飽則颺去之颺。《廣韻》颺平去二聲,屬平聲者訓風所飛颺,屬去聲者訓風飛,其義一也。云養烏鬼者,謂使烏鬼颺去,即逐而去之,語法學者所謂致動用法也。引申爲拋擲。宋尹焕《唐多令》詞:"說著前歡伴不睬,颺蓮子,打鴛鴦。"元曲多用之,字又作漾。①

案若"烏鬼"真爲鸕鷀別名,則夔、峽間亦未必家家養之,而以颺去捕魚也;"云養烏鬼者,謂使烏鬼颺去,即逐而去之",恐求之過深,難免穿鑿矣。清人王培荀《聽雨樓隨筆》卷六即云:

> 蜀中有駕舟養鸕鷀捕魚者,色黑,說者以爲杜詩"家家養烏鬼"即此,但水際偶有以是爲業,非家家養之,其說未確也。

杭世俊《訂訛類編》卷五《烏鬼》亦曰:

> 竊以呼豬之說固無可據;鸕鷀之說,不獨蜀人,何所謂"異俗吁可怪,斯人難並居"乎?烏蠻之說,尚未明確。惟蔡寬夫烏野七頭神,養字爲賽字之論,理有可憑,元詩亦有援證,且與上異俗二句亦一氣

---
① 蔣禮鴻:《義府續貂》,中華書局1981年版,第42頁。

貫注，其說較長。

其實，李實認爲杜詩"家家養烏鬼"，即後來所祀壇神。清李調元《新搜神記·神考》亦謂"蜀中俱祀壇神，巫家所供也"。何沙灘《夜郎國志》"10.5.家家養烏鬼"云：

> 烏鬼，不是鸕鷀，不是豬群，而是壇神。西南各地皆有，不獨烏蠻。烏蠻之俗不可能漫及川峽湘鄂，必屬以夜郎爲中心的西南各族上古遺風。①

或不爲無據矣。譚光武《壇神考》云：

> 壇神是巴人的後裔——土家族的祖籍神，家家必須供奉。……
> 壇神的稱呼各地不一。鄂西呼爲"羅神"。遂寧李如石《蜀語》說："羅神，壇神名，主壇羅公，黑面，手持斧，吹角，設像於堂屋西北隅土尺許。"文中描繪的神儼然是巴人最早最英明的酋長——廩君持斧、吹角，帶領巴、樊、鄭、相、瞫五姓氏族開闢清江流域的形象。土家人至今流傳有"向王六子吹牛角，吹出一條青江河"的民歌，即可印證。
> 貴州江口縣供的壇神稱"梅山神"，壇名"梅山壇"，當地土家人認爲梅山神是他們的祖神，能保佑他們家庭平安和睦，財發人興，消災免難，所以家家都在堂屋裏安有梅山壇。有的還供有白虎神君牌位。由此可見，羅神、梅山神都是供的廩君，只是稱呼不同。②

袁德洪《"人祀"與"壇神"——鄂西土家族的祖先崇拜》指出：

---

① 據貴州地方志網（http：//www.gzgov.gov.cn/gov_dfz/tougao/view.asp?id=2619）2008-11-1。亦見《煮酒論史》《夜郎歷史一百問》，http：//www.tianya.cn/publicforum/content/no05/1/127009.shtml。
② 《四川文物》1998年第1期。所引《蜀語》文字錯得過於離譜。

"病不服藥，惟許願賽神"（嘉慶版《恩施縣志·風俗》）"施郡之民分里屯二籍，里籍土著……歲終還願酬神，各具羊豕祭於家，皆以巫師將事"（道光版《施南府志·風俗志》）。而民國《恩施縣志》（手稿）說得更詳細："本邑土户，多屬蠻裔，崇尚巫教，有病不肯延醫服藥而專用巫禳，有'打保護'、'打解結'諸名目。更於秋後殺牲延巫跳舞以祀其先祖，謂之還神。"[①]

　　即使在社會發展、醫療條件大爲改善的今天，在四川農村，仍有部分病人不是選擇就醫，而是請神化水，驅邪逐疫（當然有仍處貧困、醫療費用昂貴的因素），料必爲巫風浸染的歷史沉澱使然。

　　綜上所述，杜詩"家家養烏鬼"，即後世西南地區盛行奉祀之壇神，並與巫術和儺戲結合的宗教活動。壇神作爲家宅的守護神，如李實所謂"今市井及田舍祀之"，李調元謂"蜀中俱祀壇神"，光緒間修《水城廳採訪冊》謂"凡居宅原供有壇神"，民國二十四年《雲陽縣志》"蜀民祀壇神，縣人尤嚴奉之"，胡樸安《中華全國風俗志》上篇卷七《四川·夔州府》引《萬縣志》云"俗頗信巫"，等等，在在均指向有别於其他地方的宗教活動。

　　　　（原載《中國地域文化研究》第9輯，韓國祥明大學，2010年）

[①] 《湖北民族學院學報》1990年第2期。

《蜀語》所載民俗信仰考

明代李實所撰《蜀語》，記載了當時四川的幾則民俗信仰，如第435條云：

> 壇神○名主壇羅公，黑面，手持斧吹角。設像于室西北隅，去地尺許。歲莫則割牲延巫歌舞賽之。考《炎徼紀聞》曰：羅羅，本盧鹿而訛爲羅羅。有二種，居水西十二營、寧谷、馬塲、漕溪者，爲黑羅羅，曰烏蠻；居慕役者，爲白羅羅，曰白蠻。羅俗尚鬼，故曰羅鬼。今市井及田舍祀之，縉紳家否。杜子美詩曰："家家養烏鬼。"即此也。養讀去聲。注杜詩者，以烏鬼爲鸕鶿，或云豬，皆非。[①]

我們在《李實〈蜀語〉"壇神"考——兼及杜甫詩"家家養烏鬼"》一文中，認爲"'壇神'是西南地區普遍奉祀的家宅守護神，是與民俗信仰中的早期巫術和儺戲相結合的一種宗教形式。杜詩'家家養烏鬼'，似即早期的壇神信仰"[②]。此外，還有中國大陸西南地區盛行與"壇神"有關的"端公"，以及全國其他地域也流行的"石敢當"信仰。茲略作考辨，以供參考。

[①] 黃仁壽等：《蜀語校注》，巴蜀書社1990年版，第128—129頁。
[②] 載《中國地域文化研究》第9輯，韓國祥明大學，2010年，第15—32頁。本觀點見"內容摘要"。

一　端　公　跳端公　扛　神

《蜀語》第320條：

> 男巫曰端公○《大明律》：凡師巫假降邪神、書符咒水、扶鸞禱聖，自號端公、太保、師婆，及妄稱彌勒、白蓮社、明尊教、白雲宗等會，一應左道亂正之術，扇惑人民。爲首者絞，爲從者杖一百，流三千里。①

端公，男巫的別稱。本來唐代尊稱侍御史爲"端公"，如李肇《唐國史補》卷下："外郎御史遺補相呼爲院長。上可兼下，下不可兼上，唯侍御史相呼爲端公。"②杜佑《通典》卷二十四《職官六》："侍御史之職……臺内之事悉主之，號爲'臺端'。他人稱之曰'端公'。"③到宋代，"端公"方指男巫，如趙彥衛《雲麓漫鈔》卷十二：

> 建炎、紹興初，隨（州）陷於賊，而山中能自保，有帶甲僧千數，事定皆命以官。《汪彥章集》有《補大洪山監寺承信郎告》。自後多説神怪，以桀黠者四出，號端公，誑取施利，每及萬緡，死則塑作將軍，立於殿寺。④

明末以後文獻，尤其是地方志，著録漸夥。而明載男巫稱端公，似以李實《蜀語》最早。清唐甄《潛書·抑尊》："蜀人之事神也必憑巫，謂巫爲端公。"⑤張慎儀《蜀方言》卷上："男巫曰端公。"⑥民國十五年《簡陽縣志》卷二十二《禮俗篇·方言》："男巫曰端公，女巫曰師孃子。"⑦

---

① 黄仁壽等：《蜀語校注》，巴蜀書社1990年版，第93頁。
② 李肇：《唐國史補》，上海古籍出版社1979年版，第49頁。
③ 杜佑：《通典》，中華書局1988年版，第672頁。
④ 趙彥衛：《雲麓漫鈔》，中華書局1996年版，第220頁。
⑤ 唐甄：《潛書》，四川人民出版社1984年注釋本，第213頁。
⑥ 張慎儀：《蜀方言》，四川人民出版社1987年版，第271頁。
⑦ 《中國地方志集成》四川府縣志輯第27册，巴蜀書社1992年版，第629頁。

民國十八年《合江縣志》卷四《禮俗·方言》："端公，謂男巫也。師孃子，謂女巫也。"①民國二十六年《南溪縣志》卷四《禮俗下·方言》："端公，男巫也。師孃婆，女巫也。"②

明後期以來文獻記載端公的活動也逐漸多了起來。曹學佺《蜀中廣記》卷三十二："人死則坐尸於水架上，置之倉舍，衣帽弓矢俱如生佩服，端公呪經，獻以豬羊，用火燒之。"③《紅樓夢》第二十五回："當下衆人七言八語，有的說請端公送祟的，有的說請巫婆跳神的，有的又薦玉皇閣的張真人，種種喧騰不一。"④劉省三《躋春臺》卷四《僧包頭》："方早發引，端公手執師刀，把令牌向棺上一拍……楊母問刁氏曰：'你家爲何叫端公發引？'刁氏曰：'此是時興，都用端公。'"⑤

當然，端公的活動，在明代已受到嚴格限制。李實引及《大明律》規定端公等"左道亂正""扇惑人民"，"爲首者絞"，從者杖刑及流放。《明會典》卷一百二十九亦載明律《禁止師巫邪術》：

> 凡師巫假降邪神，書符呪水，扶鸞禱聖，自號端公、太保、師婆，及妄稱彌勒佛、白蓮社、明尊教、白雲宗等會，一應左道亂政之術，或隱藏圖像，燒香集衆，夜聚曉散，佯修善事，扇惑人民，爲首者絞，爲從者各杖一百，流三千里。⑥

如此嚴厲的懲罰措施，收到一定效果，得到地方官員的肯定。如明俞汝楫《禮部志稿》卷四十五《覆行三事疏》正統二年八月河南布政司李昌祺言：

> 近者禁約僧尼，誠爲厚俗首務。比見河南各府縣衛所，有軍民男

---

① 《中國地方志集成》四川府縣志輯第33冊，巴蜀書社1992年版，第492頁。
② 《中國地方志集成》四川府縣志輯第31冊，巴蜀書社1992年版，第627頁。
③ 《景印文淵閣四庫全書》第591冊，台灣商務印書館1986年版，第418頁。
④ 《紅樓夢》，紅研所校注本，人民文學出版社1996年版，第343頁。
⑤ 劉省三：《躋春臺》，蔡敦勇校點本，江蘇古籍出版社1993年版，第551頁。
⑥ 《景印文淵閣四庫全書》第618冊，台灣商務印書館1986年版，第309頁。

婦，自稱端公、師婆，托神惑衆，人有病不事醫藥，惟飲符水，以故死常八九，傷人壞俗，尤甚僧尼，乞嚴加禁治，再犯及邀請容隱者，悉罪之。①

到了清代，朝廷仍然以嚴刑峻法打击端公的巫俗活动《大清律例》卷十六：

凡端公道士，作爲異端法術醫人致死者，照鬭殺律擬罪。②

以上法律規定雖昭示天下，但在西南，尤其是巴蜀，巫風頗盛，似乎天高皇帝遠，朝廷管不了那麽多。清彭阯《江油竹枝詞》："多不信醫偏信鬼，端公打鼓鬧三更。"原注："俗呼巫爲端公。"③王培荀《聽雨樓隨筆》卷七："蜀俗尚鬼，有病輒請巫祈禳，謂之端公。"④李鶴林《集異新抄》卷四《撈油鍋記》："先令巫者一人，俗謂之端公，朱衣散髮，向鐺跳舞。"⑤吳振棫《黔語》卷下《壇神》："黔信鬼尚巫。壇神者，邪鬼也。巫，黔謂之端公，言能爲人禍福。"⑥丁柔克《柳弧》卷六《雲南風物》："滇人多佞佛，尚鬼神，病者每使巫治之。巫曰端公，執旗跳躍，亦有靈時。"⑦高靜亭《正音撮要》卷三《外教》："端公，爲人拜神醫病。"⑧胡端《禁端公論》更是對這種巫風深惡痛絕：

黔蜀之地，風教之至惡者，莫如端公，不悉禁必爲大害。吾嘗觀其歌舞，跳躍盤旋，苗步也；曼聲優啞，苗音也；所稱神號，苗祖也。是蓋苗教耳，而人競神之，何哉？或以謂此巫教，巫教雖古，聖人亦

---

① 《景印文淵閣四庫全書》第597冊，台灣商務印書館1986年版，第844頁。
② 《景印文淵閣四庫全書》第672冊，台灣商務印書館1986年版，第621頁。
③ 《中華竹枝詞》，北京古籍出版社1997年版，第3502頁。
④ 王培荀：《聽雨樓隨筆》，巴蜀書社1987年版，第461頁。
⑤ 《筆記小說大觀》第32編第8冊，台灣新興書局1986年版，第327頁。
⑥ 《叢書集成續編》第236冊，台灣新文豐出版社1988年版，第417頁。
⑦ 丁柔克：《柳弧》，中華書局2002年版，第364頁。
⑧ 《明清俗語辭書集成》第2冊，上海古籍出版社1989年版，第1403頁。

不禁；且楚巫之盛，自周秦來非一代矣，何傷乎？嗟乎，以吾道論，即楚巫亦不可尚，何況苗教而人神之者。①

實際上，端公的法力也極爲有限，如民國唐樞《蜀籟》卷四說："自己的醫生醫不倒自己的寒，自己的端公慶不倒自己的壇。"②

巫師、女巫的活動，稱爲"跳神"，假裝鬼神附體，信口胡說亂舞，藉以驅鬼送祟，給人治病。《元典章·刑部》卷十九《禁聚衆》："大都街上多有潑皮廝打底，跳神師婆並夜聚曉散底，仰本部行文字禁斷。"③清毛奇齡《西河集》卷八十五《刑部員外佟君夫人石氏墓碑銘》："俗言師巫善祠神，名曰跳神。每跳，師巫被錦繡，念誦，手擊神鞞，腰繫諸鈴鐸而步搖之，使聲與相應。至跳畢，覘神意當否。不當，然後扶病者，徒跣至神前懇罪，無不愈者。"④蒲松齡《聊齋志異》卷六《跳神》："濟俗民間有病者，閨中以神卜，倩老巫，擊鐵環單面鼓，婆娑作態，名曰跳神。而此俗都中尤盛。"⑤可見影響無處不在。《清會典則例》卷九十二則規定："滿洲、蒙古、漢軍，有爲巫師道士跳神驅鬼逐邪以惑民心者處死，其延請逐邪者亦治罪。"⑥

在西南地區，跳神則稱爲"跳端公"。清嘉慶甲子（1804年）刊《錦城竹枝詞》：

閭里難免是巫風，鬼哭神號半夜中；不管病人禁得否，破鑼破鼓跳端公。⑦

---

① 引自清道光二十一年《遵義府志》卷二十《風俗》，見《中國地方志叢書》第152號，台灣成文出版社1968年版，第424頁。
② 唐樞：《蜀籟》，四川人民出版社1982年版，第238頁。
③ 《大元聖政國朝典章》，中國廣播電視出版社1998年版，第2093頁。
④ 《景印文淵閣四庫全書》第1321冊，台灣商務印書館1986年版，第17頁。
⑤ 蒲松齡：《聊齋志異》，清乾隆鑄雪齋鈔本。
⑥ 《景印文淵閣四庫全書》第622冊，台灣商務印書館1986年版，第883頁。
⑦ 轉引自趙力道長《巫術信仰：端公與仙娘》，見 http://blog.sina.com.cn/s/blog_6b305b400100m8v1.html。

清道光二十一年《遵義府志》卷二十《風俗》對"跳端公"有詳細記録：

《仁懷志》：凡人有疾病，多不信醫藥，屬巫詛焉，謂之跳端公。《田居蠶食録》：按端公見《元典章》，則其稱古矣。今民間或疾或祟，即招巫祈塞（賽）驅逐之，曰禳儺。其儺必以夜，至冬爲盛。蓋先時因事許願，故報塞（賽）多在歲晚。諺曰："三黃九水臘端公。"黃，黃牯；水，水牛。皆言其喜走時也。其術名師娘教。所奉之神製二鬼頭：一赤面長須，曰師爺；一女面曰師娘。謂是伏羲、女媧。臨事，各以一竹承其頸，竹上下兩箟圈，衣以衣，依於案左右，下承以大椀。其右設一小案，上供神曰五猖，亦有小像，巫黨椎鑼擊鼓於此。巫或男裝，或女裝，男者衣紅裙，戴觀音七佛冠，以次登壇歌舞。右執者曰神帶，左執牛角，或吹，或歌，或舞，抑揚拜跪以娛神。曼聲徐引，若戀若慕，電旋風轉，裙口舒圓。散燒紙錢盤而灰去，聽神炫者蓋如堵牆也。至夜深，大巫舞袖揮訣（袂），小巫戴鬼面，隨扮土地神者導引，受令而入，受令而出，曰放五猖。大巫乃踏閾吹角作鬼嘯，側聽之，謂時必有應者。不應，仍吹而嘯。時擲芰，芰得，謂捉得生魂也。時陰氣撲人，香寒燭瘦，角聲所及之處，其小兒每不令睡，恐其夢中應也。主家亦然。間有小兒坐立間無故如應人者，父母不覺，常奄奄而斃。先，必斬茅作人，衣禱者衣履，至是，歌侑以酒肉，載以茅舟，出門焚之，曰勸茅、送茅，謂使替災難也。事畢，移其神像於案前，令虛立椀中，歌以送之，仆則謂神去。女像每後仆，謂其教率娘主之，故迎送獨難云。①

清摶沙拙老《閒處光陰》卷下："（湖北施南府）人率信巫而好訟，凡家有病者，即延巫作醮，鑼鼓喧鳴，徹夜不止，名曰跳端。"②劉省三《躋春臺》卷一《過人瘋》有百餘年前順慶府（今四川省南充市）鄉間"跳端

---

① 《中國地方志叢書》第152號，台灣成文出版社1968年版，第423—424頁。
② 《叢書集成三編》第74冊，台灣新文豐出版社1997年版，第549頁。

公"的具體描寫：

> 忽聽城東有一蕭端公，手段高強，人稱捉鬼匠，與人治病從未險手。高昇用轎抬來，又辦白雞、白犬、白鴨、白鵝等物，把案子擺起。蕭端公打個花臉，披頭散髮，手提師刀，將牛角一吹，令牌幾打，說道："天靈靈，地靈靈，弟子茅山領命下凡塵，奉命世間來捉鬼，捉盡魑魅魍魎鬼怪身。"①

即使省會城市，巫風同樣盛行。清傅崇矩《成都通覽·成都之執業人及種類》："端公，即巫教也。及所居之宅曰'端公堂子'。"又《成都之迷信》："凡有疾病重者，延端公禳禱，必曰有鬼，非收鬼不能愈也。"② 民國二十一年《萬源縣志》卷五《教育門·端公》：

> 端公之名，見於《元典（章）》，其稱古矣。鄉人或病，多不信醫，屬巫詛焉，名曰跳端公，又名扛神。巫至恒以夜，設小案，供布繪神案及木偶翻壇、五猖等神。病家取米一升，插牌及香燭其上。巫戴觀音或七佛冠，著紅法服，左手執環刀，俗名師刀，丁琮急響，右手執令牌，首圓末方，上刻符譚，吹角歌舞，抑揚拜跪，以娛其神。電轉風旋，散燒錢紙，中有叩師、退病、招魂、破廟諸動作。預先斬茅作人，衣病者衣，侑以酒食，載以茅舟，出門焚之，名曰揹茅替代。又巫者載（戴）龍神面具替病，謂人運不佳，則替後必患病。又或禳星拜斗，向東嶽神位前請十三人具保，謂之打保福。巫亦各有教門不同也。③

民國二十六年《巴縣志》卷五《禮俗·風俗》："《蜀語》：'男巫曰端公。'《仁懷志》：'凡人有疾病，多不信醫藥，屬巫詛焉，曰跳端

---

① 劉省三：《躋春臺》，江蘇古籍出版社1993年版，第57—58頁。
② 傅崇矩：《成都通覽》，成都時代出版社2006年版，第196、247頁。
③ 《中國地方志叢書》華中地方第363號，台灣成文出版社1976年版，第632頁。

公.'尚鬼信巫,巴俗至今猶然也。"① 又,Adam Grainger《西蜀方言》"跳端工"意即"to call in a sorcerer to perform his incantations";又"請端工禳解"謂"invite a sorcerer to beseech the gods to avert calamity"②。民國十八年《資中縣續修資州志》卷八《風土·方言》:"巫稱端工。"③ "端公"爲男巫,故"工"當"公"字音借④。"此迷信活動在今重慶鄉村也能見到"⑤,當然在其他地方也還存在。

跳端公既是"跳神"的同義語,因此又叫"扛神"。明蔣一葵《堯山堂外紀》卷九十七《國朝·程文憲》:

> 鄱陽荻湖灘有神祠,祀楚三閭大夫,鄉人崇信極篤,稍有拂逆,疑神爲祟,香炬輝煌,牲軟無虛日,每歲有秋,抄化鉦鼓動地。程文憲偶寓其所,童子請肅衣冠、捧爐香遠迓之,文憲笑而作詩曰:"懷裹利祿渺如塵,魚腹甘心葬此身。可笑鄉人汙忠節,沿門抄穀漫扛神。"粘門扉而高臥,至則周旋數回而去。不數日,莊僕子女疾作,陰有怨言,文憲聞,書數語命往決之:"靈均之號兮奚憑?同列之讒兮奚名?相將以蠱惑兮奚君?《離騷》既作兮《九歌》復鳴?精忠凜凜兮披誦猶生,顧言一白兮庶幾乎徵君之靈!"神降茫然無知,惟曰:"汝有災咎,神本不祐。但念汝主甚賢,故爲轉移之無憂。"僕喜而歸,疾竟釋。用是鄉人謟褻之態少逭焉。⑥

民國十二年《慈利縣志》卷十七《風俗》:"甚者延巫扛神,占鬼卦求禳解焉。"上引《萬源縣志》卷五說"跳端公,又名扛神",又《禮俗·方言》:"扛神曰跳端公。"又《諺語》:"跟着好人學好人,跟着師孃

---

① 《中國地方志集成》四川府縣志輯第 6 冊,巴蜀書社 1992 年版,第 195 頁。
② Shanghai American Presbyterian Mission Press, 1900, pp.503, 377.
③ 《中國地方志集成》四川府縣志輯第 26 冊,巴蜀書社 1992 年版,第 195 頁。
④ 參見蔣宗福《四川方言詞語考釋》,巴蜀書社 2002 年版,第 660 頁"跳端公"條。
⑤ 曾曉渝主編:《重慶方言詞解》,西南師範大學出版社 1996 年版,第 320 頁。
⑥ 《續修四庫全書》第 1195 冊,上海古籍出版社 2002 年版,第 196—197 頁。

扛假神。"①民國十五年《南川縣志》卷六《風土·土語》:"幫人做的事自家還要請人做,曰自家的端公槓不了自家的神。""槓"音同"扛"。

"跳端公"又演化出"端公戲"。《漢語大詞典》"端公戲"謂"從巫師(端公)跳神發展而成的戲曲劇種,流行於陝西、安徽等地。過去帶有較多的宗教色彩,解放後大都進行了改革。廣西、四川等地的師公戲、師道戲、師公臉殼戲、慶壇戲等均屬同一類型"②。又據360百科"端公戲"介紹:

> 端公戲,俗稱"壇戲",是一種巫師組班裝旦抹丑、巫步神歌、踴踏歡唱的陝西省漢族地方小戲。因其行頭簡單,一包袱可攜,所以又叫打包袱。端公戲本爲古代巴蜀巫師(端公)跳神的歌舞形式,後來發展爲民間歌舞劇,屬地方小劇種。
>
> 端公戲實際是巫跳"神歌"與大筒子戲合流的產兒。它的發展大約經過了"壇戲"、"神歌"、筒子戲與職業班四個階段。巫"跳壇戲",萌生時期,一說春秋戰國時的"桑田大巫"開其源。一說由兩漢時期的"茅山祖師"張五郎創始。③

360百科"漢中端公戲"也說:

> 端公戲在清代以後才正式形成,但其淵源可以追溯到舊石器時代的祭祀舞蹈。在漫長的歷史時期中,儺由最初的儺舞,到後來兼有歌、舞的驅儺儀式,最後終於演變爲儺戲,並分化成各地不同的儺戲種類,漢中地區端公戲就是其中的一種。
>
> 漢中跳端公俗稱跳壇、耍壇、慶壇,大凡災年祈福,豐年慶瑞,病求神佑,久旱求雨等都要有"耍壇"出現。跳端公的形式,是一端公掌壇師爲中心人物的壇班,應事主之請並據事主要求而做的"儺壇

---

① 今蜀中仍有俗語謂"跟倒好人學好人,跟倒師娘子扛假神"。
② 《漢語大詞典》第 8 冊,漢語大詞典出版社 1991 年版,第 396 頁。
③ https://baike.so.com/doc/9447163-9788560.htm。

法事"。通常有設壇、清水、灑淨、祭灶、立樓、紮寨、迎師、請聖、派兵佈陣、翻猖破廟等議程，先是營造一個鬼神的世界，再以焚香、申表、打卦、制符、發咒造出神秘氛圍，鋪之鑼鼓音樂溝通人神關係，繼而完成事主願望，與神鬼達成協議，達到祛病袪災，祈福求祥的目的。

跳端公的法器是維繫端公傳承的重要憑證，其代代相傳而產生的結果是較好地保留了原生態的儺文化。陝南端公在藝成出師時，要擺壇謝師，師傅要傳法器、授師牌。所傳法器有：神榜、師牌、令、法印、法鈴、腳卦、號角、師刀、令旗、令箭、法衣、法裙、五佛冠、面具、壇神等等。①

從上引明末以來文獻，也大致看出"跳端公"與"壇神"信仰有密切關係。

二　石敢當

《蜀語》第427條：

石敢當○見漢黃門令史游《急就篇》。衛有石碏、石買、石惡；鄭有石癸、石制；周有石速；齊有石之紛如：皆有勢位。敢當，言所當無敵也。今宅有衝射處即位此石，蓋取此義，以禦煞星耳。故凡人有擔當者，亦目之曰石敢當。②

"敢當"黃仁壽等《蜀語校注》屬上，張子開《〈蜀語校注〉舛誤例正》謂"當斷爲'齊有石之紛如：皆有勢位。敢當，言所當無敵也'"③，其說是。

石敢當，是舊時民間立於門前或街衢巷口的石碑或石柱等，或刻"石

---

① https://baike.so.com/doc/7781376-8055471.html.
② 黃仁壽等：《蜀語校注》，巴蜀書社1990年版，第125頁。
③ 參見遂寧市文化局編《李實學術研討會文集》，語文出版社1996年版，第137頁。

敢當"三字,以禁壓邪祟。《全唐詩》卷八百七十五《莆田石記》:

石敢當,鎮百鬼,壓災殃。官吏福,百姓康。風教盛,禮樂昌。

題注云:

慶曆中張緯宰莆田得一石,其文云云,有"大曆五年縣令鄭押字記"。今人家用碑石書曰"石敢當"三字鎮於門,亦此風也。①

"大曆五年"即770年。這是現在所知民俗信仰中最明確、最早的"石敢當"。至於埋石以鎮宅,或以北周庾信賦爲最早。《庾子山集》卷一《小園賦》:"鎮宅神以藜石,厭山精而照鏡。"清倪璠纂注:"《淮南畢萬術》曰:'埋石四隅家無鬼。'漢黃門令史游《急就篇》曰:'石敢當。'顏師古注曰:'敢當,言所當無敵也。'按今俗居當衝道猶埋石,書'石敢當',其遺意也。"②庾賦埋石以鎮宅,其功用與後世的石敢當相同,只不過沒明確說是"石敢當"罷了。

石敢當的安放處所,一般是置於宅前。宋王象之《輿地碑記目》卷四《興化軍碑記·石敢當碑》:

慶曆中,張緯宰莆田,再新縣治,得一石銘,其文曰:"石敢當,鎮百鬼,壓災殃。官吏福,百姓康。風教盛,禮樂張。唐大曆五年,縣令鄭押字記。"今人家用碑石書曰"石敢當"三字鎮于門,亦此風也。③

明陸深《儼山外集》卷二十錄《豫章漫抄三》:

今市闠之處,人家門值路者,必樹一碑,題曰"石敢當",蓋厭

---

① 《景印文淵閣四庫全書》第1431冊,台灣商務印書館1986年版,第526頁。
② 《景印文淵閣四庫全書》第1064冊,台灣商務印書館1986年版,第338頁。
③ 《叢書集成初編》第1580冊,商務印書館1935年版,第79—80頁。

勝之辭。①

"石敢當"在民俗信仰中出現，一般認爲源自《急就篇》及顏師注古的附會。元陶宗儀《南村輟耕錄》卷十七《石敢當》：

> 今人家正門適當巷陌橋道之衝，則立一小石將軍，或植一小石碑，鐫其上曰"石敢當"，以厭禳之。按西漢史游《急就章》云"石敢當"，顏師古注曰："衛有石碏、石買、石惡，鄭有石制，皆爲石氏。周有石速，齊有石之紛如，其後以命族。敢當，所向無敵也。"據所說，則世之用此，亦欲以爲保障之意。②

立石刻"石敢當"，或刻"泰山石敢當"，甚至不刻字，其用意相同。明楊慎《升庵集》卷四十四《鍾馗即終葵》：

> 石敢當本《急就章》中虛擬人名，本無其人也。俗立石於門首，書"泰山石敢當"，文人亦作"石敢當傳"，皆虛詞戲說也。昧者相傳久之，便謂真有其人矣。嗚呼，不觀《考工記》，不知鍾馗之訛；不觀《急就章》，不知石敢當之誕。亦考古之一事也。③

也有另外一種說法。明徐𤊹《徐氏筆精》卷七《石敢當》：

> 《姓源珠璣》曰：五代劉智遠爲晉祖押衙，潞王從珂反，愍帝出奔，遇於衛州。智遠遣力士石敢當，袖鐵鎚侍。晉祖與愍帝議事，智遠擁入，石敢當格鬥死，智遠盡殺帝左右，因燒傳國璽。石敢當生平逢凶化吉，禦侮防危，故後人凡橋路衝要之處，必以石刻其形，書其姓字，以捍民居。或贈以詩曰：甲冑當年一武臣，鎮安天下護居民。

---

① 《景印文淵閣四庫全書》第 885 冊，台灣商務印書館 1986 年版，第 113 頁。
② 陶宗儀：《南村輟耕錄》，中華書局 1959 年版，第 206 頁。
③ 《景印文淵閣四庫全書》第 1270 冊，台灣商務印書館 1986 年版，第 324—325 頁。

捍衝道路三叉口，埋沒泥塗百戰身。銅柱承陪間紫塞，玉關守禦老紅塵。英雄來往休相問，見盡英雄來往人。二說大不相侔，亦日用而不察者也。①

清褚人穫《堅瓠四集》卷三《石敢當》：

人家門戶，當巷陌橋梁之衝，則立小石將軍，或植石碑，鐫字曰"石敢當"，以厭禳之，不知起於何時。按石敢當見史游《急就章》顏師古註曰：衞鄭周齊，皆有石氏，其後因以命族。敢當，所向無敵也。據此，其名始於西漢。《五代史》載劉知遠爲晉押衙，高祖與愍王議事，知遠遣勇士石敢袖鐵椎，侍晉祖以虞變，敢與左右格鬥而死。今立門首以爲保障，似取五代之石敢。其曰當者，或爲惟石敢之勇，可當其衝也。或因《急就章》之石敢當也。劉元卿《賢奕》、陳眉公《群碎錄》，俱以石敢當爲五代時人，則誤矣。②

"取五代之石敢"說，清翟灝《通俗編》卷二十四《居處·石敢當》條稍有辨證："既大歷時有鐫之者，斷知此說非矣。劉元卿《賢弈錄》、陳繼儒《群碎錄》俱以'石敢當'三字爲人姓名，攷史游原文，石本爲姓，其'敢當'字，宋延年等雖嘗有名之說，而顏注非之，今未可遽以爲實。"③此說不無道理。

在民俗中，如果門當要衝，則必安置"石敢當"以鎮邪祟。清翟灝《通俗編》卷二十四《居處·石敢當》條引《墨莊漫錄》載"張緯宰莆田，得一石，其文曰'石敢當'"事，今本《墨莊漫錄》無。又引《繼古叢編》："吳民廬舍，遇街衢直衝，必設石人或植片石，鐫'石敢當'以鎮之，本《急就章》也。"④顧張思《土風錄》卷三《石敢當（石將軍）》："立短

---

① 《景印文淵閣四庫全書》第 856 冊，台灣商務印書館 1986 年版，第 557 頁。
② 《筆記小說大觀》第 15 冊，江蘇廣陵古籍刻印社 1984 年版，第 128 頁。
③ 翟灝：《通俗編》，商務印書館 1958 年版，第 535 頁。
④ 同上。

石門首，鐫'石敢當'三字，相傳鎮壓風水。……又《漢書》：'中郎將孟溢破賊，張純于石門土人立庿祀之，庿側立石曰石將軍，至今尚存。'今俗或稱石敢當爲石將軍，亦有出。"①西厓《談徵·名部下·泰山石敢當》：

  今人家正門適當巷陌橋道之衝，則立一小石將軍或植一小石碑，鐫其上曰"泰山石敢當"，以厭禳之。前無可稽，惟西漢史游《急就章》云"石敢當"，本虛擬人名，非真有其人也。而顏師古以衛之石碏、石買、石惡，鄭之石制，周之石速，齊之石絲（紛）如爲命族，來歷亦祇因其石氏而言之耳。敢當究爲何族之後，世之用此以爲保障者，亦取其敢當之義，所向無敵也，何必指其人以實之。或云即泰山之下，博浪沙中用鐵椎之力士，然當時不傳其名，秦皇索之十日不得其人，亦何所據而云然。②

  清道光二十一年《遵義府志》卷二十《風俗》："今按人家少埋石者，多於門中直釘一虎頭扁，中書'泰山石敢當'。"③民國二十一年《萬源縣志》卷五《禮俗·石敢當》："按縣俗人少埋石者，多於中門釘一虎頭牌，中書'泰山石敢當'，或立石刻此字，猶古意。虎頭，俗名之曰吞口。"④
  "石敢當"這一民俗信仰，許多地方盛行一時。再加上民間又與"石賢士祠"的訛傳牽合爲一，影響遍及寰中。清王士禛《古夫于亭雜錄》卷六《太山石敢當》：

  齊魯之俗，多於村落巷口立石，刻"太山石敢當"五字，云能暮夜至人家醫病。北人謂醫士爲大夫，因又名之曰"石大夫"。按："石敢當"三字，出《急就篇》，師古注但云"所當無敵"。石賢士祠，本汝南田間一石人，有嫗遺餌一片於其下，民遂訛言能治病，是兩事

---

① 《明清俗語辭書集成》第1册，上海古籍出版社1989年版，第204—205頁。
② 《明清俗語辭書集成》第2册，上海古籍出版社1989年版，第1205頁。
③ 《中國地方志叢書》第152號，台灣成文出版社1968年版，第427頁。
④ 《中國地方志叢書》華中地方第363號，台灣成文出版社1976年版，第632頁。

而訛爲一也。"太山"二字，義亦難解，或以（應）劭爲太山太守而轉訛耳。[①]

李斗《揚州畫舫録》卷九也說：

> 大東門外城腳下，河邊皆屋。路在城下，寬三五尺，里中呼爲攔城巷。東折入河邊，巷中舊多怪，每晚有碧衣人長四尺許，見人輒牽衣索生肉片，遇燈火則匿去，居人苦之。有道士乞緣，且言此怪易除也。命立"泰山石敢當"，除夕日用生肉三片祭之。以法立石，怪遂帖然。[②]

民國十年《合川縣志》卷三十《風俗·迷信》："居民宅當衝射處，於門前立一石以禦煞星，曰'石敢當'。……今人家少埋石者，於門中立一虎頭，書曰'泰山石敢當'五字；又或門額中釘一虎頭匾，上書'一善'兩字，謂此可以避煞。"[③]民國二十一年《渠縣志·禮俗》："居室犯凶煞者，于門前立石，高三四尺，圓瞪兩目，張口露牙，大書'泰山石敢當'五字於胸前，或於門楣懸圓木若車輪，以五色繪太極圖及八卦於其上，或貼'一善'二字與'山海鎮'三字。凡以鎮厭不祥也。"[④]

"石敢當"民俗信仰，今仍存於中國民間。據360百科"石敢當"條介紹：

> 石敢當習俗經歷了"石敢當"到"泰山石敢當"的發展，除了西藏和新疆，泰山石敢當習俗遍佈全國各地，並且流傳到東南亞各國以及朝鮮、日本、韓國、歐洲和美國的唐人街。它的職能也經歷了從最早的"鎮宅"到"化煞"再到"治箔……門神……辟邪……防風"等

---

① 王士禛：《古夫于亭雜録》，中華書局1988年版，第125頁。
② 李斗：《揚州畫舫録》，中華書局1960年版，第208頁。
③ 《中國地方志集成》四川府縣志輯第44冊，巴蜀書社1992年版，第59頁。
④ 《中國地方志叢書》華中地方第368號，台灣成文出版社1976年版，第451頁。

的轉變。①

中國國務院於2006年5月20日正式公佈的《第一批國家級非物質文化遺產名録》，"泰山石敢當"列第10"習俗"類，證明此風俗在民間的巨大影響。

"石敢當"在域外的影響，以日本爲例，據說也是遍及全日：

> 石敢當是一種民間信仰……在廣東、福建、臺灣、上海、湖北、四川、雲南、貴州、山東、遼寧等地都有流傳。過去以廣東、福建和山東一帶爲最多，現在則盛行於臺灣。馬來西亞、菲律賓據說也有，而日本的石敢當信仰不僅出現的早，且至今盛行不衰。……石敢當在日本的分佈相當廣。從最南部的沖繩開始，九州的鹿兒島、熊本、佐賀，四國的德島，本州的滋賀、神奈川、東京、琦玉、宮城、山形、秋田、青森等地均有存在。數年前，最北端的北海道函館市也出現了新建的石敢當。②

另可參日本學者下野敏見《中國石敢當與日本琉球石敢當比較研究》、周星《中國和日本的石敢當》、魯寶元《石敢當——日本沖繩所見中國文化留存事物小考》等論文③。

（原載《中國地域文化研究》第14輯，韓國祥明大學，2013年）

---

① https://baike.so.com/doc/5402392-5640078.htm.
② 李大川：《日本的石敢當信仰及其研究》，《民俗研究》1992 年第 1 期。
③ 分别見《福建學刊》1991 年第 1 期，臺北"中央研究院"民族學研究所《民族學研究所資料彙編》第 8 期，《唐都學刊》2003 年第 1 期。

《蜀語》學術價值的再認識

漢語方言研究歷史悠久，早在先秦時期就有輶軒使者的采風，如"周秦常以歲八月遣輶軒之使，求異代方言，還奏籍之，藏于秘室"[①]。漢代蜀郡成都人揚雄的《方言》，是我國語文學史上第一部比較方言詞彙著作，從而確立了方言研究在語言學史上所佔的重要地位。此後歷代學者或爲《方言》作注箋疏，或代有續作，或在自己的著作中自覺地運用當時的方言解釋古代文獻，或在官私修撰的辭書以及筆記雜著中都對方言詞語有所記錄。專就巴蜀方言而論，明末李實《蜀語》，清末英國傳教士Adam Grainger《西蜀方言》、張慎儀《蜀方言》，民國唐樞《蜀籟》等蜀語詞彙著作，以及清末傅崇矩《成都通覽》，都產生過重要影響。天府之國孕育的這些輝煌篇章，無論從歷史悠久還是首開風氣之先、獨辟蹊徑等處着眼，在古今中外的方言學史上，均不遑多讓。

《蜀語》爲明末清初四川遂寧學者李實（1598—1676）所著。實祖籍湖北麻城，1643年舉進士，同年選爲長洲（今蘇州市）令兼攝吳縣令，明亡隱居長洲。據其自序謂"生長蜀田間，習聞蜀諺，眩於點畫不暇考；留滯長洲，閒得以考之"，是我國現存的第一部"斷域爲書"的方言辭彙著作，共著錄563條，有些一條涉及多個語詞，其中絕大部分至今仍保留在四川方言中。竊以爲《蜀語》在漢語方言辭彙史和語音史、辭書編纂修訂、中國方志史、移民史與民俗文化研究方面，均具有非常重要的學術價值，堪比揚雄《方言》，非毛奇齡《越語肯綮錄》、胡文英《吳下方言考》及

[①] （漢）應劭：《風俗通義·序》。

收入《四庫全書》的杭世駿《續方言》等同類或後起仿效之作能望其項背。偶閱《揚雄方言研究》，發現此書亦持類似觀點，謂"最早的專門記載某一地方的著作，是李商隱所撰《蜀爾雅》三卷，可惜早已亡佚。其後有明代李實撰《蜀語》、清代張慎儀撰《蜀方言》、胡文英撰《吳下方言考》、范寅撰《越諺》、孫錦標撰《南通方言疏證》。其中，以李實《蜀語》最值得稱道"，"李實之所記爲明代四川方言的實錄，其材料的可信程度非從史傳、諸子、雜纂、類書及古佚殘篇中抄撮而成的《續方言》等著作可比。在某種意義上說，《蜀語》較《通俗編》、《恒言錄》、《吳下方言考》等偏重常言俗語出處和'本字'的考證的著作也更具有真正的方言學價值"[①]。

現在所知，《蜀語》首次由清乾隆間四川綿州學者李調元輯入《函海》，20世紀30年代，《叢書集成初編》據以排印，爲語言學界研究該書提供了便利。1990年6月，巴蜀書社出版了黃仁壽等先生的《蜀語校注》。1991年9月，中國方言學會與四川省遂寧市政府舉辦了"李實國際學術交流會"，《李實學術研討會文集》1996年7月由語文出版社出版，共收《蜀語》研究論文14篇。這是首次較爲集中地研究《蜀語》的成果，對《蜀語》的學術研究價值，學界有了一些認識。

正如前面所言，《蜀語》的方言學研究價值，遠遠高出同類或後起仿效之作，應深入研究，充分發抉其科學內涵。但相關研究，迄今仍顯薄弱，或有認識偏差，或時有誤解。黃仁壽等《蜀語校注》，對於20世紀90年代後引發學界將更多目光投向《蜀語》，無疑起了重要作用，值得肯定。但不可否認的是，限於當時條件，校注顯得單薄，許多問題沒有解決，並時有疏誤，如張子開《〈蜀語校注〉舛誤例正》，指出其"張冠李戴，不汲取後人校勘成果""擅改引文，誤用引號""校注之疏忽""句讀"有誤等[②]；張美蘭《〈蜀語校注〉補正》亦糾補10餘條[③]；另如《大字典》關涉蜀方言的條目，見於報刊的一些單篇論文，或多或少都存在對《蜀語》的

[①] 劉君惠等：《揚雄〈方言〉研究》，巴蜀書社1992年版，第91—92頁。
[②] 參見遂寧市文化局編《李實學術研討會文集》，語文出版社1996年版，第133—138頁。
[③] 張美蘭：《〈蜀語校注〉補正》，《古籍整理研究學刊》1997年第2期。

誤讀。

在研習《蜀語》的過程中，我們深感《蜀語》是作者記錄所熟悉的鄉語而成的一部博大精深的方言詞彙著作，使我們能夠真實地瞭解300多年前的蜀語，並以此橋接鄉賢揚雄的《方言》。除已有的一些研究成果，就部分問題作了討論外，系統地評介其學術研究價值的論文尚未出現。因此，有必要對李實300多年前撰著的這一"更具有真正的方言學價值"的著作重新加以認識，爲漢語史尤其是漢語方言詞彙史和語音史研究，構建古今貫通的範式，提供可資鏡鑒的參考意見。我們認爲，《蜀語》的學術研究價值主要體現在以下幾個方面。

一　繼承《方言》餘緒，以今證古，古今貫通

例如：

以毒藥藥人曰瘮〇瘮音澇。揚子《方言》："凡飲藥而毒，北燕朝鮮之間謂之瘮。"（第173條）

謂子曰崽〇崽，子改切，音宰。揚子《方言》："江湘之間，凡言是子謂之崽。"（第108條）

重曰重鈥鈥〇鈥，吐本反。揚子《方言》："鈥，重也。"（第514條）

"瘮""崽"本非蜀方言詞，除《蜀語》首次著錄外，其他蜀中文獻亦習見。清Adam Grainger《西蜀方言》（139頁）："瘮人的藥莫吃，害人的事莫做。"民國十五年《南川縣志》卷六《風土·土語》："食物毒人曰瘮。"又："法術利害曰瘮人的藥不在多。"亦作"鬧"。清傅崇矩《成都通覽·成都之詐騙》："他將舌頭一伸，你尊駕鬧人的莫吃，犯法的莫做，你這事都費手腳。"民國二十一年《萬源縣志》卷五《禮俗·諺語》："犯法的莫做，鬧人的莫吃。"原注："按鬧字本毒人意思，方言有此字，乃借音也。"又作"吶"，爲"鬧"的俗字。清劉省三《躋春台》卷一《過人瘋》："後聞是人用毒藥吶死的，若是見雀落地，即忙剖去其腸，

免致傷人。經邦遂叫毒雀人到衙，命他四處毒哢，以供女口。"又卷三《心中人》："莫不是背時，吃了好藥哢死人。"或作"醪"。唐樞《蜀籟》卷三："明曉得醪人的藥，你要去吃一包。"又卷四："醪人的藥不在多。"

又，章炳麟《新方言·釋親屬》："崽，成都、安慶罵人則冠以崽字。"光緒二十年《永川縣志》卷二《輿地志下·風俗方言附》："子或謂之兒，謂之崽，謂之么兒。"民國十五年《南川縣誌》卷六《土語》："小兒曰崽。"

"鍈"亦非蜀方言，但明末蜀語謂"重曰重鍈鍈"。可見，這些本非蜀語的說法，最晚至明末已爲蜀方言詞，今天仍保留在現代蜀語中。

又如：

老曰老革革〇揚子《方言》："㦿鰓、乾[都]、革、奇（都），老也。"《三國志》彭羕罵先主曰："老革荒悖，可復道耶？"（第37條）

"革"謂老，據《方言》爲"南楚江湘之閒代語"，而李實引證《三國志》彭羕罵先主，據羕本傳，羕爲廣漢人，"老革"無疑已爲蜀語矣。

由此可見，從揚雄《方言》到明末《蜀語》，其間脈絡變化一目了然。

再如：

小曰薎薎〇凡言人物小謂之薎薎。揚子《方言》："江淮陳楚之內謂之薎。"郭璞注云："薎，小貌也。"（第303條）

引見《方言》卷二。前言"私、策、纖、葰、䉈、杪，小也。自關而西秦晉之郊梁益之閒，凡物小者謂之私"，而"江淮陳楚之內謂之薎"，當時"薎"非蜀方言，但最晚至明末已爲蜀語，流通範圍擴大。清道光二十一年《遵義府志》卷二十《風俗》、民國三十七年《貴州通志·風土志·方言》："小曰薎薎。"章炳麟《新方言·釋言》："今杭州謂極小曰薎，

讀如彌。宜昌謂小兒爲䒦子，其餘或謂赤子爲茅頭，茅、䒦一聲之轉，茅亦小也。""茅頭"俗作"毛頭"。姜亮夫《昭通方言疏證》（336條）："按今杭州謂極小曰䒦，讀如彌。昭人言小，音亦同。又謂小兒曰䒦。䒦皆讀彌陰平，聲轉爲妹妹，又轉爲毛毛。"又（339條）："㒰（音如米陰平），《說文》：'碎也。'字或借靡爲之。昭人言小物曰㒰㒰，讀米陰平，與米、毛、䒦、貓皆同族語也。"民國十五年《南川縣志》卷六《風土・土語》："嬰兒曰奶米米（米米，狀其細也。土音轉爲陰平，呼小兒多曰米子）。"《川方》（228頁）作"咪咪兒"①，亦記其音也。又音轉爲 [mia⁵⁵]。亦作"懨"。清Adam Grainger《西蜀方言》（414頁）："懨釘兒。"謂"small nails; tacks"，"懨"音"MIE⁵"。今蜀方言亦謂"幼兒"爲"mie⁵⁵mie⁵⁵娃兒"。

二　據實著錄，酌加考辨，爲後世進一步研究提供了寶貴線索

例如：

> 麥之最大者曰大小麥，一曰南麥○比小麥穗粒二倍，皮色白，熟稍遲，麴宜起酵，惟蜀產，別土不宜。南字未詳。（第550條）

"南麥"指一種粒大色白的麥子，學名未詳。《中國大百科全書》及其他工具書均不見著錄。據筆者所知，《蜀語》爲目前所見最早著錄者，其次爲清道光二十一年《遵義府志》卷十六《農桑》著錄，清末民初文獻著錄漸夥。如傅崇矩《成都通覽・成都之農家種植品》（401頁）："大麥、大葉子穀、蕎子、苕子、小麥……大花豆、南麥、白鵝足穀。"又《成都之五穀》（426頁）："南麥、紅玉麥、麻粘穀、花四季豆、小麥、大麥、亮高粱。"民國二十九年《開陽縣志》第四章《經濟》："麥於本縣產量最少，其類有四：曰大麥、曰小麥（即紅麥）、曰香麥（即燕麥）、曰南麥。"蜀語鼻音邊音不分，故亦作"藍麥"。民國十八年《新修南充縣志》卷十

---

① 參見蔣宗福《四川方言詞語考釋》，巴蜀書社2002年版，第383頁"䒦䒦"條。

一《物產志·穀類》:"小麥,其名有三:藍麥,其色藍;紅鬚麥,芒色紅;和尚麥,無芒。"又《農業》:"藍麥,形質在大小麥間,種期遲,莖穗藍色,味如小麥。"民國二十二年《綿陽縣志》卷三《食貨·物產》:"藍麥,南麥。"此謂"藍麥"就是"南麥"。又《農業》:"膏腴磽瘠各土,或有河堰塘堰者,則產粳穀糯穀,并產蜀黍、玉蜀黍、大小麥、藍麥、蕎麥。"民國二十九年《重修廣元縣志稿》第三編卷十一《食貨志三·物產》:"來麥,亦小麥之類,俗呼藍麥,謂其葉帶藍也,故稱藍麥,實則來麥也,《詩》云'貽我來牟'是也。藍來雙聲,猶之南無讀拿摩也。性狀與普通小麥無異,惟葉呈藍綠色而稍寬,芒亦略長,麥粒微肥,所磨之麵無筋力,味亦較遜,故產量不多,惟坡瘠地種之,較普通小麥易生耳。"民國三十三年《汶川縣志》卷四《物產》:"藍麥,一名小青稞。雁門有之,產量頗少。"據《現漢》"青稞"為"大麥的一種,粒大,皮薄",頗疑"南麥"為"裸大麥",即白青稞歟?惜未目驗,俟再考。李實有關南麥粒大、色白、熟稍遲的描述,與《現漢》"青稞"的描述有相似之處,至於"惟蜀產,別土不宜",與個人見聞有關,而"遵義昔蜀今黔,庶類馮生,大要同蜀為夥"[①],疑南麥為白青稞,或相仿佛耳。南麥,綿陽、三台、梓潼、南江等地20世紀六七十年代有種植,莖葉穗呈藍綠色,較小麥粒大,皮色白,熟稍遲。除穗粒不至小麥二倍外,其餘均如《蜀語》所言。以南麥麵粉製成之麵食,較普通小麥麵食白[②]。

又如:

結堅曰凝〇凝,魚慶切,音禁。唐詩:"舞急紅腰凝,歌遲翠眉低。"又:"日照凝紅香。"皆讀去聲。(第40條)

"凝"謂凝結、凝固。黃仁壽等校注:"'凝'一般有兩種音讀,或

[①] 清道光二十一年《遵義府志》卷十七《物產》。
[②] 喻遂生《〈蜀語〉今蹤——南江方言中所見之〈蜀語〉詞語》:"南江有一種小麥叫'南麥',穗粒較大(但不至二倍),色白,熟稍遲,莖稈細,宜作草編,當是《蜀語》所稱之'南麥'。"參見《李實學術研討會文集》,語文出版社1996年版,第121頁。

屬平聲蒸韻，魚陵切；或屬去聲證韻，牛餕切，與魚慶切近。"《韻會舉要‧蒸韻》："凝，疑陵切，音與迎同，舊韻魚陵切。《說文》：'仌，水堅也。'本作冰，从水仌，徐曰'俗作凝'，今文从俗。……案冰古凝字，仌古冰字，後人以冰代仌字，故以凝代冰字也。""凝"爲俗冰字，亦着眼於結堅如冰矣。《洪武正韻‧敬韻》魚慶切："凝，水堅。"謂水結冰也。清道光二十一年《遵義府志》卷二十《風俗》、光緒二十一年《敘州府志》卷二十一《風俗》、民國十年《新修合川縣志》卷三十《風俗‧方言》、民國二十三年《華陽縣志》卷五《禮俗‧方言》、民國三十七年《貴州通志‧風土志‧方言》："結堅曰凝。音禁。"均採《蜀語》。Adam Grainger《西蜀方言》（598頁）："湯丨了。"謂"the gravy has congealed"，"丨"音"CHIN⁴"，即"凝"。今川北綿陽、川中遂寧等地仍音同"禁"，讀 [tɕin²¹³]。甄尚靈、張一舟先生《〈蜀語〉詞語的記錄方式》謂"今遂寧方言……謂結堅曰 [tɕin˚]，如說'豬油冷了就~了'"；又《〈蜀語〉詞語的記錄方式與〈蜀語〉音注所反映的音類》："李氏'魚慶切'與'牛餕切'音近，而音'禁'則李氏所'習聞'的'蜀諺'之音。"亦云"謂結堅曰tɕin⁴，如說'豬油冷了就tɕin⁴了'"①。羊玉祥《〈蜀語〉語音與現代四川方音》："四川方言說什麼東西由液態變爲固態，則說'凝起了。''凝'讀若'禁'。"②紀國泰《〈蜀語〉簡論》："案：凝，今普通話音níng，四川方言則讀作nìng（去聲）。"認爲是"已經歸入現代漢語普通話的《蜀語》詞彙"③。按此說可商，一則四川話無後鼻韻，應讀nin²¹³或lin²¹³；二則不能因有讀nin²¹³者而輕易否定"音禁"的留存。方言情況頗爲複雜，切忌囿於見聞而率下斷語。

又音 [lin²¹³]，義同。明楊慎《丹鉛總錄》卷二十《凝音佞》："《詩》'膚如凝脂'，凝音佞。唐詩'日照凝紅香'，白樂天詩'落絮無風凝不飛'、又'舞繁紅袖凝，歌切翠眉愁'、又'舞急紅腰凝，歌遲翠黛

---

① 分別見《方言》1992年第1期；《李實學術研討會文集》，語文出版社1996年版，第42、43頁。
② 遂寧市文化局編：《李實學術研討會文集》，語文出版社1996年版，第107頁。
③ 見《成都師專學報》1992年第1期。又見《西華大學學報》2005年第4期，僅將拼音字母"g"改作"g"。

低',徐幹臣詞'重省別時,淚漬羅巾猶凝',張子野詞'蓮臺香燭殘痕凝',高賓王詞'想蓴汀水雲愁凝,聞蕙帳猿鶴悲吟',柳耆卿詞'愛把歌喉當筵逞,遏天邊亂雲愁凝',今多作平音,失之,音律亦不協也。"王世貞《弇州四部稿》卷一百六十八:"凝脂之凝音佞。"《十五家詞》卷二十七董俞《玉鳧詞》下《水調歌頭·壽何履方》:"螺琖浮瓊液,鳩杖映華顛。秋來恰遇佳景,巖桂凝晴煙。"注:"凝音佞。唐詩'日照凝紅香',又'落絮無風凝不飛'。"清Adam Grainger《西蜀方言》(42頁):"豬油凝起了。"即"the lard has congealed","凝"音"LIN[4]"。民國十五年《南川縣志》卷六《風土·土語》:"流質堅結曰凝。讀若令。"民國十七年《長壽縣志》卷四《人事部·方言》:"冰冷曰凝。去聲。"此亦謂凝結。民國二十四年《雲陽縣志》卷十四《禮俗下·方言上》:"凝,結也。……俗讀如令。"民國三十三年《長壽縣志》卷四《風土·方言》:"物質堅結曰凝。音另。""佞""令""另"今蜀方言均讀[lin²¹³]。《川方》(274頁)"凝"音nin⁴,謂"凝固"。《成都話》(135頁)"凌"音[ȵin²¹³],②"引申爲凝結"。《重方》(199頁)"凝"音lin⁴,謂"凍結、凝固"。如上所引,百餘年前的《西蜀方言》即已收錄[lin²¹³][tɕin²¹³]兩音矣。

三 所著錄語詞,在西南官話區使用廣泛,並影響到其他地域

例如,清道光二十一年《遵義府志》爲著名學者鄭珍、莫友芝纂輯,卷十七《物產》謂"遵義昔蜀今黔",卷二十《風俗》云:

> 遵義巴蜀舊壤……地方常言,有其聲不得其文者多矣。明李實留意方言,所撰《蜀語》,事徵本原,十得七八,今悉採載。其有他處之語,遵義獨無者不錄。

集中採錄《蜀語》346條,約占61.4%;若計風俗名物詞語,如卷十七《物產》"菌""五倍""白蠟""五加皮""火米""啞酒",卷二十《風俗》"壇神""端公""石敢當""趕場"等均引《蜀語》,所占比例近八

成。此後川黔等地方志的方言著錄，不管是著錄方式或詞語訓釋，多有採擷《蜀語》者，成爲清初以來方志著錄方言之濫觴，值得特別注意。

民國三十七年《貴州通志·風土志·方言》篇後按語云：

> 明李實留意方言，所撰《蜀語》，事徵本原，十得七八，黔蜀相接，聲固相近，凡有吻合，悉以採載。至本省所無者不錄（《遵義府志》）。

採載亦夥。如《風土志·方物·植物》引《黎平府志》："五棓子生於叢煙樹中，有小細蟲無數，飛而齧人甚痛，名蟆子。又黃蓮樹葉上似五棓小，而花亦有此蟲。凡採五棓子，宜六月末蟲未飛出時，取蒸，蟲死純而可用；如遲，蟲已出，無味，不中用矣。"此實據《蜀語》（參第364條），"叢煙樹"據《蜀語》作"拂烟樹"，而"拂烟樹"或作"膚煙""夫煙樹"，即"鹽麩樹（鹽膚樹、鹽敷樹）"之倒說。

更爲奇怪的是1934（甲戌）年9月刊《華陽縣志》，採"《遵義府志》所載俗語與華陽合者"，舍近求遠，棄本逐末，數典而忘祖，忽略了《遵義府志》本採《蜀語》矣。相反，外省方志反而更注意擷取《蜀語》所著錄而與當地相同的詞語，如屬下江官話區的民國二十四年《麻城縣志續編》卷一《疆域·方言》之按語云：

> 地方常言，有其聲而不得其文者多矣。明李實留意方言，撰有《蜀語》，又江浙各志亦間載方言，今合上下江言語，擇其與麻城相同者錄之。

所採近200條。另外，屬冀魯官話區的河北威縣，民國十八年《威縣志》卷十四《風俗志下·方言》亦採引《蜀語》若干條。屬吳語區的浙江鎮海，清光緒五年《鎮海縣志》卷三十九《方言》亦多引證《蜀語》，如："臑頭，《蜀語》：'豕項間肉曰臑頭。音曹。'"

又如：

　　　　平原曰壩○壩，从貝，音霸。與从具不同，从具，水堤也。吳越
　　謂堰堤爲具，音具。（2條）

《玉篇·土部》："壩，蜀人謂平川曰壩。"《廣韻·禡韻》："壩，蜀
人謂平川爲壩。"今蜀語亦然。但楊樹達《長沙方言考》二十五《壩》：
"今長沙鄉間多言壩。"黃侃《蘄春語》："吾鄉謂地之平迤者，曰壪；
溪上隄，亦曰壪；亦並作壩，訛作壩。"《方言大詞典》（2394頁）"壩
【壪】"❶"平地；平原"，謂現存於西南官話（四川成都、雲陽、達縣，
貴州遵義、沿河、雲南昆明、昭通）、江淮官話（湖北蘄春）。

　　再如：

　　　　呼母曰姐○姐讀作平聲。如呼女兄，作上聲。《說文》："蜀謂
　　母曰姐。"《廣雅》："姐、媓、妣、馳、㜲、嬭、媼，母也。"馳
　　音子，嬭音你，媼音襖。（第51條）

"呼母曰姐"，據《說文》不但爲蜀語，段玉裁注謂"其字當蜀人所製"。
《集韻·馬韻》、明曹學佺《蜀中廣記》卷五十八《風俗記第四》、陳士
元《俚言解》卷一《爺娘》均謂"蜀人呼母爲姐"。而《廣韻·馬韻》"姐，
茲野切，羌人呼母"，晚出《說文》不知凡幾。章炳麟《新方言·釋親屬》：
"今山西汾州謂母爲姐。"《方言大詞典》（3759頁）"姐"爲"母親的
別稱"，中原官話（安徽阜陽、山西汾西）、西南官話（四川、湖南臨武）、
贛語（湖南耒陽、江南武寧）、閩語（廣東東部、海南海口、瓊山），或
又爲古蜀語使用範圍擴大，不獨爲蜀語矣。

四　記錄語音變化，爲漢語語音史研究提供了證明

　　甄尚靈、張一舟先生《〈蜀語〉詞語的記錄方式與〈蜀語〉音注所反
映的音類》作了深入細緻的討論，歸納出《蜀語》20個聲類、39個韻類。
其中，聲類反映出"古全濁聲母已經清化""微母併入影母""見系細音
字和精組細音字未舌面化""知照系聲母合流"，韻類"-m尾韻併入-n尾

《蜀語》學術價值的再認識 | 363

韻""塞音韻尾的消失"等特點[①]。黃尚軍先生也注意到"古入聲字的歸調不一致""-m韻尾的消失"兩個現象[②]。但還有一些現象，同樣也值得注意，例如：

> 親家○親讀去聲，音浸。（第55條）
> 生卵曰生○下生去聲，音滲。（第426條）
> 大醉曰酩酊，一曰酩酊○上音毛陶，下音閔頂。（第491條）
> 屋上承橡梁曰檁○檁音領。（第383條）

《廣韻·震韻》"親"音七遴切，今音qìng；又《沁韻》"浸"音子鴆切，今音jìn，蜀方言音 [tɕʻin²¹³]。

《廣韻·庚韻》"生"音所庚切，今讀shēng，又《敬韻》所敬切，去聲；又《沁韻》"滲"音所禁切，今音shèn，蜀方言音 [sən²¹³]。

《廣韻·迥韻》"酩"音莫迥切，今音mǐng；又《軫韻》"閔"音眉殞切，今讀mǐn，《集韻·真韻》音眉貧切，今讀mín，蜀語"閔頂"音 [min²¹tin⁵³]。《集韻·寢韻》"檁"音力錦切，今音lǐn；《廣韻·靜韻》"領"音良郢切，今音lǐng，蜀語音 [lin⁵³]。黃仁壽等《蜀語校注》（111頁）謂《集韻》力錦切"當標直音爲'凜'。標'領'，俗音不正"。此恰好證明當時蜀語已無前後鼻韻之分，並且讀前鼻韻，非"俗音不正"，亦與明代其他文獻所載相合。如陸容（1436—1494）《菽園雜記》卷四："江西、湖廣、四川人以情爲秦，以性爲信，無清字韻。"張存紳《雅俗稽言》卷三十二《鄉音》："五方之人，各有鄉音，如……江西、湖廣、四川人以情爲秦，無清字韻。"存紳爲湖南華容人，書前有天啟二年（1622）序，可見從陸容到李實兩百年間的蜀方言即無後鼻韻矣。如再往前追溯，趙宋一代，甚至先秦即有前後鼻韻不分的情形。宋朱熹《晦菴集》卷六十四《答鞏仲至》："三詩皆佳作，但首篇用韻多所未曉，前此所示諸篇，亦多有類此者，屢欲奉扣，而輒忘之。古韻雖有此例（如《大明》詩'林'

[①] 參見遂寧市文化局編《李實學術研討會文集》，語文出版社1996年版，第44—62頁。
[②] 黃尚軍：《〈蜀語〉所反映的明代四川方音的兩個特徵》，《方言》1995年第4期。

與'興'叶之類），然在今日，却恐不無訛謬之嫌耳。然'林'與'興'叶，亦是秦語，以'興'爲韻，乃其方言，終非音韻之正（今蜀人語猶如此，蓋多用鼻音也）。""大明"即《詩·大雅·大明》："殷商之旅，其會如林。矢于牧野，維予侯興。""林""興"爲韻，"林"上古音爲來母侵部，"興"爲曉母蒸部。不獨"今蜀人語猶如此"，荊楚方音亦如是。宋陳鵠《西塘集耆舊續聞》卷七："鄉音是處不同……荊楚人以南爲難，荊爲斤。（《古今詩話》）"

又如：

尾曰已巴○已音以，凡尾亦曰已。如馬尾曰馬已，狗尾曰狗已之類。（151條）

徐德庵《蜀語札記》："案已爲尾之變音，非已有尾義也。"此說是。黃仁壽等校注："'已巴'之'已'，應即'尾'字，以音變如'已'，故以'已'字代之。今蜀人猶謂'尾'曰'已巴'。"清道光二十一年《遵義府志》卷二十《風俗》、光緒二十一年《敘州府志》卷二十一《風俗》、民國十年《新修合川縣志》卷三十《風俗·方言》、民國二十四年《蓬溪縣近志》卷七《風土篇·方言》、民國三十七年《貴州通志·風土志·方言》："尾曰已（音以）巴。"民國二十六年《犍爲縣志·居民·言語·方言》："畜尾曰已巴。"民國二十八年《邯鄲縣志》卷六《風土志·歌謠》："麻衣鵲，已巴長，娶了媳婦忘了娘。"又《方言》："禽獸尾曰已巴。"亦作"以巴"。清傅崇矩《成都通覽·成都之袍哥話（即江湖話也）》（277頁）："以巴，毛也。"此本當謂"以巴，尾也"，袍哥話隱諱而爲"毛也"。

以上不管是"尾"讀如"依"或"倚"，還是記音作"已""以"，其來亦甚久遠。《中原音韻》卷下："羊尾子爲羊椅子，吳頭楚椅可乎？"是元時"尾"即有音"椅"者。明陳第《毛詩古音攷》卷一："尾，音倚，北方皆倚音，南方皆委音。"則"尾"古音"倚"。清王懋竑《讀書記疑》卷五《音韻考》："尾音倚，北方音錡，南方音委，此陳說。按倚委皆紙

韻，尾紙通用，《集傳》不改叶，如字可也。倚字今俗有此音，不特北方。"
"錡"當"倚"誤刊。又或作"依"。丁惟汾《俚語證古》卷十二："衣巴，依巴也，尾巴也。獸尾謂之衣巴。衣字當作依。《夏小正傳》云：'六月斗柄正在上，因此見斗柄之不在當心也，蓋當依，依，尾也。'依、尾古同聲。"按引見《夏小正戴氏傳》卷二："六月斗柄正在上，此見斗柄之不在當心也，蓋當依。依，尾也。"《大戴禮記·夏小正》則作："六月斗柄正在上，用此見斗柄之不正當心也，蓋當依。依，尾也。"《爾雅·釋天》"大辰，房、心、尾也"郝懿行義疏引《夏小正》同，謂"是尾一名依，依、尾聲同，語有輕重耳"。故"蓋當依"，謂斗柄當尾宿也。王聘珍《大戴禮記解詁》："心謂大火心星也，尾謂尾星，皆蒼龍之宿，六月初昏尾中於南。《天官書》云：'杓攜龍角。'孟康云：'杓，北斗柄也。龍角，東方宿也。攜，連也。'案東方七宿，角亢氐房心尾箕，統言之皆曰龍角，散言之則斗柄實當尾，故尾中而斗柄在上也。"而洪頤煊《筠軒文鈔》卷三《與宋德輝書》："蓋當依依尾也：依讀如殷。《禮記·中庸》鄭君注云'齊人言殷聲如衣'，《爾雅·釋言》云'殷，中也'，傳衍一依字。"曲為之說，恐非是。由於儒家經典的尊崇地位，一般不會輕易改動，"依""尾"形不近，但上古均為微部字，前人謂"依、尾聲同"，"依、尾古同聲"，則聲韻均相同，據《夏小正》所記，則至少在西漢末"尾"即讀同"依"，方有"蓋當依，依，尾也"之記載。

又，《廣韻·止韻》"已""以"同音羊己切。明焦竑《俗書刊誤》卷二："已音以。"《康熙字典·己部》："已，《廣韻》羊己切，《集韻》、《韻會》、《正韻》養里切，並音以。"又，《廣韻·紙韻》"椅""倚"同一小韻，音於綺切。今並音yǐ，蜀方言音[i⁵³]。又"依"，《廣韻·微韻》於希切，今音yī，又《集韻·尾韻》隱豈切，今音yǐ。清顧炎武《唐韻正》卷八："七尾：古與四紙之半，及五旨六止通為一韻。"

今蜀方言猶謂尾巴曰"已巴"，存古音也。如民國三十年《漢源縣志·風俗志·語言》："鄉間間有古音，如俗以四分之一為一準，鄉音讀如嘴，

馬尾則曰馬已，稱鍾則曰稱佗是也。""鍾"爲"錘"形譌①。《大詞典》（4/13頁）"尾₂"音yǐ，③"方言。尾巴"。《大字典》（2/1036頁）"尾"（二）yǐ，"口語音。用於'尾巴'、'尾兒'等詞"。兩工具書一說爲"方言"，一說爲"口語音"，均無書證。《現漢》兩者均未言及，僅於"尾"音yǐ，❶"特指馬尾上的毛：馬～羅（以馬尾毛爲篩絹的篩子）"；❷"特指蟋蟀等尾部的針狀物：三～兒（雌蟋蟀）"。

《方言大詞典》（407頁）"已巴"謂"尾巴"，冀魯官話、西南官話。又（958頁）"以八"謂"大貍的尾巴"，膠遼官話，引1931年《增修膠志》："貍之大者曰䲢貔子，尾曰～。"釋義有誤。本著録兩條互不相干的詞語，《方言大詞典》牽合爲一而致誤讀。膠志謂"尾曰以八"，倒過來說"以八"就是"尾巴"，非僅指"大貍的尾巴"。

五　充分反映移民歷史脈絡，爲研究漢語方言傳播及移民史提供了有力證據

清傅崇矩《成都通覽·成都之成都人》（52頁）云：

　　成都之地，古曰梁州，歷代皆蠻夷雜處，故外省人呼四川人爲川蠻子，也不知現在之成都人，皆非原有之成都人，明末張獻忠入川，插站（佔）地土，故現今之成都人，原籍皆外省也。外省人以湖廣佔其多數，陝西人次之，餘皆從軍入川，及游幕、游宦入川，置田宅而爲土著者。

清康熙五十一年（1712）綿竹縣令陸箕永《綿州竹枝詞》：

　　村墟零落舊遺民，課雨占晴半楚人。幾處青林茅作屋，相離一壩即比鄰。

---

① "稱錘"見《禮記·月令》"（仲春之月）角斗甬，正權概"鄭玄注："稱錘曰權。"

原注:"川地多楚民,綿邑爲最。地少村市,每一家即傍林盤①一座,相隔或半里或里許,謂之一壩。"嘉慶六對山人《錦城竹枝詞》云:

　　大姨嫁陝二姨蘇,大嫂江西二嫂湖。戚友相逢問原籍,現無十世老成都。

此可解釋現代蜀語何以影響巨大的原因,並印證蜀方言詞彙與其他方言互有交錯的情形。
　　例如:

　　　　稻曰䅺穀○䅺音討。(126條)

"䅺穀"即稻穀。《集韻·晧韻》:"䅺,關西呼蜀黍曰䅺黍。"唐李肇《國史補》卷下:"今荊襄人呼提爲堤,晉絳人呼梭爲莝(七戈反),關中人呼稻爲討,呼釜爲付,皆訛謬所習,亦曰坊中語也。"據此,《集韻》"䅺"或"呼稻爲討"專字。《康熙字典·黍部》:"䅺,《集韻》土晧切,音討,關西呼蜀黍曰䅺黍。"清光緒十四年《永壽縣重修新志》卷四《方言》:"《輶軒瑣記》:永俗謂小曰碎……又云讀稻如討,讀大如垛。"永壽縣位於陝西省中部偏西、渭北旱塬南緣。民國二十九年《重修廣元縣志稿》第四編卷十五《禮俗志二·風俗》:"稻讀爲討,語則曰到,此聲之異也。"《大詞典》未收"䅺"。《現漢》"䅺"音tǎo,謂"䅺黍"方言指高粱。有學者說:"現代關中'稻'仍讀'討',[tʻau⁴²],上聲,保留着唐宋時期的本地音。"②按《集韻》"稻""䅺"與"討"同一小韻。《蜀語》及《廣元縣志》所記,或關中移民帶入蜀中矣。《方言大詞典》(7511頁)"䅺穀"謂"稻子。西南官話。四川",引《蜀語》,不包括

---

① "林盤"指房屋周圍的竹林、樹叢。清乾隆十六年《郫縣志書》卷一《封域志·村》:"平疇如砥,鄉民散居,或三四戶,或五六戶,碁布星羅,竹樹蔽之,俗呼爲林盤。"
② 朱正義:《關中方言古語詞論稿》,上海古籍出版社2004年版,第56頁。另可參那宗訓《全濁上聲字是否均變爲去聲》,《中國語文》1995年第1期;陳慶延《古全濁聲母今讀送氣清音的研究》,《語文研究》1989年第4期。

關中，與實際情況不符。

又如：

傷痕曰痛瘑○痛瘑音逋論。（138條）

"痛瘑"謂傷痕。《爾雅·釋詁》："痛，病也。"《字彙·疒部》："瘑，指病。"似均與傷痕無涉。或僅借其音耳，爲迄今首見著録者。清道光二十一年《遵義府志》卷二十《風俗》[①]、光緒八年《黎平府志》卷二下《風俗·方言》："傷痕曰痛瘑。音蒲論。"光緒二十一年《敘州府志》卷二十一《風俗》、民國十年《新修合川縣志》卷三十《風俗·方言》、民國十八年《威縣志》卷十四《風俗志下·方言》、民國三十七年《貴州通志·風土志·方言》："傷痕曰痛瘑。音逋論。"民國十五年《南川縣志》卷六《風土·土語》："傷痕曰痛瘑。"民國二十四年《雲陽縣志》卷十四《禮俗下·方言上》："傷痕曰痛瘑。"以上方志所載既證明李實著録之不謬[②]，亦表明"痛瘑"一詞非僅存於西南官話，但《大詞典》（8/317頁）"痛"下未收"痛瘑"。徐德庵《蜀語札記》："案痛爲瘢之轉音，侖爲語助，亦猶瘢之音轉爲疤，而通曰疤刺也。"黄仁壽等《蜀語校注》（45頁）同，當本徐說。按此說似迂，或不可信。今川北仍謂傷痕類凸起爲"起瘑瘑"，"瘑"即音同"論"，讀 [lən²¹³]；亦謂傷痕凸起爲"[kən⁵³]"或"[kən²¹³]"，上去兩讀。如明陳士元《俗用雜字》、焦竑（山東日照人）《俗書刊誤》卷十一："肉腫有迹曰服。音艮。"以今蜀方音讀之，"艮"正音"[kən⁵³]"或"[kən²¹³]"，亦兩讀。清傅崇矩《成都通覽·成都之小兒女歌謡》（256頁）："大路邊上一條牛，牛兒吃草眼淚流。問你牛兒哭什麽？熱來拴在桃子樹，雨來拴在雨垻頭。戴起犁頭耖菜田，左邊扇得一條梗，右邊打得血長流。""左邊扇得一條

[①]《方言大詞典》（6264頁）"痛瘑"謂"傷痕"，冀魯官話，引1925年《威縣志》："傷痕曰～。"又西南官話（四川雲陽、南川、宜賓，貴州遵義），引《敘州府志》及《遵義府志》第四八卷。實際上三方志均採自《蜀語》，至少西南官話應首引《蜀語》。又"第四八卷"，當作"二〇卷"。

[②] 今蜀方言尚存。宋子然和劉興均教授、友生向學春及程碧英見告，今重慶、萬州、達州等地音義同，郝志倫教授謂達州僅指抓痕。

梗"，"牛"自述左邊身上被抽打得腫起一條傷痕，"梗"蜀語讀同"艮"，前鼻韻。Adam Grainger《西蜀方言》（601頁）："身上起了一｜。"謂"it raised a wale on my body"，"｜"音"KEN⁴"，去聲，即《俗書刊誤》之"服"、《成都通覽》之"梗"。《重方》（423頁）"豬兒子梗梗"謂"肉體受到抽打後所出現的微微凸起的紅紫色條狀痕跡"，"梗梗"音gen⁴gen¹；又"豬兒子棱棱"謂"同'豬兒子梗梗'"，"棱棱"音len²len¹，"棱"即《蜀語》"痛瘂"之"瘂"。《方言大詞典》（5257頁）"梗"④"傷痕"，客話（福建永定下洋［kɛn⁵³］），亦其證。又音"［kaŋ²¹³］"。明陸容《菽園雜記》卷五："虹蜺蟠蝀，字皆從虫，古人制字必有所見。又虹字北方人讀作岡去聲，今吳中名鞭撻痕，亦用此音，其即此字耶？"《川方匯釋》（175頁）"青一杠，紅一杠"，謂"被鞭子抽或棒打之後，皮膚上顯現出一杠青，一杠紅的傷痕"，即陸容所謂吳中名"鞭撻痕"亦"作岡去聲"也。《方言大詞典》（2406頁）"杠（槓）"⑧"皮膚上細的傷痕"，吳語（上海松江，江蘇蘇州、吳縣光福）。現代蜀語竟與明代吳語（陸容）或膠遼官話（青州片，焦竑）以及現代吳語聯繫了起來，兩地相隔千山萬水，非移民帶來，則很難解釋。由此，我們深感四川大規模的移民史確實要上溯到元末明初①，很多現象才有合理的解釋。

參考文獻

［1］漢語大字典編輯委員會編纂：《漢語大字典》第二版，崇文書局、四川辭書出版社2010年版，簡稱"《大字典》"；如標注"（7/4479）"，表示見第7卷第4479頁。

［2］羅竹風主編：《漢語大詞典》，漢語大詞典出版社1993年版，簡稱"《大詞典》"；如標注"（11/1119）"，表示見第11卷第1119頁。

［3］中國社會科學院語言所詞典編輯室：《現代漢語詞典》，商務印書館2005年版，簡稱"《現漢》"。

［4］許寶華等主編：《漢語方言大詞典》，中華書局1999年版，簡稱"《方言大詞典》"。

---

① 崔榮昌《四川方言與巴蜀文化》（2頁）指出，巴蜀文化是"由古代的巴人、蜀人，以及歷次華夏族移民，特別是元末明初和明末清初兩次'湖廣填四川'的大移民的基礎上逐漸形成、發展、演化而來的"。

［5］（明）李實著，黃仁壽等校注：《蜀語》，巴蜀書社1992年版。

［6］（清）張慎儀：《蜀方言》（與《續方言新校補》《方言別錄》合一冊），四川人民出版社1987年版。

［7］（清）Adam Grainger：《西蜀方言》, Shanghai American Presbyterian Mission Press, 1900年版。

［8］（清）傅崇矩：《成都通覽》，成都新時代出版社2006年版。

［9］（民國）唐樞：《蜀籟》，四川人民出版社1982年版。

［10］繆樹晟：《四川方言詞語匯釋》，重慶出版社1989年版，簡稱"《川方匯釋》"。

［11］王文虎等：《四川方言詞典》，四川人民出版社1987年版，簡稱"《川方》"。

［12］張少成等：《四川方言詞語彙編》，成都市群眾藝術館1987年內部印本，簡稱"《川方彙編》"。

（原載《漢語史研究集刊》第十七輯，巴蜀書社2014年版）

《躋春臺》所用方言俗字考辨

　　《躋春臺》是一部成書於晚清的具有鮮明的四川方言特色的擬話本小說集，作者劉省三爲四川中江人，書中所用方言俗語絕大部分現在仍然常用，是研究近現代四川方言的珍貴語料。全書四卷四十篇，所寫故事多爲"勸善懲惡"，"列案四十，明其端委，出以俗言，兼有韻語可歌"[①]，有一定警示作用，近年來引起了較爲廣泛的關注，先後出版了張慶善、蔡敦勇、金藏等人的多種整理本[②]。就筆者所見張、蔡、金等3本而言，僅蔡本出有校記，與影光緒本對照[③]，發現所有整理者對四川方言均不熟悉而勉強爲之，校勘、標點斷句多有疏誤[④]，並率意妄改原書[⑤]，前後相因，一錯再錯，致使許多有價值的語言材料面目全非。本文擬以蔡校本爲例，從書中所用方言俗字的視角分析考辨，或糾校勘誤謬，或補《漢語大字典》（以

[①] 清光緒乙亥（1899）林有仁序。
[②] 百花文藝出版社1988年張慶善整理本，擬補副題"清末拍案驚奇"；江蘇古籍出版社1993年蔡敦勇校點本；群眾出版社1999年金藏、常夜笛標點本。另有華雅士書店2002年本，惜未見到。
[③] 《古本小說集成》，上海古籍出版社1990年影印本；《明清善本小說叢刊續編》，臺北天一出版社1990年影印本。
[④] 張一舟：《從〈躋春臺〉的校點看方言古籍整理》，《方言》1995年第2期；張一舟：《〈躋春臺〉的性質、特點、語言學價值及蔡校本校點再獻疑》，《西南民族學院學報》1999年第1期。蔣宗福：《方言古籍整理不應膽大妄爲——〈躋春臺〉兩種校點本勘誤》，全國第十屆近代漢語學術研討會論文，2002年5月寧波（今按：後以《〈躋春臺〉三種整理本勘誤舉例》爲題，發表於《方言》2005年第1期）。
[⑤] 如張慶善《整理後記》云："書中有大量的自造字，大多根據發音，將偏旁部首隨意組合而成，如'哚子'、'呢呀'、'嘸'等，爲各種字書、詞典所無。爲避免漢字複雜化，不增加漢字的負擔，減少排字印刷的困難和方便讀者閱讀，在整理中，我們根據上下文意和傳統習慣用法，分別以常見的漢字加以替代。如'哚子'改爲'啥子'，'呢呀'改爲'哎呀'、'啊呀'、'唉呀'，'嘸'則改爲'嘛'、'嗎'、'麼'。"

下簡稱"《大字典》")等收字釋義注音的疏漏,以供讀者及方言研究與古籍整理者參考。

一 形聲字

這類用字有以下幾種情況。

(一)本無其字的方言造字

同一方言區的人,口頭上的交流可以隨心所欲,幾乎不受任何限制,但要記錄下來,就往往犯難,不知該用何字,於是"八仙過海",根據各自的理解,以自認爲恰當的字寫入記事。例如:

餠

　　油鹽柴米無一樣,舉目無親甚驚慌。你兒那去尋餠餠,就不氣死也餓亡。(卷一《雙金釧》,5頁。凡引例以蔡敦勇校點本頁碼爲據,如涉及他本,則隨文交代)

"餠",檢金本(5頁)作"餠",然光緒本(12頁,頁碼據《古本小說集成》影印本,下同)實作"餠"而筆劃稍誤,是作者自造從食莽聲的方言字,音mang[55],與上"樣""慌"及下"亡"正好爲韻。作"餠"則聲不明,據《康熙字典·米部》"糒"引《篇海類編》謂"同精","精""餠"同,今音bèi。以"糒"例之,"餠"即"餠",今亦音bèi,故不得與"樣"等字爲韻,是知必不能錄作"餠"。張本(6頁)作"你兒那去尋饃饃",則是別出心裁的妄改。"餠"《大字典》未收,但收錄與此音義相同的"饉",謂"〔饉饉〕方言。小兒稱飯爲饉饉。《蜀籟》:'隔壁子燉雞又燉膀,我家還在餓饉饉。'原注:'饉饉,飯——小兒語。'"此見《蜀籟》卷四。但《躋春臺》比《蜀籟》早,"餠"字亦應收錄。

嘛

金家窮了，爹媽怕你難過日子，你說通權從父，也是莫來頭的嘛。（卷二《巧姻緣》，173）

到底姦夫是誰？講嘛。（卷一《十年雞》，30）

這也不是，那也不是，又是那個嘛？（卷一《過人瘋》，50）

"嘛"爲四川方言常用語氣詞，音mɑn^{21}。爲從口䓚聲的方言造字，與"滿""瞞"從"䓚"得聲同理。張一舟先生認爲"嘛"可以表陳述語氣（有理應如此的意思）、祈使語氣和疑問語氣（用於特指問或是非問句）[1]。張本前兩例（177、30頁）改作"嘛"，後例（51頁）改作"嗎"，均爲臆改，尤其後例改成了既非普通話又非四川話的句子。此字《大字典》《中華字海》未收。

喴

喴呀，爹爹呀！退婚就是逼兒命，你兒縱死不另婚。（卷一《雙金釧》，12）

喴呀，哥哥呀！你爲何全不看爹爹情面，要地方你就該對我明言。（又《十年雞》，24）

"喴"，從口尾聲。《大字典》音wēi，謂"〔喴呀〕嘆詞。表示焦急、痛苦等"，引郭沫若《湘累》及川劇《蘿蔔園》，顯然是一個四川方言感嘆詞。《中華字海》自編例句。《躋春臺》"喴呀"用例甚夥，且時代更早。張本前例（13頁）改作"哎呀"，後例（24頁）改作"唉呀"，均率意妄改。按"喴"字已見清初王鐸《擬山園選集》卷三十九《題陰太公家書》："字如小棗，體勢遒逸，有魯公坐位遺意，喴喴皆居室處世語。"

---

[1] 張一舟：《〈躋春臺〉與四川中江話》，《方言》1998年第3期。

孫治《孫宇台集》卷十四《郭翁澹軒傳》："治少時猶得侍孺人，嘗爲治道前世，呢呢數千言不倦。"上兩"呢呢"義同"娓娓"。

哎

江見是這樣，蹬足曰："嘿，你哪你呀。"（卷二《平分銀》） 蔡校云："嘿——原作'喂'，徑改。下同，不另出注。"又："哪——原作'哎'，徑改，下同，不另出注。"（274）

哎，你自己倒了的，要那個賠？（卷四《螺旋詩》，436）

哎，你也只得這個樣兒，你老子的官是我捐送他，你爲何這們可惡？（卷四《錯姻緣》，492）

耶，我出門幾年都未亂說，今聽何人刁唆，那有許多屁放？（卷三《雙冤報》，388）

卷三例光緒本（750頁）原作"哎"，蔡校徑改作"耶"，卷二例校作"哪"，記音均不確。張本卷二例（287頁）作"嘿！你呀你呀"，《螺》例（464頁）作"哪"，《錯》（526頁）、《雙》例（414頁）均作"耶"，亦妄改。張一舟先生說，"語氣詞多以音求字，'哎'準確記錄了口語之音，改作'哪'，其聲旁'耶'爲陽平，容易使人誤會"①。

"哎"，從口夜聲，音ye^{53}，四川方言表示出乎意外、驚訝，如《螺》《雙》例；又音ye^{213}，表示不滿或氣憤②，如《平》《錯》例。《大字典》"哎"音yè，謂出《龍龕手鑒》，義爲"鳥夜鳴"，唯一書證引《埤雅》。檢《龍龕手鑒·口部》"哎，俗音夜"，無釋義；《埤雅·釋鳥》"凡鳥朝鳴曰嘲，夜鳴曰哎"，引《禽經》云"林鳥以朝鳴，水鳥以夜哎"。《躋春臺》作者恐怕並不一定知道《龍龕手鑒》和《埤雅》所釋音義，而是據方音書字。《大字典》《中華字海》"哎"應補方言義。

又，"哏"，從口很聲，亦爲四川方言語氣詞，表示極爲不滿或憎恨，

---

① 張一舟：《從〈躋春臺〉的校點看方言古籍整理》，《方言》1995年第2期。
② 王文虎等：《四川方言詞典》，四川人民出版社1987年版，第433、434頁兩義均記作"呰"。

張、蔡本作"嘿",神情盡失。此字亦不見於字書。

搟

　　大牛用光棍亂搟,僧忍不住痛喊了一聲"嗨喲!"(卷三《南鄉井》,370)
　　饒氏哭天罵地走去跳水,見無人救,假意跳入田中。克勤氣急,拿棍把他搟入泥中。(卷四《活無常》,453)

"搟"猶戳,意即用細長的棍棒戳或捅,爲從扌奪聲的方言造字。《四川方言詞語彙編》收錄,作"挘",謂"戳。例:這邊又用花槍挘"[1]。或直接以"奪"記音。如唐樞《蜀籟》卷一:"你莫奪我鼻子,我莫奪你眼睛。"又卷四:"紙糊燈籠一奪就穿。"張本前例(394頁)作"大牛用棍亂剟","剟"爲陰平字,記音不確,後例(484頁)作"杵",此妄改。金本卷三例(325頁)改爲"搗",亦非。"搟"不見於字書,可補《大字典》《中華字海》之闕。

（二）本有其字的方言造字
　　這類字所表達的意思,文獻中本有用例,可能作者一時想不起該用何字,或據自己理解,臨時"寫"了一個自認爲恰當的字。例如:

撝

　　雷母無奈,只得喊媳撝兩碗(米)與他。(卷一《義虎祠》,70)
　　大哥去盜鑰開倉,撝穀一石,兩籮米糧,乾雞臘肉,皮蛋細糖,一樣偷些。(卷二《白玉扇》,192)
　　於是碼兩升米,拿些爛帳破被、鍋碗刀箸與他,楚玉在廟安身。(卷三《比目魚》,340)

---

[1] 張少成等:《四川方言詞語彙編》,成都市群眾藝術館 1987 年內部印本,第 161 頁。

"掑"謂堆疊，義同"碼"。堆疊用手，故"掑"即從扌馬聲，較以"碼"表堆疊義似更有理據。卷三例光緒刻本（652頁）實作"掑"，金本（298頁）作"提"，卷二例金本（166頁）作"掑"，則是不明"掑"字之義而誤改誤錄。以上3例張本（70、198、360頁）均作"碼"。"掑"字不見於字書。

𪖥

酒席辦來真妥當，油蘇魚膀𪖥𪖥香，男女濟濟如放搶，菜兒包起只哈湯。（卷一《雙金釧》，5）

"𪖥"當作"𪖥"，因右邊聲符"朋""冊"形近而誤，四川方言說"𪖥𪖥香"[①]，猶謂很香，而不說"𪖥𪖥香"。張（5頁）、蔡（5頁）、金本（4頁）均失校。"𪖥"四川方言音pong[213]，指香氣濃烈，而聞香以鼻，故方俗造字從鼻朋聲。此字不見於古今字書，本字當作"𦬊"。《集韻·董韻》蒲蠓切："𦬊，香氣盛也。"明李實《蜀語》："香氣盛曰𦬊〇𦬊，音蓬去聲。"清張慎儀《蜀方言》卷上："香之甚曰𦬊。"原注："《集韻》：𦬊，蒲蠓切，音菶。香氣盛也。今轉爲偏貢切。"謂很香爲"𦬊香"。清唐訓方《里語徵實》卷中上："香曰𦬊香。𦬊音蓬去聲。"Adam Grainger《西蜀方言》："這個花𦬊香。"謂"this flower is very fragrant"，"𦬊"音"P'ONG[4]"。民國十五年《簡陽縣志》卷二十二《禮俗篇·方言》："香之甚者曰𦬊香。𦬊去聲。"民國二十七年《達縣志》卷九《禮俗門·風俗·方言》："香之極者曰𦬊香。"民國三十三年《重修彭山縣志》卷二《民俗篇·方言》："香氣盛曰𦬊（音碰）香。"張本（5頁）作"油酥魚膀噴噴香"，"噴噴香"已是普通話而非四川方言讀音了。張本（5頁）、金本（4頁）"蘇"作"酥"，是。"酥"是一種以油使食物變得酥鬆的烹調方法。

[①] 如兒歌："大月亮，小月亮，哥哥起來學木匠，嫂嫂起來打鞋底，婆婆起來蒸糯米，糯米蒸得𦬊𦬊香，打起馬兒接姑娘。"

《躋春臺》所用方言俗字考辨 | 377

劐

懷德大怒曰："可將老狗高吊轅門，有女則可，無女定將老狗碎劐！"（卷一《雙金釧》，15）

那姦夫小女子忘了名姓，奴情願受劐罪不害好人！（卷一《十年雞》，30）

狗賤婦做些事理該天譴，就把你淩遲劐難盡罪愆！（卷一《失新郎》，111）

殺死丈夫要受劐罪，我好苦的命呀！（卷三《巧報應》，427）

"劐"同"剮"，爲從刂寡聲的方言造字。此字不見於古代字書。卷三例光緒本（825頁）原作"劐"，而蔡本改作"剮"。以上各例，張本（16、30、112、455頁）、金本（13、25、96、377頁）均改作"剮"，但方言作品不能強改。況且，此字《中華字海》收錄，謂"同'剮'"，引《殘唐五代傳》卷五："罪不容誅，請大王劐此二賊。"《殘唐五代傳》即《殘唐五代史演義》，明代小說，古今一脈相承。

啨

尊卑禮法無一點，公婆當作路人看。丈夫沾倒就開啨，一時還要咉祖先。（卷一《啞女配》，144）

晚來一人放大膽，駭了誰去把門拴？開口切莫把人啨，莫與兒童去遷翻。（卷二《巧姻緣》，169）

"啨"，從口卷聲，四川方言音juan[53]，義爲罵。上兩例均爲句句押韻的韻文，前例"啨"和"咉"對舉。《大字典》《漢語大詞典》（以下簡稱"《大詞典》"）均收錄"啨"，音jué，謂"方言。罵"，均引柳青《種穀記》。然從"卷"得聲之字似無音jué者，《大字典》《大詞典》注音有

誤，明清白話文獻或徑作"卷""捲"，是其證。如《金瓶梅詞話》七十二回："他還嘴裏砒裏剝刺的，教我一頓捲罵。""捲罵"同義連文。《醒世姻緣傳》四十一回："一片聲發作，只問說是誰的主意，口裏胡言亂語的捲罵。"又八十九回："陳實果然聽了趙氏的言語，緊閉街門，飽飽的吃了他一肚的村捲。"清同治十年重修《畿輔通志》卷七十二《輿地略》二十七《方言》附各州縣方言："罵曰卷。"顧之川先生曾指出《辭源》《大詞典》"卷"均未及"罵"義[1]，當補。上兩例張本（146、172頁）作"卷"，又（146頁）"呋"改"罵"，均不必。此字《四川方言詞典》（192頁）作"谻"，《中華字海》收錄作"谻"，謂"見《四川方言詞典》"，可見是一個方言造字。《躋春臺》時代早約百年，當選用"埢"，而不必另造"谻""谻"字。又，《中華字海》"埢"音quán，謂"同'顴'"，別一音義。

哻

姣女娃子那們哻起大嫂來了，這才關格。（卷一《過人瘋》，51）
想不招，乾兄已招認，莫奈何喊天放悲聲。（卷一《失新郎》）　蔡校云："喊——原作'哻'，徑改。下同，不另出注。"（108）

"哻"，從口罕聲，同"喊"，為方言俗字。上兩例張本（51、108頁）作"喊"，後例金本（93頁）亦改作"喊"，均不煩校改。清末抄本《夾江縣鄉土志·兵事錄》："萬炮齊發，哻聲動天，賊始懼，退屯馬家場一帶。"民國十三年《昭通縣志稿》卷十二《祥異志》："（咸豐）丙辰六年大饑，夜中常聞有哻殺人馬戰鬥之聲，俗謂陰兵動。"此字《大字典》謂"同'喊'"，唯一書證引《中國諺語資料》，《中華字海》引沙汀《困獸記》，時代均晚。

---

[1] 顧之川：《明代漢語詞彙研究》，河南大學出版社2000年版，第45頁。

䯃

他把兒看兩眼就把臉䯃，起身來往外走話也不答。（卷一《過人瘋》，51）

花朝䯃臉說曰："怎倒喊啥？"（卷一《節壽坊》，127）

人罵你不必把臉䯃，人打你手莫去還他。（卷二《吃得虧》，281）

公婆講他說一還十，丈夫教他䯃臉撅嘴，一家都要欺着。（卷四《活無常》） 蔡校云："撅——原作'嚲'，逕改。"（453）

每日裏對父母把臉䯃起，親吩咐將惡言把他抵敵。（卷四《香蓮配》，560）

"䯃"，從面馬聲，四川方言音ma⁵³，義爲"板着（臉）"。《大字典》收錄"𩒹"，音shuǎ，謂"所言不當"，出《龍龕手鑒》，此別一音義。"䯃"，本字或作"馬"。章炳麟《新方言·釋言》："《說文》：'馬，怒也，武也。'今荆州謂面含怒色爲馬起臉。"四川方言亦說"馬起臉"①。《大字典》"馬"❷"方言。發怒時把臉拉長像馬臉"，《大詞典》"馬"❷"把面孔拉長像馬臉。形容面部表情嚴厲"，似均爲臆說。本書作"䯃"，因形容面部表情，故加義符"面"，而"馬"則表音，似與《龍龕手鑒》的"𩒹"字無關。

又，"䯃臉嚲嘴"，即板着臉撅着嘴，形容極不高興的樣子。四川方言習慣說"嚲嘴"②，而不說"撅嘴"，蔡校未是。《香》例"把臉䯃起"不辭，光緒本（1079頁）雖亦作"䯃"，顯係"䯃"字版刻右上殘脫而致誤，蔡本錄作"䯃"，是不明"䯃臉嚲嘴"爲四川方言常用詞③。金本（495頁）不誤。張本《過》（52頁）、《吃》例（296頁）作"抹"，《節》（128頁）、《香》例（595頁）作"覥"，《活》例（483頁）作"䯃臉撅嘴"，均爲妄改。

---

① 王文虎等：《四川方言詞典》，四川人民出版社1987年版，第216頁；曾曉渝主編：《重慶方言詞解》，西南師範大學出版社1996年版，第209頁。

② 王文虎等：《四川方言詞典》，四川人民出版社1987年版，第87頁。

③ 蔣宗福：《四川方言詞語考釋》，巴蜀書社2002年版，第370頁。

碙

大德想打，又怕打爛茶碙，只得接着。（卷二《白玉扇》，196）
又況是痾疾病痾得不像，日夜裏離不得毛廁碙。（卷二《川北棧》，262）
到下午水碙滿忙把菜蔭，水桶大氣力小壓斷板筋。（卷三《比目魚》，341）
見子項帶鐵繩，足撩手肘，衣服全無，立在尿碙之下，形容枯槁。（卷四《雙血衣》，479）

"碙"，從石岡聲，音義同缸，如光緒本卷二《川北棧》（496頁）"病才好怎擔得井水上缸"。寫作"碙"，則是因四川多以土陶作缸，或以石頭鑿成，或以石板鑲嵌於合榫處加糊石灰、水泥而成（今鄉下亦然），故從石取義。"碙"，《大字典》一音gāng，謂"山岡；石岩"，無此義。以上4例金本（170、228、299、423頁）均改作"缸"，《川》例疊一字作"毛廁缸缸"；張本《白》（203頁）、《比》（367頁）、《雙》例（511頁）作"缸"，《川》例（274頁）作"茅廁缸缸"，亦強改方言作品。又，《川北棧》例光緒本（495頁）"碙"下有一重文號"ㄣ"，爲每句十字的韻文，蔡本漏錄一字。又卷四"足撩"當作"足鐐"。

捵

壽姑聽說心如刀絞，急忙收淚來至上房，見公公翻起白眼，在几上捵住，即命人用姜湯水取來喂了兩杯，方才蘇醒轉來。（卷一《節壽坊》，120）
此時情急，想得無路，將就菜刀自刎，隨坐椅上捵着而死。（卷三《巧報應》，427）
惠風走去，見門未關，進看無人，走到房中，燈光半明半暗，見愛蓮捵在椅上。（又，428）

《躋春臺》所用方言俗字考辨 | 381

"掽"，從扌彭聲，四川方言音pen⁵⁵，義爲靠①。"在几上掽住"，謂在几上靠着。亦用"憑"，卷三兩例光緒本（826頁）作"凴"，今簡化作"凭"，但"靠着""憑靠"義，四川方言說pen⁵⁵，而不說píng，故"掽"爲方言造字，作"憑"則是借字表義而賦予方言讀音，如唐樞《蜀籟》卷一："又不是憑倒籬壁長大的。"謂不是靠着牆壁長大的。又，民國十七年《長壽縣志》卷四《人事部·方言》："物相倚讀若烹。"此記音。張本《節》例作"繃"，爲不明"掽"字之音義而妄改，《巧報應》前例（455頁）作"憑靠而死"，後例（456頁）臆改爲"靠"。

又，"掽"不見於字書。《大字典》收錄"撐"，謂"同'憑'"。《改併四聲篇海·手部》引《龍龕手鑒》：'撐，皮證、皮冰二切。依几也。正作憑。'按：今本《龍龕手鑒·几部》作'凴'。"張涌泉先生說："《龍龕》卷二手部：'撼撐：二俗，皮證、皮冰二反，依几也。正作凭（憑）。'是今本《龍龕》本有'撐'字。"②今按"撼""撐"實即將"憑""凴"左上"冫"更換爲"扌"，"卄"爲"几"異寫。皮證切一音，韻母爲eng，今四川方言讀前鼻韻，以"掽"記之，陰平。

勢

那時節要報仇上聖阻擋，你想要跟他和才算認帳。天平稱他勢起二十四兩，我看你那時節有祥莫祥。（卷一《過人瘋》） 蔡校云："認帳——原作'人張'，誤，逕改。"（60）

《說文·力部》："勢，健也。從力，敖聲，讀若豪。"《大字典》音háo，立"俊健；豪傑"義，引《說文》及段注、《廣韻》《集韻》等。然《集韻》謂"勢，強也。通作豪"，義當爲桀驁不馴。四川方言今音

---

① 王文虎等：《四川方言詞典》，四川人民出版社1987年版，第301頁以"口"代替，表示"無同音字或音近字"。

② 張涌泉：《漢語俗字叢考》，中華書局2000年版，第282頁。

ŋao²¹①，即此義。《大字典》所引楊樹達《長沙方言考》（見《續考》七十六）"今長沙謂伉健不屈爲勢，有稱'勢老'之語"（楊氏引《說文》，音"五牢切"），"勢"非"俊健；豪傑"義，而是說桀驁不馴順，故《大字典》所立義項與書證並不榫合。"勢"，四川方言亦音ŋao²¹³，謂固執、不馴順②。

又，據蔡校，上下文意不協，檢光緒本（108頁）作"你想要跟他和才莫人張"，"張"謂理睬，"才莫人張"謂才無人理睬。故下句以天平秤"勢起"（上翹）作譬，形容傲慢、拿架子，言下之意謂你想要和，他反而傲慢不理你，到那時會自討沒趣。蔡校本"莫"錄作"算"，亦誤。

搽

國昌見錢來得便易，於是肘起大架子，縫些好衫子，走路搽袖子，說話斬言子，銀錢當草子，不然是個富家子。（卷三《巧報應》，422）

這仇氏人材體面，行動輕狂，兼之不識尊卑，不分內外，挺起肚子，劣起性子，走路甩袖子，說話帶櫼子，開腔充老子，見人肘架子。（卷四《螺旋詩》，433）

"搽"，從扌衰聲，音義同"甩"，不見於古代字書，當爲方俗造字。上兩例均寫人輕狂做作。後例檢光緒本（838頁）實作"搽"，而蔡本改作"甩"。張本前例（449頁）臆改作"捋"，意思相差甚遠，後例（462頁）作"甩"。金本兩例（372、382頁）均作"甩"，但方言作品不能強改。此字《中華字海》收錄，謂"同'摔'"，引民國修《順義縣志》，而《躋春臺》時代更早。

（三）假已有之字作方言字或仿造方言俗字

有些字本來早已有之，或音同而義不同，或音義相近，或仿造表意，

---

① 曾曉渝主編：《重慶方言詞解》，西南師範大學出版社1996年版，第234頁記作"傲"。
② 王文虎等《四川方言詞典》第262頁、曾曉渝主編《重慶方言詞解》第235頁均記作"拗"。

《躋春臺》所用方言俗字考辨 | 383

與已有之字構成了一組有關而又似無關（僅是一種用字巧合）的假借關係。例如：

唝

　　後聞麻雀是人用毒藥唝死的，若是見雀落地，即忙剖去其腸，免致傷人。經邦遂叫毒雀人到衙，命他四處毒唝，以供女口。（卷一《過人瘋》，61）

　　莫不是背時，吃了好藥唝死人？（卷三《心中人》，308）

　　大武點頭，就將唝狗藥放於蛋中，毛子吃了，不久即死。（卷四《孝還魂》，527）

　　唝狗藥下肚即了帳，只埋在屋後土內藏。（同上，531）

　　我亦得有唝鼠藥，極其利害，只用粒許，立刻倒地。（卷四《僧包頭》，546）

以上各例，光緒本（111、591、1017、1023、1050頁）均作"唝"，爲"閙"俗字，謂藥物中毒或以毒藥毒。這個意思，《說文·疒部》《方言》卷三均作"瘍"，《說文》謂"朝鮮謂藥毒曰瘍"。後或作"閙"。《紅樓夢》第八十一回："把他家中一抄，抄出好些泥塑的煞神，幾匣子閙香。""閙香"即一種有毒的熏人可致昏迷的香，又叫"悶香"。《大字典》"閙"❽"方言。有毒；中毒或使中毒。如：閙藥；閙耗子"。《大詞典》"閙"❿"用毒藥毒"，附項謂"亦指有毒的"。"唝"既爲"閙"俗字，故得有"中毒或使中毒""用毒藥毒"義。《大字典·口部》"唝"（入5畫，列"吐"後，右上則當爲"、"，《中華字海》入4畫）[①]音pō，據《改併四聲篇海》引《搜真玉鏡》："唝，普末切，又音市。"無釋義。以上各例張本（61、327、560、564、579頁）均作"唝"，似"唝（哑）"，則是不明"唝"爲"閙"俗字而誤。

又，"唝"常義，本書亦與"閙"並用。如光緒本卷四《香蓮配》（1078

[①] 今按，《大字典》第二版（2/635頁）"唝"改入4畫。

頁）："方至門首，內面吵咋，側耳一聽，才是弟兄角孽。"又（1080頁）："屋內的人聽了，也不吵鬧。""吵咋"即"吵鬧"。又《香蓮配》（1078頁）："於是教他一些勸世歌文，與他制幅蓮花咋。"（金本495頁改作"蓮花鬧"）卷二《捉南風》（296頁）："隨制蓮花鬧，取兩張老案長牌，到各處街坊打鬧子，唱勸世文。""蓮花咋""蓮花鬧"並用，亦即通語"蓮花落"。

嚃

債主見天恩得病，朝夕追討，一嚃二呋，罵得何車夫腔都不敢開，頭也不能抬。（卷一《東瓜女》，36）

因此請客把罪告，死免不孝被人嚃。（又《節壽坊》，122）

公婆講他一句，要還十句，丈夫說他，他就亂嚃亂呋。（又《啞女配》，143）

如此不孝女，我有啥打發？那個再來問，便要嚃他媽。（卷二《白玉扇》，191）

"嚃"，從口舀聲，音tao55，義爲罵。《四川方言詞典》374頁、《重慶方言詞解》314頁均作"叨"，然"叨"無罵義。《大字典》"嚃"謂"同'啗'"，"啗"又同"啖"，則無tao55音，亦未及罵義。《大詞典》未收"嚃"字。《躋春臺》當是仿"滔"而新造"嚃"字表罵義。張本《東》（36頁）、《啞》（145頁）例作"啗"，《節》（123頁）例作"叨"，《白》（197頁）例作"罵"；又，《川北棧》（262頁）"一呋二嚃"張本（274頁）作"一呋二啗"，《巧報應》（426頁）"亂嚃亂罵"張本（454頁）作"亂啗亂罵"。"啗"與原文"嚃"表罵義則渺不相涉。

玐

遂暗向祠中爬上龕子，放在神主盒內。（卷一《雙金釧》） 蔡

《躋春臺》所用方言俗字考辨 | 385

校云:"爬——原作'跁',徑改。"(9)

庚兄說得那們便宜,我費了一天人工氣力,爬山越嶺,所爲何事;怎麽說就送你還願哦!(又《失新郎》,97)

"跁"音ba^{55},爲從"巴"得聲的方言用字,老派四川方言只說"跁"(ba^{55})①而不說"爬"(pá)。校改作"爬"則非四川方言矣。《雙》例張本(10頁)亦作"爬"。《失》例光緒本(177頁)實作"跁山越嶺",張(97頁)、蔡(97頁)、金本(84頁)均改作"爬山越嶺",亦非是。《大字典》"跁"(二)pá,❷"爬,伏地行。後作'爬'。《正字通·足部》:'今俗謂小兒匍匐曰跁。'《土地寶卷·地金水泛品》:'跁起來又是笑,心中怒惱。'"四川方言中,小兒匍匐亦曰爬,但由地而起,由下而上則曰跁(ba^{55}),"跁起來又是笑"四川方言則正當讀ba^{55}。由此可見,《大字典》似應補收四川方言音義。

飩

每頓兩碗龍燈飯,煎菜少有放油鹽。(卷一《十年雞》) 蔡校云:"頓——原作'飩',誤,徑改。下同,不另出注。"(20)

父愛吃酒,每天要兩頓。(卷二《審豺狼》) 蔡校云:"頓——原作'飩',徑改。"(212)

"飩",從食屯聲,四川方言量詞,義同"頓",《躋春臺》用例甚夥。上兩例張(20、220頁)、金本(17、184頁)亦均改爲"頓"。其實,就構形理據而言,因與食有關,以"飩"作量詞,較"頓"更符合方言作品的用字習慣。"飩",《大字典》一音tún,用於複音詞"餛飩";一音zhùn,謂"味厚",無dùn音(四川方言無"dun"這個音節,而是音den^{213})及量詞義。但並不能說明方言作品不可以用作量詞,如果不懷疑"飩"與

---

① 曾曉渝主編:《重慶方言詞解》,西南師範大學出版社1996年版,第3頁。

"沌""炖""砘""鈍"同爲以"屯"得聲的形聲字,聲韻調完全可以相同,則《大字典》當補四川方言音義。

攦

愛蓮見不如意,換了面皮,一天發潑使性,打東攦西。(卷三《巧報應》,426)

有一等娣潑烈爲人小氣,沾着了他就要打東攦西。(卷四《香蓮配》,561)

仇氏見夫不聽。遂發潑使性,打東欛西,以泄其忿。(卷四《螺旋詩》,434)

饒氏從此雖然動作,總是打東壩西,以泄其忿。(卷四《活無常》,453)

"攦",從扌霸聲,音ba²¹³,義爲揮棄,摔。本字或作"拌"。《方言》卷十:"拌,棄也。楚凡揮棄物謂之拌。""拌"從"半"得聲,失落鼻韻尾則爲ba²¹³[1]。"打東攦西",四川方言常用詞,謂發氣時摔打東西。"攦"字構形理據必從"扌",是知"欛""壩"均爲"攦"字形近之譌。檢光緒本(823、1082、839、877頁),以上4例實作"攦",而張本(454、596、462、483頁)均臆改作"霸",不知何意。金本《香》(496頁)、《活》(400頁)例亦因不明"攦"字之義而誤錄作"欛"。《大字典》"攦"音bǎ,謂"把持。也作'把'",未及"揮棄"義。

毹

腦殼上戴氈帽朝金鎖定,毛毹上添絲線拖齊足跟。(卷三《雙冤報》,388)

---

[1] 蔣宗福:《四川方言詞語考釋》,巴蜀書社2002年版,第17頁。

高秀與他兩個耳巴,他便拉着毛毯與夫撞死。(同上,390)

豈像你們那些灣毛搭兒,在家不通要,出門當狗剾。(卷二《審豺狼》,213)

"毯",從毛答聲,"毛毯"即髮辮。檢光緒本(750、753頁)前兩例作"毯",左右結構,金本(341、343頁)即錄作"毯",張本(413、415頁)作"毯"。卷二例光緒本(397頁)似"毯"字,"灣"當作"彎","彎毛毯兒"指未入袍哥者;"剾"實作"劀"。《大字典》"毯"音tà,用於複詞"毯毯",別一音義。

二 會意字

會意字不如形聲字能產,但《躋春臺》所用方言俗語的會意字也有以下幾種情況。

(一) 本無其字的方言造字

方言俗字的產生,是與當地的人文環境密切相關的。俗字的構形理據,往往反映出人們對事物的理解和認知心理。例如:

㭫

何氏再三問之,乃怒氣勃勃說道:"見了媽不由兒咽喉氣啞,想起了今天事實在肉麻。你二老走人戶也不想下,丟女兒在屋裏受盡㭫砸。""為啥子事受了㭫砸?你要講,為娘才曉得嗎。"(卷一《過人瘋》,50)

此時家中緊逼,債主登門,東拉西扯,不能支消,只得將地方出賣,又被買主㭫砸。(卷二《義虎祠》,65)

王氏吵曰:"我曉得你爺兒父子商商量量要把我㭫死,好討那個娼婦!"(卷三《雙冤報》,387)

小子遠方人,室人探親,彼此路遇,錯說黃連埡,轎夫砸㭫我不

抬，請大爺行個方便，幫我抬去，開你百錢。（卷三《陰陽帽》，290）

兒情願陪母親來至冥境，也免得在世上受盡㭯砸。（卷三《比目魚》，341）

"㭯""砸"，今四川市井中有所謂兩木夾一石爲"kɑ⁵⁵"，兩石夾一木爲"bie⁵⁵"的拆字說。"㭯砸"謂刁難勒掯，兩字單用時義亦略同。此兩字《大字典》收錄，"㭯"音kā，謂"〔㭯㭯〕方言。角落；縫隙。也喻指狹窄或偏僻的地方"，引《川劇喜劇集》與克非《春潮急》例，不及"刁難勒掯"義。又，"砸"一音zā，謂"《改併四聲篇海》引《俗字背篇》音砸"，這樣注音實際上等於没注，不足以證明"砸"音zā；釋義爲"逼迫，唯一書證爲《改併四聲篇海·木部》引《俗字背篇》：'砸，同逼也。'"既同"逼"，則當音bī，四川方言"逼"音bie⁵⁵①，市井口語中"砸"亦音bie⁵⁵，故《大字典》注音不確。張涌泉先生《漢語俗字叢考》"砸"條云："《篇海》卷七木部：'砸，音砸，同，逼也。'（63）'砸''砸'當皆爲'拶'的會意俗字。"②此别一說。

又，《過人瘋》例"啞""麻""下""砸"爲韻，"砸"應音kɑ⁵⁵，否則出韻。"㭯"本音kɑ⁵⁵，則"砸"當音bie⁵⁵，如《俗字背篇》"砸，同逼也"。按光緒本（92頁）亦作"㭯砸"，據《陰陽帽》例，似應乙作"砸㭯"。清道光二十九年《大定府志》卷十二《疆里記第三上·疆土志二》"夂溪裸伙脚"注："㭯，大定土俗字，與卡字音義同。卡亦通行字也。"民國十七年《長壽縣志》卷四《人事部·方言》："物相擠讀卡平聲。俗作㭯。"是其證。又，"㭯砸"，四川方言音kɑ⁵⁵bie⁵⁵。張本《整理後記》謂"'㭯砸'一詞，其音應爲kā chā或kuā chā，其意爲'勒掯'（多指親屬之間）"，注音有誤，而"勒掯"義亦並不限於"多指親屬之間"。《陰》例"彼此路遇"，光緒本（553頁）實作"從此路過"，蔡本誤錄。

---

① 王文虎等：《四川方言詞典》，四川人民出版社1987年版，第20頁。
② 張涌泉：《漢語俗字叢考》，中華書局2000年版，第732頁。

（二）本有其字的方言造字

某些俗字在一些地區流行，大家習以爲常，並不覺得不規範或另有正字，是一種俗字書寫使用的"約定俗成"。例如：

立

又問："爲何立地小解，獨不怕臭嗎？"答："站着解便不異牛馬，立地免汙神靈嗎。"（卷四《香蓮配》，563）

飲酒唱的紗窗曲，燕語鶯聲句句蘇。這樣風流才有趣，不枉人生世上立。（卷三《南山井》，410）

我到王家把廚辦，混入床下候機緣。……再遲一刻定難看，我立床下來站班。（卷四《審禾苗》，515）

"立"音gu^{55}或ku^{21}，蹲。上引各例，除《香蓮配》前一"立"字光緒本（1086頁）誤刻作"立"外，其餘（793、995頁）均作"立"。張（598、438、548頁）、金本（498、361、454頁）均誤錄作"立"。究其原因，是不明"立"爲四川方言俗字。其造字理據，是"立"高而"蹲"矮，以"立"爲之，上無"丶"，自然是"立"沒有"立"高，義同"蹲"。《香》例"站"與"立"對舉爲義，誤作"立"則與"站"同義，與文意相悖。《南》例爲句句押韻的韻文，作"立"則出韻，"立"引申爲住、呆，末句猶謂不枉人生一世。《審》例明寫藏在床下，作"立"則悖理。"立"亦見於《蜀籟》卷四："站倒那們大一筒，立倒那們大一堆。"此字《中華字海》收錄，謂"kú 音枯陽平"，義爲"蹲"。

"立"，本字當作"跍"。《廣韻·模韻》苦胡切："跍，蹲兒。"清張慎儀《蜀方言》卷上："踞地曰蹲，曰跍。"原注："《集韻》：跍，蹲貌。音枯。今轉爲枯入聲。"民國二十八年《巴縣志》卷五《禮俗·方言》："《說文》：'居，蹲也。'或作踞，居聲。古韻在模部，音如姑。《廣韻》：'跍，蹲貌。'音枯，見溪轉也。跍即踞之省。今俗呼居如姑，

猶存古語。又轉跕爲入，音如窟。"今兩音並存[①]。

（三）假已有之字作方言字

臨文書事，個別常用字一時記不起來或記不準確，可能寫出來的是一個似是而非的字，或借意思相關的字代替。如果這個字逐漸在一定範圍流行，大家也就習以爲常了。例如：

悥

媽也，娘呀！憂氣傷肝得病悥，拖來拖去入膏肓，你兒無錢來調養，一朝撒手往西方。（卷一《雙金釧》，5）

若娶得那不賢的幼女，事務一點不知，只怕還要憂氣，那有此女這般能爲志氣。（卷一《十年難》，33）

壽姑曰："兒說了的，他不怪你。"傅氏曰："這才憂人。"（卷一《節壽坊》，127）

以上3例，"憂"光緒本（12、62、233）均作"悥"，同"慅"，音ŋou[213]。四川話說"悥（慅）氣""悥（慅）人"[②]，而絕不說"憂氣""憂人"。"悥"本書用例甚夥，蔡本無一例外均作"憂"，張、金本爲簡化字本，則全部作"忧"，非是。"悥"爲"恧"訛字。《說文·心部》："恧，愁也。从心，从頁。"徐鍇繫傳："恧心形於顏面，故从頁。"《正字通·心部》："恧，憂本字。"《集韻·候韻》："恧，愁也。"《大字典》引方成珪考證："悥譌恧，據《說文》、《類篇》正。"《躋春臺》則是借"悥"作"慅"，據徐鍇的解說，即"恧心形於顏面"。《中華字海》"悥"僅謂"同'憂'。字見《說文長箋》"，不及四川方言音義。

（原載《慶祝劉又辛教授九十壽辰學術討論會論文集》，西南師範大學出版社2005年版）

[①] 王文虎等：《四川方言詞典》，四川人民出版社1987年版，第127、209頁。
[②] 同上書，第266頁。

《躋春臺》三種整理本勘誤舉例

《躋春臺》，清末四川中江人劉省三作。近年來先後出版了多種版本，如影印本有上海古籍出版社1990年《古本小說集成》本（據"前言"介紹以"上海圖書館所藏光緒刊本"影印，以下簡稱"光緒本"）、臺北天一出版社1990年《明清善本小說叢刊續編》本等。校點本有天津百花文藝出版社1988年張慶善先生整理本（以下簡稱"張本"），江蘇古籍出版社1993年蔡敦勇先生校點本（以下簡稱"蔡本"），北京群眾出版社1999年金藏、常夜笛先生校點本（以下簡稱"金本"）。

由於上述三個整理本的整理者對四川方言不熟悉而勉強爲之，致使校勘、標點斷句多有疏誤，甚至妄改。將三本對勘，可發現許多率意妄改的始作俑者是張氏，且不出校記；蔡氏承襲了張本的絕大多數錯誤，唯以校勘記將這些改動原委標出，使人們可對照原本追尋其致誤之由，是過中有功。金本照抄了張、蔡二本的錯誤，更削去校記，令讀者真假莫辨。

蔡本之誤，張一舟先生（1995，1999）已有所糾駁，而尚有未盡。本文更檢出與方言詞語有關的若干例，並張、金二本而勘其誤。

一 妄改例

（1）a.但覺得滑溜溜又肥又硬，醉昏了不知他是個死人。（卷二《捉南風》，張159，蔡156，金134。數字爲各本頁碼，下同） 蔡校："肥——原作'把'，誤，徑改。"

b.請張德長送期,德長方知是個癱子,大驚曰："他女豈肯便嫁？"

（卷四《錯姻緣》，張520，蔡486，金430）　蔡校："癱——原作'胈'，徑改。"

c.胡成滿腹含冤，無可告訴，走得足酸手軟，又因差人怒罵，急得火冒煙生。（卷三《南山井》，張444，蔡417，金367）　蔡校："酸——原作'膝'，誤，徑改。"

按："把"實爲"炊"形訛。"炊"［p'a²¹］，四川方言謂軟。a例"炊""硬"對舉，故應校作"又炊又硬"。b例"胈"爲方言字。"胈子"即"炊子"，指患軟骨病而不能站立的人，此四川方言。《蜀籟》卷三："炊子走路跟我爬。"c例"膝"光緒本實作"胈"，"足胈手軟"形容四肢無力，爲四川方言常用成語。又說"手胈足軟"，如光緒本卷一《義虎祠》（145頁）："陳氏婆媳嚇得手胈足軟。"張本（80頁）誤改爲"手酸足軟"，蔡本（80頁）誤作"手膝足軟"。《漢語大字典》（2194頁）"炊"❷"方言。身體發軟無力。如：全身發炊；足炊手軟"。

"胈""炊"尚有另外的寫法："汃"，見明岳元聲《方言據》卷上；"跛""疲"，見明李實《蜀語》；"腐"，見民國二十八年向楚主修《巴縣志》卷五《禮俗·方言》；又，徐德庵先生《蜀語札記》云本字作"癱"[1]，姜亮夫先生《昭通方言疏證》（1663條）以爲本字爲"靡"。

（2）我道是啥生意，原來是傷生害命之事。（卷一《啞女配》，張142，蔡141，金121）　蔡校："道——原作'怕'，誤，徑改。"

按："怕"猶以爲，四川方言詞。"我怕是啥生意"，謂我以爲是什麼生意。此以不誤爲誤，所校非是。又卷三《南山井》："說了半天，我怕是真的，原來是在說酒話咧。""怕"字不校改，是。

（3）欠下債帳，不得已才將上灣地方賣了。（卷一《十年雞》，張25，蔡25，金21）　蔡校："灣——原作'彎'，誤，徑改。"（25）

---

[1] 徐德庵：《古代漢語論文集》，第376頁。

按：此以不誤爲誤。"垮"指山溝、山坳，也指山坳中的村落，方言詞，本書用例亦夥，如光緒本卷一《賣泥丸》（237頁）："允個伙伴你唱我和，把一垮都吼沉了。"又卷四《錯姻緣》（958頁）："上年老夫買盛家垮田百畝，稅契少些小數。"此字《漢語大字典·補遺》《漢語大詞典》收錄，均謂"山溝；山坳"；《現代漢語詞典》《新華字典》亦收錄，謂"山溝裏的小塊平地，多用於地名"。

（4）你這佞臣，食王爵禄，罔念君恩……（卷三《心中人》，張339，蔡320，金281） 蔡校："佞——原作'悶'，誤，徑改。"

按："悶"四川方言謂笨、傻。如光緒本卷二《白玉扇》（356頁）："你只床一架，派我八九抬，我就這樣悶，你就那們乖。"《蜀籟》卷二："就是十分像，也要妝三分悶。"改"悶"爲"佞"，誤。

（5）眼光會觀音堂去耍，又來了一個美姣娃。戰嬌嬌容貌難描畫，論年紀不過十七八。（卷四《螺旋詩》，張476，蔡447，金394） 蔡校："嬌嬌——原作'唔唔'，徑改。"

按：所改不當。今川北綿陽、梓潼、江油等地說"戰唔唔"，音[tsan²¹³tʻən⁵³tʻən⁵³]，形容女子因豐滿而走路時身上顫動的樣子。"唔"爲從吞得聲的方言字，四川方言"吞"音[tʻən⁵⁵]。

（6）欽差問其故，王官將雨花之案一一禀告，又命刑方將案卷送來與欽差看。（卷一《十年難》，張31"方"作"房"是，蔡32，金27） 蔡校："送——原作'造'，誤，徑改。"

按："造"四川方言音[tsʻao²¹³]，謂翻尋、找尋。本書用例亦夥，如卷三《審煙槍》："命刑房造詳報來看，見以'嫌醜毒夫'定案，心想嫌夫醜陋，悔親盡矣，何致新婚毒斃？"又《解父冤》："冥王命造有儀

冊子，判官唸曰：'劉有儀，十三入學，十六中舉，三十殿翰……'"蔡校非是。

"造"，本字或作"搷"。《廣韻・號韻》在到切："搷，手攪也。"《蜀語》："攪曰搷○搷音潮去聲。"《蜀方言》卷上："手攪曰搷。"引申指翻尋、找尋。

（7）遂暗向祠中爬上龕子，放在神主盒內。（卷一《雙金釧》，張10，蔡9） 蔡校："爬——原作'玴'，徑改。"

按："玴"音 $[pa^{55}]$，爲從"巴"得聲的方言用字，老派四川方言說"玴"而不說"爬" $[p'a^{21}]$。如光緒本卷一《失新郎》（177頁）："庚兄說得那們便宜，我費了一天人工氣力，玴山越嶺，所爲何事，怎麼說就送你還願哦！"張（97頁）、蔡（97頁）、金（84頁）三本均改作"爬山越嶺"，亦非。

（8）學儒見有六、七個坐學，就把架子端起，裝作斯文，說話不離之乎也者。（卷三《假先生》，張380，蔡358） 蔡校："端——原作'肘'，徑改。"

按：所校非是。今川北綿陽、三台、梓潼、中江等地仍然說"肘架子"，而不說"端架子"。況且本書"肘起架子"一語屢見，如卷三《雙冤報》："次年生意更加順遂，有仁見銀錢來得便易，於是肘起大架子。"又《南山井》："何甲從此肘起架兒，名列書館，之乎也者一概不知，嫖賭嚼搖盡行學會。"又《巧報應》："國昌見錢來得便易，於是肘起大架子。""肘起架子"均謂擺起架子。

（9）凡香燭與紙帛並沒一點，見此情叫你妻怎想得完？（卷一《東瓜女》，蔡42） 蔡校："沒——原作'莫'，誤，徑改。下同，不另出注。"

《躋春臺》三種整理本勘誤舉例 | 395

按：所校非是。張本（41頁）"莫"作"無"，亦非。四川方言"莫"即"没"，本書用例亦夥，如卷一《過人瘋》："是那一個客，你去接莫得咧？"又《義虎詞》："大山之上，你看清楚莫有？"《漢語大字典》（3218頁）"莫"（二）❿"方言。没有。如：莫辦法"，四川方言正爲此義。

（10）爲人要與親爭口惡氣，把鴉煙來戒了福壽齊眉。（卷三《審煙槍》，張345，蔡325，金285）　蔡校："惡——原作'餓'，誤，徑改。"

按："爭口餓氣"，四川方言慣用語，是"爭氣"的生動説法，猶謂無論如何也要爭口氣。"餓"無須改作"惡"，亦從未聞"爭口惡氣"的説法。

二　失校例

（11）酒席辦來真妥當，油蘇魚膀䩺䩺香。（卷一《雙金釧》，蔡5，金4）

按："䩺"當作"䩺"。四川方言"䩺䩺香"謂很香。"䩺"[p'oŋ²¹³]爲從"朋"得聲的方言字。張本（5頁）作"噴噴香"，非四川方言。"䩺"本字當作"馞"。《蜀語》："香氣盛曰馞○馞，音蓬去聲。"《蜀方言》卷上："香之甚曰馞。"原注："《集韻》：馞，蒲䝉切，音莑。香氣盛也。今轉爲偏貢切。"

（12）你這人精精伶口，説話才是書呆子。（卷一《賣泥丸》，蔡131，金113）

按：張本（132頁）作"精齒伶口"，與蔡、金本"精精伶口"均不辭。

光緒本（238頁）作"精ヒ伶口"，"口"當爲"伶"字重文號"ヒ"，因形近誤作"口"。"精精伶伶"謂聰明伶俐，爲四川方言常用詞語，是"精伶"一詞按AABB式構詞的生動形式。

（13）有一等忤逆子全無分曉，貪酒色逞財氣滿假矜驕。或篩桶或唆訟包把狀告，或打條或想方白晝持刀。（卷一《雙金釧》，金2，蔡3，張3）

按：此例及以下若干例之"篩桶"均誤，當作"箍捅"。光緒本"箍"字下部雖似從"才"從"师"，但卷三《審煙槍》（620頁）："他便結交衙門，與人箍桶唆訟。"卷四《蜂伸冤》（1036頁）："想不箍桶又無生，於是改換心腸，不害人而救人，無辜受累之案，他方才箍。"兩例"箍"字則較清晰，金本（283、474頁）即錄作"箍"，但《雙金釧》（2、3頁）兩處亦均失校。唆使人訴訟或包打官司叫"箍桶"，今川北綿陽、三台、梓潼等地仍有此說法。

（14）隨吃二次，腹痛非常，臉青而黑，在床亂抓亂滾，不久便死。（卷三《心中人》，張326，蔡306）

按："而"應是"面"字形誤。"臉""面"，"清""黑"均互文見義，"臉青面黑"爲四川方言慣用語，形容因生氣或痛苦而臉色發青。本書亦習見，如卷一《過人瘋》："文錦才知是他妻子，見其醜陋，氣得臉青面黑。"

三　誤斷例

（15）有使他銀子的，要請三四台酒，方才得。應利息一月一收，約書撥字，數目雙寫。（卷二《捉南風》，蔡155）

按："應"字當屬上，"得應"謂答應，四川方言常用詞，本書用例亦夥，如卷一《節壽坊》："傅氏問曰：'壽姑說你得應嫁他公公，有此話麼？'"卷二《平分銀》："我在此喊，看誰人得應，我便與他分。"卷四《錯姻緣》："你得應了，我與你爹媽講嗎。"張本（158頁）、金本（133頁）斷句是。

（16）忽見丈夫起來開門，出外許久，進房一個，偏偏關着抽屜，把燈關熄……（卷二《六指頭》，蔡201）

按：此段誤錄原文，又誤以"偏偏"爲副詞，故點爲破句而致文意難曉。"偏偏"，四川方言常用以形容站立不穩貌。兩"關"字光緒本（376頁）實作"闖"，下文新婦云"進房便把燈火闖熄"，"闖"蔡本亦誤錄作"關"。"闖"爲"撞"音借。張（209頁）、金（175頁）二本亦誤以"偏偏"爲副詞，而臆補"人"字，作"進房一個（人），偏偏闖着抽屜，把燈闖熄"，實不可從。這段話應校點爲："忽見丈夫起來，開門出外，許久進房，一個偏偏，撞着抽屜，把燈撞熄……"

（17）望人多辦些那花生酒體，拉東扯西。哄徒弟吃摸，何再不把錢使。（卷三《假先生》，蔡360）

按：張本（382頁）作"哄徒弟吃摸，可再不把錢使"，更誤。"摸何"四川方言指不應得而得或不付代價而白得的東西。實應作"哄徒弟吃摸何，再不把錢使"。此詞《四川方言詞典》寫作"抹豁"，"吃抹豁"謂白吃，"拿抹豁"謂白拿。又"酒體"不辭，當本爲"酒醴"，指酒和醴，亦泛指各種酒。光緒本（692頁）作"酒体"，疑誤以"醴"爲"體"而俗刻作"体"。

（18）一日，翠瓶又見曠鋪，見水生在後閑耍，問曰："你爲何不讀書？"水生答曰："讀書難，得挨打。"翠瓶曰："你發狠些嗎，就不挨打了。"（卷二《巧姻緣》，張174，蔡171，金147）

按："難"後逗號應刪，"難得"爲四川方言常用詞，謂不情願，不願意，《成都話方言詞典》收錄。本書用例亦夥，如卷一《東瓜女》："此時若把後人念，死後難得變牛還。"又《雙金釧》："誣爲盜逼退婚，他年難得跪轅門。"

參考文獻

［1］（明）蘭陵笑笑生：《金瓶梅詞話》（影萬曆本），香港太平書局1982年版。
［2］（明）蘭陵笑笑生：《金瓶梅詞話》，戴鴻森校點本，人民文學出版社1985年版。
［3］（明）李實：《蜀語》（黃仁壽等校注本），巴蜀書社1992年版。
［4］（清）劉省三：《躋春臺》，《古本小說集成》影印光緒刻本，上海古籍出版社1993年版。
［5］（清）張慎儀：《蜀方言》，四川人民出版社1987年版。
［6］唐樞：《蜀籟》，四川人民出版社1982年版。
［7］向楚主修：《巴縣志》（選注本），重慶出版社1989年版。
［8］姜亮夫：《昭通方言疏證》，上海古籍出版社1988年版。
［9］蔣宗福：《四川方言詞語考釋》，巴蜀書社2002年版。
［10］梁德曼等：《成都方言詞典》，江蘇教育出版社1998年版。
［11］羅韻希等：《成都話方言詞典》，四川省社會科學院出版社1987年版。
［12］王文虎等：《四川方言詞典》，四川人民出版社1987年版。
［13］徐德庵：《古代漢語論文集》，巴蜀书社1991年版。
［14］張一舟：《從〈躋春臺〉的校點看方言古籍整理》，《方言》1995年第2期。
［15］張一舟：《〈躋春臺〉的性質、特點、語言學價值及蔡校本校點再獻疑》，《西南民族學院學报》1999第1期。

（原載《方言》2005年第1期）

巴蜀方言古籍整理值得注意的問題

在歷史上，有許多學者特別注意對方言尤其是巴蜀方言的記錄和整理，如西漢蜀郡成都人揚雄的《方言》，是歷史上的第一部"兼采異國殊語，不限一域"[①]的方言著作，首開風氣之先。明末李實"生長蜀田間，習聞蜀諺"，著《蜀語》一卷，是我國現存的第一部"斷域爲書"的方言詞彙著作，共著錄563條，有些一條涉及多個語詞，絕大部分至今還保留在四川方言中，其學術研究價值遠高出同類或後起仿效之作，堪比揚雄《方言》，在漢語方言詞彙史和語音史、辭書研究、中國方志史、移民史與民俗文化研究方面，均具有非常重要的學術價值。

清末張慎儀《蜀方言》、Adam Grainger（鍾秀芝）《西蜀方言》、民國唐樞《蜀籟》，則是專門彙集或詮釋四川方言詞語的著作。他如明人楊慎的《俗言》和《蜀諺》，清人李調元的《方言藻》和《卍齋璅錄》、張澍的《蜀典》、傅崇矩的《成都通覽》，都記載了部分巴蜀方言詞語。

明清以來大量的四川地方志，或辟專節著錄方言，或在記錄風土人情、社會習俗、宗教禮儀、學校教育、農業耕作種植等方面的內容時，都涉及一些方言問題。

此外，還有一些文人別集，如四川通江人李蕃，清順治十四年舉人，所著《雪鴻堂文集》卷十四《鄉語》，就著錄了當時作者的家鄉方言。清末四川中江人劉省三，所著《躋春臺》，被學術界認爲是我國最後一部擬話本小說集，書中所用方言詞語，絕大部分仍保留在今天的四川方

[①]《蜀方言·凡例》。

言中。

　　以上這些著述，有些年代已經久遠，閱讀利用不便，不能充分發揮其學術價值，需要進行系統整理、刊佈，以便更好地爲地方文化建設服務。正是出於這樣的需要，近幾十年來，也有一些學者陸續着手整理，取得了重要的學術成果，篳路藍縷之功，值得肯定。但不可否認的是，相關研究迄今仍顯薄弱，或有認識偏差，或時有疏誤。如黃仁壽等《蜀語校注》，限於當時條件，許多問題沒有解決。張子開《〈蜀語校注〉舛誤例正》指出其"張冠李戴，不汲取後人校勘成果""擅改引文，誤用引號""校注之疏忽""句讀"有誤等。張美蘭《〈蜀語校注〉補正》亦糾補十餘條。另如《漢語大字典》（以下簡稱"《大字典》"）等關涉蜀方言的條目，見於報刊雜志的論文，或多或少都存在對《蜀語》的誤讀。

　　有關《躋春臺》的點校整理，由於整理者不熟悉四川方言，出現了很多失誤，學術界多有糾駁訂正。

　　至於方志整理，雖然由當地政府組織或史志部門操觚，本來應該避免出現錯誤，亦由於整理者水平參差不齊，也存在這樣那樣的一些問題。

　　鑒於以上情況，我們認爲巴蜀方言古籍整理有些值得注意的問題，需要引起足夠重視，以期將來的研究少走彎路，並提高學術質量。

一　熟悉四部典籍和四川方言，精校精勘，糾謬補闕

　　明楊慎《譚苑醍醐》卷六《阿堵》云："凡觀一代書，須曉一代語，觀一方書，須通一方之言，不爾不得也。"這是從事方言古籍整理必須具備的學術意識。

　　據目前所知，《蜀語》始由清李調元輯入《函海》，有乾隆、道光、光緒刻本，及《叢書集成初編》、羅元黼補校本。20世紀80年代黃仁壽等《蜀語校注》，首次對其作了整理，但有許多疏漏。例如《蜀語》第454條（136頁）：

　　胃口曰腕○腕音管。

各本同，黃仁壽等《校注》（136頁）："胃乃水穀之口，故'胃口'亦指胃。'腕'之讀音，《玉篇》爲'烏段切'，《廣韻》和《集韻》爲'烏貫切'，當音惋去聲。"此未中肯綮，亦失校。清唐訓方《里語徵實》卷中上："胃口曰胃腕。腕音管，俗讀作宛。"此或照録《蜀語》。按"腕"謂手腕。《釋名·釋形體》："腕，宛也。言可宛屈也。"《玉篇·肉部》："腕，手腕。"與"胃口"風馬牛不相及也。疑"腕"爲"脘"字形譌。《說文·肉部》："脘，胃府也。从肉，完聲，讀若患。""胃府"即胃，以受水穀。《六書故·人五》："脘，古卵切，胃之上屬於喉受水穀者曰脘，本作管。（歧）伯曰：臍上有上中下三脘。別作肮、脂。"《正字通·肉部》："胃之受水穀者曰脘。""胃口"當即上脘，胃之入口處，亦即《六書故》"胃之上屬於喉受水穀者"。清張慎儀《蜀方言》卷上："胃腑曰脘。"究其音而言，未聞"腕音管"，如《康熙字典·肉部》："腕，《廣韻》、《集韻》、《韻會》、《正韻》並烏貫切，音惋。"若作"脘"，則渙然冰釋矣。《博雅音》："脘，丸、管二音。"《龍龕手鏡·肉部》："脘，音管，胃府也。"《康熙字典·肉部》："脘，《唐韻》古卵切，《集韻》古緩切，並音管，《說文》：'胃府也。讀若患。'"又："脂，《集韻》古緩切，音管，胃腑。《正字通》同'脘'。"清范寅《越諺》卷中《疾病》："胃脂病。"原注："管，同'脘'。"謂"脂"音"管"，同"脘"。亦作"肮"。《集韻·緩韻》："脘、肮，《說文》：'胃府也。'……或省。"《康熙字典·肉部》："肮，《集韻》古緩切，音管，胃府也。"

又如《蜀語》第1條（8頁）：

　　官長曰崖○民間隱語。如長官曰大崖，佐貳曰二崖。……考《說文》："崖，高邊也。"又考官字，从𨸏，音堆。崖也，官也，皆巍高之意。

謂"官長曰崖"，"崖也，官也，皆巍高之意"，恐不可信。徐德庵《蜀語札記》："案崖爲爺之聲轉，與高邊義無涉。……官字从𨸏並不取

巍高意。"其說是。方俗有呼父曰爺而音"崖"者。明張岱《夜航船》卷五《倫類部·父子》附各方稱謂:"蜀人稱父曰郎罷。吳人呼父曰䶒(音遮),呼祖曰阿爹,又有呼曰公爹。有呼父曰爺(音涯),有呼父曰爸(音霸)。"清同治十三年《德陽縣志》卷十八《風俗志·稱謂》:"楚人謂父曰爹,秦人曰達,粵人則謂之阿爸,閩人則謂之爸爸,豫章人又謂之䶒䶒。""䶒"爲從"牙"得聲的方俗造字。民國十五年《崇慶縣志》卷五《禮俗》:"祖籍別則稱謂異:父有爹(音低)、爸(音巴)、爺(音牙)、伯之殊。"民國十七年《大竹縣志》卷十《風俗志·方言》:"稱父曰爺,曰爹,曰牙,曰阿罷。"民國二十一年《綿陽縣志》卷一《疆域志·風俗》:"稱父曰爹,亦曰爺(轉牙)。"民國三十三年《重修彭山縣志》卷二《民俗篇·方言》:"曰爺爺(音如牙),曰爹,曰爸爸,曰阿爸,曰大大,父也。"按《廣韻·佳韻》"崖"與"涯"同音五佳切,又《麻韻》"牙"音五加切,反切下字"佳""加"《集韻·麻韻》同音居牙切,故"崖""涯""牙"音同。又,清趙翼《陔餘叢考》卷三十七《爺》:"爺本呼父之稱。《說文》云吳人呼父爲爺是也。今不特呼父,凡奴僕之稱主,及僚屬之呼上官,皆用之。……今通用爲尊貴之稱,蓋起於唐世。按《通鑒》:'高力士承恩久,中外畏之,太子亦呼爲兄,諸王諸公呼爲翁,附馬輩直呼爲爺。'可見從前但以呼父,未有以呼貴官者,自此以後,遂相沿爲尊貴之稱。今世俗所稱王爺、公爺、老爺,所自來矣。"

再如《躋春臺》卷一《十年雞》(32頁):

欽差問其故,王官將雨花之案一一稟告,又命刑方將案卷造來與欽差看。

此以"造"記音,謂令人把案卷翻尋出來給欽差看。蔡敦勇點校本作"送",校記云:"送——原作'造',誤,徑改。"①此因不熟悉四川方言,以不誤爲誤。金藏等校本不察,因襲蔡誤②。《躋春臺》"造"作"找

---

① (清)劉省三:《躋春臺》,蔡敦勇點校本,江蘇古籍出版社1993年版,第32頁。
② (清)劉省三:《躋春臺》,金藏等點校本,群衆出版社1999年版,第27頁。

尋"解者共三見，卷三《審煙槍》（333頁）："命刑房造詳報來看，見以'嫌醜毒夫'定案，心想嫌夫醜陋，悔親盡矣，何致新婚毒斃？"又《解父冤》（404頁）："冥王命造有儀冊子，判官念曰：'劉有儀，十三入學，十六中舉，三十殿翰，五十六歲拜相。'""造"蜀方言音［ts'au²¹³］，謂翻尋、找尋。俗或作"搥"，爲"造"增旁字，今音義並存①。其本字或作"摷"。《廣韻·號韻》："摷，手攪也。"《集韻·号韻》："摷，攪也。"《康熙字典·手部》："摷，《唐韻》、《集韻》並在到切，曹去聲，手攪也。"明王肯堂《證治準繩》卷八十七《痘疔·驪舍疔》："牛黄冰片蟾酥麝，和合銀硃一樣摷。"李實《蜀語》："攪曰摷。"黄仁壽等校注："今蜀人猶謂'攪'爲'摷'。"清道光二十一年《遵義府志》卷二十《風俗》、光緒二十一年《敘州府志》卷二十一《風俗》、民國十年《新修合川縣志》卷三十《風俗·方言》、民國三十七年《貴州通志·風土志·方言》："攪曰摷。潮去聲。"唐訓方《里語徵實》卷上："攪曰摷。摷音趙，《集韻》：'手攪也。'"按"摷"《廣韻·号韻》在到切，從母；又《小韻》"趙"音治小切，澄母。唐氏所音，不知何據。民國《息烽縣志》卷二十九《風土志·方言》："謂攪曰摷。"民國十九年《嘉定縣續志》卷五《風土志·方言》："摷，俗言用皁潔手曰摷。《集韻》音曹去聲，手攪也。土音讀若操。"民國二十四年《雲陽縣志》卷十四《禮俗下·方言上》："摷，翻也。《唐韻》：'摷，手攪也。'《蜀語》：'摷，音曹去聲。'讀若造。"今蜀方言無舌尖後音，故"摷"與"潮""造""曹"去聲並音［ts'au²¹³］。

又"刑方"，光緒本（59頁）作"刑房"，録作"刑方"非是。《漢語大詞典》（以下簡稱"《大詞典》"，2/603頁）"刑房"謂"舊時衙門中掌理刑事案件的分署"，附項云"亦用以指刑房的書吏"。上引《審煙槍》例"刑房"不誤。

---

① 《成都話》（23頁）"搥〔搥〕"謂"攪動；翻動"。《川方匯釋》（23頁）"搥⑤"攪拌"，⑥"翻"，按字當作"摷"。《川方考》（66頁）"搥❶"攪動，翻動"，❷"找尋"。《川方》（32頁）"搥"謂"攪動；翻動；翻尋"。《重方》（34頁）"搥"謂"攪，翻動，翻尋"。"搥"《中華字海》收録，謂"〈方〉翻動"，引《重慶菜譜》，顯然爲巴蜀方言造字矣。

二 尊重前人的研究成果，不妄下雌黃

學術討論本應就事論事，充分尊重前人的研究成果，不能言辭尖刻，目空四海，並能正確認識前人著作的學術價值，懷着感恩及敬畏的心情去讀懂原著，不妄下雌黃。如清末民初張慎儀《蜀方言》，"原名《今蜀俚語類錄》，主要收錄見於記載而當代仍然行用的四川方言詞語，一一考其'本字'，注其出處，徵引相當廣博"[①]。但紀國泰《〈蜀方言〉疏證補·緒言》則宣稱"對清張慎儀《蜀方言》多有批評，甚至持基本否定的態度"，就很不客觀，亦出言不遜。例如《蜀方言》卷下（342頁）：

牝牛曰牯。《廣韻》：牯，公戶切，音古。《玉篇》：牝牛。

此引誤本《玉篇》出現的疏失，指出或糾正過來就行了。但紀國泰《〈蜀方言〉疏證補》（352—353頁）則不無譏諷：

張氏之失，全在唯書爲上，且多獵奇之想。……張氏信《玉篇》有載而不信《字彙》亦有載，寧信書而不信百姓口傳，於方言之研究，焉能不誤？

通觀張書，並非"多獵奇之想"，偶因誤本失考，亦未可深責矣。又如《蜀方言》卷下（368頁）：

不禮人曰不爾，曰不偢不睬。

紀國泰《〈蜀方言〉疏證補》（461頁）：

蜀方言一般不說"不瞅不睬"，多說成"不張不睬"。"偢"（瞅）是北方方言，西南官話多不言"瞅"言"瞧"，今日尚且如此，何況

[①] 張永言：《點校前言》，見張慎儀《蜀方言》（與《續方言新校補》《方言別錄》合一册），四川人民出版社1987年版，第2頁。

張氏生活的年代。張以"偢"爲蜀方言,源於他以僻字爲方言的誤解。

西南官話本來就屬北方方言,此亦囿於見聞而妄下斷語,無端訶責前人矣。如清李調元《卍齋璅録》卷八:"俗言偢睬,音秋彩。填詞家多用此字。蜀人翻用,謂人不禮曰不偢不睬。"Adam Grainger《西蜀方言》(25頁):"不偢不睬。"即"to take no notice of a guest","偢"音"TS'IU[1]"。此大致與《蜀方言》同時,可見"張氏生活的年代",外國傳教士亦習聞而著録於編矣。民國十五年《簡陽縣志》卷二十二《禮俗篇·方言》:"不禮人曰不爾識,曰不偢不睬。"民國二十一年《萬源縣志》卷五《教育門·方言》:"不理人曰不爾識,曰不張識,曰不偢不睬。"民國三十三年《重修彭山縣志》卷二《民俗篇·方言》:"不偢不睬,不見禮也。偢睬音秋彩,詞家多用之。俗以不禮於人爲不偢不睬。"又,唐樞《蜀籟》卷一(8頁):"一天也不打張,兩天也不瞅睬。"又(37頁):"佯瞅不睬。"民國二十六年《犍爲縣志·居民·言語·方言》:"謂不聽睹曰不偢睬。"當然亦說"不睬不瞅"。吳濟生《新都見聞録》七《市區之交通工具·(三)車水馬龍之城郊》:"顧客如果報一個還價,或者稍爲猶豫的樣子,他便不睬不瞅,掉頭不顧的自去,旁的車夫決不會正眼向你睬一下的。"《川方》(324頁)"瞅睬"音qiu¹cai³,謂"理睬";又(428頁)"佯瞅不睬"音yang²qiu¹bu²cai³,謂"形容假裝沒看見而不理睬的樣子"。《川方彙編》(112頁)"不瞅不睬"音bu qiu bu cai,謂"(瞅,讀秋)倒理不理,不予理彩(睬)。例:說了半天,他還是不瞅不睬"。《川方匯釋》(17頁)作"不瞅不睬",謂"不理睬(待人的一種傲慢態度)"。要之,從《卍齋璅録》至今,蜀方言一脈相承,絕非"一般不說'不瞅不睬'"。束書不觀而大言恐世,余期期以爲不可矣。

又如《蜀方言》卷下(338頁):

竊衣草曰惹子。

紀書337頁對原注釋標點爲:

[注] 留青日札草，子甚細，其氣臭惡，善惹人衣者，名曰"夫娘子"。

其疏云：

張注所謂之"留青日札草"，以其所述"子甚細，其氣臭惡"，似不與筆者所見之"惹子"同。

此大謬不然耳。《留青日札》爲明田藝蘅的一部筆記，未讀懂原文，憑空弄出什麼"留青日札草"來強加於原作者，再執之以妄加撻伐，亦原作者之大不幸也。張引見《留青日札》卷三十四《夫娘子》條，張永言先生點校本早於二十年前出版，既要整理該書，又無視已有成果而閉門囈語，何以服人？

三　探賾索隱，考鏡源流

方言古籍整理，應力求將前人所記方言之意表而出之，證以文獻典籍與現代方言，旁徵博引，網羅放佚，雖全非無一字無來處，要在十之九九，探賾索隱，考鏡源流，俾其由晦而顯。例如《蜀語》第164條（160頁）：

重曰重錭錭〇錭，吐本反。揚子《方言》："錭，重也。"

"重錭錭"謂沉甸甸，迄今所見文獻，仍以《蜀語》著錄爲最早。周祖謨《方言校箋》："錭，曹憲音腆；本書卷五'鍑北燕朝鮮洌水之間或謂之錭'，錭亦音腆；此作吐本反蓋誤。"按"吐本反"爲郭璞注音切，不誤，所校未是。華學誠《揚雄方言校釋匯證》："舊本皆作'吐本反'，《集韻·混韻》'錭'音'吐袞切'，'吐本'、'吐袞'音同。'腆'，《廣韻》'他典反'。今仍舊本，不改作'音腆'。"今蜀語"錭"音 [tʻən^{53}]，與"吐本反"相合。《集韻·混韻》"錭"音吐袞切，今音tǔn，但今蜀方言無"tun"這個音節，而一律讀 [tʻən]。因此，古今讀音仍然相合。

清道光二十一年《遵義府志》卷二十《風俗》、光緒二十一年《敘州府志》卷二十一《風俗》、民國十年《新修合川縣志》卷三十《風俗·方言》、民國三十七年《貴州通志·風土志·方言》："重曰重銵銵。吐本反。"民國十一年《邛崍縣志》卷四《風俗志·鄉音》："物重曰重銵銵。音等。"民國十八年《新修南充縣志》卷七《掌故志·風俗·方言》："物量多曰重銵銵。吞上聲。"民國二十三年《華陽縣志》卷五《禮俗·方言》："重曰重銵銵。"民國二十六年《犍爲縣志·居民·言語·方言》："重曰重銵銵。音滕上聲。"又，民國二十三年《樂山縣志》卷三《方輿志·方言》："重曰銵銵。音滕上聲。"民國三十一年《西昌縣志》卷五《禮俗志·方言》："重曰重銵銵。滕上聲。"姜亮夫《昭通方言疏證》（259條）："銵，音如騰聲。昭人謂重曰重銵。銵音吐本切，《方言》六：'銵，重也。'"《川方匯釋》（263頁）"重銵銵"音zòng tèn tèn，謂"沉甸甸"，"'重銵銵'亦作'重妥妥'"。

《蜀方言》卷下（369頁）：

> 謂重曰重銵銵。《集韻》：銵，吐衮切。《廣雅》：重也。

紀國泰《〈蜀方言〉疏證補》（463頁）："在蜀方言中，'銵'既不讀'吐衮切'，也不讀'他典切'，而是讀若'胎'上聲（[t'ai⁵³]），'重銵銵'讀做'重胎胎'（[tsuŋ²¹³t'ai⁵³t'ai⁵³]）。"今蜀方言固然說"重胎胎"，但說"重銵銵"更爲普遍，"銵"正讀"吐本反"，未可囿於見聞，而妄下斷語以欺後學也。

又，民國二十八年《巴縣志》卷五《禮俗·方言》：

> 《蜀語》謂重曰重銵銵。

《巴縣志選注》（326頁）："今蜀語念重zhòng曰重甸甸，猶普通話的沉甸甸。巴縣語：銵，念tĕn。"按此說不確，蜀語不說"重甸甸"。

又如《蜀語》第532條（166頁）：

有所礙曰隱○隱，恩上聲。《中朝故事》：異人王鮪贈宣州推事官一小囊，中如彈丸，令長結身邊。晝寢，爲彈子所隱，脇下極痛，起就外視之，屋梁落碎榻矣。

　　"隱"謂硌，指觸着硬物或凸起物而感到不適或受到損傷。前曾溯源及《文選》曹植《七啓》[①]，但已見於《黃帝內經素問》卷十六《骨空論》："坐而膝痛如物隱者，治其關。"明吳崑注："如物隱伏其中，此邪所着也。"清張志聰集注："如物隱者，邪留於骨節間也，故當治其關，關開則邪出矣。"均未中肯綮，當謂如物硌而生痛也，醫籍中習見。友生彭達池博士《〈黃帝內經〉誤釋二題》，謂"以'硌'義釋'坐膝痛如物隐者'之'隐'，則歷代迷霧渙然冰釋"[②]。茲再補數例。宋江休復《醴泉筆錄》卷下："李程子廓從父過三亭渡，爲小石隱足痛，以呼父，程云：'太華峰頭仙人手跡，黃河灘裏爭知有隱人腳跟？'"計有功《唐詩紀事》卷六十《李廓》："小說載廓從其父程過三亭渡，爲小石隱足痛，以呼父，程曰：太華峰頭，見有仙人手跡；黃河灘裏，爭得隱人腳跟。"明正德七年《松江府志》卷三十二《遺事》："興聖寺銅鐘，元至正十年鑄，相傳鑄時有老嫗以雙股銀釵投液中，今見於鐘腹，捫之隱手。"清道光二十一年《遵義府志》卷二十《風俗》、光緒二十一年《敘州府志》卷二十一《風俗》、民國十年《新修合川縣志》卷三十《風俗‧方言》、民國二十四年《蓬溪縣近志》卷七《風土篇‧方言》、民國三十七年《貴州通志‧風土志‧方言》："有所礙曰隱。恩上聲。"此實本《蜀語》。民國二十四年《雲陽縣志》卷十四《禮俗下‧方言上》："隱，有所礙也。"又，漢司馬相如《上林賦》："崴磈嵔廆，丘虛堀礨。隱轔鬱壘，登降施靡。"李善注引郭璞："隱磷鬱壘，堆壟不平貌。"王啟濤先生說："實際上，這個'隱'是個典型的四川方言詞，在四川方言尤其是川東北方言中常用。讀音就是四川方言中的'ŋing'（上聲）。意思是'有所礙'，'有東西在

---

① 蔣宗福：《四川方言詞語考釋》，第444頁。
② 彭達池：《〈黃帝內經〉誤釋二題》，《浙江中醫雜志》2005年8月號。

巴蜀方言古籍整理值得注意的問題 | 409

路上妨礙前進'。"①或爲一説。

前撰《四川方言詞語考釋》已指出《大字典》"隱"未及"硌"義，《七啓》"骨不隱拳"李善注引服虔《漢書注》："隱，築也。"亦不確。"隱"之硌義，並可溯及《黄帝内經素問》，自明末李實《蜀語》（166頁）首次著録，20世紀八九十年代，項楚師《王梵志詩釋詞》②《王梵志詩校注》③，王鍈先生《唐宋筆記語辭匯釋》所附《語辭備考録》④，拙撰《釋"隱"》⑤等，均有討論和補充，並且均見於重要刊物及出版社出版的學術著作。今見黄武松《敦煌文獻俗語詞方言義證》謂王梵志詩"不可隱我腳"，"'隱'當作'爲硬物所頂住、擱住'講"，並引李實《蜀語》"有所礙曰隱"、《清平山堂話本·陰隲積善》"物癮其背"，另引及元劇《來生債》"艮了牙"。王學奇、顧學頡《元曲釋詞（一）》云"牙齒被硬物所格，謂之'艮'"，並謂"平塘方言亦有此詞"，"音亦恩上聲，義同李實和王、顧説。可知梵志詩之'隱我腳'謂'頂我腳、格我腳'"⑥。所釋雖不甚洽切，但亦可參。《大字典》（二/7/4479頁）"隱"無視以上研究成果，而一仍其舊，未予修訂，不無遺憾矣。

作"硬"者，如明朱橚《普濟方》卷六十四《咽喉門》："治風肺壅，咽喉腫痛，語聲不出，如有物硬，嚥之則痛甚。"清高靜亭《正音撮要》卷二《身體》："墊着牙，硬着牙。"又《動靜》："東西硌着了，有物硬。"Adam Grainger《西蜀方言》（371頁）："石頭硬腳。"謂"the stones bruise my feet"；另有"枕頭硬腦殼""摸起硬手""把牙齒硬了"等。周芷穎《新成都》第四章第二節《語言》（56頁）："一麻不硬手。""硬手"即上引《松江府志》之"隱手"，亦猶《七啓》之"隱拳"、《江鄰幾雜志》之"隱腳"也。《川方匯釋》（244頁）"硬"音ngèn，"硌（硬

---

① 參見王啟濤《司馬相如賦與四川方言》，《四川師範大學學報》2005年第2期。
② 參見《中國語文》1986年第4期。又見《敦煌文學叢考》，上海古籍出版社1991年版，第628頁。
③ 項楚：《王梵志詩校注》，上海古籍出版社1991年版，第761頁。
④ 王鍈：《唐宋筆記語辭匯釋》，中華書局1990年版，第242頁。
⑤ 蔣宗福：《釋"隱"》，《中國語文》1998年第3期。又見《語言文獻論集》，巴蜀書社2002年版，第84—90頁。
⑥ 黄武松：《敦煌文獻俗語詞方言義證》，《貴州師範大學學報》1991年第1期。

的或凸出之物與身體接觸時使身體感到難受或損傷）"。《大字典》（二/5/2603）"硬"未及此義。

或作"艮"。《易·艮》："艮其背，不獲其身。"清王闓運《周易說》卷五："其背連卦名為文，是履否例也。傳改背為止，以背即身也。背，脊也。身，躬也。艮背者，有物艮之，則身知止，故不獲。"此為一說（亦參下"梗"引王說）。元劉君錫《來生債》第一折："（磨博士做咬銀子科，云）'中穿中吃？阿喲！艮了牙也。'"《大字典》（二/6/3378頁）"艮"（三）gěn，❸"牙齒被硬物硌痛"，引此例。

亦作"梗"。清厲鶚《遼史拾遺·本紀·天祚皇帝四》引趙子砥《燕雲錄》曰："地極寒而草茂，冬月不彫，雖枯不梗，馬可卧，柔如氈毯。""柔如氈毯"，不但"馬可卧"，人亦可卧，可見"梗"即"隱"，義為"硌"。《大字典》（二/3/1297頁）"梗"❷及《大詞典》（4/1032頁）"梗"❹均引《燕雲錄》例，謂"草木刺人"，恐不確。《大詞典》（1033頁）"梗"⓭"硬物觸壓人或動物"，引魯迅《故事新編·非攻》："不過布片薄，不平的村路梗着他的腳底，走起來就更艱難。"聞捷《海燕》："海水澆脊背，石頭梗肚皮，可是你一動也不動。"兩"梗"字以今蜀方音讀之，音[ŋən^{53}]，"不平的村路梗着他的腳底"，正如前撰引宋江休復《江鄰幾雜志》"黃河灘裏，爭知有隱人腳跟"，上引《唐詩紀事》"爭得隱人腳跟"。清胡文英《吳下方言考》卷十一《圻》："吳中凡肌肉為物所梗曰圻痛。"《易·艮》"艮其背，不獲其身"清王闓運《周易說》卷五釋之："又以物礙傷骨肉為義，今讀若梗背，不能限也。"《川方彙編》（99頁）"梗"音ngèn，謂"（梗，讀硬上聲）硌。例：鵝子石梗腳板兒"。又，民國三十六年《新繁縣志》卷四《禮俗·方言》："《說文》：'骾，食骨留咽中也。'《國語》韋注：'骨所以鯁刺人也。'忠言逆耳，如食骨在喉，故云骨骾之臣，史傳皆通作鯁。《木部》'梗'下云：'山枌榆，有束。'引伸為凡柯莖骾刺之稱。今俗謂有物骾刺，音轉如恩上聲。""恩上聲"即同李實《蜀語》（166頁）著錄之"有所礙曰隱"。《川方》（263頁）"梗₁（隱）"音ngen³，謂"硌：路上好多碎石，把我腳～得好痛"。《重方》（235頁）"梗"音ngen³，①"硌，即觸着凸起硬物感到難

受或受到損傷"。《成都話》（157頁）"摁〔硌〕"音〔ŋən⁵³〕，①"硌，觸着凸起的東西覺得不舒服"。以上本字當作"隱"，首見明李實《蜀語》著錄，以《黃帝內經素問》所見用例爲最早。

又，民國二十六年《南溪縣志》卷四《禮俗下・方言》："隱，恩上聲，謂阻礙人之進行也。"此爲引申說法，如謂某人從中作梗而事難進行謂"某人隱起的"。又謂人關係不和、有隔閡爲"隱"。《川方》（263頁）"梗₂"音ngen³，①"說話有顧慮，不願痛快吐露"，②"彼此有隔閡，關係不融洽"；又"梗起梗起（的）"音ngen³qi³ngen³qi³，①"說話有顧慮，吞吞吐吐的樣子"，②"形容彼此有隔閡，關係不融洽的樣子"。《重方》（235頁）"梗"音ngen³，②"話語停留心中不能痛快吐出"，③"彼此有隔閡"；又"梗起梗起"音ngen³qi³ngen³qi³，①"彼此有隔閡，關係不融洽的樣子"，②"說話吞吞吐吐有顧慮的樣子"。《成方》（317頁）"□"音ŋən上聲，①"觸着凸起的東西覺得不舒服或受到損傷"，②"欲說又忍住"，③"有隔閡"；又"□腳"謂"腳觸着凸起的東西覺得不舒服"。《方言大詞典》（5257頁）"梗"❻"隔閡；不和"，西南官話（四川成都〔kən⁵³〕）："他們兩個～起好久了，不曉得矛盾在哪裏。"此注音不確，蜀方言說〔ŋən⁵³〕，而不說〔kən⁵³〕。又"梗起梗起"，西南官話（四川成都〔kən⁵³tɕʻi⁵³kən⁵³tɕʻi⁵³〕），①"形容說話吞吞吐吐的樣子"，②"形容彼此有隔閡，關係不融洽的樣子"。此當據《川方》，注音則不知何據，〔kən⁵³〕當作〔ŋən⁵³〕。

《方言大詞典》（5849頁）"隱"音yǐn，❹"有妨礙"，西南官話（貴州遵義），引《遵義府志》"有所礙曰～"，但《府志》本採《蜀語》，釋"隱"爲"有妨礙"，則望文生訓，注音亦不確。又"隱倒"，西南官話，❶"硌着：～牙齒｜～腳"，❷"被硬物頂住：光板凳～屁股得很"，後一義亦爲"硌"，謂"頂住"未愜其意，不必分立義項矣。又（2286頁）"艮"⓫"硌；吃東西硌牙"，冀魯官話、中原官話。又（5257頁）"梗"❺"硌"，西南官話（四川成都〔kən⁵³〕）、湘語，前者舉例："路上好多碎石，把我腳～得好痛。"李劼人《大波》第三部第三章："大將軍八面威風，做啥都是一抹不～手。"但蜀語說〔ŋən⁵³〕而不說〔kən⁵³〕。以上

並同詞異形。

四　注重田野調查，爲著録方言提供參證

方言本來紛繁複雜，說有易，說無難。首先要相信前人的著録非空穴來風，再小心求證，禮失而求諸野，古今貫通。否則很容易囿於見聞而妄下斷語，既有失嚴謹，又陷己於尷尬境地。如《蜀語》第348條（99頁）：

物裂開曰笑。

《蜀方言》卷下（356頁）：

物裂開口曰笑。

紀國泰《〈蜀語〉簡論》以爲"物裂開曰'笑'"，"在今天的語言中完全消失了"[①]。又《〈蜀方言〉疏證補》（411頁）："今不聞'物裂開口曰笑'，或許彼時語有之。"均失于武斷。按《增韻·笑韻》："笑，喜而開顔啓齒也。"本指人因喜而笑，又以物裂擬之，此首見《蜀語》著録。清道光二十一年《遵義府志》卷二十《風俗》、光緒二十一年《敘州府志》卷二十一《風俗》、民國十年《新修合川縣志》卷三十《風俗·方言》、民國十七年《長壽縣志》卷四《人事部·方言》、民國二十三年《華陽縣志》卷五《禮俗·方言》、民國三十七年《貴州通志·風土志·方言》："物裂開曰笑。"以上並採《蜀語》。今川北仍有此說法，如馬尾松的種果成熟後開裂，稱之爲"笑果子"。物裂開口若達到所希望的效果，如饅頭蒸得開花開朵[②]，亦說"笑嘻了"。《川方》（413頁）"笑"音xiao[4]，謂"裂開（裂口偏向一邊，使一邊多，一邊少）（川東部分地區）：篾條劃～了"。喻遂生《〈蜀語〉今蹤——南江方言中所見之〈蜀語〉詞語》："南江話稱破竹子、竹篾時破得不均匀，偏向一邊爲'劃[xua55]笑了'，

[①] 紀國泰《〈蜀語〉簡論》，《成都師專學報》1992年第1期。
[②] 《川方》（196頁）"開花開朵"②"形容包子、饅頭等食品因鬆泡而裂開的樣子"。

饅頭蒸得開了口、棉衣棉帽破得露了花,都可稱'笑了'。"①是其證。

又如《蜀語》第17條(12頁):

腹瀉曰過○《漢書》:食菜不招過,飲水不裂腸。

今遍檢《漢書》《後漢書》正文及注釋"過"字未得,不知鄉先輩所據。"過"之"腹瀉"義,此爲最早著録。清劉省三《躋春臺》卷二《川北棧》:"又況是痢疾病屙得不像,日夜裏離不得毛廁磡,過得我撐不起屙在地上。"Adam Grainger《西蜀方言》(518頁):"肚子過。"即"diarrhoea"。民國《息烽縣志》卷二十九《風土志·方言》:"謂腹瀉曰過。"民國二十一年《萬源縣志》卷五《禮俗·方言》:"腹痛而泄曰過肚子。"民國三十二年《沿河縣志》卷十三《方言》、民國三十七年《貴州通志·風土志·方言》:"腹瀉曰過。"《大字典》(二/7/4105頁)"過"(一)⑲附項"又方言。腹瀉。《遵義府志》:'腹瀉曰過。'按:今四川方言'過肚子'即指腹瀉"。引例見清道光二十一年《遵義府志》卷二十《風俗》,但《府志》本採《蜀語》,仍無視《蜀語》之著録矣。今蜀方言腹瀉亦説"過肚皮"②。

再如《蜀語》第52條(20頁):

母之父母曰外公外嫲○外音位。

黃仁壽等校注(21頁):"今蜀人猶有用此音稱呼外公外婆者。"按《字彙補·女部》:"嫲,與婆同。"清光緒五年《鎮海縣志》卷三十九《方言》:"外公外嫲,《蜀語》:'母之父母曰外公外嫲。'"未引直音,亦未注音讀。民國二十一年《孟縣志》卷八《社會·方言》:"其關於稱謂者,如稱祖父曰爺,祖母曰奶奶,伯母曰大,外祖父曰外公,外祖母曰

---

① 參見遂寧市文化局編《李實學術研討會文集》,第120頁。
② 《成都話》(76頁)"過"③"腹瀉:肚皮~〔拉肚子〕"。《川方匯釋》(92頁)"過肚子"謂"腹瀉"。參見《川方考》(223頁)"過"條。

外婆（外皆讀位），亦簡呼曰婆（輕讀）。"民國二十三年《樂山縣志》卷三《方輿志·方言》："稱母之父曰外公，母曰外婆（外亦音位）。"民國二十七年《新安縣志》卷九《方言》："外祖曰外（五會切，本音）爺，外祖母曰外婆。"此特別注明"五會切"，則當讀同"位"，若通語音則無須標注矣。

又，清傅崇矩《成都通覽·成都人之稱謂》（229頁）："城鄉通用之家庭稱謂：……呼外祖父曰謂爺，呼外祖母曰謂婆。"蜀方言"謂""位"並音[uei²¹³]。

《成方》（180頁）"外婆"謂"母親的母親"，"外爺"謂"母親的父親"，"面稱、背稱均可"，"外"音uai或uei去聲。今川北梓潼縣亦稱"[uei²¹³]爺""[uei²¹³]婆"，但不稱"[uei²¹³]公"，同《成都通覽》《成方》。張紹誠《巴蜀方言淺說》（47頁）："把'外婆'讀'位婆'，與湖南常寧方音相同。"

《方言大詞典》（1305頁）"外婆"之"外"音"[uei]"有中原官話、晉語、西南官話（四川成都[uai²¹³p'o²¹]），中原官話所舉豫劇《佾公公與犟媳婦》："小三娘，他外爺～都怪扎實吧？"與梓潼縣說"外爺外婆"相同。楊小平《南充方言詞語考釋》（253頁）云"西充人把外公外婆稱'位公''位婆'"，與《蜀語》及《樂山縣志》等所記相同，與《成都通覽》及今梓潼等地有別，可見蜀語內部也有差異。

又，《方言大詞典》（1302頁）"外公"謂"外祖父"，吳語（上海[ŋa¹³koŋ⁵³]）、閩語。又（1303頁）"外爺"謂"外祖父"，中原官話、晉語、蘭銀官話、西南官話。其中河南洛陽"外"音[uei⁴¹²]，陝西漢中[uei³]、安康[uei⁵⁵]，清海西寧[uei³]，山西隰縣[uei⁵⁵]、石樓[uei⁵²]。又（1305頁）"外婆"謂"外祖母"，中原官話、晉語、江淮官話、西南官話、徽語、吳語、湘語、贛語、客話、粵語、閩語。其中陝西安康"外"音[uei⁵⁵]、寶雞[wei³]、安康[uei⁵⁵]，山西吉縣[uei³³]、石樓[uei⁵²]，陝西漢中[uei³]、安康[uei⁵⁵]。又（2754頁）"位爺"❷"外祖父"，中原官話。又"位婆"謂"外祖母"，中原官話、晉語。不說"位公"，與川北梓潼一致。新浪網2010年3月18日《曹丕稱帝漢獻帝去

哪兒了》（據大河網—大河報），記者采訪了修武縣博物館原館長馮清長，馮說："劉協是窩囊皇帝，卻是稱職醫生，深受百姓愛戴，民眾敬之如父母。焦作一帶的民眾爲了紀念他，不僅蓋了獻帝廟，而且還形成了許多有趣的民俗，流傳至今。據傳說，焦作民間叫外公、外婆爲'魏公、魏婆'。"[①] 恐爲附會。如上舉與焦作相隔天遠之地稱"位（謂）公""位（謂）婆"，音同"魏公、魏婆"，又當何說？其實，"魏"與"謂""位"音同，"叫外公、外婆爲'魏公、魏婆'"乃方言稱謂。

五　是正相關典籍的謬誤，對今人誤讀進行考辨

方言古籍整理不易做好，尤其是不熟悉該方言而率爾操觚，疏失就難以避免。這就要求方言古籍整理者，盡可能是方言古籍地域的學者，並有深厚的語言文字學、文獻學及歷史學素養，對古籍中存在的錯誤，以及後來的研究錯誤有洞察和勘正的專業修養。如《蜀語》第179條（56頁）：

> 凡木石諸器爲土沙所壅曰城，鱉藏沙中曰城沙○壅作去聲，城音威。

黃仁壽等《蜀語校注》（56頁）"鱉"字屬上。張子開先生《〈蜀語校注〉舛誤例正》："叢書集成本《蜀語》已如此點矣，《校注》沿襲。當斷爲'凡木石諸器爲土沙所壅曰城，鱉藏沙中曰城沙'，於義方妥。"趙振鐸先生《讀李實〈蜀語〉》引此例，"鱉"字亦屬下，是矣[②]。"城"指用土、沙等掩蓋或藏物。《玉篇·土部》："城，於歸切。城，決塘也。"下"城"字疑衍。《正字通·土部》："城，俗字，舊注音威，引《玉篇》'決塘'，誤。"《康熙字典·土部》："城，《玉篇》於歸切，音威。"或借其音記錄方言。城沙謂藏在沙裏。民國十八年《威縣志》卷十四《風俗志下·方言》："城，《蜀語》：物爲土沙所壅曰城。讀作威。"今蜀方言仍謂

---

① http://news.sina.com.cn/o/2010-03-18/071117234793s.shtml.
② 參見遂寧市文化局編《李實學術研討會文集》，第137、3頁。

掩埋、培土等爲"堿"①。

《大字典》（二/1/495頁）"堿"音wēi，❷"方言。掩蓋，埋藏"，引《蜀語》。《方言大詞典》（5883頁）"堿"謂"掩蓋；埋藏"，西南官話，引1925年《威縣志》："《蜀語》：物爲土沙所壅曰～，讀作威。"河北威縣非西南官話區，當徑引李實《蜀語》。又（5883頁）"堿沙"謂"木器、石器等被沙土埋藏"，西南官話，引《蜀語》："凡木石諸器爲土沙所壅藏沙中曰～。壅作去聲，堿，音威。"又"堿鱉"謂"木器、石器等被沙土埋藏"，西南官話，引《蜀語》："凡木石諸器爲土沙所壅曰堿，鱉藏沙中曰～。"兩引均不確，更誤讀原文而妄立"堿鱉"詞條矣。

另如《蜀語》第137條（44頁）：

疥瘡曰乾瘑瘥〇瘑瘥音果老，土音作格澇。

《蜀方言》卷上（294頁）：

疥瘡曰乾疙瘩。《集韻》：瘑瘥，疥瘡也。音若果老。今轉爲疙老。疙即瘑之入聲。

紀國泰《〈蜀方言〉疏證補》（169頁）謂"近現代蜀語，謂疥瘡曰'乾瘡子'，不曰'乾疙瘩'"，則囿於見聞而妄下斷語。如《西蜀方言》（350頁）、光緒八年《黎平府志》卷二下、民國三十七年《貴州通志·風土志》均作"乾瘑瘥"，民國二十一年《萬源縣志》卷五作"乾疙鬧"，民國三十七年稿本《興義縣志》第十一章作"乾疙瘩"，民國三十二年《沿河縣志》卷十三作"乾格澇"。《川方》（112頁）"乾疙瘩"謂同"乾瘡"，《川方彙編》（129頁）"乾疙瘩"謂"疥瘡"，《川方匯釋》（78頁）"乾瘡"謂"又名'乾疙瘩'"。趙振鐸先生《讀李實〈蜀語〉》說"發現有相當一部分詞在今天的成都話裏面也有"，凡舉11條，"乾瘑

---

① 趙振鐸先生《讀李實〈蜀語〉》謂"發現有相當一部分詞在今天的成都話裏面也有"，凡舉11例，此爲其一。參見遂寧市文化局編《李實學術研討會文集》，第3頁。

疬"即爲其一[1]；喻遂生《〈蜀語〉今蹤——南江方言中所見之〈蜀語〉詞語》說"南江話稱疥皰（瘡）作［kan^{55}kɛ^{31}nau^{214}］，或寫作'乾疙癆'"[2]。

又如《蜀語》第118條（39頁）：

以鹽漬物曰濫〇濫讀上聲，音覽，濫、灆同。

劉廷武《〈蜀語〉釋要》："濫，應作醃。……醃，今音讀yān，四川方言讀nan［ʿnan］，轉平爲上。醃變讀如覽，以濫、灆、漤爲以鹽漬物意之字，誤矣。"[3]其實，"濫""灆""漤"自《釋名》、《齊民要術》及《集韻》而下均用作漬物義，道光《遵義府志》卷二十、民國十五年《長壽縣志》卷四、民國三十二年《沿河縣志》卷十三、民國三十七年《貴州通志·風土志》均謂以鹽漬物音"覽"，民國二十一年《萬源縣志》卷五音"攬"，《西蜀方言》（312頁）"濫腬""濫菜"。《蜀方言》卷下（357頁）亦作"漤""灆"，又同"濫"。今蜀方言音義並存，無須以"醃變讀"。

以上幾個問題，足以說明方言古籍整理難度不可小覷，更不能等閑視之而率爾操觚，需結合多學科的專業知識、理論和方法，庶可畢其功於一役，把方言古籍整理工作做好。

參考文獻

[1]（明）李實：《蜀語》，黃仁壽等校注本，巴蜀書社1992年版。

[2]（清）張慎儀：《蜀方言》（與《續方言新校補》《方言別錄》合一冊），四川人民出版社1987年版。

[3]（清）Adam Grainger：《西蜀方言》，Shanghai American Presbyterian Mission Press，1900年版。

[4]（清）傅崇矩：《成都通覽》，成都新時代出版社2006年版。

[5] 唐樞：《蜀籟》，四川人民出版社1982年版。

---

[1] 參見遂寧市文化局編《李實學術研討會文集》，第3頁。
[2] 同上書，第118頁。
[3] 同上書，第85頁。

［6］吳濟生：《新都見聞錄》，光明書店1940年版。

［7］周芷穎：《新成都》，成都復興書局1943年版。

［8］向楚主修：《巴縣志》，重慶出版社1989年選注本。

［9］紀國泰：《〈蜀方言〉疏證補》，巴蜀書社2007年版。

［10］蔣宗福：《四川方言詞語考釋》，巴蜀書社2002年版，簡稱"《川方考》"。

［11］羅韻希等：《成都話方言詞典》，四川省社會科學院出版社1987年版，簡稱"《成都話》"。

［12］梁德曼等：《成都方言詞典》，江蘇教育出版社1998年版，簡稱"《成方》"。

［13］繆樹晟：《四川方言詞語匯釋》，重慶出版社1989年版，簡稱"《川方匯釋》"。

［14］遂寧市文化局編：《李實學術研討會文集》，語文出版社1996年版。

［15］王文虎等：《四川方言詞典》，四川人民出版社1987年版，簡稱"《川方》"。

［16］許寶華等：《漢語方言大詞典》，中華書局1999年版，簡稱"《方言大詞典》"。

［17］張少成等：《四川方言詞語彙編》，成都市群眾藝術館1987年內部印本，簡稱"《川方彙編》"。

［18］曾曉渝主編：《重慶方言詞解》，西南師範大學出版社1996年版，簡稱"《重方》"。

（原載《四川大學古籍整理研究所建所三十年紀念文集》，四川大學出版社2013年版）

附　　錄

古籍整理也應遵守學術規範

　　2003年9月15日至26日，由全國古籍整理出版規劃領導小組主辦，小組辦公室、中國國家圖書館及全國古籍出版社聯合會承辦的"新中國古籍整理出版成就展"，在北京國家圖書館文津廳舉行，引起了國內各大媒體的廣泛關注，《人民日報》、《光明日報》、《中華讀書報》、《中國新聞出版報》、《中國圖書商報》、《中國文化報》、《中國青年報》、《北京青年報》、《北京晚報》、《文匯報》、中新社、中央電視臺新聞頻道及國際頻道、北京電視臺及新華網、人民網、新浪網、國學網、東北新聞網等，都對展覽做了較大篇幅的報道[①]。新中國成立50多年來的古籍整理出版成就，是在毛澤東、周恩來等老一輩党和國家領導人的直接指示和關懷下，從對"二十四史"及《清史稿》的點校開始，以及1981年9月中共中央《關於整理我國古籍的指示》的貫徹下取得的，充分說明了古籍整理在弘揚中華民族優秀傳統文化和建設社會主義精神文明中的重要作用，歷來受到党和國家領導人及有關部門的高度重視。

　　此前，2003年9月11日《光明日報》C3版《書評周刊》232期載楊牧之《古籍整理出版工作展望》一文，該版下欄載"古籍整理圖書獲國家圖書獎名錄"第五屆提名獎，筆者注意到北京大學出版社出版的《十三經注疏》

[①]《"新中國古籍整理出版成就展"綜述》，全國古籍整理出版規劃領導小組辦公室編《古籍整理出版情況簡報》2003年第9、10期（合刊）。

（整理本，以下簡稱"北大本"）赫然在列。《新華文摘》2003年第12期轉載了楊文，該"名錄"附於文末。可見，北大本《十三經注疏》（整理本）受到了學術界的肯定，確實風光無限。然而，北大本《十三經注疏》（整理本）存在弄虛作假，其中由浦衛忠整理的《春秋公羊傳注疏》存在嚴重的抄襲問題，作爲古籍整理圖書獲"國家圖書獎"的提名獎，顯然名不副實，與國家投入大量人力物力，希望調動古籍整理工作者的積極性，動員社會力量來做好古籍整理出版工作的良好願望背道而馳。我們必須以嚴謹的科學態度來澄清這一事實，提倡古籍整理也應注意學術規範。

近幾年來，學術"造假"和"打假"引起了社會的廣泛關注。有些人出於各種目的，欺世盜名，大量抄襲別人的論文甚至專著，或者引用別人的觀點材料不注明出處，最終變成了自己的"發明創造"，更有甚者明火執仗地將現成的工具書竊爲己有，如楊守建《中國學術腐敗批判》所綜合披露的種種現象，其造假手法可謂花樣百出[①]。

在古籍整理方面，剽竊抄襲他人成果者，前些年學術圈內雖亦有風聞，但由於該領域的特殊性，究竟受到一定限制，故相對平靜一些，筆者亦略感欣慰。然而，筆者恰恰遇上了"李鬼"，才覺得"高興"得太早了。可能正是因爲這一領域涉足者不如其他領域人多，關注者有限，有人以爲有機可乘，公然幹起了抄襲剽竊的勾當，藉以盜名欺世。

爲了維護學術的尊嚴，堅持實事求是的科學態度，我們認爲也有必要在古籍整理領域進行學術"打假"，對剽竊他人成果者予以毫不留情的揭露。否則，國家的古籍整理事業，將會因此而蒙受巨大損害。

2000年，筆者見到由北京大學出版社1999年12月出版的《十三經注疏》（標點本），冠於每一經注疏書首的"《十三經注疏》整理工作委員會"之"整理說明"云：

[①] 楊守建：《中國學術腐敗批判》，天津人民出版社2001年版。按此書本身也存在不規範問題，詳見周祥森、楊玉聖等《〈中國學術腐敗批判〉討論專輯》，《雲夢學刊》2003年第1期。

十三經的經文有過多種整理本，但其注疏卻從未進行過系統、全面的整理，本次整理旨在填補學術界這一空白。相信它的整理出版將對中國傳統文化的研究極有裨益。

筆者當時認爲這是不顧事實的信口胡說。如果對《十三經注疏》的"系統、全面的整理"，是"填補學術界這一空白"的話，那也不是這套北大出版社本。因爲早在1996年12月，海南國際新聞出版中心出版的《傳世藏書》，經庫即收錄了經過"系統、全面的整理"的《十三經注疏》（以下簡稱"海南本"）。北大本出版晚於海南本整整3年，在當時學術界不知道《傳世藏書》的人恐怕不多。在當今交通如此便捷、圖書流通迅速的情況下，北大本"《十三經注疏》整理工作委員會"在其整理人員嚴重抄襲他人成果時竟然在"整理說明"及"凡例"中隻字不提海南本，不知是真的孤陋寡聞，還是有意回避而一同參與了這一不光彩的作爲？"傳世藏書·經庫·十三經注疏"主編爲陳金生先生，整理者有何錫光、虎維鐸、喻遂生、梁運華、彭林、尹小林、蔣宗福、張顯成、方有國、李海霞、劉繼華、周顯忠、錢安琪、侯昌吉、周宏偉、羅憲華、端木黎明、宋永培、龔抗雲、盧仁龍（據《十三經注疏》書首所列順序，其中西南師範大學11人），龔抗雲並爲5名責編之一。北大本《十三經注疏》總策劃及副主編均有龔抗雲，整理者中有龔抗雲、彭林。也就是說，如果不是同名同姓的話，龔抗雲與彭林兩位先生，都參與了海南本與北大本《十三經注疏》的整理或策劃，後者之"整理說明"不提海南本，完全出於故意。

海南本《十三經注疏》的整理，筆者承擔1種，與他人合作2種，計100餘萬字。當時，筆者供職於西南師範大學漢語言文獻研究所，1995年8月應中華書局哲編室盧仁龍先生和《傳世藏書》編委會張自文先生約請，接受了《春秋公羊傳注疏》、《春秋左傳正義》和《尚書正義》等3種的整理任務，前一種由筆者承擔，《春秋左傳正義》由劉繼華等人承擔，《尚書正義》由喻遂生承擔。我們深知《十三經注疏》的點校對於傳統文化研究的重要性，故而極其認真。筆者所作《春秋公羊傳注疏》點校，以宋及明清

多種版本通校或參校，對傳注疏所引經傳及其他典籍，均一一覆核了原書，計出校勘記1117條（底本不誤而他本誤者一律不出校），60餘萬字就耗時整整1年。我們所承擔的3種典籍整理交稿後，受到《傳世藏書》編委會好評，其對品質感到滿意。1996年夏，《傳世藏書》編委會另將由他人整理的《禮記正義》、《春秋穀梁傳注疏》和《周易正義》等3種品質很差的三校清樣稿交給我們，由我們重新點校，並由我們署名。因《十三經注疏》點校在整套叢書中難度最大，故進度最慢，其出版已落在了最後，編委會要求我們對新接手的這3種三校清樣稿加班加點進行整理。我們當即放下其他工作，立即組織人員，《禮記正義》《春秋穀梁傳注疏》由筆者與他人合作整理，《周易正義》由何錫光等整理，於11月底完成，12月整套叢書123巨冊全部出齊（《十三經注疏》爲5巨冊），並向國內外發行。1999年初，我們以"《十三經注疏》六種點校"申報了重慶（直轄）市第一屆社科優秀成果獎，4月榮獲重慶市政府二等獎。

筆者檢視由浦衛忠"整理"的《春秋公羊傳注疏》（以下簡稱"浦本"），除書首冠"《十三經注疏》整理工作委員會"爲整套叢書所寫的"整理說明"和"凡例"外，浦本無"前言""後記"之類文字說明參校各本及吸收已有成果的情況等。翻開卷一，發現第1頁第1條校記就是抄來的。再略檢數頁，當即認爲，可以肯定浦氏確實剽竊了本人的成果。由於近年筆者忙於其他研究工作，一時難以措手，故將此事擱置了下來。

2003年9月的"新中國古籍整理出版成就展"，經媒體廣泛報道，古籍整理"國家圖書獎名錄"也一再經媒體傳播，對於北大本《十三經注疏》（整理本）因弄虛作假而獲此殊榮，實在令人難以置信。筆者猶豫再三，最終還是認爲有責任也有義務，就博取填補"空白"頭功的北大本，尤其是浦衛忠氏不願意明明白白地吸取已有成果而鼠竊狗偷，抄襲剽竊本人整理的《春秋公羊傳注疏》的校勘成果及阮元校勘記的手法和證據臚列如次（暫無暇就與他人合作整理的《禮記正義》《春秋穀梁傳注疏》一一檢視，至於其他人整理的另10種是否也存在侵權問題，我們期待整理者本人的反應），以正視聽。

一　照抄

海南本（1996年12月出版，16開）		浦本（1999年12月出版，32開）	
頁/序號	校　勘　記	頁/序號	校　勘　記
17［1］	阮元校刻本原題"監本附音春秋公羊注疏隱公卷第一"，今刪"監本附音"四字，並從眾於"公羊"下補"傳"字，餘仍其舊。以下同，不復出校。	1①	阮元校刻本原題"監本附音春秋公羊注疏隱公卷第一"，今刪"監本附音"四字，並從眾於"公羊"後補"傳"字，餘仍其舊。以下同，不復出校。
17［6］	文宣，原作"宣文"。按文公本在宣公前，萬曆本、殿本不誤，並據乙正。	4③	"文宣"原作"宣文"，按文公本在宣公前，萬曆本、殿本不誤，據乙正。
17［19］	反，原誤作"同"。按各本作"反"，據改。	17①	"反"原作"同"，按各本作"反"，據改。
18［27］	是也，原作"者也"。按《四庫全書》本作"是也"。通觀全書，無引例以"者也"煞尾而作肯定判斷的用例，據改。	25③	"是"原作"者"，按《四庫全書》作"是也"。通觀全書，無引例以"者也"煞尾而作肯定判斷的用例，據改。
18［28］	將，原誤重。下疏標起訖不重，據刪。	25⑤	"將"原誤重，下疏起訖不重，據刪。
40［18］	至，原脫，據疏標起訖通例補。	56①	"至"字原無，據疏標起訖通例補。
53［22］	逆婦姜于齊略之也，據傳"齊"下脫"逆婦姜于齊何"，否則"略之也"三字甚覺突兀。	75⑤	"齊略之也"，按：據傳"齊"後脫"逆婦姜于齊何"，否則"略之也"三字甚覺突兀。
53［23］	至三王，原作"無王"，據疏標起訖例及殿本改。	76②	"至三王"原作"無王"，據疏標起訖例改。
53［25］	尤危，原作"无危"。按作"无危"與文意相左，據叢刊本、萬曆本、殿本改。	78③	"尤危"原作"无危"，按，作"无危"與文意相左，據叢刊本、萬曆本、殿本改。
54［33］	皆，原作"者"。按萬曆本、殿本作"皆"，是，據改。	80⑦	"皆"原作"者"，萬曆本、殿本作"皆"，此據改。
54［37］	定十三年，原作"定十四年"。按下"定十四年"亦誤，並據定十三年經改。	86①	"定十三年"原作"定十四年"，按，下"定十四年"亦誤，並據定十三年經改。

續 表

海南本（1996年12月出版，16開）		浦本（1999年12月出版，32開）	
頁/序號	校 勘 記	頁/序號	校 勘 記
67［9］	長義云，此以下至"是其義也"，殿本置於注"死亡之事不得施"之下，當是。"解云權之設"云云，前後與疏標引例不合，疑有誤。	98②	"長義云"，按：此以下至"是其義也"，殿本置於注"死亡之事不得施"之下，當是。"解云權之設"云云，前後與疏標引例不合，疑有誤。
67［21］	將，原脫。按殿本、今《檀弓》均有"將"字，據補。	110④	"將"字原脫，按，殿本、今《檀弓》均有"將"字，據補。
80［1］	第，原脫，據全書通例補。	111①	"第"字原無，據全書通例補。
81［11］	二，原誤作"三"，據經改。	117②	"二"原作"三"，據經改。
81［15］	哀公亨乎周，原作"注公亨乎周"。此疏傳而非疏注，又疏標起訖不能掐頭去尾，故據改。	122②	"哀公亨乎周"原作"注公亨乎周"，此疏傳而非疏注，又疏標起止不能掐頭去尾，據改。
166［12］	注，原作"主"。按疏標起訖例當作"注"，據改。以下凡疏標起訖誤者徑改。	251①	"注"原作"主"，據疏標起訖例改。以下凡疏標起訖誤者徑改。
289［8］	執鐵鑽者，此節疏疑爲下傳"執鐵鑽"疏文，而竄亂於此，並有字訛。	458①	"執鐵鑽者"，此節疏疑爲下傳"執鐵鑽"疏文，而竄亂於此，並有字訛。
335［55］	凡，原作"几"，據襄二十九年傳改。	533③	"凡"原作"几"，據襄二十九年傳改。
335［56］	惡，原作"烏"，據襄二十九年傳改。	533④	"惡"原作"烏"，據襄二十九年傳改。

　　上表所列，浦本是否剽竊，讀者想必自有公論了。但我們還要提醒大家注意幾點：一、上列海南本所謂"萬曆本""叢刊本""殿本"，筆者在書首"提要"中說，"以乾隆四年校刊、同治十年重刊的武英殿本（《四庫全書》本當出乾隆校刊本，以下稱殿本）通校，並以《四部叢刊》傳注本（影宋刊本，以下稱叢刊本）、明萬曆二十一年刊注疏本（國子監祭酒曾朝節等奉敕重校刊，似即阮校所用監本，以下稱萬曆本）參校"，前面說過，浦本無隻字交待所用何本參校，不知其所謂"萬曆本""叢刊本"

"殿本"所指爲何？二、"今删'監本附音'四字，並從衆於'公羊'下補'傳'字，餘仍其舊。以下同，不復出校"，"通觀全書，無引例以'者也'煞尾而作肯定判斷的用例"，"據傳'齊'下脱'逆婦姜于齊何'，否則'略之也'三字甚覺突兀""按作'无危'與文意相左，據叢刊本、萬曆本、殿本改"，"此疏傳而非疏注，又疏標起訖不能掐頭去尾"，等等，處理方式、用詞、語氣竟絲毫不爽。三、海南本與北大本均爲簡化字本，更令人驚訝的是，289頁[8]"執鉄鑽者"，因筆者歷來不主張對《簡化字總表》規定可以類推簡化以外的字進行類推簡化，故"鑽"不作"锗"，此字本爲"鑕"字之訛，校記所謂"並有字訛"即指此；又，"執鉄鑕"之"鉄"爲"鈇"字之訛，海南本282頁正文即作"執鈇鑕"，因校樣未經筆者校閱，故致校記有訛字。没想到浦本連這一錯誤也依樣畫葫蘆照搬，這不僅是"英雄"所見略同，簡直是"英雄"所見全同了。筆者何幸？所作校勘記，正確者被浦本照搬，訛誤亦被抄襲！如此厚愛，何以克當？

二　明取

| 海南本（1996年12月出版，16開） || 浦本（1999年12月出版，32開） ||
頁/序號	校　勘　記	頁/序號	校　勘　記
53［24］	滅穀鄧，原倒作"鄧穀"。阮校謂"何校本作'滅穀鄧'"。按滅穀實在前，下疏引《春秋説》即作"滅穀鄧"，並據乙正。	77④	"穀鄧"原作"鄧穀"，阮校："何校本作滅穀鄧。"按：滅穀實在前，下疏引《春秋説》即作"滅穀鄧"，據改。
80［2］	酒，原脱，據上注補。	112③	酒字原無，據上注補。
80［3］	其，原脱，據疏標起訖例補。	113④	"其"字原無，據疏標起止例補。
209［12］	孔子蓋善之也者，此節疏原接上疏"解云間傳文"下。按傳在後而疏反在前，當有竄亂，今據殿本移改，並補"疏"、"解云"。	322①	"孔子蓋善之也者"，此節疏原在上疏"解云間傳文"後。按，傳在後而疏反在前，當有竄亂。此疏釋"孔子蓋善之也"，當在"孔子蓋善之也"注後，據移。並據全書通例加"疏"、"○解云"。

續 表

海南本（1996年12月出版，16開）		浦本（1999年12月出版，32開）	
頁/序號	校 勘 記	頁/序號	校 勘 記
239［18］	右，原作"言"。按殿本作"右"，是，據正。	377④	"右"原作"言"，按殿本作"右"，依文意，作"右"爲宜，據改。
265［8］	定弋者何，此節疏原接上疏"字聲勢與此同"下。按傅在下而疏反在上，當有竄亂，萬曆本、殿本不誤，並據移改。	419①	"定弋者何"此節疏原在上疏"字聲勢與此同"下，按，傅在下而疏反在上，當誤，據上下文移。
265［16］	注據譚子言奔者，此節疏原接上疏"不勞備說"下。……按殿本亦如是，並據移改，下依例補"○解云"。	423①	"注據譚子言奔者"原在上疏"不勞備說"下，……按，此爲釋注"據譚子言奔"，疏當屬下，據移，下依例補"○解云"。
278［10］	注，原脫。按各本均不脫，據補。	442①	"注"字原無，按，各本均不脫，據補。
289［1］	俱，原脫。按注有"俱"字，據疏引例補。	454①	"俱"字原無，按，注有"俱"字，據疏引例補。
289［11］	十一，原作"十"。按"莒人弑其君密州"在冬十一月，據正。	460②	"一"字原無，按，"莒人弑其君密州"在冬十一月，據正。
289［12］	倒賞，原作"倒置"。阮校曰："'倒置'當作'倒賞'。按成元年注作'例賞'。"按成元年注，"例"字誤而"賞"字不誤，並據正。	461①	"倒賞"原作"倒置"，阮校："'倒置'當作'倒賞'。按成元年注作'例賞'。"按，"例"字誤而"賞"字不誤，據改。
289［14］	楚，原作"晉"。按此疏引注例當作"楚"，萬曆本、殿本不誤，並據正。	461④	"楚"原作"晉"，按疏引注例當作"楚"，據改。
305［43］	遷怒，原作"遷恕"。按本節疏"遷怒"凡三見，不應有異，萬曆本、殿本不誤，並據正。	492①	"遷怒"原作"遷恕"，按，本節疏"遷怒"凡三見，不應有異，據改。
334［32］	同，原脫。據各本補。	526③	"同"字原無，據各本補。
349［27］	皆，原作"書"。按襄二十八年注作"皆"，據正。	554④	"皆"原作"書"，按襄二十八年注作"皆"，據改。

續表

海南本（1996年12月出版，16開）		浦本（1999年12月出版，32開）	
頁/序號	校　勘　記	頁/序號	校　勘　記
388［7］	比，原作"此"。按上注及疏標起訖均作"比"，據正。	614③	"比"原作"此"，按，注文及疏標起訖均作"比"，據改。

上表所列，畫線部分全部相同，或僅有個別字詞不同，顯係浦本抄襲時，爲掩人耳目，對每條校勘記作"技術處理"後遺留下來的證據。掩耳盜鈴，自欺欺人，麒麟皮下還是露出了馬腳。

三　暗取

海南本（1996年12月出版，16開）		浦本（1999年12月出版，32開）	
頁/序號	校　勘　記	頁/序號	校　勘　記
17［22］	士，原作"言"。按此疏引注例，上注作"下士略稱人"，萬曆本、殿本均不誤，並據改。	19①	"士"原作"言"，參萬曆本、殿本，依文意改。
18［25］	三，原誤作"二"，據經及萬曆本、殿本改。	25①	"三"原作"二"，據《春秋》參萬曆本、殿本改。
18［26］	三十年，"三"字原脱，據經及萬曆本、殿本補。	25②	"三"字原無，據《春秋》參萬曆本、殿本補。
18［33］	晉侯，原誤作"齊侯"。按哀十三年作"晉侯"，萬曆本、殿本不誤，並據改。	27⑥	"晉侯"原作"齊侯"，按，哀十三年作"晉侯"，據改。
28［23］	僖十年，原誤作"僖十五年"。按晉殺里克事本在十年，殿本不誤，並據傳十年經改。	44①	"僖十年"原作"僖十五年"，按：晉殺里克事在十年，此據僖十年經改。
53［28］	禮運道三皇時云，原作"禮進退三皇時云"。按萬曆本、殿本不誤，此謂《禮運》道三皇時云，據改。	79④	"禮運道三皇時云"原作"禮進退三皇時云"，據文意參萬曆本、殿本改。
107［29］	歸寧，原作"歸宗"。按下疏既引《詩》"歸寧父母"，當作"歸寧"是，殿本亦正作"歸寧"，下疏標起訖並據改。	176①	"歸寧"原作"歸宗"，按，下疏系引《詩》"歸寧父母"，當作"歸寧"爲是，據改。下同。

海南本（1996年12月出版，16開）		浦本（1999年12月出版，32開）	
頁/序號	校 勘 記	頁/序號	校 勘 記
119 [8]	卒，原脱。按注、疏標起訖及宣十七年經均有"卒"字，並據補。	185①	"卒"字原無，按，疏標起止、注文及宣十七年經皆有"卒"字，據補。
133 [20]	七，原誤作"十"。按"孫良夫來盟"實在宣七年，據改。	211①	"七"原作"十"，考"孫良夫來盟"在宣七年，據改。
166 [33]	○注復歸至出也○解云，原作"云復歸至出也者"。按疏標起訖例，"云"當"注"之誤，"者"當衍，前後脱兩"○"及"解云"，據全書通例補正。	260①	"○注復歸至出也○解云"原作"云復歸至出也者"，據全書通例改。
224 [16]	宋師伐陳者，原接上疏"深責之耳"下。按經在後，而疏竄於前，據移改。	354③	"宋師伐陳者"至"疑脱耳"原在上節疏"故曰深責之耳"下，按，此段爲經文"宋師伐陳"之疏文，經文在後，疏文豈在前。據移。
290 [25]	景王，按經本作"天王"，當據正。	468③	"天王"原作"景王"，按，經本作"天王"，據改。
334 [35]	上文，據全書通例，此前當有"○解云"，疑有誤。	527②	"上文"前，據全書體例，當有"○解云"，疑脱。
334 [36]	○，原作"自"。按疏標起訖下當有"○"，作"自"費解，據改。	527③	"○"原作"自"字，按，疏標起訖下當有"○"，作"自"于文意不通，據改。
335 [52]	云，原脱，據疏引經傳通例補。	532②	"云"字原無，據全書疏引經傳體例補。

上表所列，筆者之所以認爲浦本暗中將其竊爲己有，"萬曆本、殿本"云云，亦如上文所述，更因爲筆者發現，浦本在明目張膽地大量剽竊在下的校勘成果外，還公然冒天下之大不韙而肆意剽竊阮校。除此之外，幾無一條校記是浦氏自己校出來的（如拙校本318頁 [42] 以下至 [58]，計17條校記，浦本頁512①"'三月'，唐石經、鄂本同，閩、監、毛本作'二月'，誤"，除此條底本不誤而他本誤並抄襲阮校外，無一條校記）。這

就難怪，敢於剽竊阮校的人，豈把我輩放在眼裏？抄了又怎樣？當然，筆者應換一種思維，承蒙浦氏擡舉，看得起在下對《春秋公羊傳注疏》的整理，在抄襲阮校的同時，連帶鄙人的校勘成果一同抄襲，筆者應感"榮幸"才是，而不必計較。學術乃天下公器，浦衛忠氏自然可以竊爲己有。讀者如若不信，請看他是如何抄襲阮校的。

四　剽竊阮校

關於阮校，我們以中華書局影印《十三經注疏》所附校勘記爲據，列出頁碼、欄數。阮校摘句後加冒號，校記由筆者簡單標點。

阮　校　本		浦本（1999年12月出版，32開）	
頁/欄	校　勘　記	頁/序號	校　勘　記
2201/上	春秋尚書其存者：何校本同，閩、監、毛本其誤具。盧文弨曰：宋本禮記注作其，與此合。	2②	"其"，宋本《禮記》注同，閩、監、毛本作"具"，誤。
2201/上	丘攬史記：閩、監、毛本攬作覽，非也。	3①	"攬"，閩、監、毛本作"覽"，誤。
2201/上	文元年：此本原作示，訛，今訂正。補刻本及閩、監、毛本作二年，誤。	5②	"元"，補刻本及閩、監、毛本作"二"，誤。
2201/上	元年者何：宋余仁仲本同，閩本、監本、毛本上增傳字，非。	6①	"元"，宋余仁仲本同，閩、監、毛本前增"傳"字，誤。
2201/上	揔號其成功之稱：宋本、閩本同，監、毛本功誤名。	7①	"功"，宋本、閩本同，監本、毛本作"名"，誤。
2201/上	是以春秋說云：此下文當有脫誤。	8①	"是以春秋說云"，此下文當有脫誤。
2201/上	以元之深：浦鏜云：深當作氣。	8⑤	"深"，浦鏜云："深"當作"氣"。
2201/上	十二月萌牙始白：閩、監本同，毛本牙改芽，非。注作牙。	9①	"牙"，閩本、監本同，毛本改"芽"。
2201/中	後主更起：盧文弨曰：主疑當作王。	10②	"主"，盧文弨曰："主"疑當作"王"。

續 表

阮 校 本			浦本（1999年12月出版，32開）	
頁/欄	校 勘 記		頁/序號	校 勘 記
2201/中	即位者：盧文弨曰：春秋左氏正義引此注作公即位者，多公字。		10③	"即位者"，盧文弨曰：《春秋左氏正義》引此注作"公即位者"，多"公"字。
2201/中	天不深正其元：鄂本、元本、閩本天作夫，誤也。監、毛本夫作天是也。		10④	"天"，鄂本、元本、閩本天作"夫"，誤。監本、毛本同底本。

上表所列，儘管阮校本還不足半頁（上欄加中欄前6行），竟有多達11條校記被抄襲，已足以說明問題的嚴重，沒必要再往下舉證了。《春秋公羊傳注疏》計28卷，阮元校勘記共112欄，合37頁，另加"春秋公羊傳注疏序校勘記"2頁，合計39頁，全書將有多少被抄襲，大致可以估算出來了。浦氏所謂的"宋本""元本""閩本""監本""毛本"等，我相信的的確確是抄襲阮校，並非他自己找到了這些版本而校出了問題；就退一萬步說，浦氏找到了這些版本，亦確曾認真校勘出錯誤，但阮校在前，最多也只能印證阮校，而不能將阮校據爲己有。另外，就連"浦鏜云""盧文弨曰"等，表面上承認校勘成果是浦、盧二人的，實際上也並非浦衛忠氏自己讀到了浦、盧二人的著作，吸取其研究成果而寫入校勘記，仍然是從阮校那裏剽竊來的。

凡此種種，我們寧肯相信浦衛忠氏對古籍整理完全出於無知，而不願相信浦氏在肆無忌憚地剽竊阮校及筆者的成果。否則，真讓人懷疑這是故意抄襲，"《十三經注疏》整理工作委員會"爲博取填補"空白"的頭功在有意縱容，就連"審定"本書的名人，恐怕亦難脫縱容作假的干係。當然，浦衛忠氏或者既想當官，又想迅速成名成家，因才疏學淺，時間精力不濟，成果出不來，動動腦筋抄襲別人的成果，倒不失爲多快好省、名利雙收的終南捷徑。

浦氏對於古籍整理的無知，說來難以置信。如494頁②"末"原作"未"，按阮校："毛本同，誤也。閩、監本作'衰末'，何校本同。"

據改。這條校記不知是要說明"末"是從閩、監本的"衰末"校改的,還是從"衰末"之"末"校改的?真讓人丈二和尚摸不着頭腦。其實,阮校摘句爲"及其衰末"(2322/上),與校語對讀,意思清楚。浦本摘詞當作"'衰末'原作'衰未'",方可與阮校配合。又如,406頁④"所銜"原作"銜命",阮校:"浦鏜云'所銜'誤'銜命'。"按,依文義作"銜命"爲宜,據改。既然"依文義作'銜命'爲宜,據改",原本作"銜命",又"據改"作什麼?既然作"銜命"爲宜,爲何正文及出校摘字又作"所銜"?這樣自相矛盾的校勘還有一些,另如誤校誤改等,已偏離本文主題,這裏就不再贅述了。

五　抄襲標點斷句

眾所周知,古籍整理最常見的方式即"點校",《十三經注疏》海南本與北大本都是點校本,標點斷句與校勘一樣,都具有學術性,是兩個不可分割的組成部分。前面我們已列舉了浦衛忠氏剽竊本人校勘成果及阮校的大量證據,檢視浦本的標點斷句,95%以上亦與拙本相同,只個別地方改句號爲分號,或加一逗號刪一逗號,或"曰"後加冒號之類,是否也是在拙本的基礎上做了一點"小手術",我相信"舉頭三尺有青天",天知地知,還有自知(如果還有一點廉恥的話)。況且,學術打假已廣爲社會關注,一切剽竊行爲總有暴露之時,所謂做賊心虛,惶惶不可終日,心理上的煎熬,就是必須付出的代價。下面我們還是表列幾例,以見一斑。

海南本(1996年12月出版,16開)		浦本(1999年12月出版,32開)	
頁/行	標　　點	頁/行	標　　點
1/6	又云"何休學",今案《博物志》曰:"何休注《公羊》,云'何休學'。有不解者,或答曰'休謙辭受學于師,乃宣此義不出於己'。"此言爲允,是其義也。	1/6	又云"何休學",今案《博物志》曰:"何休注《公羊》,云'何休學'。有不解者,或答曰'休謙辭受學于師,乃宣此義不出於己'。"此言爲允,是其義也。

432 | 近代漢語論文集

續　表

| 海南本（1996年12月出版，16開） || 浦本（1999年12月出版，32開） ||
頁/行	標　　點	頁/行	標　　點
1/11	○問曰：若《公羊》之義，以獲麟之後乃作《春秋》，何故"太史公遭李陵之禍，幽於縲絏，乃喟然而歎曰：是余罪也"，"夫昔西伯拘羑里，演《易》；孔子厄陳、蔡，作《春秋》；屈原放逐，著《離騷》；左丘明失明，厥有《國語》；孫子臏腳，而論《兵法》"。"此人皆意有所鬱結，不得通其道也"，故自黃帝始作其文也。	1/11	○問曰：若《公羊》之義，以獲麟之後乃作《春秋》，何故"太史公遭李陵之禍，幽於縲絏，乃喟然而歎曰：是余罪也"，"夫昔西伯拘羑里，演《易》；孔子厄陳、蔡，作《春秋》；屈原放逐，著《離騷》；左丘明失明，厥有《國語》；孫子臏腳，而論《兵法》"，"此人皆意有所鬱結，不得通其道也"，故自黃帝始作其文也。
1/倒6	而舊云《春秋說》云"哀十四年春，西狩獲麟，作《春秋》，九月書成。以其書春作秋成，故云《春秋》也"者，非也，何者？案莊七年經云"星霣如雨"，傳云"'不修春秋'曰'雨星不及地尺而復'，君子修之曰'星霣如雨'"，何氏云"'不修春秋'，謂史記也。古者謂史記爲'春秋'"。	2/13	而舊云《春秋說》云"哀十四年春，西狩獲麟，作《春秋》，九月書成。以其書春作秋成，故云《春秋》也"者，非也，何者？案莊七年經云"星霣如雨"，傳云："'不修春秋'曰'雨星，不及地尺而復'。君子修之曰：'星霣如雨。'"何氏云："'不修春秋'，謂史記也。古者謂史記爲'春秋'。"
1/15	案莊七年"星霣如雨"，傳云"'不修春秋'曰'雨星不及地尺而復'，君子修之曰'星霣如雨'"；又昭十二年"齊高偃帥師，納北燕伯于陽"，傳云"伯于陽者何？公子陽生也。子曰：'我乃知之矣。'在側者曰：'子苟知之，何以不革？'曰：'如爾所不知何？《春秋》之信史也，其序則齊桓、晉文，其會則主會者爲之，其詞則丘有罪焉爾'"，何故孔子修《春秋》，有改之者何？可改而不改者何？	3/8	案莊七年"星霣如雨"，傳云"'不修春秋'曰'雨星，不及地尺而復'，君子修之曰'星霣如雨'"；又昭十二年"齊高偃帥師納北燕伯于陽"，傳云"伯于陽者何？公子陽生也。子曰：'我乃知之矣。'在側者曰：'子苟知之，何以不革？'曰：'如爾所不知何？《春秋》之信史也，其序則齊桓、晉文，其會則主會者爲之，其詞則丘有罪焉爾'"，何故孔子修《春秋》，有改之者何？可改而不改者何？

　　上表所列，僅爲海南本第一頁中的幾個例子。第一例全同，但"或答

曰"後亦可加冒號，後雙引號前句號可移至"己"後。第二例筆者當時查對了《史記·太史公自序》（中華書局標點本3300頁），因引文不聯貫，故分段標引號，"昔西伯"前"夫"字本當屬上，作"是余之罪也夫"，不知是筆者當時不小心標點錯了，還是校對出了錯，總之"夫"字應屬上，沒想到浦本亦照搬這一錯誤。第三、四例，"星霣如雨"一段，筆者前後標點相同，與卷六莊公七年標點亦一致（79頁），浦氏第三例可能爲避抄襲之嫌，作了小改動，但第四例除"雨星"後施一逗號外，與本人標點相同，而浦本莊公七年標點（131頁）亦與拙本相同。第四例昭十二年"齊高偃帥師，納北燕伯于陽"，"帥師"後筆者施一逗號，與卷二十二昭十二年經標點相同（302頁），而浦氏爲避嫌將逗號刪去，與昭十二年經標點不一致（493頁）。也就是說，浦本標點斷句亦完全是照抄筆者的，因心裏有鬼，故個別地方做了"技術處理"，但不知筆者前後標點是互相照應的，他不知道照應，或者姑且認爲他知道照應而懶得一一照應，個別地方改一改，你總不能說是"完全照抄"吧？或者浦氏根本就心存僥倖，認爲標點斷句就是照抄了，誰也抓不住把柄，其奈我何？

　　浦衛忠氏作爲主要整理者，還整理了《春秋左傳正義》，我們從網上看到，臺灣東吳大學陳恒嵩先生，還將浦氏等人整理的《春秋左傳正義》列爲教學參考資料（因爲平裝32開，分册出版，攜帶方便）。筆者真正懷疑，《春秋左傳正義》約140萬字，《春秋公羊傳注疏》60餘萬字，兩書約200萬字，浦氏不奉行"拿來主義"，恐怕要在短時間內完成填補"空白"的整理，也不是容易做到的。況且，整理《春秋公羊傳注疏》即大量剽竊抄襲，劣跡斑斑，整理《春秋左傳正義》會"手腳乾淨"麼？有誰會信？但願老兄記住：手莫伸，伸手必被捉。一旦身敗名裂，就悔之晚矣。

　　北京大學出版社《十三經注疏》（整理本）能夠榮獲古籍整理"國家圖書獎"第五屆提名獎，完全是"《十三經注疏》整理工作委員會"不顧經過"系統、全面的整理"的海南本整整早出3年並獲省級社科二等獎的事實，自我標榜"填補學術界這一空白"而騙取到手的。我們深感失望的是，這套書存在大量抄襲的嚴重問題，不知"國家圖書獎"的評委們，究竟是

怎樣評出來的，對其權威性也不能不表示懷疑。我們殷切地希望這樣的事情以後不再發生，也希望國家的古籍整理事業納入學術規範，並健康有序地發展。

（原載《學術界》2004年第4期）

2014年10月15日附記

寫這篇揭露浦衛忠抄襲剽竊海南本《春秋公羊傳注疏》點校成果的文章，除了列舉出的無可辯駁的證據外，還有一個原因，就是山東畫報出版社將筆者整理的本書及與他人合作整理的《禮記正義》《春秋穀梁傳注疏》等，在未徵得整理者同意的情況下，悉數納入《四庫家藏》，於2004年初出版，雖然整理者署名沒問題，但未支付稿酬及給整理者樣書，顯然也是一種侵權行爲。

本文寄《學術界》，很快被采用。爲穩妥起見，編輯部詢問是否會涉及法律糾紛，我鄭重確認說，非常希望被揭露者訴諸法律，一切責任由筆者承擔，與雜志社無關，並補致編輯部一函：

马先生：

您好！

昨天给您发了拙稿《古籍整理也应遵守学术规范》的确认邮件后，想起今年四月下旬与西南师大喻遂生先生谈起我所整理的《春秋公羊传注疏》被抄袭的事，他告诉说，他所整理的《尚书正义》（《传世藏书》本），也被北大本抄袭。看来北大本问题确实严重，古籍整理领域的学术规范问题值得高度重视。拙稿所揭露的问题，如果有人不服，本人负全部法律责任，甚至对簿公堂，与贵刊没有任何关系，请放心。

顺颂

时祺！

附錄　古籍整理也應遵守學術規範　| 435

作者　蔣宗福　敬叩
2004-6-19

　　在我一直期待有人爲捍衛自己的"清白"而與我對簿公堂時，2006年2月29日收到北京青年政治學院浦衛忠教授發來說明情況的電子郵件：

　　我大略看了一下你的批评文章。因为时间过去已经很久，我这两天在回忆做这项工作时的情形，有很多细节已经回忆不起来，比如体例和底本。由于原稿已经交给出版方，原始工作状态如何也已经无法查询。现在打这种笔墨官司的人很多，但既耗时间，又需要精力。我现在没有这个时间和精力。我要说明的是：
　　1. 在做北京大学版的《春秋公羊传注疏》时，我没有听说过《春秋公羊传注疏》已经有人点校过，在做这项工作时，未参考任何当代学者的作品，因此，也谈不上抄袭你的成果。
　　2. 我曾经参与整理过传世藏书的兵书部分，我自己所收藏的也只是传世藏书的兵书部分；我所在的工作单位由于还未开馆，不知是否收藏传世藏书的其他部分。但无论是收藏与否，我确实是从未看到过。
　　3. 我在最近将尽可能联系我参与做的十三经注疏出版方，希望能够知道问题出在什么地方。

浦卫忠
2006年2月19日

　　這封電郵沒有稱呼。至於信中說明的情況能否站得住腳，浦衛忠能否自證"清白"，讀者可以對照揭露文章內容一一檢視。
　　浦衛忠既然"參與整理過傳世藏書的兵書部分"，卻想不到也"沒有聽說過"儒家重要經典的《十三經注疏》會收入《傳世藏書》，真是太無知了。常言說無知者無畏，無畏也就無恥，有什麼事情幹不出來呢？他說"現在打這種筆墨官司的人很多，但既耗時間，又需要精力。我現在沒有這個時間和精力"，言下之意是這種筆墨官司多了去了，豈在乎多這一件？

當初寫這篇揭露文章，因爲氣憤，言辭就不免有些尖刻，浦衛忠真是"修養"到家了，居然沒找我訴諸法律而討回"清白"。俗話說聽人勸得一半，總不能見"賢"而不思齊吧？於是也就將此事擱置一邊，不再理會。包括山東畫報出版社，我也沒有找他們理論的"時間和精力"了。

　　此次編選論文集，關於古籍整理也應遵守學術規範的問題，本來與文集的主題關係不大，但學術腐敗的現象並沒有多大改觀，加之蒲衛忠"希望能夠知道問題出在什麽地方"也沒了下文，就將這篇批評文章作爲附錄置後。假如當初浦衛忠氏一念之差放棄了與我對簿公堂而後悔不已的話，那麽我願意再給他提供一次討回"清白"的機會。

詞語筆畫索引

說明：本索引編入所考釋詞語的全部條目，按筆畫多少排列，相同畫數的詞語，按起筆習慣的一、丨、丿、丶、乙及部首、單音、雙音和多音節爲序。

二　畫

一個錢	238
人小鬼大	235
入霡	281
丫	294
刀山	182
了慧	91

三　畫

三峗	134
三惡	6
三伏天	175
土藏	123
大殕	115
山㺑	162

山戴帽	314
已巴	364
已後	22
小雨	126
子時	269
子書	268
子腸	121

四　畫

天梳	177
木渣	302
木樟	94
不已	11
不偶	123
不是莫錯	48

不偢不睬	404	巧雲	179
冇	277	正法	25
竝	389	世醫	33
止	263	本宗	26
止步	265	左手	263
日翁	177	石敢當	346
日帽	177	平坝	249
中性	268	平壩	249
中期	269	打	142
中間	265	打閃	188
毛	275	打麥天	175
分疎	71	曲岸	39
分疏	18	兄弟姊妹	231
公母筍	222	生	363
公母樺	222	生發	235
月兒	177	仙露	181
月牙兒	177	卯	277
月黑天	188	外公	413
文墨	182	外婆	413
文魮	142	包裏	241
火仗	310	包穀	241
火掌	310	包蔓	241
火燒雲	185	出霡	281
水腸	144	氾月	279
水薑	88	奴	214
水橄子	88	奴家	216
		幼小	2
		幼少	1

五　畫

玉麥	250

六　畫

老的 230
老魚 140
老丈母 230
老革革 356
老爺兒 187
地螻 130
芋麥 250
芝草 151
杇月 279
扛神 338
至此 264
叿叿 90
岌岌 69
回帀 164
肉脯 306
朱批 269
自作自受 267
行房 292
迎房 292
忙然 10
江婔 164
收雷 180
好住 24
艮 410

七　畫

孝服 184
花兒匠 232
芪母 114
豆脯 305
酉時 269
抓 193
助戰 264
坐地虎兒 185
我 194
我每 198
我們 196
我家 199
我等 200
我輩 200
作痛 267
住世 24
佛豆 247
肘 394
怟慌 110
冷飯 227
沖瀜 81
没偈僫 252
沈鳧 130
牢飯 227

八　畫

武藝子 228
幸喜得 237
亞山 180
其外 235
苞穀 241

林盤	367	注音	267
東風菜	77	泥榠	38
刺榆	145	泥鏝	38
直根	263	房臥	6
抱銅柱	70	衹袚	108
披毛戴角	69	姐	362
奈河	72	孤遺	26
省略	30		
明珠	181	九　畫	
忠於	265	苝蓦	153
呏	383	草帽	186
使口	236	草帽子	186
俶儻	133	芫蔚	82
依教	238	胡豆	247
征忪	93	枷楔	72
低徊	145	咸膗	133
兒	219	南麥	229/357
兒子	219	指頭	268
兒夫	219	背脊骨	223
爭口餓氣	395	冒	276
兔瓜	137	峒喑	79
兔葵	171	咱	206
怕	392	咱每	211
忚	392	咱們	210
京圻	170	咱家	211
放穤	315	虹	191
妾	217	骨路	246
妾身	218	骨露	246
法醫	33	牯	404

重責	266	莫	276/395
重獎	269	莊稼人	190
重銇銇	355/406	梠梱	136
耗	277	桻雙	101
皇帝老官	232	厓屭	134
皇帝老官兒	232	致死	265
胗臍	144	致使	31
攽攱	135	致得	11
負盤蟲	166	柴欏	118
負蟹	166	眬眬	285
洋銅	71	唔	393
宣傳	30	哖	378
祝酒	266	哯	373
祇衼	108	造	393/402
屋梁	228	秙	287
韋陀	189	笑	412
姨爹	231	俺	201
姼母	117	俺每	203
		俺們	202
十　畫		俺家	205
耗	274	條子	225
素麵	226	健羊	139
豇豆	100	臭穢	20
馬絆	122	烏鬼	317
馬蓼	173	師魚	140
馬絡頭	122	釘	293
垻	362	胅胅	284
連閣	132	胲	392
莐黃	138	肥蟺	148

衷衣	34/79		軟臁	288
烺	44/50		專辭	105
凌錐	189		堅硬	29
凌澌	127		眭盱	39
恣情	266		野貓	157
涗淞雨	278		異瑞	10
酒瓿	297		略彴	18
酒醹	297		豝	384/394
酒榼	297		唊欯	114
涔濱	144		唊	374
涔黷	144		唩	377
狓狉	113		崖	401
紗孫	295		過	413
			犁頭	222
十一畫			做得出	239
堖	303		偏偏	397
培補	233		偏東雨	283
著作人	265		偏凍雨	283
黃豆	300		偏通語	284
萎薐	111		偏凍雨	283
菟瓜	137		偓儞	82
菟葵	171		得應	397
菹薉	171		彫朽	26
乾没	183		祭飯	143
乾癟瘢	306/416		脫疰	83
麥麵	124		脘	400
梗	410		魚虎	121
梭梭	47		羝羛	107
軟臁	288		淋灕	119

密虮	143		圍帀	163
將將	239		圍匝	163
陿夷	137		圍迊	163
陿峎	137/168		崵峎	137
陽炎	22		開演	68
瓺瓦	78		悶	393
参縒	129		黑侵侵	42
			無枛木	120
十二畫			牮羊	138
			短期	269
勞	381		犁頭	161
喜捨	23		犁錧	142
酥膏	28		稀踈	172
堿	415		黍負	169
堤封	116		筘	312
葴菥	129		筋吒	46
惹子	405		傝僜	252
葟母	117		街	245
蒩蔵	171		御米	250
欹頭	155		御麥	250
棒椎	149		舽舡	103
椏	293		舽艭	102
悥	390		舼船	78
紫蔂	153		飩	385
喠	374		詑詑	110
嗞嗟	161		就	240
蛄蠱	77		痛瘖	368
買賣人	190		痠瘲	127
崽	355		慨悋	116
崽崽	231			

惺憶	91		煙霧塵天	237
煙霧塵天	237		澄澄	172
遂	289		福門	3
湖豆	247		媽媽	181
湯碗	225		蛾眉月	184

十三畫 　　　　　十四畫

赿趙	131		挈挈	158
蓐衣	132		聚沫	19
楙	387		輕容易	234
觲雙	101		蔑蔑	356
酩酊	363		蒺苞	141
竪立	33		榰柱	109
碙	380		蜠螽	129
摸何	397		豎立	32
攜	375		摏撞	40
摴	382		摘除	266
覬覦	125		鏨錍	122
當來	70		嗎	373
歇台	183		蜳螽	93
跳端神	338		犗犬	131
踆躨	102		箍桶	233/396
蜈蚣蟲	83		箍桶匠	233
嗒	384		魦鯉	154
微畫	157		銍穫	84
痴瘵	160		膫脛	141
煨爐	14/52		膤醜	290
粮食	31		蜜蠞	148
慅憦	92		說白話	236

端公	338		翰卷	19
精精伶伶	396		頓賺	288
漏天	280		樸梂	249
			碰礶	99
十五畫			霈天	282
瑽瑢	97		擇菜	266
髲髢	159		擇偶	265
歎辭	115		醫子	224
麨麪	124		螄螺	141
輜軿車	159		蝛蠑	147
槽頭	309		螗蜋	124
摌	380		毺	386
稻稈	37		篝笭	142
畾飯	275		簀笠	85
質當	131		篩竹	140
餘粮	28		箈箮	97
諄諀	146		獨	296
瘢胝	135		錋路	246
誑缸	89		錋漏	246
襧氈	132		錋露	246
潰洳	87		錋鐏	246
澄清	29		錋鏴	246
縴觟	98		膧腔	103
			觢纊	97
十六畫			謀諒	91
髳鬆	99		磨練	31
髻鬆	99		甋瓦	79
壇神	317		親家	363
薔薇	112		凝	358

劓	377		十八畫	
隱	408	礧石	291	
		闖	397	
十七畫		蟪負	146	
顗顲	128	蟪蛄	169	
鬃髮	89	鵝卵石	291	
鶻鶟	146	艟艨	96	
顖頭	154	雞母	227	
鵜鶋	139	雞督眼	224	
擱拘	131	餻	372	
攈	375	臑頭	309	
櫹櫹	136	鯔魟	84	
檭	363	韰辣湯	304	
蟴蠻	119	糧子	182	
矯誑	20	謿欺	156	
篋	311	謿期	156	
篋門	312	謿鵝	156	
艚艒	154	織品	265	
臉青面黑	396	織女星	267	
講聖諭	240			
謨	275	**十九畫**		
縻爵	112	騙	379	
癆	355	騙兔	165	
爦炵	111	騙騦	165	
鴻鸘	101	難得	398	
濫	417	艶艶	81	
牆院子	225	蘇膏	28	
縴紋	105	關心	21	
		蹴躋	32	

詞語筆畫索引

蟷蠰	124
蠅婦	169
蠅蜉	169
穧	296
儴頭	156
儱倲	77
鶏鶌	118
靡靡之音	82
癡瘵	160

二十畫

矓古	149
矓鼓	149
蘠蘼	112
鶄鶛	98
蠱蠡	92
護種	299
鶏鳩	148
響皮	226
響快	236

二十一畫

醦酨	88
矓瞳	89
髏腔	103
臚朕	147
鰡魚	140

二十二畫

攢言子	239
襲穀	367
鯛	376/395
鑄寫	27
饟饐	92
彎刀	223

二十三畫

鑵頭	36/85
曬書天	175
籠簌	87
籠鍾	95
鷺鵝	127
糜爛	112
變	4

二十四畫

蠹琶	167
攟	386
靈通	13
矖瞜	120
穲穲	120
鬬鰭	95
鱗鱷	118
籠餅	86

二十五畫以上

| 欒 | 393 |

糲粹	113		虋冬	112
饞䭏	80		酾䨏	125
鱟鴬	121		鑿枘	267
钁鍋	313			

後　　記

　　此爲我所做漢語史研究的第二本論文集，收入的24篇文章，是2002年以來公開發表的有關近代漢語研究的論文。由於原載刊物的要求不盡相同，文章體例亦隨其變，文字或簡或繁，腳注尾注互見，值此結集之際，按出版社的要求，體例上稍作統一，並對個別内容有所修訂。

　　近代漢語研究，是語言學界近幾十年來努力拓展的領域，取得了豐碩成果，爲構建科學完備的漢語史提供了詳實的參考依據。筆者附驥前賢，偶涉其間，或有一得之愚而叢雜記之，即本書選入的論文，内容涉及敦煌文獻、《廣韻》及《蜀語》等典籍中的疑難問題與方俗詞語考辨等，雖屬餖飣末學，於漢語史、大型語文辭書編纂修訂及相關學科研究，不無微末之助，是不棄敝帚之意也。

　　附錄一篇，雖非近代漢語研究，但事關學風問題，愿借此機會，就古籍整理中的不端行爲昭示於衆，以儆效尤。

　　文集中討論的諸多問題，筆者不敢自是，好在學術公器，是耶非耶，尚祈方家正之諒之，不勝銘感之至。

　　本文集的出版，得到了教育部人文社科重點研究基地四川大學中國俗文化研究所的大力支持，謹致謝忱！

四川大學中國俗文化研究所　蔣宗福
2015年3月於川大農林村厂廬